Elisabeth Stärkel

Wuppertaler Studienbibel

Wuppertaler Studienbibel

Begründet von

Fritz Rienecker

Reihe: Neues Testament

Herausgegeben von

Werner de Boor

und

Adolf Pohl

R. Brockhaus Verlag Wuppertal

Die Briefe des Paulus an die Philipper und an die Kolosser

erklärt von

Dr. Werner de Boor

R. Brockhaus Verlag Wuppertal

8. Auflage 1979

Printed in Germany
Druck: fotokop wilhelm weihert kg, Darmstadt
ISBN 3-417-25112-5 Efalin
ISBN 3-417-25012-9 Paperback

Vorwort zur Gesamtausgabe

Das Vorwort will über ein Dreifaches kurz Rechenschaft geben.

1. Auf welcher Grundlage ist die Wuppertaler Studienbibel aufgebaut?
2. Was will die Wuppertaler Studienbibel?
3. In welchem Verhältnis steht die Wuppertaler Studienbibel zu den vom gleichen Herausgeber herausgebrachten „Praktischen Handkommentaren zu einzelnen Büchern des Neuen und des Alten Testamentes"?

I.

Auf welcher Grundlage sind die Auslegungen der Wuppertaler Studienbibel aufgebaut?

Die Wuppertaler Studienbibel ist herausgeboren aus der tiefen Ehrfurcht vor der Heiligen Schrift, die als ein Wunder des Heiligen Geistes immer wieder zur Anbetung Gottes zwingt.

Die Wuppertaler Studienbibel bekennt sich darum in allen ihren Texterläuterungen zur Wort-Inspiration der Schrift.

Der Heilige Geist hat sich der Schreiber der Bibel nicht als willen- oder bewußtloser Medien bedient, sondern als ausgeprägter Persönlichkeiten.

Das heißt: Der Heilige Geist hat bei der Inspiration der Schrift die natürlichen Gaben und Ausdrucksmittel der alt- und neutestamentlichen Schreiber beachtet. Er hat diese Männer Gottes bei ihrer Niederschrift so inspiriert und so überwacht, daß uns Gottes ewige Heilsgedanken für alle Zeiten irrtumslos und unumstößlich gültig als die „Heilige Schrift" gegeben sind.

Die Heilige Schrift steht in dieser Art von Inspiration einzigartig und einmalig in der gesamten Weltliteratur da.

Weil sie in dieser einmaligen Weise eingegeben ist, beweist sie sich nicht nur in ihrem Ursprung, sondern auch in ihrer Wirkung (nämlich in dem persönlich erfahrbaren Geheimnis der Wiedergeburt) als das Wunder des Heiligen Geistes (1 Pt 1, 23).

Die uns zugedachte, unserem Heil dienende Selbstoffenbarung Gottes mußte in dem irdischen Gewande des menschlichen Wortes erscheinen, um verstanden werden zu können. Das Offenbarungswort mußte sich der Form nach entäußern und sich menschlicher Sprachausdrücke bedienen, um von uns gehört werden zu können, so wie Jesus Christus sich entäußerte, Knechtsgestalt annahm und den Menschen gleich wurde, um von den Menschen gesehen und gehört und verstanden zu werden (Jo 1, 1).

Wir verschließen unsere Augen keineswegs vor den mancherlei Schwierigkeiten, die der Bibeltext uns bereitet. Aber das ist immer wieder das ganz große Wunder und Geheimnis der Schrift, daß trotz dieser Schwierigkeiten und menschlich-irdischen Ausdrucksform die Bibel das Wort Gottes ist, welches heute genau wie von Anfang an seine irrtumslose und volle Gültigkeit hat und haben wird bis in Ewigkeit.*

II.

Was will die Wuppertaler Studienbibel? — Ein Zweifaches

A. Die Wuppertaler Studienbibel will der persönlichen Schriftforschung des Bibellesers dienen. Die Erfahrung lehrt, daß ein sehr starkes Bedürfnis nach einer solchen praktischen und leichtfaßlichen Verwertung positiver biblischer Forschung vorliegt.

Es sei an dieser Stelle mit dankbarem Herzen darauf hingewiesen, daß gerade bei dem schlichten Bibelleser ein wahrhaft ernstes Suchen nach letzten Erkenntnissen zu finden ist. Man hat den Bibelleser vielfach in seinem Denken unterschätzt.

Die Wuppertaler Studienbibel will diesem starken Verlangen nach tieferem Verständnis des Wortes Gottes gerecht werden.

Der Titel „Studienbibel" bedeutet: Jeden Tag in der Stille die Bibel studieren, also eifrig bemüht sein, sich die Schrift zu erarbeiten. Innere Kraft und bleibender Halt werden dabei geschenkt.

B. Die Wuppertaler Studienbibel will ferner Hilfsdienste leisten für die Vorbereitung zum Predigtdienst. Dabei denkt der Herausgeber ganz besonders an den freiwilligen Mit-

* Näheres über die Frage der Schriftinspiration ist zu lesen in „Kann die Bibel jemals irren?" von Rienecker im Brockhaus-Verlag.

arbeiter im Verkündigungsdienst. Gerade ihm, dessen Zeugnis heute sehr wichtig ist, der aber neben einem irdischen Beruf wenig Zeit zur Vorbereitung hat, wollen die Erläuterungen Handreichung sein.

Die Wuppertaler Studienbibel hat ihre Texterklärungen nach zwei Gesichtspunkten ausgerichtet:

1. Der sachliche Gesichtspunkt,
2. Der erbauliche Gesichtspunkt.

Was bedeutet das?

Zu 1. Die sachliche Worterklärung will Fragen verstandesmäßiger Art, schwierige Schriftstellen, nicht leicht faßbare Wortzusammenhänge, „palästinensische Sitten und Gebräuche" zu klären versuchen.

Zu 2. Die erbauliche Worterklärung will nicht wie die sachliche dem Verstande dienen, sondern dem Herzen. Sie will die Worte in ihrem überzeitlichen Vollsinn zu fassen suchen, die biblischen Begriffe in ihrem ewigen Gehalt zu begreifen sich bemühen.

Bei all diesem fleißigen Bemühen weiß aber auch der ernste Bibelleser sehr wohl, daß nur der Heilige Geist allein der wahre Erklärer des Wortes Gottes ist. Die fleißige Bitte um das Wirken des Heiligen Geistes ist darum fort und fort ebenso dringend nötig wie das anhaltende, gründliche Forschen und Studieren der Heiligen Schrift.

Auf Folgendes sei aber noch aufmerksam gemacht. Die Erklärungen der neutestamentlichen Bücher sind neben der eignen eingehenden Text-Forschung und der Heranziehung gegenwärtiger Literatur im allgemeinen geleitet von den wissenschaftlichen Arbeiten dreier bedeutender Theologen: Von Prof. D. Friedrich Godet (1812—1900), von Prof. D. Theodor v. Zahn (1838—1933) und von Prof. D. Adolf Schlatter (1852—1938).

Weitere Literatur über das jeweils erklärte Bibelbuch findet sich jedesmal am Schluß des betreffenden Bibelerklärungsbandes. Diese Literatur-Angaben zeigen den Weg zu einem besonderen Eindringen in Einzelfragen.

III.

In welchem Verhältnis steht die Wuppertaler Studienbibel zu den vom gleichen Herausgeber herausgebrachten „Praktischen Handkommentaren zu einzelnen Büchern des Neuen und Alten Testamentes"?

Antwort: Die Wuppertaler Studienbibel will in keiner Weise die genannten Kommentare ersetzen oder verdrängen, sondern vielmehr eine Vorbereitung und Einleitung zum Gebrauch jener Werke sein.

Das Wesentliche der Kommentar-Reihe ist ein Dreifaches:

1. Die planmäßige Erforschung des griechischen Urtextes in strenger Einzelexegese. Es wird daher vom griechischen Wort ausgegangen. Eine reiche Fülle fruchtbringendster Anregungen liegt immer noch im „Urtext" verborgen.

2. Die geordnete Aufnahme der wissenschaftlich-theologischen Arbeiten in ihren positiven schriftgemäßen Ergebnissen. Die systematische Erfassung dieses wertvollen Materials ist so geleitet, daß die praktische Verkündigung dadurch neu an Leben gewinnt.

3. Die bewußte Heranziehung des exegetischen Lehrgutes und Verkündigungszeugnisses der führenden Vertreter des Pietismus alter und neuer Zeit.

„Dem aber, der überschwenglich tun kann über alles, das wir bitten oder verstehen ..., dem sei Ehre in der Gemeinde, die in Christus Jesus ist, zu aller Zeit von Ewigkeit zu Ewigkeit" (Eph 3, 20. 21).

Fritz Rienecker
Pfarrer und theologischer Lehrer auf St. Chrischona

Richtlinien
für den Benutzer der Wuppertaler Studienbibel

In bezug auf den Bibeltext

Der Bibeltext ist fett gedruckt. Im Schräg-(kursiv)Druck stehen die biblischen Zitate. Wiederholungen aus dem behandelten Bibeltext sind fett gedruckt.

In bezug auf die Parallel-Stellen

Mit Absicht sind eine große Fülle von Bibelstellen als Parallelen gebracht. Für diese Parallelstellen ist links eine Spalte frei gelassen. Damit nicht Fußnote und Parallel-Stelle miteinander verwechselt werden, ist die Bezeichnung: Zu Vers 2, zu Vers 10 usw. gewählt. Diese Bezeichnung „zu Vers" steht aber nur dort, wo mehrere Bibelverse hintereinander zusammengestellt sind. Das ist darum geschehen, um sofort zu wissen, zu welchem Vers die Parallel-Stellen gehören. — Wenn ein Bibelvers jedoch allein steht, dann fällt die Bezeichnung „zu Vers" fort.

Die Parallel-Stellen zu einem entsprechenden Bibelvers sind jedesmal so abgefaßt, daß die Parallel-Stellen der Reihe nach entsprechend den Bibelworten festgelegt sind. —

In bezug auf die Handschriften

Zu den wichtigsten vom Text abweichenden Lesarten, die sich im allgemeinen in den Fußnoten finden, sind folgende Zeichen gesetzt, die der Erklärung bedürfen:

Die Handschriften des Neuen Testaments

Bezeichnung	aus Jahrhundert	Namen	Standort: in Bibliothek:	
א	IV	Sinaiticus	London	Neutestamentlicher Teil einer Vollbibel. Die romantische Entdeckungsgeschichte, wie sie Tischendorf erzählt, s. bei Tischendorf. Gregory 348 ff. Gregory 23 ff. 1844 im Katharinenkloster auf Sinai in einem Abfallkorb zum Heizen bestimmt. Genannt sei auch: Schneller: Tischendorf Erinnerungen.
A	V	Alexandrinus	London	Das NT mit 1. Clemensbrief und den sogen. Psalmen Salomos, seit 1908 in der Bibliothek Alexandrien. 1628 an Karl I. von England geschenkt. Vollbibel mit einzelnen Lücken.
B	IV	Vaticanus	Rom	Einer der größten Schätze der päpstlichen Bibliothek. Vollbibel mit Lücken.
C	V	Ephraemi rescriptus	Paris	In Pariser Nationalbibliothek stehend. Vom Syrer Ephraem überschrieben. 1535 nach Paris gekommen. Bibel mit vielen Lücken.

Diese vier Bibeln des IV. und V. Jahrhunderts dürfen als die wichtigsten Zeugen gelten. — Wenn sie auch auf die Hauptsitze der katholischen und anglikanischen Kirche Rom, Paris, London verteilt sind, so hat doch der deutsche Protestantismus sich um ihre gelehrte Erforschung sehr bemüht.

Die Zusammenfassung der vier Handschriften א A B C zu einer Text-Gruppe wird die hesychianische oder ägyptische Textform genannt. Hesychius war ein Grieche in Alexandrien. Weil Alexandrien in Ägypten liegt, wird diese Textgruppe auch die ägyptische Textform genannt.

Weitere Handschriften des Neuen Testaments

Bezeichnung	aus Jahrhundert	Namen	Standort: in Bibliothek:	
D	VI	Bezae Cantabrigiensis	Cambridge	Enthält die 4 Evangelien und die Apostelgeschichte, aber mit großen Lücken
E	VIII	Basiliensis	Basel	Diese Handschriften enthalten die vier Evangelien
F	IX	Boreelianus	Utrecht	
G	X	Seidelianus I	London	
H	IX	Seidelianus II	Hamburg	
L	VIII		Paris	H und L enthalten Apostelgeschichte und Briefe
046	VIII		Rom	046 enthält Offenbarung des Johannes

Die sogenannte **Koine** ist diejenige Handschriftengruppe, welche die Zusammenfassung der einzelnen Handschriften E F G H L und 046 bildet.

Es sind also die Handschriften aus dem VIII. bis X. Jahrhundert. Die Koine ist die in Antiochien und später in Konstantinopel zur allgemeinen Verbreitung gekommene Textform. Diese Textform tritt uns, da Erasmus von Rotterdam solche späten Handschriften benutzte, in Luthers Bibelübersetzung entgegen. Luther stützte sich auf diese späte Handschriftengruppe, also auf die sogenannte K o i n e , die in der Erasmus-Ausgabe vorlag.

Die Erasmus-Arbeit war eine sehr flüchtige Arbeit.

„Erasmus benutzte höchstens drei Handschriften, die er von den Predigermönchen in Basel entlieh und die heute noch erhalten sind (keine von ihnen ist älter als das 12. Jahrhdt.). Sie zeigen, daß Erasmus die Handschriften selbst durcharbeitete und dann als Vorlage in die Druckerei gehen ließ. Für die Offenbarung des Johannes, die in jenen Handschriften fehlte, wurde eine Handschrift aus Maihingen herangezogen; in ihr fehlte der Schluß 22, 16—21; Erasmus übersetzte ihn einfach aus der Vulgata ins Griechische, ohne das irgendwo anzugeben." Michaelis, Einleitung in das NT 1954 Seite 357.

Die K o i n e - G r u p p e , d. i. die Vorlage Luthers, erwähnen wir ebenfalls.

Andere Handschriften werden jeweilig im Text erklärt.

Am Schluß der Studienbibel soll eine Übersicht über die Geschichte der Handschriften folgen.

In bezug auf besondere Urtext-Wörter

Schwierige Wörter des griechischen Textes, die die Möglichkeit verschiedener Übersetzungen bieten, sind in den Fußnoten eingetragen. Die griechischen Wörter sind dabei in Klammern gesetzt und in lateinischen Buchstaben wiedergegeben.

Abkürzungs-Verzeichnis

I. Allgemeine Abkürzungen

AT = Altes Testament
NT = Neues Testament
atst = alttestamentlich
ntst = neutestamentlich
grie = griechisch
hebr = hebräisch
lat = lateinisch

LXX = Septuaginta. Das ist die griechische Übersetzung des AT, angeblich von 70 gelehrten Juden auf Befehl des Königs Ptolemäus Philadelphus 200 v. Chr. in Alexandrien angefertigt.

II. Literatur-Abkürzungen

W—B = Walter Bauer: Griechisch-Deutsches Wörterbuch. 4. Aufl. 1952
Bl—De = Blaß—Debrunner: Gramatik des ntl. Griechisch. 9. Aufl. 1954 zitiert n. §§.
Ki—Th W = Kittel Theologisches Wörterbuch
NTD = Neues Testament Deutsch Göttingen 1932 ff.
St—B = Strack—Billerbeck: Kommentar zum NT aus Talmud usw. Bd. I—IV. München 1922 ff.

III. Abkürzungen der biblischen Bücher

a) Altes Testament

1 Mo = 1. Mose
2 Mo = 2. Mose
usw usw.
Jos = Josua
Ri = Richter
Rth = Ruth
1 Sam = 1. Buch Samuelis
2 Sam = 2. Buch Samuelis
1 Kö = 1. Buch der Könige
2 Kö = 2. Buch der Könige
1 Chro = 1. Buch der Chronika
2 Chro = 2. Buch der Chronika
Esr = Esra
Neh = Nehemia
Esth = Esther
Hio = Hiob
Ps = Psalter
Spr = Sprüche
Pred = Prediger
Holi = Hohelied
Jes = Jesaja
Jer = Jeremia
Kla = Klagelieder
Hes = Hesekiel
Da = Daniel
Hos = Hosea
Joe = Joel
Am = Amos
Ob = Obadja
Jon = Jona
Mi = Micha
Nah = Nahum
Hab = Habakuk
Ze = Zephanja
Hag = Haggai
Sach = Sacharja
Mal = Maleachi

b) Apokryphen

Tob = Tobias
1 Makk = 1. Makkabäer
2 Makk = 2. Makkabäer
Sir = Sirach

c) Neues Testament

Mt = Matthäus
Mk = Markus
Lk = Lukas
Jo = Johannes
Apg = Apostelgeschichte
Rö = Römer
1 Ko = 1. Korinther
2 Ko = 2. Korinther
Gal = Galater
Eph = Epheser
Phil = Philipper
Kol = Kolosser
1 Th = 1. Thessalonicher
2 Th = 2. Thessalonicher
1 Tim = 1. Timotheus
2 Tim = 2. Timotheus
Tit = Titus
Phlm = Philemon
1 Pt = 1. Petrus
2 Pt = 2. Petrus
1 Jo = 1. Johannes
2 Jo = 2. Johannes
3 Jo = 3. Johannes
Hbr = Hebräer
Jak = Jakobus
Jud = Judas
Offb = Offenbarung des Johannes

Vgl. W. Stb. Matth. S. . . . = Vergleiche Wuppertaler Studienbibel Matthäus Seite . . .
Vgl. W. Stb. Mark. S. . . . = Vergleiche Wuppertaler Studienbibel Markus Seite . . .

Vorwort
zur Erklärung der Briefe des Paulus an die Philipper und an die Kolosser

Der große Lehrer der Kirche, Prof. D. Adolf Schlatter, hat es seinen Studenten immer wieder gesagt: „Meine Herren, Sie können nicht lesen!" Natürlich konnten die Studenten „lesen", sogar ganz leidlich ihr griechisches Neues Testament. Schlatter aber verstand unter „Lesen" jene offene und selbstlose Hinwendung zu einem Text, mit der ich treu und genau aufnehme, was der Text wirklich sagt, und alle die eigenen, gewohnten und lieben Gedankengänge zurückstelle, die sich sofort in mein Erfassen des Textes eindrängen oder einschleichen wollen. Welch ernste Mühe, welch tapfrer Kampf gehört zu solchem echten „Lesen"! Wie selbstverständlich sehen ganze Kirchen und Gemeinschaften biblische Abschnitte sofort und ausschließlich im Licht ihrer gewohnten Dogmatik und merken überhaupt nicht mehr, daß die Schrift selbst hier etwas ganz anderes sagt und meint. Aber auch wir selbst bei unserm persönlichen Bibelstudium – wie schwer fällt uns das wirkliche „Lesen"! Wir sind in Anschauungen groß geworden, die uns so vertraut sind, daß wir sie fraglos für richtig und „biblisch" halten. Wir haben bestimmte Lieblingsgedanken, vielleicht eng mit entscheidenden geistlichen Erfahrungen unseres Lebens verknüpft, die uns unvermerkt formen und beherrschen. Das alles lesen wir unwillkürlich in unsern Bibeltext hinein und merken nicht, daß wir gar nicht mehr wirklich „lesen", sondern unsre eigenen Herzensmeinungen an biblische Worte anhängen. Wir rühmen die Heilige Schrift, wir erklären sie für die einzige Regel und Richtschnur, das untrügliche Wort Gottes; aber wenn es praktisch ans Bibellesen geht, sind wir mit schnellem Sprung vom Text weg bei unsern gewohnten und beliebten Vorstellungen und haben nicht genug Ehrfurcht vor dem Worte Gottes, um uns in mühsamer und aufmerksamer Arbeit zu vergewissern: Was steht denn da wirklich? Was sagt der Text selber? Man kann in manchen lieben, gläubigen Kreisen die Bibel aufschlagen, wo man will: Was da tatsächlich geschrieben steht, interessiert gar nicht und wird gar nicht aufgenommen, sondern man redet rasch wieder von den immer gleichen Wahrheiten, die in diesem Kreise besondere Geltung haben. Dadurch bleiben wir arm und oft genug auch schief gewachsen und lassen uns die ganze Tiefe des Reichtums entgehen, den Gott in Seinem Wort für uns bereit hat.

Die folgende Auslegung möchte nicht Erbaulichkeiten bieten, für die der Text nur ein bequemes Sprungbrett ist, sondern unsere beiden Briefe wirklich „lesen" helfen. Sie mutet dabei dem Benutzer wirkliche Arbeit und selbstlose Mühe zu. Sie kann ihm nicht versprechen, daß er in dem so gut bekannten Stück des Neuen Testaments seine eigene, vertraute Theologie oder die seiner Gemeinde bestätigt findet. Sie hofft sogar, daß er manches „neu" und „ganz anders" finden wird, als er es sich bisher gedacht hat. Sie traut ihm den Eifer für Gottes heiliges Wort zu, der alles, was er „selbstverständlich" von der biblischen Botschaft zu wissen meinte, einmal zurückstellt, um ganz neu zu hören, was denn die Sätze der Briefe wirklich sagen.

Wichtig ist allein der Text unseres Briefes selbst, wie er dem Apostel Paulus vom Heiligen Geist in das Herz und auf die Lippen gegeben worden ist. Eine Auslegung hat keinerlei Wert in sich selber, sondern ist nur der Versuch einer Hilfe zum genauen und richtigen Lesen des Textes. Wenn die folgende Auslegung eine solche Hilfe bieten kann, daß die Worte der beiden Briefe selber neu, lebendig und mächtig vor dem Leser stehen, dann ist es gut. Muß ein Leser der hier gebotenen Auslegung widersprechen, weil der Text nach gründlicher Prüfung für seine Erkenntnis etwas anderes sagt, so ist es auch gut. Eine Auslegung findet ihren schönsten Lohn, wenn sie selbst ganz vergessen wird, weil die Herrlichkeit des biblischen Wortes so zu leuchten beginnt, daß sie das ganze Herz des Lesers beschlagnahmt.

Als über die Berufung Prof. Schlatters nach Berlin verhandelt wurde, fragte der Minister: „Nicht wahr, Herr Professor, Sie stehen doch auf der Schrift?" Schlatter antwortete: „Nein, Exzellenz, ich stehe nicht auf der Schrift; ich stehe **unter** der Schrift." Ich möchte mit allen Lesern wirklich so **unter** unseren Briefen stehen. Möchte es uns geschenkt werden, in keiner Weise uns selber zu hören, sondern klar und treu nur das, was Paulus den Philippern und Kolossern schrieb.

W. de Boor

Inhaltsübersicht

Der Brief des Paulus an die Philipper

Inhaltsübersicht

Der Brief des Paulus an die Kolosser

Griechenland und der vorder-kleinasiatische Raum zur Zeit des Paulus

Auslegungen des Philipperbriefes

Albertz, Ernst: Brief Pauli an die Philipper 1892 (Strehlen)

Barth, Hermann: In „Predige das Wort" 1939 (Siegen)

Barth, Karl: Erklärung des Philipperbriefes 1947 (Zollikon, Zürich)

Bengel, Joh. Albr.: In „Gnomon" II. Bd. 1932 (Leipzig)

Brandt, Elisabeth: Vollkommene Freude 1928 (Bad Salzuflen)

Dächsel: Bibelwerk (1877)

Dibelius, Martin: In „Handbuch zum NT" Bd. 11 1925 (Tübingen)

Ehrminger, Ferd.: Der Philipperbrief 1946 2. Aufl. (Singen)

Ewald, Paul, und **Wohlenberg,** Gustav: Der Brief des Paulus an die Philipper 4. Aufl. 1923 (Im Jahn-Kommentar) (Leipzig)

Fabianke, Paul: In „Praktische Bibelerklärung" (Konstanz)

Heinzelmann, Gerhard: Der Brief an die Philipper in „Das NT Deutsch" 1938 (Göttingen)

von Huene, Joh.: Philipperbrief 1907 (Basel)

Kalweit, Paul: Der Philipperbrief in „Bibelhilfe für die Gemeinde" 1936 (Kassel)

Köhler, Ludwig: Der Philipperbrief 1955 (Schaffhausen)

Lange, J. P.: in „Bibelwerk" 1861 (Bielefeld)

Lauck, Willibald: In „Kleine Paulusbriefe" (Die Heilige Schrift für das Leben erklärt) (katholisch) 1937 (Freiburg)

Lohmeyer, Ernst: Philipperbrief (In Kritisch-exegetischer Kommentar über das NT. Begründet von A. W. Meyer) 1953 (Göttingen)

Michaelis, Wilhelm: Philipperbrief (In Theolog. Handkomm.) 1935 (Leipzig)

Peterson, Erich: Philipperbrief (katholisch) 1940 (Freiburg)

Richter, Heinrich und Wilhelm: In „Erklärte Hausbibel" 1840 (Barmen)

Siegel, Günther: Philipperbrief in „Christus heute" 1948 (Stuttgart)

Schlatter, Adolf: In „Erläuterungen zum NT" 1928 (Calw)

Schmitz, Otto: Aus der Welt eines Gefangenen. In „Urchristl. Botschaft" 1929 (Berlin)

Staab, Karl, und **Freundorfer,** Joseph: Die Gefangenschaftsbriefe Bd. 7 in „Das Regensburger NT" (katholisch) 1947 (Regensburg)

Staab, Karl: Der Philipperbrief in 5. Lieferung der Echter-Bibel (katholisch) 1953 (Würzburg)

Thauer, Karl: Philipperbrief in „Bibelleseblätter" 1949 (Offenbach)

Tillmann, Fritz: Der Philipperbrief Bd. VII in „Die Heilige Schrift des NT" (katholisch) 1931 (Bonn)

Thurneysen, Eduard: Der Brief des Paulus an die Philipper 1943 (Basel)

Vilmar, A. F. C.: In „Collegium Biblicum" 1880 (Gütersloh)

Weiß, Bernhard: Der Philipperbrief 1859 (Berlin)

Auslegungen des Kolosserbriefes

Ambos, A.: Der Kolosserbrief 1925
Bengel, Joh. Albr.: In „Gnomon" II. Bd. 1932
Bieder, Werner: Kol. in „Prophezei" 1943
Dächsel: In „Bibelwerk" 1877
Dibelius, Martin: Kol. in „Lietzmann: Handbuch zum NT" 1927
Ewald, Paul: Eph., Kol., Phil. 1910 Zahn X
Fabianke, Paul: In „Prakt. Bibelerklärung"
Gutbrod, Karl: Kol. in „Stuttgarter Bibelhefte" 1954
Hahn, M. Ph.: Erbauungsreden über den Brief an die Kolosser 1845
Ketter, Peter: Kol. in „Herders Bibelkommentar" Bd. XV (katholisch) 1937
Kähler, C. N.: Auslegung der Epistel Pauli an die Colosser, Eisleben 1953
Lange, J. P.: In „Bibelwerk" 1861, Bielefeld
Lohmeyer, Ernst: Die Briefe an die Philipper, Kolosser und Philemon in Meyer IX 1953
Lucken, Wilhelm: In J. Weiß: „Die Schriften des NT" 1917
Le Seur, Paul: Eph., Kol., Philem. 1936 (Bibelhilfe)
Masson, Charles: L'epître de saint Paul aux Colissiens 1950 in CNT X
Meinertz, Max und **Tillmann**, Fritz: Kol. in „Die Heilige Schrift" VII. Band (katholisch) 1931
Modersohn, Ernst: Kolosser 3, Himmlischer Sinn
Pacholke, Egon: Der Kolosserbrief in „Frage und Antwort" 1932
Pfeil, Fritz: Kol. in „Christus heute" v. Siegel Bd. V, 1953 ff.
Rendtorff, Heinrich: Kol. in NTD 1949
Richter, Heinrich und Wilhelm: In „Erklärte Hausbibel" 1840 Barmen
Schlatter, Adolf: In „Erläuterungen zum NT"
Schnepel, Erich: Kolosser 1950
Staab, Karl und **Freundorfer**, Joseph: Kol. in „Das Regensburger Testament" Bd. 7 (katholisch)
Thauer, Karl: Phil. und Kol. in „Bibelleseblätter" 1949
Vilmar, A. C.: In „Collegium Biblicum" 1880

Der Brief des Paulus an die Philipper

Erklärt von

Dr. Werner de Boor

Verlag R. Brockhaus Wuppertal

Einleitung zum Brief an die Philipper

1. Der Verfasser

(Echtheit des Philipperbriefes)

Als Verfasser des Briefes an die Philipper nennt sich der „**Apostel**" **Paulus.** Er nennt sich zwar nicht wie in anderen Briefen unter diesem **Titel,** sondern bezeichnet sich als einen Knecht (wörtlich Sklaven) Christi Jesu. Dies geschieht aber nur darum, weil er als Absender und Mitverantwortlichen des Briefes zugleich seinen Jünger Timotheus namhaft macht, dem der Aposteltitel nicht zukommt. **Mitverfasser** im eigentlichen Sinne ist Timotheus nicht. Der Apostel redet auch, da er ihn namhaft macht (in einem Abschnitt des zweiten Kapitels), von ihm in der dritten Person; doch hat er anscheinend mit diesem Timotheus den Brief seinem wesentlichen Inhalt nach vor der Abfassung durchgesprochen, insbesondere in den Punkten, die sich auf die Reisepläne des Paulus und des Timotheus beziehen.

Läßt also der Brief selbst keinen Zweifel darüber, von wem er abgefaßt sein **will,** so muß doch in einer theologischen Diskussion die Frage der **Echtheit** aufgeworfen werden, das heißt die Frage, ob der **angebliche** Verfasser des Briefes auch der **wirkliche** ist.

Selbstverständlich hat es wie bei allen Schriften des Neuen Testaments, so auch hier, nicht an solchen gefehlt, welche die Echtheit des Philipperbriefes angefochten haben. Vor allem war's die sogenannte Tübinger Schule[1], durch ihren historisch-kritischen Radikalismus bekannt, die auch hier negativ vorging. Nachdem aber ihr **letzter** Ausläufer, **Carl Holsten,** 1897 verstorben ist, wird von keinem Ernstzunehmenden die Echtheit unseres Briefes angezweifelt. Es hat allerdings nicht an Versuchen gefehlt, einzelne Stücke als unecht auszumerzen oder den Brief als eine Zusammensetzung aus mehreren Briefen bzw. Briefteilen hinzustellen. Es haben aber auch diese Versuche nicht viel mehr zu bedeuten und sind auch durchweg aufgegeben worden. Die einzige Stelle, die in dieser Beziehung nachdenklich machen könnte, ist der Anfang des dritten Kapitels, besonders der jähe Übergang zu den judaistischen Gegnern. Es ist dies aber in einem **Briefe,** der doch keine Abhandlung sein soll und wahrscheinlich mit Unterbrechungen diktiert wurde, nicht besonders verwunderlich.

Daß Paulus an die Philipper nicht nur diesen einen Brief geschrieben hat, sondern mehrere, geht besonders aus jenem Anfang des dritten Kapitels hervor, wo der Apostel es rechtfertigt, daß er den Philippern „immer dasselbe" schreibt. Da die Verse von der Freude, die uns so geläufig sind, erst im vierten Kapitel folgen (Vers 4–7), so ist anzunehmen, daß hier im dritten Kapitel der Apostel auf frühere Briefe zurückweist. Auch bei den alten Kirchenvätern finden sich Andeutungen, die auf mehrere Philipperbriefe des Apostels hinweisen.

Trotzdem werden wir sagen müssen, daß unser Brief eine Einheit darstellt, keineswegs aber eine einfache Zusammensetzung aus verschiedenen Briefen ist. Der

[1] Unter der sogenannten „Tübinger Schule" verstehen wir die liberale Richtung der Tübinger Theologischen Fakultät im **19. Jahrhundert.** Der radikalste Vertreter war David Friedrich Strauß, **bekannt** durch seine „Leben Jesu"-Kritik.

Anlaß des Briefes, auf den wir gleich zu sprechen kommen, wird in gleicher Weise im Anfang wie gegen Ende des Briefes hervorgehoben, und die zwischen den beiden persönlichen Teilen stehenden dogmatischen und ethischen Partien lassen an Einheitlichkeit und durchsichtigem Gedankenfortschritt nichts zu wünschen übrig.

Das Ganze aber trägt so sehr den Charakter eines Paulusbriefes, daß an der **Echtheit** nicht zu zweifeln ist. Sind Römerbrief, Korintherbriefe und Galaterbrief (die vier „großen Paulinen" genannt) als echt anzuerkennen, dann ganz gewiß auch der Philipperbrief. Er atmet denselben Geist, er bewegt sich in gleichen Gedankengängen und Betrachtungsweisen; er bringt zum Teil die gleichen Ausdrücke und bewegt sich doch in ihnen selbständig, überall Original, nirgends Kopie. An Reife aber und Lebenserfahrung geht er noch über jene Briefe hinaus, ebenso an Innigkeit des Empfindens. Es sollte doch so sein, daß aus der Zahl der vielen Briefe, die Paulus als Apostel geschrieben hat, doch auch **ein** Brief uns aufbewahrt bliebe, der so voller Freude, Lob und Dank ist wie der Philipperbrief, weil er gerichtet ist an eine Gemeinde, die in so hohem Maße unsern Apostel zufriedengestellt hat.

2. Anlaß des Briefes

Der Anlaß des Philipperbriefes liegt in einer verhältnismäßig reichen Liebesgabe, die von den Philippern durch ihr Gemeindemitglied **Epaphroditus** dem gefangenen Apostel übersandt worden ist. Wahrscheinlich ist schon durch den mündlichen Bescheid den Philippern die Ankunft der Gabe gemeldet worden und zugleich die Erkrankung des Epaphroditus, der nicht nur den **Auftrag** gehabt hatte, die Gabe zu überbringen, sondern eine längere Zeit dem Gefangenen zur Seite zu stehen, um ihn zu betreuen (soweit dies möglich war), und Aufträge (vor allem an die Gemeinde) zu überbringen hatte. Wider Erwarten ist **Epaphroditus** aber todkrank geworden, sodaß dem Apostel, der ihn sehr hoch einschätzte, bald ein bitteres Leid widerfahren wäre. Aber Gott hat sich beider erbarmt, des **Epaphroditus** und des Paulus, und hat den Kranken wieder genesen lassen. Beunruhigt darüber, daß die Brüder in Philippi von seiner Krankheit wissen, sehnt sich Epaphroditus nach Hause, um die Brüder von seinem Leben und seiner Gesundheit zu überzeugen, und auch Paulus hält es für das Richtigste, ihn abzusenden. So wird derselbe Jünger, der die Kollekte dem Paulus überbracht hat, des Paulus Bote an die Philipper, um ihnen unsern Brief zu überbringen. In diesem Briefe ist daher mit besonderer Ausführlichkeit über den **Epaphroditus** berichtet und zugleich dessen verhältnismäßig frühe Rücksendung begründet. Der Brief enthält auch die offizielle Quittung für die empfangene Gabe, die wir uns als eine Summe Geldes vorzustellen haben, gesammelt auf dem Wege einer Kollekte.

3. Die Empfänger

Philippi, die Hauptstadt Mazedoniens, gegründet von dem König Philippus, dem Vater Alexanders des Großen, war zur Zeit des Briefes römische Militärkolonie, ausgestattet mit dem sogenannten „ius Italicum". Wir verstehen von hier aus ganz besonders gut, daß Paulus (wie übrigens auch später in Jerusalem) gerade hier sein römisches Bürgerrecht geltend machte und daß dies auch sofort aufs höchste respektiert wurde, so daß eine Eskorte ihn und den Silas feierlich zur Stadt hinaus geleitete. Von dem, was Paulus in Philippi widerfuhr, wissen wir aus der Apostelgeschichte, auch von jenen beiden Persönlichkeiten, die wohl den Grundstock der Christengemeinde zu Philippi bildeten, der Purpurkrämerin Lydia aus Thyatira und dem Kerkermeister. Was Gefangenschaft bedeutet, das hatte Paulus wohl zuerst dort in Philippi kennengelernt. Es war zwar nur eine Nacht, die er, mit Silas zusammen, mißhandelt im Kerker zugebracht hatte, aber die war auch erlebnisreich genug. Jedenfalls hatte der Herr ihnen beiden „Lobgesänge in der Nacht" (Hio 35, 10) geschenkt, daß sie in dem tiefsten Dunkel der Mitternacht und ihres Leidens noch Gott preisen konnten. Dann war die große Wendung eingetreten, und als sie ihre Mission erledigt hatten, d. h. ausgeführt, was **Gott** von ihnen gewollt hatte, konnten sie weiterziehen. Es ist daher von Bedeutung, daß Paulus unsern Brief an die Philipper gerade aus der **Gefangenschaft** schreibt, die er von Philippi her kennt und in der er sich gerade in Philippi bewährt hat.

Wie lange Zeit Paulus damals in Philippi zugebracht hat, wissen wir nicht. Die Zeit wird aber doch wohl länger gewesen sein, als es uns auf den ersten Blick erscheint. Wenn zum Beispiel von jener Magd, die Paulus hernach heilte, gesagt wird: „Solches tat sie manchen Tag", so eröffnet sich hier doch ein Blick auf einen ziemlich weiten Spielraum, der uns davor behüten sollte, die beiden Begebenheiten, Gewinnung der Lydia und Bekehrung des Kerkermeisters, allzu dicht aneinanderzurücken.

Gewiß aber ist, daß durch die Ereignisse Paulus vor der Zeit genötigt war, Philippi zu verlassen. Er wird den Timotheus und vielleicht den Lukas dort zurückgelassen haben, um die Gemeinde aufzubauen, hat ihnen vielleicht noch vor seiner Gefangennahme diesbezügliche Aufträge gegeben für den Fall, daß ihm etwas zustoße.

Wir hören nämlich aus seinem Brief, daß die Philipper ihm die erste Liebesgabe nach Thessalonich gesandt haben, ebenso die zweite. In Philippi konnten sie ihm bei dem unerwartet plötzlichen Abbruch seiner Tätigkeit nichts zukommen lassen, hatten auch keine Gelegenheit, so schnell zu sammeln, waren auch wahrscheinlich noch gar nicht so weit als Gemeinde organisiert, daß sich überhaupt eine „Kollekte" ins Auge fassen ließ. Von da an haben sie ihren Apostel nicht mehr aus den Augen verloren. Den Korinthern kann Paulus schreiben (2 Ko 11, Vers 8 und 9), daß er andere Gemeinden „beraubt" habe, nur um sie, die Korinther, nicht zu beschweren, daß man ihm aus „Mazedonien" (!) das gesandt habe, was zu seinem Unterhalte nötig war. Wo immer er ging und stand, haben sie sich um ihn gekümmert, und wenn vor der letzten Sendung (mit der sich der Philipperbrief beschäftigt) eine längere Zeit verstrichen ist, so hat das daran gelegen, daß die Philipper selber durch irgendeine ganz besondere Notlage daran verhindert waren (Phil 4, Vers 10).

Nach dem Bericht der Apostelgeschichte müssen wir annehmen, daß Paulus auf der Rückreise von Achaia wieder nach Philippi gekommen ist und ebenso auf der nächsten Missionsreise, als er von Kleinasien aus den Abstecher nach Europa machte. Daß er inzwischen etliche Briefe geschrieben haben wird, deuteten wir schon an. Dieser Brief, der einer der letzten, wenn nicht der letzte nach Philippi sein dürfte, setzt ja frühere Briefe voraus.

4. Ort und Zeit der Abfassung

Wann ist denn unser Brief nun geschrieben worden und von **wo** aus? Die beiden Fragen hängen aufs engste miteinander zusammen, schon deswegen, weil die **Feststellung** des **Orts** mit der Frage nach der **Zeit** unlöslich verbunden ist.

Die drei Theorien, die mit der Feststellung des **Orts** zugleich die Zeit feststellen möchten und umgekehrt, lassen sich unter die Überschriften bringen:

Rom **Cäsarea** **Ephesus**

Der alten Tradition nach stammt der Philipperbrief aus der Zeit der römischen Gefangenschaft, und zwar der **ersten** (falls man noch eine zweite anerkennen will). Vieles stößt auf diese Vermutung, zunächst die Tatsache, daß auch die andern Gefangenschaftsbriefe, wie es scheint, aus Rom stammen. Rom ist die Stadt, in der Paulus wohl die längste Gefangenschaft durchgemacht hat, eine längere noch als in Cäsarea, wo einmal von einem Zeitraum von zwei Jahren die Rede ist, der aber noch nicht für die **ganze** Gefangenschaft ausreicht. In Rom fing Paulus sofort nach seinem Eintreffen eine Missionsarbeit an (ganz anders als in Cäsarea), die er zwei Jahre hindurch sehr selbständig ausüben konnte. Weil die Apostelgeschichte dann schweigt, so ist anzunehmen, daß diese günstige Zeit nach zwei Jahren ein Ende nahm, daß dies aber noch nicht das Ende des Paulus war (denn das wäre zweifellos erwähnt worden). Wenn er nun gefangenlag in „Fesseln", wie es der Philipperbrief andeutet, so hatte er, der nach der Cäsareahaft wieder in die Arbeit eingetreten war und dadurch auch in den Verkehr mit allen seinen Gemeinden (Verkehr durch Briefe und Boten), zweifellos viel Anlaß und auch wohl viel Zeit, an die Gemeinden, die er selbst gegründet hatte, Briefe zu schreiben, so den sogenannten „Epheserbrief", die Briefe an die Philipper und Kolosser und den Brief an Philemon.

Unwillkürlich also wird, wenn wir einen „Gefangenschaftsbrief" des Paulus vor uns haben, unser Blick nach **Rom** gelenkt. Dazu aber kommt im Philipperbrief noch zweierlei hinzu: Ausdrücklich erwähnt wird im ersten Kapitel das **Prätorium;** im letzten wird gegrüßt von denen **„aus dem Hause des Kaisers".** Verstehen wir unter „Prätorium" das „Gardekorps" der Prätorianer und unter denen „aus des Kaisers Hause" alles, was zum Haushalt des Kaisers gehört, vor allem die Dienerschaft mit Einschluß der Kaisersklaven, so kann man zwar behaupten, daß sich sowohl Prätorianer wie Kaisersklaven (bzw. des Kaisers Freigelassene) auch außerhalb Roms befanden, aber wie soll Paulus dazu kommen, gerade diese beiden Gruppen zu erwähnen, wenn er nicht von ihrer eigentlichen Stadt aus schreibt, sondern von irgendwoher, wo sie in geringer Zahl sind und in keiner Weise für den Ort charakteristisch (vgl. das später zu den Grüßen Bemerkte). Wo diese drei Dinge zusammenkommen: Gefangenschaft, Prätorianer, Kaiserhaus, da gehört wirklich nicht viel dazu, sich für **„Rom"** zu entscheiden.

Wir könnten nur dann von dieser zweifellos nächstliegenden Entscheidung uns abbringen lassen, wenn wirklich treffende Gründe **gegen** Rom ins Feld geführt werden könnten. Und solche Gründe meinen die **„Gegner"** der Romtheorie auch gefunden zu haben. Ein äußerer Grund ist ihnen zunächst die große Entfernung zwischen Rom und Philippi. Sie hätte natürlich den Apostel nicht hindern können, von Rom aus einmal einen Brief auch an die Philipper zu schreiben; aber, so meint man, sie macht das unmöglich, was der Apostel im zweiten Kapitel in den Abschnitten über Timotheus und Epaphroditus schreibt. Vor allem wird der Epaphroditusabschnitt herbeigezogen, der auch in anderer Beziehung zu so vielen Mißverständnissen Anlaß gegeben hat. Man kalkuliert nun folgendermaßen: Paulus schreibt von ihm: „Er war beunruhigt, weil ihr gehört habt, daß er krank geworden sei." Es muß also, so meint man, eine Botschaft nach Philippi gelangt sein: „Epaphroditus ist krank." Dann muß eine zweite Botschaft nach Rom zurückgegangen sein: „In Philippi hat man davon Kenntnis genommen, daß Epaphroditus erkrankt ist." Und nun erst, so meint man, beginnt Epaphroditus sich zu beunruhigen.

Wie wirklichkeitsfremd ist das doch gedacht! In Wahrheit liegt doch die Sache so: Sobald irgendein Bote, vielleicht ein durchreisender Bruder, von Rom nach Philippi abgegangen war mit der Botschaft: „Epaphroditus ist glücklich mit der Liebesgabe angekommen, ist aber leider zur Zeit schwer erkrankt", mußte über kurz oder lang Epaphroditus von dieser Absendung und dem Inhalt der Botschaft etwas erfahren, und sobald er davon erfuhr, geriet er in Unruhe. Dazu brauchte nicht ein einziger Tag nach der Absendung des Boten zu verstreichen. Man hätte es schon absichtlich dem Kranken verheimlichen müssen, daß seine Krankheit in Philippi gemeldet werde; in **dem** Falle aber hätte er es überhaupt nicht erfahren, und die Beunruhigung wäre nicht eingetreten. Man macht den Fehler, daß man ohne zwingenden Grund den „Aorist" („ihr habt gehört" oder: „ihr hörtet") als Plusquamperfekt übersetzt und dabei annimmt, zuerst müßten die Philipper von der Erkrankung gehört haben und alsdann, nachdem dieses wieder zurückgemeldet sei, wäre Epaphroditus in Unruhe geraten. In Wahrheit will Paulus durch jenen Satz nur sagen: „Die Tatsache, daß ihr von seiner Erkrankung Nachricht erhalten habt, hat ihn in Unruhe versetzt." Dazu ist nicht einmal dieses nötig, daß zur Zeit der **Abfassung des Briefes** diese Nachricht bereits in Philippi eingetroffen war, denn Paulus versetzt sich in dem ganzen Epaphroditusabschnitt in die Zeit, in der man in Philippi seinen Brief empfängt. Nur bei **dieser** Betrachtungsweise konnte er schreiben: „Ich **habe** ihn verhältnismäßig eilig **gesandt"**, während er doch zur Zeit des Schreibens noch in Rom war. Die gleiche Betrachtungsweise veranlaßt auch den Apostel, den ganzen Epaphroditusabschnitt zu beginnen mit den Worten: „Ich **hielt** es für notwendig" (genauer: „Ich bin zu der Überzeugung gelangt, daß es notwendig sei"), anstatt einfach zu schreiben: „Ich **halte** es für notwendig."

Der zweite zeitliche Gegengrund gegen „Rom" wird aus dem vorangehenden Timotheusabschnitt hergeleitet. Paulus schreibt, er wolle Timotheus nach Philippi senden, sobald er absehen könne, wie sein eigener Prozeß ausginge, und zwar dann sofort; und er setzt hinzu: „Ich habe aber im Herrn die Zuversicht, daß ich auch selbst bald kommen werde." Da er nun vorher gesagt hat, er sende Timotheus, damit er, Paulus, guten Muts sein könne, wenn er gehört habe, wie es den Philippern gehe, so folgert man, daß der Abfassungsort des Philipperbriefes in der Nähe Philippis gelegen haben müsse, da Timotheus hin- und herreisen solle, um dem Paulus Nachricht über die Philipper zu bringen, und Paulus trotzdem **bald** abreisen zu können hoffe. Man braucht dies **„bald"** aber nicht auf den Zeitpunkt des **Briefschreibens** oder auf den Zeitpunkt der **Absendung** des Timotheus zu beziehen. Da Paulus ja von einem zu erhoffenden Bericht des Timotheus spricht, kann das „bald" ebensogut bedeuten: „Nachdem Timotheus zurückgekehrt ist und mir den Bericht erstattet hat, werde ich selber so bald wie möglich mich auf die Reise machen." Klar ist aus dem Zusammenhang jedenfalls dies, daß von dem Zeitpunkt der **Entscheidung** des Prozesses bis zum Zeitpunkt der **Abreisemöglichkeit** für Paulus selber noch ein gehöriger Zeitraum liegen muß, da er sonst nicht den Timotheus zuvor noch senden würde. Im übrigen ist nicht einmal sicher, daß Paulus den Timotheus in **Rom** zu treffen gedenkt; er könnte ihn auch auf einer Station seiner eigenen Reise nach Philippi treffen; diese Möglichkeit bleibt noch offen für den Fall, daß jenes **„bald"** den Sinn hätte: „bald nach der Absendung des Timotheus".

Wir haben uns mit diesen rein äußeren Gegengründen gegen Rom, die sich auf Zeitberechnungen beziehen, ein wenig eingehender beschäftigt, weil sie die **objektiven** sind, denen man auf jeden Fall nachgehen muß. Ihnen am nächsten kommen zeitgeschichtliche Erwägungen, die man gegen die alte Romtheorie ins Feld führen zu müssen glaubt. Man hält es zum Beispiel für unmöglich, daß die Judaisten, mit denen Paulus im Galaterbrief so energisch abrechnet, in der Romzeit des Paulus noch einmal sich in den Gemeinden breitgemacht hätten, noch dazu in Europa, in dem ganz römisch eingestellten Philippi. Man hätte dort eher **die** Irrlehrer erwartet, mit denen sich etwa der Kolosserbrief auseinandersetzt. Auf Grund des Galaterbriefes steht es fest, daß der Judaismus, der von den Heidenchristen die Beschneidung forderte, sich weit über die apostolische Zeit hinaus erhalten hat. War er in Kleinasien erledigt, so konnte er weiterwandern, um in Europa festen Fuß zu fassen. Der Gedanke, daß die Kämpfe des Paulus gegen den Judaismus nur eine bestimmte Periode seines Lebens ausgemacht hätten, rechnet nicht mit den Wirklichkeiten des Lebens. Im Menschen selber liegt freilich die Neigung, in bestimmten Perioden seines Lebens sich bestimmten Interessen hinzugeben und bestimmte Kämpfe zu führen. Aber auch hier heißt es: „Der Mensch denkt, Gott lenkt." Gott nötigt uns oft durch die Tatsachen, Kämpfe wiederaufzunehmen, von denen wir den Eindruck hatten, daß sie einer vergangenen Periode unseres Lebens angehörten. So wie Paulus den Kampf gegen die galatischen Irrlehrer nicht deswegen führte, weil er in seiner inneren Entwicklung gerade in **der** Zeit auf solche Kämpfe eingestellt war, sondern weil mit der tatsächlichen großen Gefahr die Nötigung zu solchem Kampfe vorlag, so konnte auch in der Gefangenschaft Roms der Apostel sich nicht dem gleichen Kampf entziehen, wenn jene Irrlehrer oder ihre Nachfolger und Gesinnungsgenossen anfingen, nunmehr in Mazedonien sich breitzumachen.

Es handelt sich bei solchen Aufgaben keineswegs nur um das „Lebensgesetz", dem die einzelne Person unterstellt ist, sondern um ihr Verhältnis zur Umwelt und zu dem, was sich dort abspielt. Und da geschieht es häufig, daß wir Kämpfe, die wir als für uns erledigt ansahen, an anderem Ort und unter neuen Umständen wiederaufnehmen müssen. Gerade der Missionar, der seinen Standort häufig wechselt, wird davon zu zeugen wissen.

Richten wir aber nun einmal auf das Lebensgesetz und den Lebensweg eines Paulus, insbesondere aber auch auf seine innere Entwicklung, unser Augenmerk, so bringt uns gerade diese Betrachtung dazu, nach einer gewissen inneren Schau uns für **Rom** zu entscheiden. Denn wir finden hier den Apostel auf einer Stufe der Reife, wie sie sonst nur dem **Alter** eigen ist und darum einer Zeit angehören muß, in der Paulus sich selber einen **„alten"** Paulus nennt (Phlm 9). Abgesehen von dem zweiten Timotheusbrief, in welchem Paulus seinen Lauf als bereits beendet ansieht, während er im Philipperbriefe noch dem Ziele nachjagt, finden wir in keinem der Paulusbriefe den Apostel so reif und abgeklärt vor wie gerade im Brief an die Philipper. Nicht daß er im Unterschied zum Galaterbrief gegen die unlauteren Prediger **Toleranz** übt, ist hier das Entscheidende – **dies** liegt in der **Sache** begründet –, wohl aber, daß **er**, ganz von sich selber absehend, zur **Freude** durchdringt auch über die Predigt solcher Brüder, die ihn verletzen wollen, **zeugt von einem hohen Reifegrad.** Bemerkenswert ist auch besonders seine Einstellung zu seinem **Sterben,** wie wir es in den Ausführungen darstellen werden. Damit zusammen hängt das Zurücktreten der Parusieerwartung für den persönlichen Hoffnungsblick des Paulus im Unterschied vom Blick auf die Gemeinde, die er mit der Parusie in allerinnigsten Zusammenhang bringt. Nicht seine Auffassung von der Parusie (der Wiederkunft) des Herrn als solcher oder zu ihrem objektiven Zeitpunkt wird hier ausgesagt, wohl aber die innere Einstellung zu der Frage, ob er, Paulus, in diesem Reste seines Erdendaseins sie noch erleben werde, wird hier bekundet, als ihm persönlich Tod und Auferstehung näher gerückt sind.

Diese inneren Gründe veranlassen uns, den Philipperbrief so spät anzusetzen, wie es innerhalb der uns gezogenen Grenzen möglich ist. Daß er nicht der **zweiten** römischen Gefangenschaft angehört wie jener zweite Timotheusbrief, geht schon daraus hervor, daß Paulus (den seine inneren Gewißheiten nie betrogen haben) mit fröhlicher Zuversicht seine Freilassung und das Wiedersehen mit den Philippern **erwartet.** Innerhalb dieser ersten Gefangenschaft jedoch müssen wir ihn ans Ende setzen. Die schönen zwei Jahre des ungehemmten Wirkens, von denen der Schluß der Apostelgeschichte uns erzählt, sind längst vorbei. Paulus ist im Vollsinn Gefangener und muß an aller Unbill des damaligen Gefangenenlebens teilnehmen, auch an den Entbehrungen, soweit nicht eine Gemeinde wie die der Philipper ihm Hilfe sendet. Er ist lahmgelegt, und ehrgeizige Mitchristen nutzen das aus. Sein Prozeß hat aber eine günstige Wendung genommen. In absehbarer Zeit – man kann für den Zeitpunkt schon Dispositionen treffen und Reisepläne machen – wird er endgültig entschieden werden, und ein günstiger Ausgang ist zu erwarten.

Der Philipperbrief ist also unseres Erachtens in Rom gegen Ende der ersten römischen Gefangenschaft von Paulus geschrieben worden.

Es erübrigt sich, die beiden andern Hypothesen, die **Cäsarea-** und die **Ephesushypothese** eingehender zu behandeln. Sie sind Notbehelfe für den, der aus irgendeinem Grunde die nächstliegende Hypothese, nämlich **„Rom“**, ablehnen zu müssen glaubt. Da jedoch unseres Erachtens **nichts gegen** Rom spricht, insbesondere auch die so überreichliche Evangeliumspredigt, die zur Welthauptstadt am besten paßt, so genügt es, von unserm Standpunkt aus auf die beiden andern Theorien ein paar Streiflichter zu werfen.

Bis in die jüngere Zeit hinein handelte es sich ernstlich nur um die Alternative Rom–Cäsarea. Sie hielt sich streng an die Apostelgeschichte, die uns nur von einer zweimaligen längeren Gefangenschaft des Paulus berichtet, eben in Cäsarea (Apostelgeschichte 24-27) und unmittelbar darnach (da der gefangene Paulus sich auf den Kaiser berufen hatte) in Rom. Wer nun gegen Rom Bedenken hatte, plädierte für Cäsarea. Die beiden Theorien „Cäsarea“ und „Rom“ gingen nicht so sehr weit auseinander, da ja die Zeiträume „Cäsarea“ und „Rom“ nur durch die gefährliche und beschwerliche Seereise unterbrochen waren. Im übrigen lagen schon die drei Missionsreisen hinter dem Apostel, und die Leidensfrucht dieser drei Reisen hatte der Apostel bereits geschmeckt und mußte sie noch weiter schmecken.

Weil nun diese beiden Theorien **„Rom“** und **„Cäsarea“** so verhältnismäßig dicht beieinander liegen, so lassen sich zum Teil dieselben Gründe für bzw. wider die eine oder die andere anführen. Was hinsichtlich der Reife des Paulus für Rom spricht, spricht, wenn auch im schwächeren Maße, auch für Cäsarea, besonders wenn man an die **letzte** Zeit der dortigen Gefangenschaft denkt – und das müßte man doch bei dem Ausblick des Paulus auf baldige Entscheidung wohl tun. Was aber **gegen** Rom manchem zu sprechen scheint, nämlich die Größe der Entfernung, würde – wenn auch wiederum in schwächerem Maße – auch gegen Cäsarea sprechen. Vergleicht man diese beiden, Rom und Cäsarea, miteinander, so würde das positiv Gegebene: Prätorianer und „Kaiserhaus“ entschieden für Rom ins Gewicht fallen. Schlechthin **gegen** Cäsarea aber spricht die Tatsache, daß dort Paulus zwar Besuch von seinen Freunden haben durfte, von einer Verbindung aber mit der dortigen Gemeinde (wie sie in Rom zwei Jahre hindurch ungehemmt gepflegt werden konnte) gar nicht die Rede ist. Wir hören nur einmal von der Familie des Evangelisten Philippus, aber auch dies nicht in dem sehr ausführlichen Bericht über des Paulus Gefangenschaft. Alles das, was Paulus von der Gemeinde und von seinen Gehilfen schreibt, bleibt, auf Cäsarea angewandt, völlig unverständlich.

Demgegenüber hat die Hypothese „Ephesus“ den großen Vorzug, daß sie völlig neue Gesichtspunkte in die Debatte wirft und daher ernstlich diskutiert werden muß, was auch von uns in unserm Plädoyer für Rom indirekt geschehen ist. Sie bringt sowohl hinsichtlich des Ortes wie hinsichtlich der Zeit ein völlig neues Prinzip.

Zunächst hinsichtlich des Ortes! Ephesus ist in der Tat so gelegen, daß ein schnelles Hinundherreisen von Ephesus nach Philippi und von Philippi nach Ephesus möglich ist. Was in den Abschnitten „Timotheus“ und „Epaphroditus“ gesagt wird, hätte sich in der Tat zwischen Ephesus und Philippi so abspielen können, wie es viele (unseres Erachtens mit Unrecht; vgl. das Vorige) sich vorstellen. Ebenso würde die Gesamtauffassung vom Leben des Paulus, die des Apostels Kampf gegen den Judaismus **einer** ganz bestimmten Periode seines Lebens und Wirkens zuschreibt, unangetastet bleiben, wenn man annimmt, daß der Philipperbrief während der dritten Missionsreise des Paulus, also zeitlich nicht weit getrennt vom Galaterbrief geschrieben worden ist. Da wir (vgl. das Vorige) gerade in diesen beiden Punkten (Reisen der Paulusjünger und Kämpfe gegen den Judaismus) anderer Meinung sind, so bleiben wir bei Rom, wollen aber gern gestehen, daß, wenn man überhaupt ernstlich disputieren will, nicht eigentlich „Rom“ und „Cäsarea“, sondern **„Rom“ und „Ephesus“ zur Debatte stehen.** Es ist natürlich nicht ausgeschlossen, daß noch einmal eine andere Stadt von namhaften Vertretern auf den Schild erhoben wird.

Was aber **gegen** Ephesus vor allem spricht, ist dieses: Mit keinem einzigen Wort wird in der Apostelgeschichte oder in irgendeinem der Apostelbriefe eine Gefangenschaft des Paulus in Ephesus erwähnt. Auch in der berühmten Abschiedsrede an die Ältesten der ephesischen Gemeinde, in der doch Paulus mit sehr pointierten Worten auf seine Predigt wie auf sein Beispiel hinweist, ist von einer Gefangenschaft gar nicht die Rede.

Wohl hat man darauf hingewiesen, daß Paulus nach seinen eigenen Briefen mehr als zweimal[2] gefangengesessen hat, daß er schon im Römerbriefe zwei Brüder seine Mitgefangenen nennt (Rö 16,7); aber wer bürgt uns dafür, daß es sich hier um **längere** Gefangenschaften gehandelt hat, in denen man Briefe schreibt und Unterstützungen annimmt und am Gemeindeleben der Stadt so regen inneren Anteil nimmt, wie Paulus es nach dem Philipperbrief in seiner Gefangenschaft getan hat? Und wenn er – auch dieses hat man angeführt – im fünfzehnten Kapitel des ersten Korintherbriefes davon redet (Vers 32), daß er zu Ephesus mit „wilden Tieren“ gekämpft hat, so denkt er unseres Erachtens an die wild gewordene Masse, die zwei Stunden lang sinnlos schreit: „Groß ist die Artemis von Ephesus.“ Jedenfalls denkt er nicht an einen Kampf „mit wilden Tieren“ im buchstäblichen Sinne, wie ihn in den Christenverfolgungen die Märtyrer im Zirkus zu bestehen hatten; und selbst wenn er so

[2] Wir denken an Cäsarea und Rom.

etwas meinte, so hat das an sich doch nichts zu tun mit einer langen Gefangenschaft, während welcher ein Prozeß eine günstige Wendung nimmt und ein gutes Ende verheißt. Der Apostel mag viel häufiger, als man gemeiniglich annimmt, bei einem Volksauflauf für einige Tage (ebenso wie in Philippi für eine Nacht) ins Gefängnis geworfen worden sein, ohne daß dies in den Reiseberichten ausdrücklich erwähnt wird, aber über eine Gefangenschaft in Ephesus unter all den Umständen, die im Philipperbrief erwähnt werden, hätte die Apostelgeschichte, die gerade über jene Krisis in Ephesus (Demetrius) so sehr ausführlich berichtet, ganz gewiß nicht geschwiegen.

Wir bleiben bei „Rom".

5. Der Grundgedanke des Philipperbriefs

Der Epheserbrief bringt das Wort von der „Gemeinde", der Galaterbrief das Wort von „Gesetz und Evangelium". Enthält auch der Philipperbrief einen so einheitlichen Gedanken? Auf den ersten Blick möchte man diese Frage verneinen. Man möchte etwa antworten: „Die **Gedanken** des Philipperbriefes sind sehr mannigfaltig, aber es geht ein **Ton** durch den ganzen Brief hindurch, das ist der Ton der Freude, und zwar der **‚Freude im Herrn!'."**

Dieser Eindruck ist zutreffend, und wenn man ihm nachgeht und dementsprechend einmal diesen Ton im ganzen Briefe sucht, merkt man, daß es sich nicht nur um einen Grund**ton,** sondern um einen Grund**gedanken** handelt, der durch den Brief sich hindurchzieht. Und dies ist der Gedanke an die **Freude im Herrn.**[3] Man wird nun zwar nicht den Philipperbrief bezeichnen können als die „**Lehre** von der Freude im Herrn", so wie man etwa den Epheserbrief bezeichnen kann als die „**Lehre** von der Gemeinde für die Gemeinde". Wohl aber kann man sagen: „Der Philipperbrief bringt das **Wort** von der Freude im Herrn." Damit sprechen wir's, um nichts zu konstruieren und keine Künstelei zu bringen, von vornherein hier aus, daß wir nicht der Meinung sind, Paulus habe sich hier vorgenommen, ein scharf abgegrenztes „**Thema**" zu behandeln. Wohl aber stehen wir unter dem Eindruck, daß aus einer ganz bestimmten inneren Einstellung den Philippern gegenüber Paulus immer wieder – bald in diesem, bald in jenem Zusammenhang – auf die heilige Freude, die Freude im Herrn hinauskommt, so daß dies, wenn auch zunächst unbeabsichtigt, doch tatsächlich zum Grundgedanken unseres Briefes wird.

Schon gleich im Anfang muß er von seiner **Freude** sprechen, in der er im Gedanken an die Philipper allzeit betet. Aus der Freude heraus kommt ja der ganze Brief, und von dem „positiven Gefühlston" der **Freude sind alle seine Gedanken an die Philippergemeinde begleitet.**

Kommt er alsdann im folgenden Abschnitt auf sich selbst zu sprechen und auf sein persönliches Ergehen, so hat die Freude auch da das letzte Wort zu sprechen. Was ihm da in Rom begegnet, ist eigenartig genug und möchte manchen andern sehr bitter stimmen; aber bei Paulus kommt alles auf die Freude hinaus. „Und in diesem **freue** ich mich", so schreibt er und fährt dann fort: „Und ich **werde** mich auch freuen." Freude in der Gegenwart und Freude in der Zukunft, wenn der Herr erst kommt!

Wohl hat der Apostel Sehnsucht nach der oberen Heimat, Sehnsucht nach einer völligen Vereinigung mit Christo, der seine ganze Freude geworden ist, **auf** den er

[3] Lohmeyer sieht den Grundgedanken im „**Martyrium**", und macht darnach auch die Einteilung.

sich daher auch freuen kann („Ich habe **Lust,** abzuscheiden und bei Christo zu sein"). Aber er will **bleiben,** den Philippern zur **„Freude** des Glaubens", wie er es ausdrücklich bezeugt.

Wohl gibt es einen Kampf zu bestehen in der Nachfolge Jesu, wohl gibt es ein Leiden für Jesus. Das wissen Paulus und die Philipper aus eigenster Erfahrung, aber daß sie kämpfen und leiden dürfen, ist ihnen **geschenkt** (echaristhe von charis, mit **chara:** Freude stammverwandt).

Und wenn nun persönliche Mahnungen kommen, so werden sie eingeleitet durch die Bitte: **„Machet meine Freude völlig!"** und illustriert an dem Beispiel Jesu, der in Tiefen des Leides hinabstieg und hernach auf die Höhe der Freude emporklimmen durfte.

Und wenn alsdann nach dem ernsten Appell, die Seligkeit zu schaffen, Paulus davon schreibt, daß er um der Seligkeit der ihm Anvertrauten willen sich aufopfere, so kann er dazu bemerken: „so **freue** ich mich doch und **freue** mich mit euch allen. Desgleichen **freuet** auch ihr euch und **freuet** euch mit mir!" Viermal das Wort von der Freude!

Nun kommen die beiden Abschnitte über Timotheus und Epaphroditus. Den Timotheus sendet er nach Philippi, damit er selber, Paulus, **guten Mutes** sei, wenn er etwas über die Philipper hört, und den Epaphroditus läßt er heimkehren nach Philippi, damit, wie er sich ausdrückt, „ihr euch **freut** und ich einen Kummer weniger habe".

Vergleicht der Apostel alsdann im dogmatischen Teil seinen früheren Weg, den Weg des Gesetzes, den er mit großem Stolz gegangen ist, mit seinem jetzigen Wege, und achtet alles Bisherige für Schaden, und zwar infolge der alles „überragenden Erkenntnis Christi", und redet er davon, daß er dem nachjagt, Ihn, Christum, immer tiefer zu erkennen, so merkt man ihm an, daß eben dieser Christus seine Freude geworden, um deretwillen er gern alles andere, woran man sich sonst freuen könnte, hingibt. Und auch das Jagen nach dem Kleinod ist schließlich ein Jagen nach **Ihm** und eine Freude auf Ihn. Jedenfalls hat er den ganzen Absatz eingeleitet mit dem Wort: „Im übrigen, meine Brüder, **freut euch in dem Herrn"** und hat hinzugefügt: „Euch immer dasselbe zu schreiben, ist mir nicht lästig, macht euch aber sicher" (euch aber bietet es größere Sicherheit). Er hat sie also schon wiederholt zu solcher Freude aufgefordert und gedenkt dies noch weiterhin zu tun, wie das berühmte vierte Kapitel zeigt.

Und wenn der Apostel im ethischen Teile weinen muß über solche, in denen das Samenkorn von der „Wollust dieses Lebens" erstickt wird, so bricht doch um so mehr bei **ihm** und allen, die auf **seinem** Wege sind, die Freude durch als **Freude auf den Herrn,** auf den sie **warten** als ihren „Retter".

Bevor er aber den zweiten Absatz seines ethischen Teiles beginnt, nennt er die Philipper seine „Geliebten" und „Ersehnten", seine **„Freude"** und seinen „Kranz".

Wir sehen hier, wie dicht Liebe und Freude beieinander liegen. Die **Bruderliebe** ist ja ihrer Wurzel nach nicht **„erbarmende"** Liebe, wie sie den Nochverlorenen gegenüber geübt werden soll, sondern Liebe des **„Wohlgefallens",** und darum Liebe, die aus der **Freude** kommt. Wenn also der Apostel die beiden Frauen Evodia und Syntyche zu neuem Zusammenschluß in der geschwisterlichen Liebe mahnt, so heißt das: „Habt wieder die alte Freude aneinander, in der ihr euch seinerzeit zu fröhlicher Arbeitsgemeinschaft zusammenschlosset!"

Daran schließt sich nun das große: **„Freuet euch in dem Herrn allewege, und abermals** sage ich: **Freuet euch!"** (Nach Luther). Da kommt noch einmal, aber dieses Mal in seinem Vollton, das **Leitmotiv** heraus, das Leitmotiv des ganzen Philipperbriefes. Aus dieser Freude kommt die „Lindigkeit", mit ihr verbindet sich der „Friede".

Und nun kommt nach der letzten Mahnung, sich auszustrecken nach allem, daran ein Mensch mit halbwegs normalem Gewissen seine helle Freude haben muß, der zweite und letzte persönliche Teil, der mit der **großen Freude** des Apostels über die Sendung der Philipper beginnt. Ich habe mich „groß gefreut", so heißt es da, ganz wörtlich übersetzt; auch wo letzten Endes der Grund solcher Freude liegt, tut er den Philippern kund, nämlich in der **Frucht** seiner Arbeit, die er selber ersehnt hat und die den Philippern zugute kommen wird am großen Erntetag.

In Summa! Man lese den Philipperbrief und unterstreiche überall die Wörter „Freude" und „sich freuen" und achte auf alles andere, das auf die Freude hinausläuft! Und man wird anerkennen:

Freude ist der Grundton, Freude ist das Leitmotiv des Philipperbriefes!

Freude im Herrn!

6. Aufbau

Einem ausführlicheren Briefe eines Apostels, der an eine Gemeinde gerichtet ist und große allgemeine göttliche Wahrheiten behandelt, liegt es am nächsten, nach einer persönlichen Einleitung einen **dogmatischen** Teil zu bringen und auf diesen aufgebaut einen **ethischen.** Das Persönliche aber kann für den Apostel eine solche Rolle spielen und mit dem dogmatischen oder ethischen Teil so unlöslich verknüpft sein, daß es einen besonderen Hauptteil bildet, den man dem dogmatischen oder ethischen Teil als ebenbürtig zur Seite stellen kann. So liegt die Sache im Galaterbrief, der sich uns zwanglos in diese drei Teile zerlegt, wobei der persönliche Teil am Anfang steht.

Ähnlich verhält es sich mit unserm Philipperbrief, nur daß hier die Pointierung eine wesentlich andere ist. Im Galaterbrief war die **Sache,** um die es sich handelt, nämlich das Thema: „Gesetz oder Evangelium" die Hauptsache, und der persönliche Teil war nötig, um die erschütterte Autorität des Apostels wiederherzustellen und so dem sachlichen Teil die rechte Unterlage und den nötigen Nachdruck zu geben. Hier im Philipperbrief liegt die Sache umgekehrt. Der Anlaß dieses Briefes ist ja, wie wir hörten, ein rein persönlicher. Daher steht das Persönliche im Vordergrunde, und zwar so stark, daß es einen **ersten** und einen **letzten** Hauptteil des ganzen Briefes bildet. Dazwischen stehen dann der dogmatische und der ethische Teil, die unter dem Zeichen der überwiegenden persönlichen Teile beide den einen Grundgedanken haben: „Freude im Herrn!" (Vgl. das Vorige).

Dementsprechend baut sich der Philipperbrief in folgender Weise auf: Nach der Nennung der Absender (Paulus und Timotheus) und der Empfänger (alle Christen in Philippi „samt Bischöfen und Diakonen") kommt der übliche Friedensgruß.

Alsdann gibt der Apostel seiner großen Freude Ausdruck über die Gemeinde und seiner Zuversicht hinsichtlich ihrer Bewahrung, bezeugt den Philippern die Innigkeit seiner Gefühle und spricht seine letzten Wünsche für sie aus, die Wünsche hinsichtlich des Herrentages.

Sodann erzählt er von der Wendung, die sein Prozeß genommen hat, und ihrer günstigen Wirkung, vor allem auf die Prediger des Evangeliums, unter denen es freilich auch unlautere gibt, die Christum aus Ehrgeiz verkündigen, aber durch solche Verkündigung doch dem Siegeslauf des Evangeliums dienen. So will Paulus sich denn auch darüber freuen, zumal er weiß, daß ihm persönlich dies alles ewigen Gewinn bringen wird, auch wenn er durch den Märtyrertod hindurch muß. Er persönlich ist dazu gern bereit, denn dieser Tod verbindet ihn mit Christo. Aber um den Brüdern noch dienen zu können, wird er noch am Leben bleiben.

Es folgen nunmehr persönliche Mahnungen, zuerst zur Einigkeit, dann zur Selbstlosigkeit und Demut. In diesen Zusammenhang ist eingeschoben ein Christushymnus, der, um das Vorbild Christi ins rechte Licht zu rücken, uns eine kurze Christologie des Paulus liefert unter Betonung der Erniedrigung und der Erhöhung Christi.

Daran schließt sich die ernste Mahnung, auf das ewige Heil bedacht zu sein und in der dunklen Welt zu leuchten.

Und nun folgen die beiden ganz persönlichen Abschnitte, die von Timotheus und von Epaphroditus handeln.

Nachdem dann noch einmal das Leitmotiv von der Freude vernommen worden ist, geht der Apostel zum **dogmatischen** Teile über. Hier handelt es sich um zwei Themen: Ablehnung des Judaismus und Ablehnung des Perfektionismus.

Mit dem Judaismus rechnet der Apostel dadurch ab, daß er seine christliche Gegenwart mit seiner stolzen jüdischen Vergangenheit vergleicht und feststellt, daß er heute alles, was ihm einst als Gewinn erschien, als Schaden ansieht und alles jenes wegwirft, um Christum ganz zu haben.

Dieses Ziel hat er freilich noch nicht erreicht, er ist noch nicht vollendet (gegen Perfektionismus), jagt ihm aber nach und fordert alle, die im weiteren Sinne zu den Vollkommenen (den Männern und Frauen in Christo) sich zählen wollen, auf, es ihm gleich zu tun.

Im **ethischen** Teil kommt zunächst eine ganz bestimmte Mahnung, die sich an alle richtet, die Mahnung zum himmlischen Sinn entsprechend dem himmlischen Bürgerrecht des Christen, verbunden mit der Warnung vor dem abschreckenden Beispiel der irdisch Gesinnten.

Der Brief bringt spezielle Mahnungen an einzelne Persönlichkeiten, an zwei Frauen, Eintracht zu halten, und an einen Bruder, ihnen zur Seite zu stehen.

Alsdann kommen die beiden allgemeinen Mahnungen zur Freude in dem Herrn und einer dementsprechenden Einstellung zu den Menschen (Lindigkeit) und zu Gott (Gebet) und zur Befolgung alles dessen, was das natürliche Gewissen dem Menschen anbefiehlt.

Nunmehr bringt in einem **zweiten persönlichen** Teil der Apostel seine ganz besondere Freude über die durch Epaphroditus übersandte Liebesgabe zum Ausdruck, betont zwar seine eigene Autarkie, zeigt aber, warum seine Freude über die Gabe dennoch so groß ist und was die Gabe, der schon viele andere vorangegangen sind, für die Geber nach der Rechnung Gottes zu bedeuten hat.

Nachdem der Apostel offiziell über die Gabe quittiert und dabei auch das „mehr als genug“ zum Ausdruck gebracht hat, verheißt er den Philippern reichen Lohn „in der Herrlichkeit“.

Es folgen die Grüße hin und her. Gegrüßt wird von Paulus „jeder Heilige“ in Philippi. Ebenso grüßen von Rom aus alle Christen, insbesondere aber die „aus des Kaisers Hause“, womit auch in der Frage des Abfassungsortes für uns das letzte Wort geprochen ist.

Fast gleichlautend mit dem Schluß des Galaterbriefes schließt der Apostel den Philipperbrief: „Die Gnade des Herrn Jesu Christi sei mit eurem Geiste!“

Fritz Rienecker

Der Briefeingang

Philipper 1, 1–2

1 **Paulus und Timotheus, Sklaven Christi Jesu, an alle Heiligen**
in Christus Jesus, die in Philippi sind, samt Aufsehern und Die-
2 **nern: * Gnade [werde] euch [zuteil] und Friede von Gott unserm**
Vater und dem Herrn Jesus Christus.

Apg 16,12-40
[1]* Apg 20, 6
[2]* 1 Th 2, 2
Zu Vers 1:
[3]* Apg 20, 28
[4]* 1 Ko 1, 2
Zu Vers 2:
[5]* Rö 1, 7

Diese Eingangssätze in der allgemein üblichen Briefform der alten Welt – Absender und Empfänger des Briefes werden genannt und durch einen Gruß verbunden – machen uns darauf aufmerksam, daß wir es im folgenden mit einem regelrechten Brief zu tun haben. Das vergessen wir leicht, weil wir uns daran gewöhnt haben, diese Kapitel als Seiten eines dicken Buches, der Bibel, zu lesen. Das aber ist gerade das Wunder der „Bibel", daß sie nicht ein einziges, zusammenhängend diktiertes Buch ist, sondern eine Sammlung von Schriften, die jeweils sehr „menschlich" in bestimmter Situation entstanden sind und nun doch in wunderbarer Einheit, nie endender Kraft und unerschöpflicher Tiefe Gottes Wort immer neuen Geschlechtern sagen. So haben wir auch den Philipperbrief ganz „geschichtlich" als echten Brief zu lesen, der ganz bestimmten Menschen in ihrer einmaligen Lage und zunächst nur ihnen geschrieben wurde. Paulus dachte nicht daran, nun beim Diktieren ein Stück „Bibel" zu verfassen, das noch Jahrhunderte später in völlig anderer Zeit und Umgebung gelesen werden würde. Es wäre ebenso lieblos wie hochmütig gewesen, zwar die Philipper anzureden, dabei aber an unbekannte Menschenscharen kommender Generationen zu denken. Nein, Paulus meinte die Philipper und jetzt nur sie. Für sie ist jedes Wort bestimmt. Aber indem wir uns ganz dem Wort hingeben, wie es da steht, indem wir es möglichst genau mit dem Ohr eines Mannes jener Tage zu hören versuchen, werden wir erfahren, wie es mit der Vollmacht göttlicher Wahrheit auch zu uns redet. Das ist das Geheimnis der Bibel, das größer ist als alle Theorien über die Heilige Schrift.

[1]* Apg 20, 6: ... wir selbst dagegen fuhren nach den Tagen der ungesäuerten Brote zu Schiff von Philippi ab und kamen fünf Tage später zu ihnen nach Troas, wo wir sieben Tage blieben.

[2]* 1 Th 2, 2: ... sondern nachdem wir vorher, wie ihr wißt, in Philippi Leiden und Mißhandlungen hatten erdulden müssen, gewannen wir doch in unserm Gott den frohen Mut, die Heilsbotschaft Gottes unter schweren Kämpfen bei euch zu verkündigen.

[3]* Apg 20, 28: So gebt denn acht auf euch selbst und auf die ganze Herde, bei welcher der Heilige Geist euch zu Aufsehern bestellt hat, damit ihr die Gemeinde des Herrn weidet, die Er sich durch sein eigenes Blut erworben hat.

[4]* 1 Ko 1, 2: ... senden unsern Gruß der Gemeinde Gottes in Korinth, den in Christus Jesus Geheiligten, den berufenen Heiligen, samt allen denen, welche den Namen unsers Herrn Christus anrufen an jeglichem Ort bei ihnen wie bei uns.

[5]* Rö 1, 7: Euch allen, die ihr als Geliebte Gottes, als berufene Heilige in Rom wohnt, sende ich meinen Gruß: Gnade werde euch zuteil und Friede von Gott unserm Vater und dem Herrn Jesus Christus!

Das hat der Heilige Geist getan, daß Paulus, der ganz als lebendiger, originaler Mensch, das Herz einzig seinen geliebten Philippern zugewandt, diese Sätze formte, zugleich so schreiben mußte, daß Menschen aller Rassen und Völker, Menschen aller Jahrhunderte in diesen Sätzen die Quelle ihres eigenen göttlichen Lebens fanden. Darum lohnt es sich auch für uns, den so bekannten, so oft ausgelegten, so oft schon von uns selbst betrachteten Philipperbrief aufs neue zu studieren, weil er mitten in seiner vollen geschichtlichen Menschlichkeit zugleich Gottes wahrhaftiges Wort ist, das von uns niemals „ausgelesen" werden kann.

Wer schreibt diesen Brief? Wir antworten unbedenklich: „Paulus"! Paulus selbst aber sagt: **„Paulus und Timotheus"** und stellt damit Timotheus für das Zeugnis dieses Briefes unmittelbar neben sich. Er will nicht der „große Mann" sein, dessen originelle Gedankenführung die Gemeinde bewundern soll. Es geht um eine Sache, und diese Sache allein ist wichtig; darum wird sie von zwei Männern, zwei „Zeugen" vertreten. Zu einem wirklichen „Zeugnis" gehören nach der alttestamentlichen Regel 5 Mo 19, 15 „zweier oder dreier Zeugen Mund". Zwar setzt in diesem Brief anders als etwa Kol 1, 3; 1 Th 1, 2 sofort die Rede in der 1. Person ein. Von Timotheus wird nachher im Brief 2, 19 wie von einem anwesenden Mitarbeiter gesprochen, über den Paulus verfügt. Dabei wird er auch in einer solchen Weise empfohlen und hervorgehoben, daß wir uns nicht vorstellen können, Paulus habe diese Worte auch nur im Dabeisein des Timotheus diktiert. Auch in den Schlußgrüßen tritt er nicht hervor. Und doch bleibt dies „Paulus und Timotheus" am Eingang bestehen. Paulus macht sicher keine höflichen Redensarten. Der Inhalt des Briefes ist mit Timotheus durchgesprochen und wird von ihm mit verantwortet. Ob wir davon nicht lernen sollten?

Paulus hat dies „zu zweit" hier sogar besonders betont. Es heißt nicht wie anderwärts (etwa Kol 1, 1) „Paulus, Apostel des Christus Jesus, und Timotheus, der Bruder". Jeder „Titel" ist vermieden, Paulus und Timotheus werden als **„Sklaven Christi Jesu"** zusammengefaßt. Damit kommt in den Brief von vornherein etwas Vertrauliches und Persönliches. Den Philippern gegenüber braucht Paulus nicht seine apostolische Vollmacht zu unterstreichen. Gewiß, auch dies **„Sklaven Christi Jesu"** ist mehr als nur eine Aussage über die persönliche Stellung der beiden Männer zu Jesus. Nicht alle Gemeindeglieder, die in der Lebenswende zu „Heiligen" und also zum Eigentum Jesu wurden, sind darum auch schon seine „Sklaven". Der „Sklave" d i e n t und steht mit seiner ganzen Zeit und Kraft völlig seinem Herrn zum Dienst zur Verfügung. So wird die Bezeichnung „Sklave des Christus Jesus" zum Ehrennamen der Männer, die ihr Leben vollständig in den Dienst Jesus setzen. Das gibt dann auch ihrem Wort ein einzigartiges Gewicht.

Timotheus stammte aus Lykaonien und war der Sohn eines Griechen und einer gläubig gewordenen Jüdin. Welche Einflüsse sind da schon auf ihn wirksam geworden! Dann kommt er bei der ersten Evangelisation in Ikonien, Lystra und Derbe durch Paulus selber zum Glauben an Jesus. Als Paulus auf der zweiten Missionsreise die lykaonischen Gemeinden erneut besuchte, wurde Timotheus, von den Brüdern besonders empfohlen, als ganz junger Mann – vielleicht als Ersatz für den ausgeschiedenen Markus – Reisebegleiter des Paulus und ein sich immer mehr bewährender Mitarbeiter (1 Tim 1,2; 4, 12; Apg 16, 1–3; 17, 14 ff.; 18, 5; 1 Ko 4, 17; 16, 10; 2 Ko 1, 19; Phil 2, 20). Er gehört der Delegation an, die zusammen mit Paulus die große Gabe der paulinischen Gemeinden nach Jerusalem bringen soll (Apg 20, 4). Er teilt die Gefangenschaft des Paulus. In sechs Briefen erscheint er als „Mitbriefsteller".

Die Adresse hat Paulus in seinen Briefen verschieden gestaltet. In den beiden Korintherbriefen, den beiden Thessalonicherbriefen und im Galaterbrief wendet er sich an die „Gemeinde"; im Kolosserbrief an die „Brüder"; im Römerbrief, Epheserbrief und an unserer Stelle an die „Heiligen". Besondere Gründe für diese Verschiedenheiten werden uns nicht sichtbar.

„An alle Heiligen." Gegenüber dem verbreiteten moralischen Mißverständnis des Wortes „heilig" als „gut", „rein", „fromm" hat man betont, daß „heilig" einfach bedeute „Gott gehörend", „zu Gottes Eigentum beschlagnahmt". Das ist schon richtig; denn nach Sach 14, 20. 21 wird dies „heilig" sogar einmal von Kochtöpfen gelten und auf den Schellen der Pferde stehen. Aber wir dürfen auch nicht einem falschen „objektivierenden" Zug unterliegen, der durch das christliche Denken unsrer Tage geht. „Heilig" bezeichnet doch nicht nur das objektive Verhältnis, in dem etwas oder jemand zu Gott steht. „Heilig" ist eben doch auch echtes Eigenschaftswort und als solches auch „Qualitätsbezeichnung". So wird es zunächst von dem heiligen Gott selbst gebraucht. Die von Petrus in seinem 1. Brief angeführte Stelle aus 3 Mo 19 verlöre ihren Sinn, wenn „heilig" nur hieße „Gott gehörig". Nein, diese von Gott Beschlagnahmten müssen schon bestimmte „Qualitäten" haben und sind erst durch sie „Heilige" im vollen Sinn. Solche „Heilige"[1] gibt es auch in Philippi, und an sie geht dieser Brief.

Freilich, sie haben diese Stellung zu Gott und diese Qualitäten nicht aus sich selbst. Das unterscheidet in der Tat das „Heilig"-sein von allen sittlichen Errungenschaften. Sie sind Heilige **„in Christus Jesus".** Wenn dieses „Christus Jesus" in den wenigen Zeilen des Briefeingangs dreimal gewichtig vorkommt, so ist das aus dem Mund des Paulus gewiß nicht „formelhaft". Es geht darum auch keinesfalls an, dies „in Christus" etwa nur mit unserm so blassen und abgegriffenen Wort „christlich" wiederzugeben. Nein, es wird hier

[1] Anm. Man hat mit Recht darauf aufmerksam gemacht, daß es im Neuen Testament das Wort nur im Plural gibt. Ein einsamer, einzelner „Heiliger" ist für das Neue Testament eigentlich undenkbar. Der Christus ist der Schöpfer der Gemeinde und ist in der Bruderschaft gegenwärtig, bestehe sie auch nur aus zweien oder dreien, die in Seinem Namen beisammen sind.

sogleich am Beginn des Briefes deutlich: Es geht bei allem einzig und allein um eine Person, um Jesus, der der Christus ist, und um das Verhältnis zu Ihm. Eben dies Verhältnis zu Jesus ist das ganze „Christentum". Dabei geht es nicht nur um ein Wissen „von" Jesus, nicht einmal nur um ein Glauben „an" Ihn, sondern um dies „in" Christus Jesus, um das Haben der ganzen Existenz in diesem „Raum", um das Wurzeln in diesem „Boden".

Daß sich diese „Heiligen in Christus Jesus", an die hier geschrieben wird, **„in Philippi"** befinden, ist unwichtig und wichtig zugleich. Unwichtig ist es, weil der Lebensort und Lebensraum dieser Heiligen nicht Philippi und nicht irgendeine andere Stadt und überhaupt nicht diese Welt ist, sondern Christus Jesus! Wenn sie nach Rom oder nach Athen zögen, änderte sich an ihrem wesentlichen Lebensstand nichts, sie blieben die gleichen „Heiligen in Christus Jesus". Darum lautet die Adresse auch nicht „an die Heiligen in Philippi", sondern „an die Heiligen in Christus Jesus". Aber freilich, daß sie jetzt in Philippi wohnen und leben, das hat schon seine Bedeutung. Denn unser Leben ist immer ein „geschichtliches", und menschliche Geschichte vollzieht sich konkret und bestimmt in Zeit und Raum. Darum sind für uns Ortsnamen erfüllt mit geschichtlichen Erinnerungen. **„Die in Philippi sind"** – Paulus konnte diesen Namen nicht nennen, ohne noch einmal daran zu denken, wie er vor vielen Jahren – der Brief gehört ja in die letzte Lebenszeit des Paulus – in diese Stadt kam als den ersten Ort der ihm von seinem Herrn besonders befohlenen europäischen Arbeit, wie er diese Arbeit so bescheiden begann unter den Frauen draußen am Fluß, wie sich Herz und Haus der Lydia dem Evangelium öffnete, wie die Rettung der kleinen Sklavin aus dämonischer Gebundenheit ihn ins Gefängnis führte und seiner Wirksamkeit anscheinend ein rasches Ende bereitete und wie es dann in jener denkwürdigen Nacht voll Schmerzen und voll Lob Gottes zur Bekehrung des Kerkermeisters kam (Apg 16, 11–40). Er hatte dann die Stadt verlassen müssen, hatte die Gemeinde aber später wieder besucht (1 Ko 16, 5; Apg 20, 1–6) und war mit ihr besonders innig verbunden (4, 15). Aber auch die Heiligen in Philippi selbst hatten ihr Sein in Christus, ihren Christenstand, nur in und mit dieser Geschichte der Gemeinde, die ihre unwiederholbare, einmalige Art hatte und in Philippi sehr anders aussah als in Thessalonich, Korinth oder Kolossä.

Die Stadt **Philippi** war von König Philipp, dem Vater Alexander des Großen, in der Mitte des 4. Jahrhunderts v. Chr. als Residenz gegründet worden. Durch ihre verkehrstechnisch günstige Lage, durch reiche Gold- und Silberminen blühte sie rasch auf. Nach der Einverleibung Macedoniens in das Römische Reich wurde Philippi Militärkolonie „Colonia Augusta Julia Philippensis" mit „ius Italicum", mit römischem Recht. In Apg 16 wird der römische Stolz (Vers 21) und werden im griechischen Text die römischen Titel der Beamten (Vers 19. 20. 35 Prätoren und Liktoren) deutlich sichtbar. Philippi war so etwa ein „Klein-Rom" im Osten. Auch jetzt führte die Handelsstraße zwischen Europa und Asien hindurch (die „Via Egnatica") und schloß die Stadt an den lebhaften Verkehr an. Es ist nicht verwunderlich, daß die Judenschaft in einer so selbstbewußt-römischen Kolonie klein und bedeutungslos blieb und es nicht einmal zu einer eigenen Synagoge brachte (Apg 16, 13. 20). Darum werden die Bedrängnisse, unter denen die Gemeinde zu leiden hatte, hier nicht von der Judenschaft ausgegangen sein, sondern eher den „antisemitischen" Charakter der ersten Zusammenstöße behalten haben.

„Samt Aufsehern und Dienern" fügt Paulus hinzu. Das geschieht unter allen uns erhaltenen Gemeindebriefen des Paulus nur hier. Eben darum ist es für uns auch unmöglich, ein klares Bild darüber zu gewinnen, wen Paulus bei diesen Worten vor sich sah. Gab es solche „Aufseher und Diener" nur in Philippi? Oder waren sie dort nur zu besonderer Bedeutung gelangt? War es dort zuerst zu diesen bestimmten Titeln für Dienste gekommen, die der Sache nach auch anderwärts geschahen? Worin bestanden diese Dienste? Was war die Funktion eines „episkopos" = „Aufsehers", was die eines „diakonos" = „Dieners"? Wieviel davon gab es in einer Gemeinde wie Philippi? Wie teilten sich mehrere „Aufseher" und „Diakone" in den Dienst? Blieben sie lebenslang in ihrem „Amt"? Wie gern hätten wir Antwort auf all diese Fragen!

Auch die Vergleichsstellen bringen uns nicht viel weiter. Das Wort „episkopoi" kommt in der Apg 20, 28 vor, aber es kann gerade dort genauso fern von jedem „Amtstitel" sein wie etwa das Wort „Wächter" in der bekannten Stelle Hes 33, 7—9. Denn bei ihrer Einberufung zu dieser letzten Zusammenkunft mit Paulus werden diese Männer nicht „Aufseher", sondern einfach „die Ältesten der Gemeinde" genannt (Apg 20, 17). In 1 Tim 3, 1 erscheint „episkope" = „Aufsichtsamt", und dann werden die Anforderungen, die an einen „episkopos" zu stellen sind, beschrieben. Aber auch hier erfahren wir nichts über „Rechte und Pflichten" eines solchen Mannes. Auch Tit 3 redet in ähnlicher Weise von den Eigenschaften eines rechten „Aufsehers", nachdem zunächst die Einsetzung von „Ältesten" gefordert war. Der Epheserbrief nennt 4, 11 ff. die Männer, die Gott schenkt, damit die Heiligen zum Dienst zugerüstet werden: „Apostel, Propheten, Evangelisten, Hirten, Lehrer", aber „Autseher" und „Diakone" kommen dabei nicht vor. Das führt auf die Frage, ob sich in den Gemeinden bereits ein Unterschied findet zwischen „Charismatikern", also Gemeindegliedern, die mit ihrer besonderen Geistesausrüstung jeweilig in freier Weise dienen, und „Amtsträgern", also Männern, die wohl auch „voll Glaubens und heiligen Geistes" sein müssen, aber doch dauernd bestimmte geordnete Funktionen in der Gemeinde ausüben? Aber „Apostel" und „Hirten" und „Lehrer" sind schwerlich freie Charismatiker. Da als Tätigkeit der „Ältesten", die zu „Aufsehern" gesetzt sind, in Apg 20, 28 wie in 1 Pt 5, 2 das „Weiden" der Gemeinde genannt ist, würden die „episkopoi" in Eph 4 in den

„Hirten“ zu suchen sein. Wir sehen, wie lebendig-flüssig noch alles ist!

Die „Diakonen“ kennen wir aus Apg 6, 1–6, wo allerdings das Wort „diakonos“ gerade nicht vorkommt. Auch der dort genannte Philippus heißt nachher in Apg 21, 8 nicht „einer der Diakone“, sondern „einer von den Sieben“. In 1 Tim 3, 8 werden wiederum nur die erforderlichen Eigenschaften der „Diener“ aufgezählt. Daß die „diakonia“, die Archippus in Kolossä übernommen hat (Kol 4, 17), ein spezielles „Diakonenamt“ war, ist unwahrscheinlich. Das Wort „diakonia“ ist (ganz anders als „episkope“) eine allgemeine Bezeichnung für jeden Dienst, der in Gottes Sache getan werden darf.

Wir werden als Ergebnis folgendes sagen können. Paulus sah grundsätzlich eine Gemeinde als einen Organismus, in dem alle Glieder aktiv im Dienst des Ganzen standen. Die besonderen Männer in Eph 4, 11 werden nicht dazu geschenkt, damit die Gemeindeglieder nun weniger zu tun brauchen, sondern gerade damit „die Heiligen zugerichtet werden zum Werk des Dienstes“. Darum geht auch der Philipperbrief nicht an „Aufseher und Diener“, die dann der Gemeinde das Nötige daraus weitergeben mögen, sondern er geht „an alle Heiligen **samt** Aufsehern und Dienern“. Diese Männer stehen in keiner Weise **über** der Gemeinde, sondern völlig **in** ihr. Andrerseits kann keine tätige Gemeinschaft auskommen ohne Leitung und bedarf auch der Männer, die bestimmte Dienste dauernd verantwortlich übernehmen. Darum hat Paulus sofort in den ersten Gemeinden, die aus seiner Arbeit entstanden, „Älteste“ eingesetzt (Apg 14, 23), wie auch der früheste Gemeindebrief an die Thessalonicher wenige Monate nach der Begründung der Gemeinde auf Männer hinweist, die „in ihrer Mitte arbeiten und ihnen vorstehen im Herrn und sie mahnen“ (1 Th 5, 12). Ihr Dienst geschah noch nicht nach Satzungen und Paragraphen, sondern ganz lebendig-persönlich und „im Herrn“, d. h. unter Seiner Leitung im Heiligen Geist. Für solche leitenden Brüder nahm man zunächst den in der jüdischen Gemeinde üblichen Namen „Älteste“. Da es aber in der Umgebung der heidenchristlichen Gemeinden im staatlichen und kultischen Bereich Funktionäre mit dem Titel „episkopos = Aufseher“ und „diakonos = Diener“ gab[2], hat man diese geläufigen Bezeichnungen dann auch in der Gemeinde angewandt. Für eine Gemeinde in der römischen Militärkolonie Philippi lag dieser Ersatz der jüdischen Bezeichnung durch gewohnte bürgerliche Titel vielleicht besonders

[2] Anm. „episkopos“ „Verwalter“ heißt „jeder, dem innerhalb einer Gemeinschaft die Sorge für eine bestimmte Angelegenheit als dauernde oder zeitweilige Aufgabe übertragen ist“ (Lohmeyer). Die Art der Gemeinschaft und die Art der Aufgabe kann dabei ganz verschieden sein. Es kann sich um das Bauwesen so gut handeln wie um den Kultus. Es geht dabei aber nicht um „Leitung“, sondern um bestimmte verwaltende Funktionen. Auch in der griech. Übersetzung des AT wird das Wort gebraucht, z. B. 4 Mo 4, 16; 31, 14; 2 Kö 11, 15. 18; 2 Chro 34, 12. 17; Jes 60, 17; Neh 11, 9. 14. 22. „diakonos“ wird ganz allgemein gebraucht, findet sich aber sehr viel bei sakralen Vereinen und bezieht sich dort besonders oft auf Männer, die mit der Fürsorge für die Mahlzeiten betraut waren. In der griech. Übersetzung des AT werden Esth 1, 10; 2, 2; 6, 3. 5 die Hofeunuchen so bezeichnet.

nah. So gab es dort nun statt „Älteste" vielmehr „Aufseher und Diener". Aus dem Namen dieser „episkopoi" ist dann der „Bischofstitel" entstanden wie aus der Bezeichnung „Älteste = presbyteroi" das Wort „Priester". Inhaltlich aber ist beides eine völlige Verkehrung der ursprünglichen Sache. Schon die Mehrzahl der „episkopoi" in einer gewiß nicht sehr großen Gemeinde zeigt, daß diese Männer mit einem „Bischof" nichts zu tun hatten. Sie spielen darum auch in dem ganzen weiteren Brief keine Rolle und werden nicht einmal 3, 17 besonders genannt, wo Paulus auf die hinweist, nach denen sich die Gemeinde in ihrer ganzen Haltung richten soll.

Im Briefeingang konnte nicht nur die Nennung von Absender und Empfänger sachlich nebeneinanderstehen. Es ergab sich von selbst ein Wort des Grußes und Wunsches: Das Wort „charis", das wir mit „Gnade" übersetzen, ist in sich selbst ein sehr vieldeutiger Begriff: Freundlichkeit, Lieblichkeit, Anmut, Huld, Dank, alles schwingt darin mit. Wahrscheinlich hörte ein griechisches Ohr den Anklang an die übliche Grußformel „charein" = „sich freuen" (vgl. den Brief des Hauptmanns Lysias an den Statthalter Felix Apg 23, 26). In „Friede" begegnet uns der übliche jüdische Gruß „schalom". Paulus nimmt also Grußworte, wie sie damals gebräuchlich waren. Aber was für einen Menschen ohne Gott ohnmächtiges, leeres und darum auch gedankenloses „Wünschen" bleibt, wird für den Christen ein fürbittendes Segnen, dessen Erfüllung im Blick auf „Gott, unsern Vater, und den Herrn Jesus Christus" gewiß ist. Wir haben darum noch lange keine guten Tage, weil uns unzählige Male „Guten Tag" gesagt worden ist, und bleiben darum noch nicht gesund, weil uns zum Geburtstag oder zum Neuen Jahr „die beste Gesundheit" gewünscht wurde. Aber auch wir dürfen aus unserm „Wünschen" ein fürbittendes Segnen machen, das auch bei Gebrauch üblicher Worte ernsthaft zu Gott, dem Vater, und dem Herrn Jesus Christus emporsieht. Vielleicht ist es in diesem Zusammenhang nicht ohne Bedeutung, daß die in der Übersetzung eingeklammerten Worte „werde zuteil" im Grundtext fehlen. Man könnte ja auch ein bloßes „estin" ergänzen und so aus dem Ganzen einen zusprechenden Aussagesatz machen: „Gnade und Friede ist für euch da von Gott, unserm Vater, und von dem Herrn Jesus Christus."

Dank und Fürbitte für die Gemeinde

Philipper 1,3–11

3,4 **Ich danke meinem Gott bei jedem Denken an euch, * indem ich**
allezeit bei jedem meinem Gebet für euch alle das Gebet mit
5 **Freuden tue, * wegen eurer Anteilnahme am Evangelium von dem**
6 **ersten Tage an bis jetzt, * in eben dieser Gewißheit, daß der,**
der in euch ein gutes Werk angefangen hat, es auch vollenden
7 **wird bis zum Tag des Christus Jesus. * Denn es ist recht für mich,**
so für euch alle zu denken, weil ich euch in meinem Herzen habe,
wie ihr in meinen Fesseln und bei der Verteidigung und Bekräfti-
gung des Evangeliums meine Teilhaber an der Gnade seid, ihr
8 **alle. * Denn mein Zeuge ist Gott, wie ich mich sehne nach euch**
9 **allen mit der Herzlichkeit des Christus Jesus. * Und um das bete**
ich, daß eure Liebe noch mehr und mehr überströme durch Er-
10 **kenntnis und alles Feingefühl, * um das Wesentliche richtig zu**
erfassen, damit ihr lauter und unanstößig seid auf den Tag des
11 **Christus, * erfüllt mit Frucht der Gerechtigkeit, wie sie durch**
Jesus Christus entsteht, zu Ehre und Lob Gottes.

Mit dem Dank beginnt Paulus den eigentlichen Brief, hier wie auch Rö 1,8; 1 Ko 1,4; 2 Ko 1,3; Eph 1,3; Kol 1,3; 1 Th 2; 2 Th 1,3. Ist das nur „Sitte"? Es kann auch „Sitte" hilfreich sein und „Gewohnheit" der Ausdruck einer sehr wesentlichen inneren Haltung. Paulus hat das Danken für unser ganzes Verhältnis zu Gott besonders wichtig genommen und darum die Gemeinden immer wieder an das Danken erinnert. Wir haben es ja zu tun mit einem handelnden und gebenden Gott, der aus seiner eigenen freien Gnade heraus am Werk ist, ehe wir kommen und bitten. Darum ist uns immer mächtiger Anlaß zum Danken gegeben, und im Danken vollzieht sich die Anerkennung Gottes als dieses frei Schenkenden und Schaffenden. Vor allem das Dasein einer Gemeinde in dieser Welt ist ein Wunder

Zu Vers 3:
6* Rö 1, 8
Zu Vers 4:
7* Phil 1, 18
Zu Vers 5:
8* 1 Jo 1, 3
9* 1 Ko 9, 23
Zu Vers 6:
10* 1 Th 5, 24
11* Phil 2, 13
12* 1 Ko 1, 8
Zu Vers 7:
13* Eph 3, 1; 4, 1
14* Kol 4, 18
15* 2 Tim 1, 8; 2, 9
Zu Vers 8:
16* Rö 1, 9
Zu Vers 9 u. 10:
17* Rö 15, 14
18* Phlm 6
19* Kol 1, 9
20* Rö 12, 2
Zu Vers 10:
21* Hbr 5, 14
22* Phil 2, 15
23* 1 Th 3, 13; 5, 23
24* Jud 24
Zu Vers 11:
25* Hbr 12, 11
26* Eph 5, 9
27* Jak 3, 18
28* Jo 15. 5. 8
29* Mt 5, 16
30* Eph 1,6. 12. 14

6* Rö 1, 8: Zuerst sage ich meinem Gott durch Jesus Christus um euer aller willen Dank dafür, daß man von eurem Glauben in der ganzen Welt mit Anerkennung redet.

7* Phil 1, 18: Doch was tut's? Wird doch in jedem Fall, mit oder ohne Hintergedanken, Christus verkündigt, und darüber freue ich mich.

8* 1 Jo 1, 3: . . . Was wir gesehen und gehört haben, das verkündigen wir auch euch, damit auch ihr Gemeinschaft mit uns habt; die Gemeinschaft mit uns ist aber auch die mit dem Vater und mit seinem Sohne Jesus Christus.

9* 1 Ko 9, 23: Alles aber tue ich um der Heilsbotschaft willen, damit auch ich Anteil an ihr erlange.

10* 1 Th 5, 24: Treu ist Er, der euch beruft: Er wird es auch vollführen.

11* Phil 2, 13: . . . denn Gott ist es, der beides, das Wollen und das Vollbringen, in euch wirkt, damit ihr Ihm wohlgefallt.

12* 1 Ko 1, 8: . . . der euch auch Festigkeit verleihen wird bis ans Ende, so daß ihr am Tage unseres Herrn Jesus Christus frei vom Tadel dastehen könnt.

13* Eph 3, 1: Das ist der Grund, weshalb ich Paulus, der ich euch Heiden zugute der Gefangene Christi Jesu bin . . .

Eph 4, 1: So ermahne ich euch denn, ich, der Gefangene im Herrn: Wandelt würdig der Berufung, die an euch ergangen ist.

14* Kol 4, 18: Hier mein, des Paulus' eigenhändig geschriebener Gruß! Gedenket meiner Fesseln! Die Gnade sei mit euch!

Seines Wirkens und Grund unaufhörlichen, frohen Danks. Darum stellt Paulus beim Diktieren eines Briefes immer zuerst vor sich und die Briefempfänger hin, was Gott ihnen und damit auch Paulus gab. Freilich, so kann nur die Liebe schreiben. Denn nur die Liebe sieht in dem, was einem andern zuteil wurde, den Grund der eigenen Freude und den Anlaß persönlichen Dankes gegen Gott.

Das kommt gerade in unserm Brief besonders hell und klar zum Ausdruck. **„Ich danke meinem Gott bei jedem Denken an euch."** Wie der lebendige Gott an unzählige Wesen zugleich zu denken vermag und dies so, daß jedes einzige davon der Aufmerksamkeit und Liebe Gottes gewiß sein darf, so als wäre es mit Gott ganz allein, so kann ein Paulus täglich an viele Gemeinden denken und dabei jeder das Herz voll zuwenden. Darum darf er es jeder in seinen Briefen aufrichtig versichern. Freilich, welch ein Leben des Gedenkens und Betens hat ein Paulus dadurch geführt. Das gehört mit zum Wesen des Apostolats. Wie er es den Thessalonichern (1 Th 3, 8) gesagt hat: Sein eigenes „Leben" hängt an dem „Stehen" der Gemeinden im Herrn.[3] So denkt er an Philippi, und das Denken wird dann jedesmal zum Danken. Er dankt „seinem" Gott[4], dem Gott, den er als den wunderbar wirksamen wieder und wieder in seinem Leben selbst kennengelernt hat, gerade auch in der Geschichte dieser Gemeinde. Dabei bleibt sein betendes Denken nach Philippi hinüber nicht so allgemein. Er hat ja auch seinen Brief von vornherein nicht nur an „die Gemeinde" gerichtet, sondern an „alle Heiligen". So kann er auch jetzt sagen: Ich bete **„für euch alle"**; sie stehen ihm alle persönlich

[15*] 2 Tim 1, 8: So schäme dich also nicht, Zeugnis von unserm Herrn abzulegen; auch meiner nicht, der ich um seinetwillen ein Gefangener bin, sondern nimm an den Leiden für die Heilsbotschaft teil nach Maßgabe der Kraft Gottes.

2 Tim 2, 9: . . . für die ich Leiden zu erdulden habe, sogar Ketten wie ein Verbrecher; doch das Wort Gottes liegt nicht in Ketten.

[16*] Rö 1, 9: Denn Gott, dem ich in meinem Geiste bei der Verkündigung der Heilsbotschaft Seines Sohnes diene, ist mein Zeuge, daß ich euer ohne Unterlaß gedenke.

[17*] Rö 15, 14: Ich habe aber auch persönlich von euch, liebe Brüder, die feste Überzeugung, daß ihr euererseits mit dem besten Willen erfüllt und, mit aller Erkenntnis voll ausgerüstet, wohl befähigt seid, euch auch untereinander zurechtzuweisen.

[18*] Phlm 6: . . . daß die aus deinem Glauben erwachsene gemeinnützige Tätigkeit sich in der Erkenntnis all des Guten wirksam erweise, das in uns vorhanden ist auf Christus hin.

[19*] Kol 1, 9: Deshalb hören auch wir seit dem Tage, an dem wir es vernommen haben, nicht auf, für euch zu beten und zu bitten, daß ihr mit der Erkenntnis Seines Willens in aller geistgewirkten Weisheit und Einsicht erfüllt werden möchtet.

[20*] Rö 12, 2: Gestaltet eure Lebensführung nicht nach der Weise dieser Weltzeit, sondern wandelt euch um durch die Erneuerung eures Sinnes, damit ihr ein sicheres Urteil darüber gewinnt, welches der Wille Gottes sei, nämlich das Gute und Wohlgefällige und Vollkommene.

[21*] Hbr 5, 14: Für Gereifte dagegen ist die feste Nahrung da, nämlich für die, welche infolge ihrer Gewöhnung geübte Sinne besitzen, so daß sie das Gute und das Schlechte zu unterscheiden vermögen.

[22*] Phil 2, 15: . . . damit ihr euch tadellos und lauter erweist als unsträfliche Gotteskinder inmitten einer verkehrten und verdrehten Menschheit, unter der ihr wie helle Sterne in der Welt leuchtet.

[23*] 1 Th 3, 13: Ja, Er mache eure Herzen fest, damit sie vor unserm Gott und Vater tadellos in Heiligkeit seien, wenn unser Herr Jesus mit allen Seinen Heiligen kommt!

1 Th 5, 23: Er selbst aber, der Gott des Friedens, heilige euch durch und durch, und völlig tadellos möge euer Geist samt der Seele und dem Leibe bei der Wiederkunft unseres Herrn Jesus Christus bewahrt geblieben sein.

vor Augen. Aber dieses Beten bis zum Nennen vieler einzelner Namen ist ihm keine Last, es ist ihm jedesmal wieder eine Freude.

Warum ist das so? Warum hat er seinem Gott zu danken? **„Wegen eurer Anteilnahme am Evangelium von dem ersten Tage an bis jetzt."** Der lebendig biegsame Wortlaut des griechischen Satzes ist für uns kaum wiederzugeben. „Koinonia" bedeutet „Gemeinschaft mit" oder „Anteilhaben an". Dazu steht auch im Griechischen ein „mit" oder der Genetiv des Objekts. Hier aber hat Paulus ein „eis" mit dem Akkusativ dazugestellt[5], also ein „hin-zu". Er drückt damit aus, daß die Philipper nicht nur den objektiven Anteil am Evangelium passiv besaßen, sondern aktiv zum Evangelium hin gewandt lebten und für das Evangelium mit einstanden. Diese Haltung nahmen sie sofort am Anfang ihres Christenstandes ein (Lydia! Kerkermeister!), und diese Haltung haben sie nun nach vielen Jahren noch immer. Soll Paulus da nicht mit Freude an sie denken und seinem Gott nicht danken?!

Er hatte es ja reichlich unter heißen Nöten und Kämpfen erfahren, wie schwer die Erhaltung und Weiterführung einer Gemeinde Jesu ist. Er meinte nicht, wenn nur Menschen zur Bekehrung gekommen seien, dann gehe es schon alles „von selber" weiter. Er hat erlebt, welche Störungen und Erschütterungen, welche Gefährdungen und Verirrungen über eine Gemeinde kommen können (Galater! Korinther!). Darum ist es eine große Sache, wenn die Gemeinschaft hin zum Evangelium in einer Gemeinde ungestört bleibt **„vom ersten Tage an bis jetzt"**. Darum beruhigt er sich aber im Blick auf die

[3] Anm. Jeder, der auch nur in ganz bescheidenem Maße andere zum Glauben an Jesus bringen durfte, kennt diese mehr als menschliche Verbundenheit, bei der das „Stehen" der andern unser eigenes Leben, ihr „Fallen" ein Stück Tod für uns selber ist.

[4] Anm. Dieses „mein Gott" findet sich auch Rö 1, 8; Phlm 4; in unserm Brief noch einmal 4, 19. Einige Lesearten haben es auch 1 Ko 1, 4.

[5] Anm. Dieselbe Konstruktion finden wir allerdings auch Rö 15, 26 und 2 Ko 9, 13.

[24*] Jud 24: Dem aber, der euch vor allem Straucheln zu bewahren und euch unsträflich mit Frohlocken vor das Angesicht Seiner Herrlichkeit hinzustellen vermag ...

[25*] Hbr 12, 11: Jede Züchtigung scheint uns freilich für den Augenblick nicht erfreulich, sondern betrübend zu sein; hinterher aber läßt sie denen, die sich durch sie haben üben lassen, die friedvolle Frucht der Gerechtigkeit erwachsen.

[26*] Eph 5, 9: ... die Frucht des Lichtes erweist sich nämlich in lauter Gütigkeit, Gerechtigkeit und Wahrheit.

[27*] Jak 3, 18: Der Same aber, die Frucht der Gerechtigkeit, wird in Frieden für die gesät, die Frieden stiften.

[28*] Jo 15, 5: Ich bin der Weinstock, ihr seid die Reben: wer in Mir bleibt und in wem Ich bleibe, der bringt reichlich Frucht; dagegen ohne Mich könnt ihr nichts vollbringen.

Jo 15, 8: Dadurch ist Mein Vater verherrlicht, daß ihr reichlich Frucht bringt und euch als Meine Jünger erweist.

[29*] Mt 5, 16: Ebenso soll auch euer Licht vor den Menschen leuchten, damit sie eure guten Werke sehen und euren Vater, der im Himmel ist, preisen.

[30*] Eph 1, 6: ... zum Lobpreis der Herrlichkeit Seiner Gnade, die Er uns in dem Geliebten erwiesen hat.

Vers 12: .... wir sollten eben zum Lobpreis Seiner Herrlichkeit dienen, wir, die wir unsere Hoffnung von vornherein auf Christus gesetzt haben.

Vers 14: ... der das Angeld für unser Erbe ist, für die Erlösung Seiner Eigentumsgemeinde, zum Lobpreis Seiner Herrlichkeit.

weitere Zukunft auch nicht mit der Überzeugung: Diese prächtige Gemeinde wird es schon machen! Seine Gewißheit hat einen andern, festeren Grund: **„Er, der in euch angefangen hat ein gutes Werk, wird es auch vollenden.“** Gott ist nicht einer, der ein gutes Werk beginnt und dann halb fertig liegenläßt![6] Dabei geht es nicht in eine ungewisse Geschichte hinaus, deren Ziel und Ende sich in Nebeln verliert. Die Geschichte der Welt hat ein klares Ziel: den Tag Gottes! Die Geschichte der Gemeinde hat ein klares Ziel: **„den Tag des Christus“!** Dieser „Tag“[7] ist der, den Paulus den Thessalonichern (1 Th 4, 13–18) geschildert hat, der Tag, an dem noch kein Blick auf die Menschheit, das Jüngste Gericht und die Schöpfung fällt, der Tag, der als Tag Jesu ausschließlich Seinem Leibe, der Gemeinde gilt, von der darum 1 Th 4 auch allein die Rede ist. Lange vor der Weltvollendung ist die Gemeinde am Ziel. Auferstanden, entrückt, mit einem neuen Leib beschenkt, mit dem Haupt und miteinander für immer vereinigt ist sie dann vollendet. Aber bis dahin geht Gottes Arbeit an ihr noch weiter. Und eben dies ist der Grund der festen Zuversicht des Paulus.

Diese Zuversicht ist nicht nur ein beruhigendes Wunschbild. Dann hätte sie keine Wahrheit und Kraft. **„Gewißheit“** ist sie nur, weil Paulus fortfahren kann: **„Denn es ist recht für mich, so für euch alle zu denken.“** Dieses **„recht“** ist im Text sehr viel ernster als in unsrer Sprache, wo es durch Wendungen wie „es ist mir recht“ sein objektives Gewicht verloren hat. Beinah sollten wir übersetzen: „Es ist meine Pflicht.“ Paulus folgt nicht persönlichen Wünschen, sondern tut etwas Richtiges, ihm Zugemessenes, wenn er so für die Philipper denkt. **„Für euch alle“**, schreibt Paulus, nicht „über euch alle“. Er gibt ja gerade kein Urteil über die Zuverlässigkeit und Tüchtigkeit der Philipper ab, sondern sieht auf das, was Gott in Seiner Treue für die Philipper tun wird.

Warum ist es „gerecht“, wenn er so für sie denkt? Die folgende Begründung paßt nicht zu dem, was sie begründen soll, solange wir das **„weil ich euch in meinem Herzen habe“** falsch verselbständigen. Aus einem bloßen „im Herzen haben“ kann auch höchstens eine subjektiv-menschliche Zuversicht erwachsen. Aber Paulus geht es hier gar nicht um die Tatsache seines liebevollen Gedenkens, sondern um die mächtige Tatsache, daß die Philipper **„in seinen Fesseln und bei der Verteidigung und Bekräftigung des Evangeliums seine Teilhaber an der Gnade“** sind. Als solche **Teilhaber** hat er sie in seinem Herzen, wie es der griechische Satzbau mit seinem an das „euch“ anschließenden Partizip bestimmter zum Ausdruck bringt als unsere deutsche Auflösung des Partizips in einen selbständigen Nebensatz.

[6] Anm. Bei Menschen muß um das rechte „Vollenden“ nach ihrem „Anfangen“ gesorgt werden: 2 Ko 8, 6; 8, 10; Gal 3, 3.

[7] Anm. Paulus kann gelegentlich einfach „der Tag“ ohne jede nähere Bestimmung schreiben: Rö 13, 12; 1 Th 5, 4. Meist findet sich die Formulierung „der Tag des Herrn“, mit oder ohne Zusatz des Namens Jesu: 1 Ko 1. 8; 5, 5; 2 Ko 1, 14; 1 Th 5, 2; 2 Th 2, 2. „Tag des Christus Jesus“ hat nur unser Brief.

Paulus war **„in Fesseln“**[8]. War das nicht das Ende seiner großen Wirksamkeit? Er selbst hat es nie so angesehen! Er spricht es nachher in Vers 16 aus, daß er „zur Verteidigung des Evangeliums hier liegt“. So hat es Jesus selbst Seinen Jüngern vorausgesagt: „Und auch vor Statthalter und Könige werdet ihr geführt werden um Meinetwillen, ihnen und den Heidenvölkern zum Zeugnis“ (Mt 10, 18). Es ist das nicht eine durchkreuzende Störung ihres Dienstes, sondern gehört unmittelbar zu ihrem Dienst mit dazu. So gehören die „Trübsale“, und das sind bei Paulus immer Leiden um Jesu willen, auch für Paulus mit göttlicher Notwendigkeit (Apg 14, 22; 1 Th 3, 4; 2 Ko 4, 7–10) zu der Botschaft von einem gekreuzigten Erretter. Darum ist ihm jetzt seine Gefangenschaft nicht unbegreiflicher („Wie kann Gott so etwas zulassen?“) Abbruch seiner schönen Arbeit, sondern Erfüllung des Auftrages, den Jesus über sein Leben gestellt hat: „Dieser ist mir ein auserwähltes Rüstzeug, daß er Meinen Namen trage vor den Heiden und vor den Königen und vor den Kindern von Israel. Ich will ihm zeigen, wieviel er leiden muß um Meines Namens willen“ (Apg 9, 15. 16). Eben in seiner Gefangenschaft und in seinem Prozeß führt er jene **„Verteidigung und Bekräftigung des Evangeliums“** weiter, der sein ganzes Leben gehört. Wenn Paulus hier übliche Ausdrücke der Gerichtssprache verwendet, so macht er dadurch besonders deutlich, daß es in seinem Prozeß nicht um ihn, weder um seine Person, noch um sein Schicksal, sondern um das Evangelium geht. Er verteidigt auch vor Gericht nicht sich, sondern die ihm aufgetragene Botschaft. Wie eindrucksvoll wird uns das in den großen Verteidigungsreden anschaulich, die die Apostelgeschichte uns mitteilt (Apg 22; 24; 26).

Und das haben die Philipper verstanden! Sie rücken nicht unsicher und verlegen von ihm ab. Sie stehen zu ihm, nehmen innerlich an seinem Weg teil, beten für ihn und haben durch ihre Liebesgabe in sein Gefängnis hinein sich tatkräftig für ihn eingesetzt. So sind sie „seine Teilhaber bei der Verteidigung und Bekräftigung des Evangeliums“.

Und nun kommt eine jener überraschenden Wendungen, wie sie der im Heiligen Geist lebende und denkende Apostel uns immer wieder in seinen Briefen schenkt. Sie sind nicht „seine“ Teilhaber, nicht einmal „Teilhaber seiner Leiden“, sondern seine **„Teilhaber an der Gnade“**. So sehr sieht Paulus in den Nöten seiner Gefangenschaft und seines so ernsten, auf Tod und Leben gehenden Prozesses – „Gnade“. So sehr wünscht er, daß auch die Philipper nicht seufzend und bedrückt daran teilnehmen, sondern es wissen: daß wir dies alles mit Paulus miterleben dürfen, das ist Gnade! Dann hat Paulus ein gutes Recht, für sie zu erwarten, daß Gott Sein angefangenes Werk an ihnen vollenden wird bis zum Tag Jesu.

[8] Anm. Das muß nicht wörtlich verstanden werden; der Ausdruck wurde auch allgemeiner für Haft oder Gefangenschaft gebraucht.

Teilhaber an der Gnade – **„ihr alle"** fügt Paulus hinzu. Zum viertenmal in diesen wenigen Zeilen (Vers 1, 4, 7 am Anfang und am Schluß) betont er dies „alle". Eine Gemeinde umfaßt, auch wenn sie zahlenmäßig klein ist, sehr verschiedene Menschen, starke und schwache, begabte und unbegabte, junge und alte. Paulus liegt es offensichtlich daran, daß sie alle, auch die geringen, kümmerlichen und unbedeutenden, sich angeredet und gemeint wissen. Gerade an dieser Gnade der Gemeinschaft mit dem leidenden Paulus haben sie alle teil, auch die, die zu seiner Unterstützung nur ein kleines Scherflein beitragen konnten, auch die, deren Beten vielleicht verlegen und ungeschickt blieb. Es war Paulus stets ein ernstes Anliegen, die „Schwachen" zu schützen (vgl. 1 Ko 8; Rö 14). Denn Zurücksetzung der „Kleinen" ist Antastung der Bruderschaft in der Gemeinde Jesu.

Daß Paulus die Philipper in seinem Herzen hatte, konnte für ihn noch nicht der ausreichende Grund seiner Gewißheit für ihre Zukunft sein. Aber die Tatsache ihrer tiefen Verbundenheit miteinander kommt nun voll zu ihrem Recht. Wir leben nach Zeiten des Gefühlsüberschwangs heute in einer Periode der Ächtung des Gefühls. Jeder Ausdruck der Wärme und der inneren Bewegtheit ist uns verdächtig. Zum mindesten halten wir das alles für unwesentlich und zur Sache der christlichen Existenz nicht dazugehörig. Daß die christliche Liebe mit „Gefühl" nichts zu tun habe, versichern wir immer wieder. Aber gibt es „Liebe" ohne ein starkes und tiefes Empfinden für den andern? Ist „christliche" Liebe so übernatürlich, daß sie zugleich auch unnatürlich wird? Paulus meint das nicht! **„Mein Zeuge ist Gott, wie ich mich sehne nach euch allen mit der Herzlichkeit des Christus."** Auch die christliche Liebe ist darin aller natürlichen Liebe gleich, daß sie die wirkliche Gegenwart des andern, das Zusammensein mit ihm verlangt.[9] Paulus sehnt sich nach den Philippern, und er schämt sich dieser Sehnsucht nicht, verbirgt sie auch nicht als etwas Wertloses oder Unwürdiges vor Gott, sondern macht **Gott** selbst **zum Zeugen**[10] für sie. Aber freilich: Zwei Züge unterscheiden solch ein „christliches" geheiligtes Sehnen von allem bloß natürlichen Verlangen. Es ist nicht ein Sehnen im Ich, sondern **„mit der Herzlichkeit des Christus"**.

Es ist für uns sehr heilsam, daß hier ein Wort steht, das ursprünglich die „Eingeweide" bezeichnet. Wir alle wissen, wie jedes starke Gefühl auf unser „Herz", ja unsere „Eingeweide" wirkt und dort seinen „Sitz" zu haben scheint (vgl. im AT den Hinweis auf die „Nieren" neben dem „Herzen"). Und nun wird es von Jesus Christus gesagt, daß gerade auch Er nicht lauter „Geist" war, lauter geistige, göttliche Überlegenheit, sondern solche „Eingeweide", solch ein „Herz" hatte, das starken und tiefen Fühlens fähig war. Wir sehen aus unserm Wort, daß Paulus wahrlich nicht einen konstruierten

[9] Anm. Ein besonders lebendiges Zeugnis der gefühlsstarken christlichen Liebe bietet der 1. Thessalonicherbrief, vor allem in 2, 8; 2, 17—20; 3, 5—8; 3, 9—11.

[10] Anm. Die Anrufung Gottes zum Zeugen findet sich bei Paulus mehrfach: Rö 1, 9; 2 Ko 1, 23; 1 Th 2,5; 2, 10.

Christus lehrte, sondern den Jesus kannte, den die Evangelien uns schildern. Wir haben aber zugleich daran zu denken, daß der in diesem Jesus geoffenbarte Gott überhaupt im biblischen Zeugnis nicht „absoluter Geist" oder sonst ein „Gott der Philosophen" ist, sondern der „lebendige" Gott, ein Gott des Zürnens und Erbarmens, der mächtigen und lebendigen Gottesgefühle. Darum hat sich auch in Jesus und Seinem Werk nicht ein kalter, sachlicher Gerichtsakt vollzogen, sondern ein wirkliches herzliches Erbarmen Gottes ist unter uns getreten und hat sich unser angenommen. Darum trägt auch der Bote Jesu, der frühere Pharisäer, nun eine brennende Liebe in seinem Herzen. Es ist nicht dogmatische Formel, sondern mächtige Wirklichkeit, daß „die Liebe Gottes ausgegossen ist in unser Herz durch den Heiligen Geist" (Rö 5, 5). In dieser göttlichen Liebe sehnt Paulus sich nach den Philippern. Diese nicht mehr vom Ich regierte, sondern von „der Herzlichkeit des Christus" bestimmte Liebe ist darum auch keine auswählende mehr. Nicht nach persönlichen Freunden, nach sympathischen Leuten, nach anregenden Menschen in Philippi geht das Sehnen des Paulus. Nein, er kann es hier erneut betonen: „nach euch allen" sehne ich mich. Wie wunderbar, daß es das unter uns geben kann: eine Liebe, die ohne Unterschiede alle umfaßt und die das nicht tut, weil sie kühl und abstrakt wäre, die es auch nicht künstlich und gewollt erzwingt, sondern die sich echt und wahr in einem lebendigen warmen Strom allen zuwendet, die „Heilige in Christus Jesus" sind. Es gibt sie „in der Herzlichkeit des Christus".

Voll Freude und Dank blickt Paulus auf diese Gemeinde. Hat er aber nur zu danken und nichts mehr für sie zu erbitten? Erbittet er ihr nur noch die Bewahrung in diesem ihrem Stand? Nein, **„um das bete ich, daß eure Liebe noch mehr und mehr überströme".** Es gibt in unserem Christenstand etwas, das unbegrenzten Wachstums fähig ist: die Liebe. Wir haben den Ausdruck „überströmen" in der Übersetzung wörtlich stehenlassen. Wir leben in der ständigen Angst vor allem „Überschwänglichen", wir schätzen das Mittelmaß und haben die stete Sorge vor Übertreibungen. Wir sind schnell zufrieden. Paulus aber liebt dieses Wort „überströmen", „überfließen" und verwendet es oft. Er hat nicht genug an dem, was in einer Gemeinde erfreulicherweise schon da ist, er will weiter, er sieht immer noch größeren Reichtum, den die Gemeinde haben darf und nach dem sie sich darum auch ausstrecken soll. Wieviel reicher und mächtiger noch dürfen die Philipper lieben lernen!

Wodurch wächst die Liebe? **„Durch Erkenntnis und alles Feingefühl".** „Liebe macht blind", das gilt wohl von aller ichhaften Liebe. Sie muß die Augen vor all dem schließen, was am andern unerfreulich und notvoll ist. Denn sie will ja nicht „gestört" werden, sie will den Genuß und die Bereicherung am andern haben. Aber die „Agape", die Liebe in der Herzlichkeit des Christus meint wirklich den andern, sie will ihm helfen, ihn ans Ziel bringen. Darum braucht sie

„Erkenntnis", den klaren Blick in das Wesen und die Lage des andern, klare Wahrnehmung der Mittel, durch die dem andern äußerlich oder innerlich wirklich zu helfen ist. Das Wort „aisthesis" (unser „Ästhetik" ist davon abgeleitet), das wir mit „Feingefühl" übersetzen, ist auch mit „Wahrnehmung" wiederzugeben. Das Ziel dabei beschreibt Paulus mit einer Wendung, die wörtlich so auch Rö 2, 18 steht und im Deutschen nicht leicht nachzubilden ist: „dokimazein ta diapheronta". „Dokimazein" bezeichnet das „Prüfen", aber auch sein Ergebnis: „etwas als bewährt annehmen". „Ta diapheronta" ist „das Unterscheidende", von da aus auch „das Wesentliche". Unsere theologische Fachsprache hat darum die „Mitteldinge", die unsrer Freiheit überlassen bleiben, „A-diaphora" („Un-wesentliches") genannt. Paulus hat hier also den Philippern eine Liebe gewünscht, die durch „Erkenntnis" und „Feingefühl" oder „Wahrnehmung" „die Unterschiede zu prüfen"[11] oder „das Wesentliche richtig zu erfassen", d. h. an unwichtigen und unzulänglichen Hilfeleistungen vorbei das für den andern wirklich Wichtige und Gute zu erfassen und durchzusetzen vermag. Wessen nach Rö 2, 18 der „Jude", vor allem der Schriftgelehrte sich fälschlich rühmt[12], was auch keine bloße Schriftgelehrsamkeit geben kann, das darf die Liebe in der Gemeinde wirklich besitzen und wirksam werden lassen. Und zwar **„damit ihr lauter und unanstößig seid auf den Tag des Christus"**. Noch einmal fällt der Blick auf das Ziel! Wir stoßen hier auf einen ganz tiefen Unterschied, der das ganze Leben und Denken der Männer des Neuen Testamentes von unserm heutigen Christentum trennt. Unser ganzes Herz gehört der Gegenwart, den Anforderungen und der Lebenserfüllung, wie sie heute vor uns stehen; die Zukunft bleibt für uns sehr unbestimmt und beschäftigt uns kaum ernstlich. Im Neuen Testament aber ist gerade diese Zukunft das Entscheidende, auf das alles Denken und Tun gerichtet ist. Die Gegenwart ist immer nur „Weg", der völlig vom Ziel bestimmt ist. Der ersehnte **„Tag des Christus"** kommt, und es liegt alles daran, daß die Gemeinde dann **„lauter und unanstößig"** ist. Damit sie es aber dann ist, muß sie es schon heute sein.

Wir ermessen, welch eine Kraft und welch ein Ernst uns verlorengegangen sind, weil uns die Zukunft, der „Tag des Christus" in undeutlichen Fernen entschwand. Wenn wir nur die Aufgaben heute sehen und von ihnen völlig hingenommen sind, dann werden wir

[11] Anm. Es ist sprachlich interessant, wie ein echt biblischer Begriff zugleich ein Wort der griechischen Popularphilosophie geworden ist. Im Alten Testament ist Gott der Prüfende: Ps 7, 10; 139, 1–6. 23. 24; Jer 11, 20; 17, 10. In der griechischen Philosophie „prüft" der autonome Mensch alles von seiner Vernunft her. Auch der „Schriftgelehrte" kommt in die Gefahr, bei aller offiziellen Verehrung der Bibel praktisch doch „über" der Schrift zu stehen und durch sein „Prüfen des Wesentlichen" die Bibel in sein System zu fangen. Im Neuen Testament ist es beides lebendig verbunden: Als die von Gott Geprüften dürfen und sollen wir selber Prüfende sein: 1 Th 2, 4 und 5, 21 („bewähren" im Luthertext ist Wiedergabe des gleichen „dokimazein", das „prüfen" heißt); Rö 12, 2; 1 Ko 11, 28; 2 Ko 8, 8; 13, 5; Gal 6, 4; 1 Jo 4, 1).

[12] Anm. „Das Unterscheidende prüfen" oder „das Wesentliche erfassen" war die Aufgabe der Schriftgelehrsamkeit angesichts der Fülle der Gebote. Es erwächst daraus die bekannte Frage nach dem „großen" oder „ersten" Gebot (Mt 22, 36; Mk 12, 28).

nicht recht „das Unterscheidende prüfen“ können, dann werden wir uns dabei gründlich verschätzen und verrechnen und das „Wesentliche“ über viel Unwesentlichem versäumen. Dann muß unserm Christenstand jene Anspannung aller Kraft und jene lebendige Freude fehlen, die nur großes und klares Ziel verleihen kann.

Damit hängt es wohl auch zusammen, daß uns das, was Paulus über den Zustand der Gemeinde angesichts des Tages Jesu sagt, so fremd und erschreckend vorkommt. Es widerspricht unserm ganzen gewohnten Denken in der Kirche. Aus den Erkenntnissen der Rechtfertigungslehre und aus der tiefen Angst vor dem „Hochmut“ ist bei uns die Vorstellung entstanden, die Gemeinde und auch der einzelne Christ könne, ja dürfe nichts aufzuweisen haben, was vor Christus an Seinem Tage etwas taugt. Nicht „lauter und unanstößig und erfüllt mit Frucht“, sondern „befleckt, bettelarm, leer“ stehen nach unsrer Meinung Gemeinde und Christen an jenem Tage da. Auch der erlöste Mensch bleibt der elende Sünder, dessen Wesen und Leben bestenfalls ein unentwirrbares Gemisch von Gutem und Bösem ist, immer „simul iustus et peccator“ (zugleich gerecht und Sünder). So allein kann am Tage des Christus (der in unserer kirchlichen Vorstellungswelt mit dem „jüngsten Gericht“ in eins gesetzt wird) jemand selig werden: aus reiner Gnade wird auch dort der in sich selbst völlig verlorene Mensch zum ewigen Leben zugelassen.

Wir müssen sehen, daß Paulus eine ganz andere Vorstellung hat. Er erbittet und erwartet, daß die Philipper **„lauter und unanstößig sind auf den Tag des Christus, erfüllt mit Frucht der Gerechtigkeit“**. Das Wort „lauter“ = „eilikrines“ ist zusammengesetzt aus „Sonne“ und „richten“ und bezeichnet so die reine Klarheit und Durchsichtigkeit. Die „Heiligen“ sind also wirklich Menschen, die nicht nur „Gott gehören“, sondern die in dieser Zugehörigkeit zu Gott auch klar und durchsichtig geworden sind und keinem mehr einen Anstoß zur Sünde geben. Paulus erwartet, daß der prüfende Blick des Christus auf Seine Gemeinde, der wie die Sonne alles durchleuchtet und durchforscht, eine lautere und unanstößige Schar finden werde. Zu diesem Ziel gelangt die Gemeinde nach der Aussage des Paulus nicht etwa durch eine zauberhafte Verwandlung, die mit dem Tode oder nach ihm eintritt, sondern durch das immer reichere Wachstum der Liebe jetzt und hier. Wir mögen das von unserer Dogmatik aus ganz falsch finden, wir mögen „Hochmut“ oder „Perfektionismus“ fürchten – wir müssen aber lesen, was Paulus hier schrieb. Und wir werden uns fragen müssen, ob wir uns, von Paulus aus gesehen, mit unserer Dogmatik und mit unserer „Demut“ nicht in ein gefährlich bequemes und trügerisches Christentum geflüchtet haben.

Paulus sieht die Gemeinde an jenem Tage auch durchaus nicht arm und leer vor Christus stehen, sondern **„erfüllt mit Frucht der Gerechtigkeit, wie sie durch Jesus Christus entsteht, zu Ehre und Lob Gottes“**. Beides ist hier ausgesagt: Die Frucht ist nicht das eigene Erzeugnis der Gemeinde, sondern ist „die durch Jesus Christus“, wie es wörtlich kurz heißt; aber diese Frucht schwebt auch nicht als bloß „zugerechnete“ Gnadengabe irgendwie über der Gemeinde, sondern die Gemeinde ist mit ihr „erfüllt“. Es geht wahrlich nicht um „Gerechtigkeit aus den Werken“, Paulus widerspricht nicht sich selbst. Es geht nicht um Leistungen, die die Philipper sich mit moralischem Einsatz abgerungen haben. Es geht um Jesus und Sein Werk. Aber dieses Werk ist für Paulus nicht nur das objektive, „fremde“ Werk, das Er „für uns“ am Kreuz vollbracht hat, es ist auch die Frucht, die aus dem Lebenszusammenhang mit Jesus bei den „Heiligen in Christus Jesus“ erwächst und in der Tat erwachsen muß. Wenn Gott in Christus Menschen mit dem Blut Seines Sohnes zu Seinem Eigentum loskauft und in Seine göttliche Arbeit nimmt, dann wäre es wahrlich nicht „zu Ehre und Lob Gottes“, sondern eine Schande für Gott, wenn nichts weiter bei dieser Seiner Arbeit herauskäme als arme elende Sünder, die genauso dastehen wie die andern, die sich Jesus nicht anvertrauten. Es gehört sich schon so und es ist schon nötig, daß das Ziel des großen objektiven Erlösungswerkes erreicht wird: Heilig in Christus Jesus, lauter und unanstößig, erfüllt mit Frucht der Gerechtigkeit durch Jesus Christus. Dann hat **Gott „Ehre und Lob“**. Es ist dabei wahrlich kein „Hochmut“, kein „Pharisäismus“ zu fürchten. Jene Heiligen, die am Tag des Christus wie durchsichtiges Kristall im Sonnenlicht dastehen und und mit Frucht erfüllt sind, gerade sie werden nicht sich selbst rühmen, wie blind und befleckt wäre sonst sofort dies Kristall. Sie loben und rühmen allein Gott, der sie durch Seine unbegreifliche göttliche Barmherzigkeit errettet und das angefangene gute Werk in ihnen vollendet hat.

Wie steht es jetzt in Rom?

Philipper 1, 12–18

12 Wissen lassen aber möchte ich euch, Brüder, daß meine Lage
13 mehr zum Fortschritt des Evangeliums geführt hat, * so daß meine
Fesseln in Christus offenbar geworden sind in dem ganzen Präto-
14 rium und bei den übrigen allen * und die Mehrzahl der Brüder,
weil sie im Herrn Vertrauen haben zu meinen Fesseln, um so
15 mehr wagt, furchtlos das Wort Gottes zu sagen. * Einige freilich
herolden den Christus auch aus Neid und Streit, einige aber auch
16 aus gutem Willen; * die einen aus Liebe, weil sie wissen, daß ich
17 zur Verteidigung des Evangeliums bestimmt bin; * die andern
aber verkündigen den Christus aus Eigennutz, nicht in reiner Art,

Zu Vers 12:
[31]* Eph 6, 21
[32]* Kol 4, 7
[33]* Phil 1, 25

Zu Vers 13:
[34]* Eph 3, 1
[35]* 2 Tim 2, 9
[36]* Phil 4, 22

Zu Vers 14:
[37]* Phil 2, 24
[38]* 2 Th 3, 4
[39]* Apg 28, 31

Zu Vers 16:
[40]* Rö 2, 8

[31]* Eph 6, 21: Damit aber auch ihr über meine Lage hier und mein Ergehen etwas erfahrt, wird Tychikus, der geliebte Bruder und treue Diener im Herrn, euch alles berichten.
[32]* Kol 4, 7: Über meine persönliche Lage wird euch der geliebte Bruder Tychikus berichten, mein treuer Gehilfe und Mitarbeiter im Herrn.
[33]* Phil 1, 25: . . . und so weiß ich mit voller Gewißheit, daß ich am Leben bleiben und euch allen erhalten bleiben werde, euch zur Förderung und zur Freude im Glauben.

Zu Vers 18:
41* Lk 9, 50
42* Phil 1, 4; 2, 17; 4, 1. 10

18 **in der Meinung, Not zu bereiten meinen Fesseln. * Was tut es? Es wird ja doch auf jede Weise, sei es mit Hintergedanken, sei es in Wahrheit, Christus verkündigt, und daran freue ich mich. Aber ich werde mich auch freuen.**

Als Paulus den Brief an die Kolosser schrieb, kam er erst am Schluß auf seine persönliche Lage zu sprechen. Es war ja dort eine Gemeinde, die ihn persönlich noch nicht kannte und noch keine unmittelbare Verbindung mit ihm hatte, die ihrerseits aber durch allerlei Fragen beunruhigt war. Da galt es, erst einmal der Gemeinde einen entscheidenden Dienst zu tun und ihr zur Klarheit zu helfen. Mit den Philippern dagegen ist Paulus persönlich und seit Jahren fest verbunden, sie sind ja „seine Teilhaber an der Gnade" und warten sehnlich auf Nachricht. Sie würden vielleicht seinen Ausführungen gar nicht die volle Aufmerksamkeit entgegenbringen können, wenn sie nicht erst einmal hörten, wie es Paulus geht. Darum läßt Paulus hier dem Dank und der Fürbitte für die Gemeinde sofort ein Wort über seine eigene Lage folgen. Aber – w i e tut er es! Es war eine harte Veränderung für ihn eingetreten. Die Vergünstigung einer eigenen Mietwohnung (Apg 28, 30. 31) mit ihrer relativen Freiheit ist ihm entzogen worden, er sitzt nun im „Prätorium" in Haft. „Prätorium" ist im Griechischen ein Lehnwort aus dem Latein. Ursprünglich bezeichnet es den Wohnraum des „Prätors" im Lager und wird dann für die Amtswohnung eines römischen Statthalters gebraucht. So kommt es im Neuen Testament in Mt 27, 27; Mk 15, 16; Jo 18, 28. 33; 19, 9 und Apg 23, 35 vor. Wäre unser Brief noch während der Gefangenschaft des Paulus in Caesarea geschrieben, so schlösse sich die Erwähnung des Prätoriums hier unmittelbar an Apg 23, 35 an. Aber nun sind wir ja in Rom[13], wo es na-

[13] Anm. Die ganze Frage des Abfassungsortes spielt hier stark mit herein. Vgl. die Bemerkungen am Schluß.

34* Eph 3, 1: Das ist der Grund, weshalb ich, Paulus, der ich euch Heiden zugute der Gefangene Christi bin (oder: ein Gefangener um Christi Jesu willen bin).
35* 2 Tim 2, 9: ... für die ich Leiden zu erdulden habe, sogar Ketten wie ein Verbrecher; doch das Wort Gottes liegt (darum) nicht in Ketten.
36* Phil 4, 22: Alle Heiligen lassen euch grüßen, besonders die vom kaiserlichen Hofe.
37* Phil 2, 24: Ich bin aber im Herrn der Zuversicht, daß auch ich selbst bald werde kommen können.
38* 2 Th 3, 4: Wir haben aber im Herrn das Vertrauen zu euch, daß ihr unseren Weisungen nachkommt und immer nachkommen werdet.
39* Apg 28, 31: ... er verkündigte dabei das Reich Gottes und erteilte Belehrung über den Herrn Jesus Christus mit vollem Freimut ungehindert.
40* Rö 2, 8: ... dagegen Zorn und Grimm denen, welche starrsinnig sind und der Wahrheit nicht gehorchen, sondern der Ungerechtigkeit dienen.
41* Lk 9, 50: Jesus aber erwiderte ihnen: „Untersagt es ihm nicht! Denn wer nicht gegen euch ist, der ist für euch."
42* Phil 1, 4: ... indem ich allezeit in jeder meiner Fürbitten für euch alle mit Freuden bete.
Phil 2, 17: Aber auch wenn ich als Trankopfer ausgegossen werden sollte über dem Opfer und dem priesterlichen Dienst an eurem Glauben, so freue ich mich doch und freue mich im Verein mit euch allen.
Phil 4, 1. 10: Daher, meine geliebten Brüder, nach denen ich mich sehne, ihr meine Freude und meine Krone: stehet in dieser Weise fest im Herrn, Geliebte ... Vers 10: Es ist für mich aber eine hohe Freude im Herrn gewesen, daß ihr jetzt endlich wieder in die günstige Lage gekommen seid, fürsorglich an mich zu denken; ihr habt zwar immer daran gedacht, befandet euch aber äußerlich nicht in der Lage.

türlich keinen „Statthalter“ gab. So werden wir bei dieser Bezeichnung hier an die große Kaserne zu denken haben, in der die Kaiserliche Garde als Besatzung Roms lag, oder auch an die Kaiserliche Garde selbst. Da sich sofort ein Hinweis auf Personen anschließt: „und bei den übrigen allen“, wäre es sprachlich das Gegebene, auch bei der Nennung des „ganzen Prätoriums“ nicht an ein Gebäude, sondern an einen Personenkreis zu denken. „Meine Fesseln sind in Christus offenbar geworden in der ganzen Kaiserlichen Garde und bei den übrigen allen.“ Allerdings hätte es dann nähergelegen, auch „die Kaiserliche Garde“ ebenso wie „die übrigen alle“ in den einfachen Dativ zu setzen; das ausdrückliche „in“ bei „Prätorium“ weist doch wieder auf ein Gebäude. Zu einer endgültigen Entscheidung werden wir in dieser Frage nicht kommen. Aber für die Lage des Apostels werden wir uns doch ein zutreffendes Bild machen können.

Der Prozeß des Paulus war nach langem (Apg 28, 30 „zwei Jahre“) schleppendem Gang nun offenbar in sein kritisches Stadium getreten; Paulus war für die Verhöre und die entscheidenden Verhandlungen in die Kaserne gebracht worden. Wie griff das in seine persönlichen Verhältnisse ein! Eigene Mietswohnung oder eine gewiß nicht sehr freundliche Arrestzelle in einer Kaserne – welch ein Unterschied! Und Paulus war ein alter Mann! Aber von seinem persönlichen Ergehen hören die Philipper und hören wir kein Wort. Nicht einmal die Andeutung einer Klage kommt über seine Lippen. Wie es ihm selber geht, das ist ihm einfach nicht der Rede wert. Nur eine einzige Frage bewegt ihn: Was bedeutet diese Wendung der Dinge für die Botschaft?! Sie schien auch da eine Wendung zum Schlimmen zu sein. Entziehung der eigenen Wohnung, Verlegung in die Kaserne, Verschärfung der Haft – war das nicht eine völlige Verhinderung seiner evangelistischen Arbeit? Die Philipper hatten offenbar von dieser einschneidenden Veränderung in der Lage des Apostels schon gehört. Paulus erzählt sie ihnen hier nicht erst als etwas Neues. Aber wenn sie nun gespannt und besorgt fragen, wie sich das alles nun gestaltet und ausgewirkt habe, dann kann Paulus ihnen antworten, **„daß seine Lage mehr zum Fortschritt[14] des Evangeliums geführt hat“.**

Wie kann das sein?! Gespannt hören auch wir mit den Philippern zu. Denn diese „Lage“ des Paulus ist uns Heutigen ja nicht mehr eine merkwürdige, ferne Sache, die wir uns mühsam anschaulich zu machen suchen, weil es früher einmal so etwas gegeben hat. Menschen unserer Tage, Brüder und Schwestern aus unserer Mitte, sind in ähnliche „Lagen“ gekommen und werden auch weiterhin noch hineinkommen. Wie wird man mit solcher Lage innerlich fertig, was bedeutet sie für das Evangelium? Warum läßt der Herr Seine Boten in solche Schwierigkeiten geraten? Das sind Fragen von heute. Paulus setzt sich über die Schwierigkeiten nicht einfach hinweg und tut

[14] Anm. Es steht hier das gleiche Wort „Fortschritt“ wie 1 Tim 4, 15.

nicht so, als wäre alles erfreulich und schön. Das merken wir an seinem Ausdruck „mehr" oder „eher". Aber das darf er nun doch dankbar feststellen, es hat alles doch „mehr", „eher" zum Fortschritt der Botschaft geführt. Denn es ergab sich eine neue, unerwartete Missionsmöglichkeit, eben in der Kaserne. Paulus spricht davon nicht in der aktiven Form: „Ich konnte hier Soldaten von Jesus sagen." Daß er von Jesus nicht schwieg, war ja selbstverständlich. Wie hätte Paulus irgendwo von Jesus schweigen können. Aber so unbedingt nötig unser Zeugnis ist, über dem Weg des Evangeliums liegt immer das Geheimnis göttlicher Führung und göttlicher Wirkung. Die „Tür des Wortes" öffnen nicht wir, sondern Gott (Kol 4, 3). Darum sagt Paulus, daß **„seine Fesseln offenbar geworden sind in Christus in dem ganzen Prätorium".**[15] Alles geschieht ja bei Paulus „in Christus". Und so hat es sich „in Christus" oder, wie wir auch hier das griechische „en" übersetzen können, „durch Christus" ereignet, daß man in der ganzen Kaserne von diesem merkwürdigen Gefangenen sprach, der sich so völlig von alledem unterschied, was man sonst wohl von Verhafteten in der Kaserne zu sehen bekam. „Warum sie so einen Mann wohl einsperren?" Nun kam es fast von selbst, daß als Antwort auf solche Fragen die Botschaft von Jesus gesagt werden konnte und durch alle Kasernenstuben weiterlief. Aber sie kam auch über die Kaserne hinaus zu „den übrigen allen". Wir wissen nicht, an welche bestimmte Menschen Paulus dabei denkt. Jedenfalls aber erzählen die Soldaten von dem Gefangenen, den sie jetzt da bei sich haben, und von dem, was er zu sagen hat. Und so erreicht nun gerade das Evangelium Menschen, an die es sonst nie herangekommen wäre. Was erst wie eine erschreckende Hinderung aussah, muß doch eher zum Fortschritt der Sache dienen.

Ein Zweites kann Paulus dankbar berichten. Paulus tat ja seine Arbeit nie als einsamer „großer Mann" allein. Wir haben da von unserm üblichen „Ein-Mann-System" her und bei unserer deutschen Neigung zur „Heldenverehrung" meist ganz falsche Vorstellungen. Gewiß nimmt er etwa den Korinthern gegenüber in Anspruch, der „Vater" der Gemeinde zu sein (1 Ko 4, 15). Aber durch eine Bemerkung in 2 Ko 1, 19 sehen wir doch, wie er selbst in Korinth in der Verkündigung mit andern zusammengearbeitet hat. Vollends in Rom war die Gemeinde und die Gemeindearbeit längst vor ihm da. Offenbar ist es eine ganze Schar von Brüdern, die dort evangelisiert. Wie hat die Verschärfung in der Lage des Paulus auf sie gewirkt? Sind sie erschrocken und eingeschüchtert still geworden, als es mit dem Prozeß gegen Paulus so ernst wird? Sicher hat es einen Schock ge-

[15] Anm. Man hat das „in Christus" auch mit dem Wort „meine Fesseln" verbinden wollen: daß die Gefangenschaft dieses Mannes eine „Gefangenschaft in Christus", eine Gefangenschaft um der Sache Jesu und nicht um eines Verbrechens willen sei, das sei den Soldaten und den übrigen aufgegangen. Aber das „in Christus" steht nun einmal zwischen „offenbar" und „geworden", so daß es nur dazu gehören kann. „Offenbar werden" ist im Neuen Testament immer ein Vorgang von Gott her: Rö 1, 19; 1 Ko 3, 13; 11, 19; 14, 25. Gott aber handelt „in Christus".

geben, den manche nicht überwunden haben. Aber **„die Mehrzahl der Brüder wagt um so mehr, furchtlos das Wort Gottes zu sagen“.** Paulus fügt ein erklärendes Partizip ein, das in der Übersetzung mit dem Satz **„weil sie im Herrn Vertrauen haben zu meinen Fesseln“** wiedergegeben ist. Andere ziehen vor zu verbinden: „weil sie aus meinen Banden im Herrn Zuversicht schöpfen“.[16] Die erste Übersetzung entspricht aber der üblichen Anwendung des betreffenden griechischen Wortes, und inhaltlich erstaunlich sind beide Aussagen. Wie kann man aus der verschärften Gefangenschaft eines Bruders „Zuversicht schöpfen“? Es kann wahrlich nur als ein Wunder wider alles Übliche „im Herrn“ geschehen. Oder wie kann man zu den Fesseln eines Bruders „Vertrauen gewinnen“? Nun, wir wissen es aus den Zeiten des Kirchenkampfes, wie bei Verhaftungen leicht das Fragen aufkam: Ist der Bruder nicht doch selber schuld? Ist nicht an den gegen ihn erhobenen Vorwürfen doch am Ende etwas daran? Solche Bedenken mögen damals in Rom sich auch gegen den aus der Ferne gekommenen Paulus, über den „man doch so Verschiedenes hörte“, erhoben haben. Aber nun haben sich die Brüder überzeugt, daß Paulus wirklich nur um des Evangeliums willen seine Fesseln trägt, sie haben „im Herrn“ Vertrauen zu seinen Fesseln. Darum sagen sich die Brüder: Nun müssen wir für den Verhafteten einspringen und „um so mehr wagen, furchtlos das Wort Gottes zu sagen“, wo er es nicht mehr hintragen kann. Fällt Paulus auch selber für die öffentliche Evangelisation in Rom aus, diese verstärkte Mitarbeit der Brüder bedeutet doch einen Fortschritt des Evangeliums.

Freilich, diese öffentliche Bezeugung Jesu – Paulus gebraucht dafür neben dem Ausdruck **„verkündigen“** gern auch das Wort **„herolden“**, um recht deutlich zu sagen, daß es sich nicht um eine innerseelische „Frömmigkeit“, sondern um eine weltumspannende „Siegesbotschaft“ („Evangelium“) handelt – geschieht nicht bei allen **„in reiner Art“** und **„in Wahrheit“.** Eine Reihe der Brüder allerdings geht mit neuem Ernst an die Arbeit **„aus Liebe, weil sie wissen, daß ich zur Verteidigung des Evangeliums bestimmt bin“.** Sie herolden den Christus **„aus gutem Willen“** oder wie wir vielleicht richtiger übersetzten **„nach Gottes Wohlgefallen“.** Aber neben ihnen stehen andere im Verkündigungsdienst, bei denen **„Hintergedanken“** und dunkle Motive wirksam sind. Hier wird von Paulus mit großer Offenheit eine Not ans Licht gestellt, die im Lauf der Geschichte der Gemeinde sich immer wieder gezeigt hat. Es ist für uns halb erschrekkend, halb tröstlich, daß sie damals schon in solchem Maße da war. Der **„Neid“** mischt sich ein – bei Predigern des Evangeliums. Wie tief wurzelt er in unserm Herzen, tiefer als manche grobe Sünde. Auch mit einer echten Bekehrung wird er daher noch nicht einfach

[16] Anm. Rein sprachlich sehr naheliegend wäre es auch, die nebeneinanderstehenden Worte: die Mehrzahl „der Brüder im Herrn“ zusammenzufassen. Aber sollte Paulus hier so hervorgehoben haben, daß die Brüder wirklich „Brüder im Herrn“ sind? Dagegen das „Vertrauen zu den Fesseln“ erforderte eine nähere Erklärung und Begründung, die ihm durch den Zusatz „im Herrn“ gegeben wird.

entwurzelt. Er regt sich auch bei Männern, die so ernst im Dienst Jesu stehen, daß sie auch in gefährlicher Lage nicht schweigen. Vielleicht waren es in Rom Männer, die sonst im Gemeindeleben im Vordergrund gestanden hatten, auf deren Wort man besonders hörte. Nun war der mächtige Einfluß eines Paulus in Rom zu spüren. Sie fühlten sich zurückgedrängt und um ihre bisherige Geltung gebracht. Da kam der Neid hoch. Wo aber Neid sich regt, gibt es notwendig Eifersüchteleien und **„Streit"**. Aus dem Neid wächst die Schadenfreude. Diese Männer sind im Grunde froh, als Paulus durch die Überführung in die Kaserne ausgeschaltet wird. Nun ist er ihnen nicht mehr im Wege, nun können sie ihre alte Stellung wiedergewinnen. So werden auch sie jetzt eifrig, aber **„aus Eigennutz"**.[17] Sie denken bei ihrer lebhaften und mutigen Arbeit zuletzt an sich selbst, an Einfluß in der Gemeinde. Ja, sie kommen sogar zu dem häßlichen Gedanken: Nun mag dieser Paulus sich nur tüchtig ärgern, wenn er machtlos in seinen Fesseln zusehen muß, wie wir Boden gewinnen und alles wieder mehr in unsre Hand bekommen! Es schließt ja immer jeder von sich auf den andern; der Ehrgeizige sieht den Ehrgeiz auch in das Herz des Beneideten hinein. Es müssen doch wohl Äußerungen dieser Art ausgesprochen und weitergesagt worden sein, so daß sie bis zu Paulus drangen. Mit bloßen Verdächtigungen hat sich ein Paulus gewiß nicht abgegeben.

Wie wird Paulus mit dem fertig, was er da erfahren muß? Oft ist sein Wort wiederholt worden: „Daß nur Christus verkündigt werde", und nach unserer oberflächlichen Art des Schriftgebrauchs sehr oft falsch und irreführend. Paulus hat es hier nicht mit einer Verfälschung oder Entleerung der Botschaft selbst zu tun. Er hat nicht geschrieben: „Wenn nur überhaupt etwas von Jesus gesagt wird, das ist die Hauptsache; w a s man dabei von Jesus sagt, ist dann nicht so wichtig." Wie er über eine inhaltliche Antastung der Botschaft denkt, hat er Gal 1, 8. 9 eindeutig und scharf genug ausgesprochen! Über **Irrlehre** hätte er sich nie „gefreut" oder auch nur hinwegzutrösten versucht mit dem billigen Trost, daß dabei doch „irgendwie" Christus noch vorkomme. Es geht hier nicht um den Inhalt der Botschaft, sondern lediglich um die Motive ihrer Verkündigung. Auch von den Männern, die unter dem Einfluß des Neides und der Eigensucht ihre Arbeit tun, wird wirklich „der Christus geheroldet". Und nur weil es wirkliches Evangelium ist, was auch jene Männer sagen, kann Paulus über die unlauteren Motive hinwegsehen: **„Es wird ja doch auf jede Weise, sei es mit Hintergedanken, sei es in Wahrheit, Christus verkündigt, und daran freue ich mich."** Mögen jene Männer ihm persönlich auch weh tun wollen, **„was tut es"?** Auch sie helfen doch dazu mit, daß das Werk des Christus anderen bekannt wird.

Auch wir bekommen hier und da damit zu tun, daß wir bei Mitarbei-

[17] Anm. So wird man das Wort „eritheia" am besten wiedergeben, das andre freilich mit „eris" in Zusammenhang bringen und mit „Streitsucht" oder „Parteilichkeit" übersetzen wollen.

tern in unserer Kirche oder Gemeinschaft hinter ihrem Eifer Neid und Ehrgeiz entdecken müssen. Vielleicht erleben wir es auch, daß andere sich freuen, wenn unsre Tätigkeit durch äußere Verhältnisse gehemmt wird, während sie Boden gewinnen. Dann dürfen auch wir so von der Sache des Evangeliums erfüllt und bewegt sein, daß wir es ohne Empfindlichkeit tragen können, wenn nur wirklich die klare Christusbotschaft Menschen erreicht.

Ob der kleine Satz **„Aber ich werde mich auch freuen“** noch in diesen Zusammenhang gehört, ist nicht sicher. Paulus würde dann seinem Willen Ausdruck geben, es auch weiterhin so zu halten und mit allem innerlich fertig zu werden, was ihn bitter machen möchte. Mögen meine Neider erfolgreich weiterarbeiten, während ich hier gefesselt bin – ich werde mich auch weiter doch freuen. Wahrscheinlicher leitet der Satz zu den folgenden Ausführungen über:

Der gewisse Blick in eine ungewisse Zukunft

Philipper 1, 18–26

18,19 Aber ich werde mich auch freuen! * Weiß ich doch, daß „dies
wird zu meinem Heil ausgehen“ durch euer Gebet und durch die
20 Unterstützung des Geistes Jesu Christi, * nach meiner sehnlichen
Erwartung und Hoffnung, daß ich in nichts zuschanden werde,
sondern in aller Offenheit wie allezeit so auch jetzt Christus groß
gemacht wird an meinem Leibe, sei es durch Leben oder durch
21 Tod. * Denn Leben heißt für mich Christus und Sterben Gewinn.
22 * Wenn es aber das Leben im Fleisch [ist], so bedeutet das für mich
23 Frucht des Werkes, und was ich wählen soll, weiß ich nicht. * Ich
werde ja gedrängt von den beiden: Ich habe das Verlangen hin
zum Aufbrechen und Zusammensein mit Christus, denn um vieles
24 mehr besser [wäre das]; * das Verweilen im Fleisch aber ist not-
25 wendiger um euretwillen. * Und im Vertrauen darauf weiß ich,
daß ich bleiben werde und bei euch allen bleiben werde zu eurem
26 Fortschritt und Freude des Glaubens, * damit euer Rühmen über-
ströme in Christus Jesus an mir durch meine Anwesenheit wieder
bei euch.

Zu Vers 19:
[43]* Hio 13, 16
[44]* 2 Ko 1, 11
Zu Vers 20:
[45]* 1 Pt 4, 16
[46]* 1 Ko 6, 20
Zu Vers 21:
[47]* Rö 8, 10
[48]* Gal 2, 20
[49]* Kol 3, 4
Zu Vers 22:
[50]* Jo 15, 16
Zu Vers 23:
[51]* Jo 14, 3
[52]* 1 Kö 19, 4
[53]* 2 Ko 5, 8
Zu Vers 25:
[54]* Phil 1,12; 2,24
[55]* Phlm 22

[43]* Hio 13, 16: Schon das muß mir zugute kommen, denn kein Heuchler darf Ihm vor die Augen treten.

[44]* 2 Ko 1, 11: ... wenn auch ihr mit eurer Fürbitte hilfreich für uns eintretet, damit aus dem Munde vieler der uns zuteil gewordene Gnadenerweis durch viele auch die Dankesweihe im Hinblick auf uns erhalte.

[45]* 1 Pt 4, 16: ... so schäme er sich dessen nicht, sondern mache vielmehr Gott durch diesen Namen Ehre.

[46]* 1 Ko 6, 20: Denn ihr seid teuer erkauft worden. Macht also Gott Ehre mit eurem Leibe!

[47]* Rö 8, 10: Wohnt dagegen Christus in euch, so ist euer Leib zwar tot um der Sünde willen, euer Geist aber ist Leben um der Gerechtigkeit willen.

[48]* Gal 2, 20: So lebe also nicht mehr ich selbst, sondern Christus lebt in mir; was ich aber jetzt noch im Fleisch lebe, das lebe ich im Glauben an den Sohn Gottes, der mich geliebt und Sich selbst für mich dahingegeben hat.

Die Philipper dürfen mit Dank und Freude an die gegenwärtige Lage in Rom denken. Nicht als wäre alles „einfach" oder „schön". Es ist vieles sehr schwer und notvoll, aber es ist eher ein Fortschritt des Evangeliums daraus erwachsen, und darauf allein kommt es an. Wie hilft Paulus den Philippern (und auch uns!) zur rechten Erfassung der gegebenen Lage. Schwierige und schmerzliche Dinge wollen nüchtern gesehen und nicht billig verharmlost werden. Aber wir dürfen mit ihnen fertig werden, wenn nur ein einziges Verlangen uns ganz beherrscht: der Fortschritt des Evangeliums. Haben die Philipper (und haben wir) diese selbstlose Hingabe an die Sache Jesu?

Diese Frage wird noch wichtiger, wenn nun der Blick in die Zukunft geht. Wie wird es denn nun weiter? Wie steht es mit dem Prozeß? Wie endet das alles? Kommt Paulus frei, wird seine völlige Unschuld klar – oder geschieht das Furchtbare: Die Laune eines Nero verfügt die Hinrichtung? Wie bange warten die Philipper auf eine Nachricht, auf irgendeinen Lichtblick, der in die Dunkelheit fällt. Wie muß doch erst Paulus selber warten. Wissen wir es doch alle aus den Tagen schwerer Krankheit her oder vielleicht auch aus den Tagen eines Gerichtsverfahrens, wie es uns unaufhörlich in Herz und Gedanken umtreiben kann: Wie wird es alles werden? Oh, wenn es doch noch einmal gut würde, wenn wir doch Leben und Gesundheit und Freiheit noch einmal geschenkt bekämen! Paulus, wie siehst du in deiner gefährlichen Lage nach Jahren der Gefangenschaft in die Zukunft? Jetzt freust du dich, aber – wie wird es morgen sein?
„Aber ich werde mich auch freuen!" Die Philipper horchen auf: steht sein Prozeß doch besser, als sie fürchteten? Hat er ihnen gute Nachrichten zu geben? Sie horchen noch mehr auf: **„Weiß ich doch, daß ‚dies wird zu meinem Heil ausgehen' durch euer Gebet und durch die Unterstützung des Geistes Jesu Christi nach meinem sehnlichen Erwarten und Hoffen."** Paulus, rechnest du also mit einem Freispruch, weil wir hier in Philippi und weil so viele überall für dich beten und weil Gottes Geist ja auch das Herz eines Nero lenken

49* Kol 3, 4: Wenn Christus, unser Leben, offenbar werden wird, dann werdet auch ihr zusammen mit Ihm offenbar werden in Herrlichkeit.

50* Jo 15, 16: Nicht ihr habt Mich erwählt, sondern Ich habe euch erwählt und euch dazu bestellt, daß ihr hingehen und Frucht bringen sollt und eure Frucht eine bleibende sei, auf daß der Vater euch alles gebe, um was ihr Ihn in Meinem Namen bittet.

51* Jo 14, 3: ... und wenn Ich hingegangen bin und euch eine Stätte bereitet habe, komme Ich wieder und werde euch zu Mir nehmen, damit da, wo Ich bin, auch ihr seid.

52* 1 Kö 19, 4: ... er selbst aber ging eine Tagereise weit in die Wüste hinein; dort angekommen, setzte er sich unter einem Ginsterstrauch nieder. Da wünschte er sich den Tod und betete: „Es ist genug! Nimm nunmehr, Herr, mein Leben hin, denn ich bin nicht besser als meine Väter."

53* 2 Ko 5, 8: ... so haben wir guten Mut, möchten jedoch lieber aus dem Leibe auswandern und in die Heimat zum Herrn kommen.

54* Phil 1, 12: Ich will euch aber wissen lassen, liebe Brüder, daß meine Lage hier eher zur Förderung der Heilsverkündigung sich entwickelt hat.
Phil 2, 24: ... ich bin aber im Herrn der Zuversicht, daß auch ich selbst bald werde kommen können.

55* Phlm 22: Zugleich rüste dich aber auch, mich als Gast bei dir aufzunehmen, denn ich hoffe, infolge eurer Gebete euch geschenkt zu werden.

kann wie Wasserbäche? Nicht wahr, Paulus, dein **„sehnliches Erwarten und Hoffen“** geht doch natürlich auch darauf: noch nicht sterben müssen, aus dieser ganzen langen Leidenszeit noch einmal erlöst werden, in die Freiheit zurückkehren?!

Nicht umsonst hat Paulus seine Gewißheit nicht in eigene Worte gekleidet, sondern dabei Hio 13, 16 gebraucht, wie er es aus der griechischen Übersetzung des Alten Testaments kannte. Es ist, als ob er den Philippern damit sagen will: Für die Zukunft weiß ich nur das eine, was alle Menschen Gottes, auch ein Hiob, gewußt haben: zuletzt mündet es alles in Heil. Auch das geliebte Kind Gottes weiß für den irdischen Lauf der Dinge nicht, wie es weitergehen wird. Auch das geliebte Kind Gottes muß unter Umständen in alle Nöte und Schmerzen hinein. Die Zukunft ist für den Glaubenden äußerlich genauso ungewiß und ungesichert wie für jeden andern. Über dem Prozeß eines Paulus steht nicht die Garantie: für einen umbeteten Boten Jesu muß es doch gut ausgehen, so wenig es über dem Krankenlager des Frommen steht: Er muß doch wieder gesund werden.[18] Nur eines weiß der Glaubende, was alle andern nicht wissen können: ausgehen wird es ihm zum Heil!

Dabei ist es freilich eine radikal andere Denkungsweise, die den Glaubenden von allen andern trennt und den „Heiligen in Christus Jesus“ total von allen andern Menschen unterscheidet, auch von den vielen, die nur eine christliche Religiosität haben. Auch der Glaubende ist nicht ein „Stoiker“, nicht einer, dessen Herz von Wünschen und Hoffen nicht mehr bewegt würde. Nein, „eine **sehnliche Erwartung und Hoffnung“** lebt auch in seiner Brust. Aber ihr Inhalt ist nicht mehr das Ich und sein Gedeihen. Wie ist das im Ernst und in Wahrheit möglich? Wie kann es solche Freiheit vom Ich geben? Das ganze Herz ist so an Christus verloren, daß es nur eines noch brennend wünschen kann, **„daß ... Christus groß gemacht wird“**. Das ist wahrhaftige Liebe zu Jesus, erwachsen aus der vom Heiligen Geist gezeigten Erkenntnis, daß dieser Jesus „mich geliebt und sich selbst für mich dargegeben“ hat (Gal 2, 20). Diese Liebe zu Jesus kann man nicht „machen“, zu ihr kann man sich auch nicht „zwingen“, sie wird geschenkt im Wunder des wirklichen Christwerdens, im Wunder der Wiedergeburt. Denn Christwerden heißt einfach, sich selbst an Christus verlieren. Paulus sieht es freilich ganz nüchtern: Auch da, wo ein wiedergeborenes Herz so zu Jesus steht, geht es durch innere Kämpfe, wenn der schwere Leidensweg beschritten werden soll. Auch als Glaubende bleiben wir „Fleisch“, und unser Fleisch wehrt sich leidenschaftlich gegen alles Leiden und Sterben. Auch der wahrhaft Wiedergeborene kann darum auf diesem Wege an be-

[18] Anm. Welch tiefe Unterschiede liegen oft in einer scheinbar kleinen sprachlichen Wendung! Wenn das „gut ausgehen“ statt des „zum Heil ausgehen“ unser Herz bestimmt, dann ist unser „Glauben“ und „Beten“ noch das des fleischlich frommen Menschen. Das Gedeihen unsres Ich steht noch im Mittelpunkt selbst unsres Verhältnisses zu Gott. Das endet früher oder später in tiefen Enttäuschungen und ernsten Zusammenbrüchen solchen „Glaubens“.

stimmten Stellen versagen und **„zuschanden werden“**. Auch ein Paulus und gerade ein Paulus (vgl. den Petrus vor seiner Wiedergeburt!) nimmt sich davon nicht aus, als könne ihm das selbstverständlich nicht passieren.[19] Er braucht die Fürbitte der Gemeinde! Und er braucht die Unterstützung des Heiligen Geistes, den er gerade hier den **„Geist Jesu Christi“** nennt, weil auch Jesus den Vater im Leiden verherrlicht und die Unterstützung des Heiligen Geistes gerade für Zeiten der Verfolgung und der Verantwortung vor Gericht zugesagt hat (Mt 10, 20). „Unterstützung des Geistes Jesu Christi“ ist also ein Genetiv des Subjekts. Aber Paulus geht ebensowenig bange und ungewiß in die Zukunft hinein. „Glaube“ ist jene ganz eigenartige Gewißheit, die von „Sicherheit“ ebensoweit entfernt ist wie von „Unsicherheit“: **Weiß ich doch, daß dies wird zu meinem Heil ausgehen, daß ich in nichts zuschanden werde!**[20] So war es bisher im Leben des Paulus. **„Allezeit“** wurde in diesem Leben und Dienst **„Christus groß gemacht“**. Und zwar **„in aller Offenheit“**. Paulus verwendet hier ein echt neutestamentliches Wort „parrhesia“, das Luther mit einem trefflichen Ausdruck seiner Zeit als „Freidigkeit“ wiedergibt, woraus wir dann nach Verlust dieses altertümlichen Wortes den so mißverständlichen Begriff „Freudigkeit“ gemacht haben. In ihm schwingt eine ganz falsche Gefühlsbetontheit, die dem neutestamentlichen „parrhesia“ völlig fernliegt. Nicht auf meine „freudigen“ Gefühle kommt es an. „Parrhesia“ ist zunächst ganz objektiv die „freie Öffentlichkeit“ einer Sache oder eines Redens und von da aus erst auch subjektiv die „Freimütigkeit“, mit der dieses öffentliche Handeln oder Reden geschieht. Die erste, rein objektive Bedeutung wird z. B. in dem bekannten Schlußsatz der Apostelgeschichte (28, 31) vorliegen.[21] Vielleicht denkt der gefesselte Bote auch jetzt lediglich daran: Wie auch sein Prozeß ausgehen mag, immer wird dadurch Christus „in aller Öffentlichkeit“ verherrlicht werden. Vielleicht ist sein Gedankengang aber noch bestimmt von dem „nicht zuschanden werden“: Wie es auch mit ihm weiter werden mag, klar und freimütig wird er Christus bezeugen und Ihn dadurch groß machen. Unser deutsches „Offenheit“ gibt noch am besten diese beiden Seiten der Sache ein wenig wieder.

Die Verherrlichung Jesu geschieht **„an meinem Leibe“**. Sein Leib ist es ja, der jetzt die Fesseln trägt, seinen Leib kann Nero töten lassen. Sein Leib würde es aber auch im Fall der Freilassung sein, der aufs neue die ganze Mühsal der Wanderungen, der Handarbeit zum Lebensunterhalt und des Botendienstes auszuhalten hätte. Pau-

[19] Anm. Darum geht die Bitte „Laß mich nicht zuschanden werden“ schon durch das Gebet des Psalters, vgl. Ps 25, 2. 3; 69, 7; 119, 80; 119, 116. Und darum bleibt dies ein stetes Anliegen der Fürbitte auch und gerade für bedeutende und hoch angesehene Männer und Frauen der Gemeinde.

[20] Anm. Der letzte „Ausgang zum Heil“ geschieht — wie es auch immer irdisch ausgehen mag — jedenfalls durch die Parusie des Herrn. Bei ihr „nicht zu Schanden werden“, das ist das Wichtige. Es ist darum bemerkenswert, daß sich bei der entsprechenden Aussage 1 Jo 2, 28 die gleichen Ausdrücke „parresia“ und „nicht zuschanden werden“ miteinander verbunden finden wie hier an unsrer Stelle.

[21] Anm. Vgl. aber auch Kol 2, 15.

lus war nicht – wie wir es in der Christenheit großenteils geworden sind! – „Platoniker", der nur „die Seele" schätzte und den Leib als das Nichtige oder gar „Schlechte" verachtete. Natürlich weiß auch er, wie die Sünde gerade auch den Leib verdorben hat und knechten kann: Der Leib ist „tot um der Sünde willen" (Rö 8, 10), er ist ein „Niedrigkeitsleib" (Phil 3, 21); daher muß er fest an die Kandare genommen werden (1 Ko 9, 27), die „Praktiken des Leibes" müssen „durch den Geist getötet werden" (Rö 8, 13). Aber auch das alles heißt ja schon nicht, den Leib als bloße „Hülle" der allein wichtigen „Seele" betrachten. Paulus hat biblisch gedacht und hat nüchtern und klar gesehen, wie völlig unser ganzes aktives Leben an den Leib gebunden ist und des Leibes bedarf. Darum hat er die Römer aufgefordert, nicht ihre „Herzen" oder ihre „Seele", sondern ihre „Leiber" als das rechte Opfer für Gott darzubieten (Rö 12, 1), und weiß es auch für sein eigenes Leben, daß die Verherrlichung Jesu „an" seinem Leibe, bzw. wie wir auch hier wieder das griechische „en" übersetzen können, „durch" seinen Leib geschieht. Dieser „nichtige", oft so kümmerliche und noch öfter so mißbrauchte Leib ist das Mittel zur Verherrlichung Jesu – welch eine Wahrheit!

Und zwar ganz gleichgültig, wie sein Prozeß ausgeht, im Fall der Freilassung ebenso wie im Falle der Hinrichtung, **„es sei durch Leben oder durch Tod"!** Denn hier in der „Großmachung des Christus" ist ein Lebensziel geschenkt, das radikal auch über den größten Gegensätzen steht, in die schicksalsmäßig unser Dasein zerfallen kann. Alle anderen Lebensziele, auch die geistigsten und edelsten, jeder andere Lebenssinn, selbst ein „christlicher", ist abhängig von unsrer Lage. Auch wenn ich als Ziel und Sinn meines Lebens ansehe, den Kranken und Elenden als Diakonisse zu dienen, kann ein frühes Siechtum mir diesen Lebenssinn einfach zerbrechen. Nur e i n Ziel kann mir n i e genommen werden, ein Ziel kann ich als Gesunder und als Kranker, als Gefangener und als Freier, als Lebender und Sterbender verfolgen: **„daß Christus groß gemacht wird an meinem Leibe, sei es durch Leben oder durch Tod".** Angesichts dieses mächtigen Zieles verliert die Frage nach dem Ausgang des Prozesses die beklemmende Wichtigkeit.

Und nun kommt jener kurze Satz, der einer der bekanntesten des ganzen Neuen Testamentes geworden ist. Unzählige Male ist er nachgesprochen, unzählige Male gesungen worden: „Christus, der ist mein Leben, Sterben ist mein Gewinn." Aber eben solche Sätze sind ganz besonders gefährdet und gefährlich und müssen durch alles gewohnte Halbverständnis und alle bloßen Stimmungswerte hindurch ganz neu von uns gehört werden. Auffallend ist in diesem Satz wie in diesem ganzen Abschnitt schon die prägnante Kürze der Sprache, die alle Stimmungsmomente ausschließt. Die deutsche Übersetzung in ihrer Umständlichkeit gibt nur schlecht einen Eindruck davon. Manches können wir im Deutschen überhaupt kaum wiedergeben. Im Griechischen ist beim Wort „leben" das substantivierte Verbum und das vom Verbum abgeleitete Hauptwort ebenso unterschieden, wie wir das im Deutschen bei „das Laufen“ und „der Lauf“, „das Singen“ und „der Gesang“ auch kennen. Bei „Leben“ aber haben wir im Deutschen einen entsprechenden Unterschied in der Wortbildung nicht. Hier im Satz des Paulus steht das substantivierte Verbum mit Artikel: „das Leben“, also die Tätigkeit des Lebens, nicht das abstraktere Substantiv „das Leben“ als eine vorhandene Größe. Der Satz des Paulus ist daher viel aktiver und lebendiger zu fassen, als wir es gewöhnlich tun. Wir müssen ihn genau so lesen, wie wir etwa von einem andern Menschen hören: Sein Leben war Zeichnen und Malen. Darum ist im Urtext auch das „für mich“ betont vorangestellt. Woraus andern ihr Leben bestehen mag, weiß ich nicht, es kümmert mich jetzt auch nicht, für mich besteht es aus „Christus“. Der Satz meint noch etwas anderes als das bekannte Sterbelied. Es ist sehr zu fragen, ob diejenigen, die sich am Sarg erschrocken in den Trost hineinflüchten „Christus, der ist mein Leben“, in Wahrheit auch schon den Satz des Paulus nachsprechen können: **„Leben heißt für mich Christus“**. Und doch, erst da, wo das als einfache Wirklichkeit bezeugt werden kann, wird auch das andere wahr, daß **„Sterben Gewinn“** bedeutet. Wie nahe liegt uns hier die fromme Phrase! Wer mit zitterndem Herzen durchlebt, welch einen **„Verlust“** das Sterben ihm bringt, ist vielleicht der Wahrheit viel näher und Gott viel lieber! Er kann aus seiner bitteren Not heraus den wirklichen Weg zu Christus finden, dem auch er dann so leben darf, daß das Sterben echt und aufrichtig auch für ihn „Gewinn“ wird.[22]

Wie kann das geschehen? Nicht durch irgendwelche Künste, nicht durch irgendeinen Heroismus eigener Sterbensfreudigkeit. Das gäbe immer nur Krampf, der im Ernstfalle doch versagt. Es kann immer nur zuteil werden als lösendes, freies Geschenk, eben wenn das Leben für uns Christus wird. Denn dann wird das Sterben für uns ein „Aufbruch“, der uns aus allen Nöten, Kämpfen, Leiden dieser jetzigen Existenz zu dem **„mit Christus zusammen sein“** führt. Dieses „mit Christus sein“ ist freilich für Paulus nicht das letzte und eigentliche Ziel seiner Zukunftserwartung! Er kann ja nicht hier plötzlich all das verleugnen, was er nicht nur 1 Th 4, 13–18 und 1 Ko 15, 35–57 so mächtig ausgeführt hat, sondern was er auch eben in unserm Brief 1, 6. 10. 11 und vor allem 3, 20. 21 ausführt. Die manchmal versuchte Auskunft, Paulus habe sich durch das Ausbleiben der Wiederkunft Jesu und angesichts seines eigenen nahen Todes genötigt gesehen,

[22] Anm. Das „Sterben“ beim leiblichen Tod darf vorgeübt werden in dem vielfältigen „Sterben“ des Ich im Christenleben. Wir „sind gestorben“ mit Christus — das ist ein Fundamentalsatz des Evangeliums. Im Glauben bejahen und ergreifen wir dies „Gestorbensein“. Aber das bleibt nicht eine „erbauliche“ gedankliche Sache. Jesus zieht uns sehr real in Sein Sterben hinein. „Allezeit tragen wir das Sterben Jesu an dem Leibe umher.“ „Wir, die Lebenden, werden immer in den Tod ausgeliefert um Jesu willen“ (2 Ko 4, 10. 11). Wir werden Sterbenswege geführt. Auf ihnen lernen wir es lange vor unserm Tode ganz praktisch, daß „Sterben Gewinn ist“. Je gründlicher und besser wir es hier lernen, desto besser werden wir auch das letzte Sterben im leiblichen Tode als „Gewinn“ ansehen können. Der Satz unseres Briefes und Ausführungen wie 2 Ko 4 hängen im Leben eines Paulus tief miteinander zusammen.

nun doch in die Linie einer rein persönlichen Unsterblichkeitshoffnung abzubiegen, ist angesichts von 3, 20. 21 ganz unmöglich. Ebenso vergewaltigt aber auch die theologische Systematik, die den völligen Tod des ganzen Menschen beim Sterben im Neuen Testament gelehrt findet, unsre Stelle, wenn sie unausgesprochen in den Text eingefügt sein lassen will: „Ich habe das Verlangen, aufzubrechen und (später einmal bei der Auferstehung der Toten) mit Christus zusammen zu sein." Voreilige Systematisierungen sind dem Neuen Testament gegenüber immer vom Übel und stehen dem Ausleger nicht zu. Paulus spricht ja hier von einem „Gewinn", den ihm das **Sterben** und nicht erst die Wiederkunft des Herrn bringt. Und in seinem Verlangen, das er bezeugt, faßt er das „Aufbrechen" und das „mit Christus sein" so eng in eins zusammen, daß wir kein Recht haben, es durch eine lange Zeit des Totseins oder des Seelenschlafes auseinander zu reißen. Die Stelle verlöre dadurch ihre eigentliche Kraft im ganzen Zusammenhang der Aussagen. Wir können nur feststellen, daß die Hoffnung des Paulus reicher war, als wir in unserer Systematik so oder so wahrhaben wollen. Mit voller Kraft hat er auch beim Schreiben an die Philipper die Erwartung der Parusie festgehalten und erst in ihr und in der mit ihr erfolgenden Vollendung der Gemeinde auch durch das Geschenk eines neuen Leibes das erfüllende Ziel gesehen. Aber er hat zugleich eine solche Lebensverbindung mit Jesus gehabt, daß auch das leibliche Sterben sie nicht zerreißen, sondern nur vertiefen konnte.[23] Er ist dann „mit Christus" in einer Weise, wie er es jetzt in dieser Welt noch nicht sein konnte, obwohl er auch hier schon „in Christus" ist. Darum ist für ihn persönlich das Sterben ernsthaft und ungekünstelt „Gewinn", und er kann sich tatsächlich nach diesem „Aufbruch" von Herzen sehnen. Er kann es mit einem fast unübersetzbar knappen und starken Satz sagen: **„denn um vieles mehr besser (wäre das!)".**

Aber Paulus war kein moderner Individualist! Der Gedanke: Wenn ich es dann also so sehr viel besser habe, dann kann ich ja die übrige Zukunftserwartung ruhig aufgeben, lag ihm vollständig fern. Ihm geht es um die Gemeinde, um die Vollendung des Werkes Jesu, um die Ehre Gottes, um die Erneuerung der ganzen Schöpfung! Und für dies alles ist ja noch nichts geschehen, wenn Paulus es nach dem Sterben geschenkt wird, mit Christus zusammen zu sein und es viel besser zu haben. Darum steht Phil 1, 21 und 3, 20. 21 redlich und klar nebeneinander, und wir haben nicht den geringsten Grund, eine Aussage zugunsten der andern abzuschwächen oder umzudeuten. Wir werden uns auch daran gewöhnen müssen, daß es Stufen in der Lebensbeziehung zu Jesus gibt, die wir nicht gegeneinander ausspielen dürfen, weil jede ihren eigenen vollen Wert hat. Es gibt ein

[23] Anm. Auch in 2 Ko 5, 6—8 finden wir die gleiche Gewißheit, daß das „Auswandern" aus dem Leib zum „Einwandern hin zum Herrn" wird. Und in 1 Th 5, 10 steht die Gewißheit des „Lebens mit Christus", ob wir „wachen" oder „schlafen", im gleichen Brief zusammen mit der ganzen Gewißheit der Entrückung bei der Parusie 4, 13 ff.

„Glauben an Jesus", es gibt ein „in Christus sein" auf dieser Erde, es gibt ein „mit Christus sein" nach dem Sterben und es gibt jenes „bei dem Herrn sein allezeit" in der Vollendung der Gemeinde; und selbst von da blickt unser Auge im Wort der Schrift noch auf weitere Stufen: „mit Christus alles ererben", „mit Christus königlich regieren" in einer neuen Schöpfung. Paulus hat alles, was er in diesem Fleisch erlebte und tat, „in Christus" getan; aber so herrlich das ist, es ist noch nicht „alles". Aus den Mühen, Schmerzen und Kämpfen seines irdischen Daseins erlöst wird er noch anders und unmittelbarer „mit Christus" sein; aber auch das ist noch nicht „alles", noch nicht das Letzte und Höchste. Mit der Gemeinde erwartet auch er dringend von den Himmeln her als Retter Jesus Christus, den Herrn, der unsern Leib der Niedrigkeit umwandeln wird gleichgestaltet dem Leib Seiner Herrlichkeit nach der Wirkungsmacht, mit der Er sich auch das All unterwerfen kann (3, 20. 21).

Redlich und frei das Sterben nicht mehr fürchten müssen, sich nach dem Aufbruch sehnen, vor dem alle sonst erschrecken und bangen, das ist etwas Großes. Aber nun gerade zeigt uns Paulus noch Größeres. Seine Haltung bleibt völlig frei von jeder sentimentalen Todessehnsucht, wie sie selbst in J. S. Bachs „Komm, süßer Tod" noch mitschwingt. Wird ihm das **„Verweilen im Fleisch"** zuteil, so **„bedeutet das für ihn Frucht des Werkes".** Und nun weiß er nicht, was er wählen soll, auch ganz konkret für den Ausgang seines Prozesses. Denn beide Wünsche sind stark in seinem Herzen, und beide sind in sich selbst rein und gut. Laß jetzt das Todesurteil kommen und mich aus all der unerhörten Last meines Lebens (vgl. 2 Ko 11, 23–33) zu einer tieferen Vereinigung mit Christus führen!, so darf er beten. Gib mir den Freispruch, ich möchte noch mehr Frucht des Werkes schaffen! – auch diese Bitte kann und darf er vor Gott bringen. Wie soll er nun beten? Eins gibt für ihn den Ausschlag: **„Das Verweilen im Fleisch aber ist notwendiger um euretwillen."** (Wörtlich das „Bleiben am Fleisch", wie unser „am Leben bleiben".) Damit ist seine Entscheidung gefallen. Das „Notwendigere" muß geschehen, bzw. in diesem Falle erbetet werden. Vielleicht will das nun folgende **„Und im Vertrauen darauf weiß ich"** nicht mehr sagen als eben dieses: Nun weiß ich, was ich wählen, worum ich beten soll: Es sagt dann nur die Befreiung aus dem Zwiespalt des Wünschens aus, ohne für den tatsächlichen Ausgang des Prozesses bestimmte Hoffnungen zu erwecken. Dem Wortlaut nach liegt es aber doch näher anzunehmen, daß Paulus die Zuversicht hatte, auch der Herr werde das „Notwendigere" berücksichtigen und es darum dem Paulus bestimmt schenken, daß er **„bleiben"** darf. Dann wird er **„bei ihnen allen bleiben";** Paulus blickt hier gewiß über Philippi hinaus auf alle Gemeinden, die ihn so nötig brauchen. Aber in einem echten Brief stehen einem zunächst nur die Menschen vor Augen, zu denen man jetzt spricht. So fährt hier auch Paulus fort: **„Zu eurem Fortschritt und Freude des Glaubens, damit euer Rühmen überströme in Christus Jesus an**

mir durch meine Anwesenheit wieder bei euch." „Fortschritt" und „Freude" werden wir zusammenfassen und den Genetiv „des Glaubens" auf beide Ausdrücke beziehen müssen. Wenn Paulus entlassen wird, dann setzt er sich nach dieser jahrelangen Leidenszeit doch nicht zur wohlverdienten Ruhe, dann geht seine Arbeit weiter! Und diese Arbeit hat ein klares Ziel: den kraftvollen, lebendigen Glaubensstand der Gemeinden. Paulus war frei von jener falschen „Demut", die nur über ihre Unzulänglichkeit und Nutzlosigkeit zu jammern weiß. Er wußte, daß auch seine Arbeit „nicht vergeblich ist in dem Herrn" (1 Ko 15, 58). So wird seine künftige Arbeit einen weiteren Fortschritt im Glauben der Gemeinden, auch der Philipper, bringen. Und wie froh wird ihr Glaube werden, wenn sie die Rettung des Apostels aus solchen Gefahren erleben! Paulus sieht schon vor sich, wie es bei seinem Besuch in Philippi nach diesen Jahren sein wird. Da wird es sehr überschwenglich zugehen. Da wird nicht nur mit liturgischen Maßen der schuldige Dank abgestattet, da **„strömt über"** das **„Rühmen in Christus Jesus"** an Paulus, an allem, was Jesus an Paulus getan oder durch ihn der Gemeinde geschenkt hat. Diese jubelnde Glaubensfreude einer ganzen Gemeinde ist wichtiger und größer als eines einzelnen Mannes Aufbruch aus den Nöten dieses Lebens in den Friedensbereich des Herrn. Paulus hat die Zuversicht, daß Gott dieses Wichtigere und Größere gewähren wird.

Was die Gemeinde indessen tun soll!

Philipper 1, 27–30; 2, 1–18

a) 1, 27–30. Steht einmütig zusammen im Leidenskampf!

27 Allein: Würdig des Evangeliums von dem Christus führt euer
Gemeindeleben, damit, ob ich nun komme und sehe euch oder ab-
wesend bin – ich höre, wie es bei euch geht, daß ihr steht in einem
Geist, mit einer Seele gemeinsam ringend für den Glauben an das
28 Evangelium * und nicht eingeschüchtert in nichts von den Wider-
sachern, was ja für sie ein Anzeichen des Verderbens, aber eurer
29 Rettung ist, und das von Gott. *Denn euch wurde geschenkt das
„für Christus", nicht nur das an Ihn glauben, sondern auch das für
30 Ihn leiden, * indem ihr denselben Kampf habt, wie ihr ihn saht an
mir und jetzt hört von mir.

Zu Vers 27:
56* 1 Th 2, 12
57* Eph 4, 3
58* Rö 15, 30
59* Apg 4, 32
Zu Vers 28:
60* 1 Ko 16, 9
61* 2 Th 1, 5–7
Zu Vers 29 u. 30:
62* Apg 5, 41; 16, 22

56* 1 Th 2, 12: ... ermahnt und euch zugeredet und euch beschworen haben, ihr möchtet würdig des Gottes wandeln, der euch zu Seinem Reich und zu Seiner Herrlichkeit beruft.

57* Eph 4, 3: ... und seid eifrig bemüht, die Einheit des Geistes durch das Band des Friedens zu erhalten.

58* Rö 15, 30: Ich bitte euch aber dringend, liebe Brüder, bei unserm Herrn Jesus Christus und bei der Liebe, die der Heilige Geist wirkt: steht mir mit den Gebeten, die ihr für mich an Gott richtet, im Kampfe kräftig bei ...

59* Apg 4, 32: Die Gesamtheit der Gläubiggewordenen aber war ein Herz und eine Seele, und kein einziger nannte ein Stück seines Besitzes sein ausschließliches Eigentum, sondern sie hatten alles als Gemeingut.

Das freudige Bild des Wiedersehens hat Paulus sich und den Philippern vor Augen gemalt. Aber er hat es nicht getan, damit sie nun davon träumen und die Zeit mit Warten und Bangen ausfüllen. Mit einer kraftvollen Bewegung (**„Allein: –“**) wendet Paulus nach diesen ganzen persönlichen Mitteilungen die Philipper wieder ihren eigenen Angelegenheiten und Aufgaben zu. Mag der frohe Tag des überströmenden Rühmens geschenkt werden, allein jetzt ist der Tag mit seinen Anforderungen da, und diese Anforderungen sind für die Philipper ebensowenig leicht wie für Paulus.

„Führt euer Gemeindeleben.“ Das Tätigkeitswort, das hier von Paulus gebraucht wird, kann bis zur allgemeinen Bedeutung „sein Leben führen, wandeln“ abgeblaßt sein. So begegnet es uns etwa Apg 23, 1. Wenn Paulus hier nun eben doch nicht das sonst auch von ihm meist verwendete „peripatein“ für „Wandeln“ nimmt, so wird er in „politeuesthai“ doch das „politische“ Moment mit ausgedrückt haben wollen, das auch für unser Ohr darin liegt: also nicht nur „Führt euer Leben!“, sondern „Führt euer Gemeindeleben!“. Wir werden dadurch erneut daran erinnert, daß das Neue Testament sich ja nie an einsame Einzelne wendet, daß es ihm nicht an der Ausbildung von Persönlichkeiten als solchen liegt, sondern um „Gemeinde“, um Bruderschaften und ihr gemeinsames Leben geht. „Wandel“, „Heiligung“, auch das und gerade das ist im Neuen Testament Sache der Bruderschaft.

Wie soll das Gemeindeleben gestaltet werden? Paulus, der darum rang, daß die Gemeinden nicht einer gesetzlichen Heiligung anheimfielen (vgl. besonders Kol 2, 16–23), kann auf diese Frage nicht mit bestimmten „Satzungen“ antworten. Satzungen können nie die ständig wechselnde Fülle des lebendigen Lebens erfassen und bleiben immer im Äußeren stecken. Darum gibt Paulus einen Richtpunkt, der von innen her immer neu das Verhalten im Zusammenleben der Gemeinde bestimmen kann: **„Würdig des Evangeliums von dem Christus führt euer Gemeindeleben!“** Es ist das ein sehr bezeichnender Zug der neutestamentlichen „Ethik“. Nicht das Tun und Leisten der Menschen ist hier das Erste. Zuerst werden sie frei und reich beschenkt: Das Evangelium von dem Christus, dem Erretter mit seiner nie zu begreifenden Liebe, kommt zu ihnen. Aber nun freilich gibt es ein Leben und Tun, das dieser königlichen Gnade, dieser unverdienten Liebe entspricht. „Auserkorene, Hochgeborene, standesgemäß

[60]* 1 Ko 16, 9: . . . denn es hat sich mir hier Gelegenheit zu vielseitiger und erfolgreicher Wirksamkeit geboten; freilich fehlt es auch nicht an Gegnern.

[61]* 2 Th 1, 5—7: Darin liegt ein Hinweis auf das gerechte Gericht Gottes, daß ihr nämlich des Reiches Gottes würdig erachtet werdet, um dessentwillen ihr eben zu leiden habt. * Denn das entspricht doch sicherlich der Gerechtigkeit Gottes, euern Bedrängern mit Drangsal zu vergelten, * euch aber, den Bedrängten, Erquickung in Gemeinschaft mit uns zuteil werden zu lassen . . .

[62]* Apg 5, 41: So gingen sie denn aus dem Hohen Rat weg, hocherfreut, daß sie gewürdigt worden waren, um des Namens willen Schmach zu erleiden.

Apg 16, 22: Da trat die Volksmenge gleichfalls gegen sie auf, und die Stadtrichter ließen ihnen die Kleider vom Leibe reißen und ordneten ihre Auspeitschung an.

man wandeln muß." Worin dieses „würdige" Tun und Leben heute und hier besteht, das kann den Philippern ein andrer aus der Ferne nicht vorschreiben, das können sie aber selber in der Bruderschaft herausfinden. Mit sicherem und wachsendem „Feingefühl" (1, 9. 10) werden sie spüren: Dies ist nicht „würdig des Evangeliums", das aber kann von uns als den Leuten des Christus erwartet werden.

Paulus hat seine Briefe diktiert. Dabei hatte er aber nicht eine Sekretärin, die rasch mit Stenographie nachschrieb. Man kannte damals nur große Buchstaben, die man auf sehr rauhem Schreibmaterial sehr mühsam hinmalen mußte. So ging das Diktieren nur langsam vorwärts. Was mag in dem brennenden Geist eines Paulus vor sich gegangen sein, während er Wort für Wort einzeln diktierte! Kein Wunder, daß er auch einmal aus der Satzkonstruktion herausfiel, wie wir es nun an unserer Stelle sehen: **„damit, ob ich komme und sehe euch oder abwesend bin – ich höre, wie es bei euch geht, daß ihr ..."** Aber gerade dieser Sprung im Satzbau macht es sehr deutlich, was Paulus sagen will. So wie durch den ganzen Brief die Ungewißheit und der Zwiespalt im Blick auf das endgültige Schicksal des Apostels geht (vgl. nebeneinander 1, 20. 25. 26; 2, 17. 18. 23), so bleibt es auch jetzt unklar: Wird Paulus selber wieder in Philippi sein und sehen, wie es dort geht, oder wird er weiter von der Gemeinde getrennt und auf Nachrichten angewiesen bleiben? Einerlei! Darauf kommt nichts Entscheidendes an. Die Hauptsache ist, **„daß ihr steht in einem Geist, mit einer Seele gemeinsam ringend für den Glauben an das Evangelium".** Was ein „Gemeindeleben würdig des Evangeliums" immer umfassen mag, die eine Aufgabe ist der Gemeinde in Philippi als eine wesentliche gestellt: sie hat zu **„stehen".** Wir haben im Kirchenkampf dieses einfache Wort „stehen" ohne jede nähere Beifügung wieder zu schätzen und zu brauchen gelernt: Die Pastoren haben „gestanden", die Gemeinde „steht". Sie hat nicht große Dinge zu tun, nicht große Offensiven zu machen. Aber sie hat im Trommelfeuer menschlicher und dämonischer Angriffe unerschütterlich und unnachgiebig zu stehen. Darum ist „Geduld" im Sinn ausharrender Tragkraft ein so entscheidendes und häufiges Wort des Neuen Testamentes bis hin zu jenem „Hier ist Geduld und Glaube der Heiligen" (Offb 13, 10) im letzten Kampf der antichristlichen Weltepoche. Darum bekommt „Philadelphia" das Lob und die besondere Zusage des Herrn, „weil du bewahrt hast das Wort meiner Geduld" (Offb 3, 10). Und da liegt auch die Aufgabe der Philipper. Der Brief, der wie kein anderer ein Brief der „Freude" ist, ist nicht nur geschrieben von einem Mann im Leiden, sondern ist auch gerichtet an eine Gemeinde, die seit Jahren in Bedrängnis und Not lebt! Der leidenschaftliche Widerstand, der sich damals sofort gegen Paulus erhob (Apg 16, 19–24), ist mit seiner ehrenvollen Entlassung aus dem Gefängnis (Apg 16, 35–39) nicht zu Ende gewesen. Denn hinter ihm steckte doch wohl nicht nur die erbitterte menschliche Geldgier und der national römische Stolz, sondern die Finsterniswelt, in deren

Machtbereich Paulus mit der Befreiung der jungen Sklavin vom Wahrsagergeist (Apg 16, 16–18) unmittelbar und mächtig eingegriffen hatte. „Widersacher" bedrohen auch heute noch ernstlich die Gemeinde.

Will die Gemeinde diesen ihr verordneten Kampf recht bestehen, dann ist dabei ihre Einheit und Geschlossenheit nötig. Diese Einheit **hat ihren objektiven Grund in dem „einen Geist"**, aus dem sie leben darf. Wir sahen schon, wie Paulus sofort am Anfang des Briefes das „alle, alle" betonte. Auch an diesem Kampf müssen alle, alle beteiligt sein. Sie können es auch ohne Rücksicht auf ihre Stärke oder Schwäche, weil der eine Geist für sie alle da ist, der ihnen genauso wie dem Apostel hilft, „daß sie in nichts zuschanden werden", sondern daß auch an ihnen Christus groß gemacht wird im Leiden. Aus diesem gemeinsamen, von Gott geschenkten Grund geht dann das **„mit einer Seele gemeinsam Ringen für den Glauben an das Evangelium"** hervor, aus dem Objektiven das unentbehrliche Subjektive. Paulus hat hier zu dem Wort „zusammenringend" oder „mitringend" einen Dativ gesetzt: „dem Glauben des Evangeliums". Dieser Dativ könnte sprachlich von dem „zusammen" oder „mit" im Verbum abhängen und so besagen, daß die Philipper „zusammen mit dem Glauben" ihren Kampf durchführen. Der Glaube wäre dann wie eine eigene lebendige Macht vorgestellt. Der Dativ könnte aber auch hier wie an vielen andern Stellen Dativ des Mittels sein. So faßt ihn A. Schlatter: „daß ihr ... mit einer Seele durch den Glauben an die gute Botschaft gemeinsam ringt". Dann wäre das Ziel des Kampfes nicht mehr ausdrücklich angegeben. Sprachlich näher liegt aber doch, im „Glauben an das Evangelium" den Gegenstand zu sehen, für den gerungen wird, für den sie in Philippi gemeinsam ringen sollen.

Dabei geht es jetzt nicht um die Offensive des Zeugnisses. Von diesem Kampf um Menschenherzen spricht Paulus hier nicht. Er wählt für diese Aufgabe der Evangelisation überhaupt lieber andere Bilder (vgl. etwa 2 Ko 2, 12; 2, 14–16; 4, 3–6) als das des „Kampfes". Hier geht es um den leidenden Abwehrkampf, es geht darum, „daß nicht jemand weich würde in diesen Trübsalen", wie er es den Thessalonichern sagt (1 Th 3, 3), daß niemand wankend wird und abfällt, daß die Gemeinde in allen ihren Gliedern geschlossen zusammenbleibt. So wie im Neuen Testament überhaupt die „passiven" Tugenden „Sanftmut, Demut, Geduld" stark betont werden, so ist auch der „Kampf" der Gemeinde nicht „Angriff" auf andere, sondern unerschütterliches Ausharren unter den Angriffen der andern und dem Haß der Welt.

Darum fährt Paulus sogleich fort: **„und nicht eingeschüchtert in nichts** von den Widersachern". Er unterstreicht stark: **„nicht ... in nichts"**. Es darf keine Drohung und kein Vorgehen der Widersacher geben, vor dem die Gemeinde ängstlich wird und zurückweicht. Der Kampf kommt allerdings jetzt noch nicht zu seinem Ende, wie er grundsätzlich für die Gemeinde Jesu als ganze in dieser Weltzeit nicht zum Ende kommen kann. Er stammt ja aus dem „Haß der Welt“ (Jo 15, 18. 19), der nicht aufhört, sondern der sich zum Ende dieses Aeons hin nur steigert. Weil nicht die Gemeinde die angreifende ist, kann sie über die Führung dieses Kampfes auch nicht verfügen. Sie kann Ruhepausen dankbar genießen und benutzen (Apg 9, 31), aber sie muß damit rechnen, daß die Welt von sich aus den Kampf immer neu eröffnet, und kann dagegen nichts tun. Äußerlich wird die Gemeinde in diesem Kampf selten oder nie triumphieren. Sie darf sich darüber keinen falschen Erwartungen hingeben. Sie hat ihrem Herrn auf dem Weg des Kreuzes, des Leidens und des äußeren Unterliegens zu folgen. Aber in ihrem ungebrochenen und leidenswilligen Widerstand richtet doch Gott selbst ein Zeichen auf. Die Gemeinde muß leiden, weil ihre Gegner die Macht in den Händen haben. Doch gerade wenn die Gemeinde Jesu nun nicht Macht gegen Macht setzt und sich nicht in weltlicher Weise geschickt wehrt, aber zugleich trotz aller Leiden doch nicht einzuschüchtern und mundtot zu machen ist, dann zeichnet sich darin schon das Unrecht der Gegner und das Recht der Gemeinde, das kommende Verderben der Feinde und die endliche Rettung der Gemeinde ab. Das Zeichen ist objektiv von Gott gegeben, ob es von Menschen gesehen und verstanden wird oder nicht. Gott selbst zeichnet darin die Zukunft vor. Wie das Kreuz Jesu Christi mit seinem Leiden, seiner „Schwachheit“, seiner „Niederlage“ doch schon das „Zeichen“ des Sieges und der kommenden Weltvollendung ist, so gilt das auch von dem Kreuzesweg der Gemeinde. Sie darf dies „Zeichen“ im Glauben sehen und sich dadurch stärken lassen (vgl. 2 Th 1, 3–10). Die Gegner aber sind blind dafür und meinen immer wieder mit der baldigen Vernichtung der Gemeinde rechnen zu können, wenn sie vielleicht auch je und dann ein Grauen vor dem Volke Gottes überkommt, wie einst die Ägypter, wenn sie erkennen müssen: „Je mehr sie das Volk drückten, je mehr es sich mehrte und ausbreitete“ (2 Mo 1, 12).

Gerüstet ist die Gemeinde für diesen unerschütterlichen leidenden Widerstand, denn ihr **„wurde geschenkt das ‚für Christus‘“.** So hat es Paulus zunächst in seiner mit Vorliebe so knappen Sprache gesagt. Aber von welch entscheidender Wichtigkeit ist diese kurze Aussage! Wir kennen in unserm Christentum fast nur noch das „Christus für uns“. Ganz gewiß, das ist und bleibt die Grundlage bis zu unserm letzten Atemzug, ja bis in die Ewigkeit hinein. Auch ein so großer Knecht Gottes wie Spurgeon konnte am Ende seines Lebens keine andere Theologie haben als nur diese einfache in vier Worten: „Jesus starb für mich“. Und doch soll uns eben in einer echten und wirklichen Erlösung noch mehr geschenkt werden, eine wirkliche Lösung von dem bloßen ichbezogenen „für mich“, eine tatsächliche Befreiung zu einem **„für Christus“.** Paulus hat nicht gefürchtet, daß nun die Gemeinde sagen könnte: So, erst verspricht Er uns, unser Heiland zu sein und alles für uns zu tun, und nun kommt Er doch mit Forderungen, daß wir für Ihn etwas tun oder gar leiden sollen! Welch eine Unerlöstheit, welch eine harte, finstere Gebundenheit im Ich-Gefängnis spräche sich darin aus! Paulus erwartet, daß die Philipper ihn verstehen, wenn er ihnen sagt: Ihr seid reich beschenkt und gesegnet, weil euch das „für Christus" zuteil geworden ist. Dieses „für Christus" ist dabei zunächst ganz allgemein und umfassend. Darum hat Paulus es in diesem kurzen Wortlaut vorangestellt. **Jeder Dienst für Christus, alles Leben für Ihn ist darin** eingeschlossen. Das wirkliche Christsein durchläuft immer wieder diese verschiedenen Bezogenheiten zwischen Jesus und uns: „Durch Christus" – „in Christus" – „für Christus". Aber dieses „für Christus" erweist seine Wahrheit doch besonders rein, wenn es zum Leiden für Christus wird. Er hat für uns gelitten, der Gerechte für die Ungerechten; nun dürfen wir als die Erretteten und Versöhnten für Ihn leiden. Wir „dürfen". Darum fährt Paulus fort: Euch wurde geschenkt **„nicht allein das an Ihn glauben, sondern auch das für Ihn leiden".** So ist das Leiden um Jesu willen nicht ein bitteres Schicksal, aus dem man sich so rasch wie möglich wieder heraussehnt, sondern ein Geschenk, das zum Christsein dazugehört und eine Frucht wirklicher Erlösung ist. So hat Paulus sein eigenes Leben, Kämpfen und Leiden angesehen. Ein „agon", ein „Wettkampf" wird dadurch aus seinem Leben, bei dem es mit Einsatz aller Kraft um den großen Siegespreis geht. Es ist der Kampf, **„wie ihr ihn saht an mir".** Paulus hat ihnen das Geschenk des „für Christus" sofort am Anfang seiner Wirksamkeit in Philippi vorgelebt. In der Nacht im Gefängnis, mit zerschlagenem Rücken, die Füße in den Block gezwängt, haben Paulus und Silas nicht gemurrt und nicht geklagt, sondern Gott gelobt, weil ihnen auch dies „für Christus" lauter Gnade war. Und jetzt **„hören sie es von ihm"**, eben aus diesem Brief, wie Paulus nicht nach Freispruch und besseren Tagen verlangt, sondern nur eines sehnlich erhofft, daß „Christus groß gemacht wird an seinem Leibe" – ein mächtiges „für Christus". Diesen „Kampf" teilen sie nun mit ihm. Welche Freude und Stärkung für sie, sich so ganz mit ihrem Apostel verbunden zu sehen. Es geht uns erst ganz auf, was Paulus in 1, 7 meinte: „meine Teilhaber an der Gnade, ihr alle". Wenn es so bei ihnen steht, dann ist es einerlei, ob Paulus selber zu ihnen kommen und dies alles sehen kann oder ob er von ihnen getrennt bleibt und abwesend von ihrem Ergehen hört; wichtig ist nur, daß die Gemeinde ihren Beruf erfüllt und ans Ziel gelangt. Dafür aber ist die Einheit in der Gemeinde die entscheidende Voraussetzung, um die es Paulus auch in dem folgenden Abschnitt geht.

b) 2, 1–11. Seid eins in der rechten Liebe!

Zu Vers 1:
1• 2 Ko 13, 13

1 **Gibt es nun Mahnung in Christus, gibt es Tröstung der Liebe, gibt es Gemeinschaft des Geistes, gibt es Herzlichkeit und Erbar-**

1• 2 Ko 13, 13: Die Gnade des Herrn Jesus Christus und die Liebe Gottes und die Gemeinschaft des Heiligen Geistes sei mit euch allen!

2 **men, * so macht mir die Freude voll, daß ihr auf dasselbe bedacht**
3 **seid, dieselbe Liebe habt, einträchtig, auf das eine bedacht, * nichts**
aus Eigensucht noch aus eitlem Geltungsdrang (tut), sondern durch
4 **die Demut einander für wichtiger haltet als euch selbst, * nicht auf**
das Eigene jeder blickt, sondern jeder auch auf das der andern.
5 *** Auf das seid bedacht in euch, was auch in Christus Jesus (lebte):**
6 *** Er, in Gestalt Gottes wesend, hielt nicht für einen Raub das Sein**
7 **gleich Gott, * sondern entäußerte Sich selbst, Gestalt eines Skla-**
8 **ven annehmend, in Gleichheit der Menschen geworden. * Und in**
Haltung erfunden als Mensch erniedrigte Er Sich selbst, geworden
9 **gehorsam bis zum Tod, zum Tod aber des Kreuzes. * Darum auch**
hat Gott Ihn übererhöht und Ihm geschenkt den Namen, der über
10 **jeden Namen ist, * damit in dem Namen Jesu „jedes Knie sich**
11 **beuge", der Himmlischen und Irdischen und Unterirdischen, * „und**
jede Zunge anerkenne", daß Herr (ist) Jesus Christus, zur Herr-
lichkeit Gottes, des Vaters.

Die Übersetzung versucht gerade hier ohne Rücksicht auf gutes Deutsch die lapidare Wucht der paulinischen Aussagen wiederzugeben, damit wir gerade diesen bekannten Abschnitt neu hören und für die sprachlich verschieden mögliche Auslegung offen sind.

Paulus ringt um die Einheit, die volle und tiefe Einheit der Gemeinde. Wie beschämt muß unsere so zerspaltene und zerklüftete Christenheit lesen, wie sehr es einem Paulus auf die wirkliche, jetzt und hier gelebte Einheit der Gemeinde ankam. Die „e i n e heilige Gemeinde" war i h m nicht bloß „Gegenstand des Glaubens"! Er sah diese Einheit nicht in der „Einheit der Lehre" gegründet oder durch Unterschiede der Erkenntnis wesentlich bedroht. Darauf fällt in unserm Abschnitt überhaupt kein Blick. Ganz andere Dinge sind als Grund oder Gefährdung der Einheit entscheidend. Die Geschichte der evangelischen, auf „Lehre" aufgebauten Kirchen hat gezeigt, daß man so nur zu immer neuen Spaltungen kommen kann, weil gerade

Zu Vers 2:
[2]* Rö 15, 5
[3]* Phil 3, 16
Zu Vers 3:
[4]* Gal 5, 26
[5]* Rö 12, 10
[6]* Phil 2, 21
Zu Vers 4:
[7]* 1 Ko 10, 24. 33; 13, 5
Zu Vers 5 u. 6:
[8]* Jo 1, 1.2; 17, 4. 5
Zu Vers 7:
[9]* Jes 53, 3. 11. 12
[10]* Mt 20, 28
[11]* Rö 8,3
[12]* 2 Ko 8, 9; 13, 4
[13]* Hbr 2, 14. 17
Zu Vers 8:
[14]* Hbr 5, 8; 12, 2
[15]* Lk 14, 11
[16]* Jo 10, 17
Zu Vers 9:
[17]* Mt 28, 18
[18]* Apg 2, 33
[19]* Eph 1, 21
[20]* Hbr 1, 3. 4; 2, 9
[21]* Jes 42, 8
Zu Vers 10:
[22]* Jes 45, 23
[23]* Mt 27, 29!
[24]* Jo 5, 23
[25]* Offb 5, 13
Zu Vers 11:
[26]* Rö 10, 9
[27]* 1 Ko 12, 3

[2]* Rö 15, 5: Der Gott aber, von dem standhaftes Ausharren und Trost kommen, möge euch dazu verhelfen, einen einträchtigen Sinn untereinander nach der Weise Christi Jesu zu besitzen.

[3]* Phil 3, 16: ... nur laßt uns nach derselben Überzeugung, zu der wir bereits gelangt sind, unbeirrt weiter wandeln.

[4]* Gal 5, 26: Laßt uns nicht nach eitler Ehre begierig sein, einander nicht herausfordern, einander nicht beneiden!

[5]* Rö 12, 10: In der Bruderliebe zueinander seid voll Herzlichkeit; in der Ehrerbietung komme einer dem anderen zuvor!

[6]* Phil 2, 21: ... alle anderen denken ja nur an sich selbst, nicht an das, was der Sache Jesu Christi dient.

[7]* 1 Ko 10, 24: Niemand sei auf seinen eigenen Vorteil bedacht, sondern auf die Förderung des anderen.

1 Ko 10, 33: ... wie auch ich allen in jeder Hinsicht zu Gefallen lebe, indem ich nicht meinen Vorteil suche, sondern den der vielen, damit sie gerettet werden.

1 Ko 13, 5: ... sie ist nicht rücksichtslos, sie sucht nicht den eigenen Vorteil, läßt sich nicht erbittern, rechnet das Böse nicht an.

[8]* Jo 1, 1. 2: Im Anfang war das Wort, und das Wort war bei Gott, und Gott war das Wort. Dieses war im Anfang bei Gott.

Jo 17, 4. 5: Ich habe Dich hier auf der Erde verherrlicht und habe das Werk vollendet, dessen Vollführung Du Mir aufgetragen hast. Und jetzt verherrliche Du Mich, Vater, bei Dir selbst mit der Herrlichkeit, die Ich bei Dir besaß, ehe die Welt war.

unsere Erkenntnis „Stückwerk“ und darum unabgeschlossen und also auch bei uns allen verschieden ist. Wohl steht das „phronein“ in unserm Abschnitt für die faktische Einheit der Gemeinde im Mittelpunkt: **„daß ihr auf dasselbe bedacht seid“** (Vers 2) und noch einmal **„auf das eine bedacht“** (Vers 3). „Phronein“ heißt schon „Denken“, aber wie Vers 5 besonders klar zeigt, ist nicht das theoretische „Denken“ des Theologen gemeint, sondern das praktische, willensmäßige Denken, das „Bedachtsein auf...“, die „Gesinnung“. Es geht um das „phronein“ Jesu Christi, und das ist hier nicht das lehrmäßige Denken, mit dem der ewige Gottessohn freilich ein zutreffendes Bild aller Dinge hätte geben können, sondern es ist das „Denken“, das den Gottessohn vom Thron der Herrlichkeit in die Schmach des Kreuzestodes führte! In der Einheit d i e s e s „Denkens“, nicht in der Einheit der Erkenntnis und der Lehre, liegt die feste, unzerbrechliche Einheit der Gemeinde. Wenn alle so „denken“, wie Jesus Christus auch gedacht hat, als Er für Sünder starb, dann können sie sich nicht entzweien, dann halten sie an den Brüdern fest.

Paulus folgt auch hier wieder der Grundlinie seiner „evangelischen Ethik“: Vor unserm Tun und Leisten liegt das Empfangen! Aber aus dem Empfangen resultiert dann auch ein bestimmtes, entschlossenes Handeln, das das Empfangene gebraucht: „Gibt es.., gibt es..., dann...!“

Der Gemeinde ist geschenkt **„Mahnung in Christus“.** Das hier stehende griechische Wort, uns allen bekannt aus dem Namen „Paraklet“, der den Heiligen Geist als „Beistand“, „Anwalt“, „Tröster“ bezeichnet, ist in seiner Grundbedeutung, ähnlich wie das folgende mit „Tröstung“ übersetzte, ein „Zusprechen“. Dieser „Zuspruch“ kann mehr ein ermunternder und mahnender oder ein aufrichtender und tröstender sein. Manche übersetzen darum unsere Stelle auch gerade

[9*] Jes 53, 3. 11. 12: Nein, Er war verachtet und gemieden von den Männern, ein Mann der Schmerzen und mit Krankheit vertraut, ja wie einer, vor dem man das Angesicht verhüllt, verachtet, so daß wir Ihn für nichts ansahen. Vers 11: Infolge Seiner Seelenqual wird Er Frucht sehen und satt werden; durch Seine Erkenntnis wird als Gerechter Mein Knecht den Vielen zur Gerechtigkeit verhelfen, indem Er ihre Verschuldungen auf Sich legt. Darum will Ich Ihm die Vielen zuteilen und mit Starken soll Er Beute teilen zum Lohn dafür, daß Er Sein Leben in den Tod hingegeben hat und unter die Übeltäter gezählt worden ist, während Er doch die Sünde der Vielen getragen hat und für die Übeltäter fürbittend eingetreten ist.

[10*] Mt 20, 28: . . . wie ja auch der Menschensohn nicht gekommen ist, Sich bedienen zu lassen, sondern zu dienen und Sein Leben als Lösegeld hinzugeben für viele.

[11*] Rö 8, 3: Denn was dem Gesetz unmöglich war, das, worin es wegen des Fleisches ohnmächtig war — Gott hat die Sünde im Fleisch verurteilt, indem Er Seinen Sohn in der Gleichgestalt des Sündenfleisches und um der Sünde willen sandte . . .

[12*] 2 Ko 8, 9: Ihr kennt ja die Gnade unseres Herrn Jesus Christus, daß Er, obschon Er reich war, doch um euretwillen arm geworden ist, damit ihr durch Seine Armut reich würdet.

2 Ko 13, 4: Denn Er ist infolge von Schwachheit gekreuzigt worden, lebt aber durch die Kraft Gottes.

[13*] Hbr 2, 14. 17: Weil nun die Kinder am Blut und Fleisch Anteil haben, hat auch Er gleichermaßen Anteil an ihnen erhalten, um durch Seinen Tod den zu vernichten, der die Macht des Todes hat, nämlich den Teufel. Vers 17: Und daher mußte Er in allen Stücken Seinen Brüdern gleich werden, damit Er barmherzig würde und ein treuer Hoherpriester Gott gegenüber, um für die Sünden des Volkes Vergebung zu erwirken.

[14*] Hbr 5, 8: . . . und hat trotz Seiner Sohnesstellung an Seinem Leiden den Gehorsam gelernt.

Hbr 12, 2: . . . indem wir dabei hinblicken auf Jesus, den Anfänger und Vollender des Glaubens, der

umgekehrt: „Gibt es nun Trost in Christus, gibt es ein ermunterndes Wort der Liebe ...“

Wir dürfen jedenfalls bei der „Mahnung in Christus“ nicht „moralisch“ und bei der „Tröstung der Liebe“ nicht „sentimental“ denken. Es gibt in der Gemeinde das zusprechende Wort, das „in Christus“ wurzelt und darum kein leeres Wort bleibt, sondern gestaltende Kraft besitzt, und es gibt das aufrichtende Wort, das aus der göttlichen Liebe kommt und darum wirksame Hilfe darreicht. Die Gemeinde hat ferner **„Gemeinschaft des Geistes“.** Das bedeutet jetzt nicht Gemeinschaft untereinander im Heiligen Geist, sondern „Anteilhabe am Geist“; der Geist Gottes wohnt in der Gemeinde und schafft in ihr Sein Werk. Weil aber das, was der Christus, die göttliche Liebe und der Heilige Geist uns geben, wirklich unser eigener Besitz wird, darum hat nun die Gemeinde auch selber **„Herzlichkeit und Erbarmen“.**[24] Wieder wird uns, wie schon oben in 1, 8, deutlich, daß die Bruderschaft einer Gemeinde sich freilich nicht in „Gefühlen“ erschöpft, aber auch ebensowenig nur Betriebsamkeit von Hilfeleistungen und kühle Tat ist. Die „Eingeweide“ müssen schon bewegt werden, und die äußere oder innere Not des Bruders muß ein lebendiges Erbarmen wecken. Das gibt es aber in der Gemeinde!

Das alles hat die Gemeinde empfangen. Wenn sie es nicht verachtet und unwirksam macht, sondern es gebraucht und darin lebt, dann stärkt und erhält es ihre Einheit. Paulus freut sich an diesem reichen Gemeindeleben. Aber eben weil sie das alles haben, bittet er: **„Macht mir die Freude voll, daß ihr auf dasselbe bedacht seid, dieselbe Liebe habt, einträchtig, auf das eine bedacht.“** Wie wunderbar hier in der scheinbaren Bezogenheit auf das eigene Ich gerade die ganze selbstlose Liebe zum Ausdruck kommt! Paulus erbittet für sich und zu seiner Freude, was doch vielmehr der Philipper eigenster Gewinn

[24] Anm. Auch diese Herzlichkeit und dieses Erbarmen hat die Gemeinde nur als Anteilnahme an dem, was die Bibel vielfältig als G o t t e s Eigentum bezeugt: Ps 25, 6; 51, 3; 119, 77; Lu 1, 78; 6, 36; Rö 12, 1; 2 Ko 1, 3; Kol 3, 12; Jak 5, 11.

---

um den Preis der Freude, die Ihn erwartete, den Kreuzestod erduldet und die Schmach für nichts geachtet, dann Sich aber zur Rechten des Sohnes Gottes gesetzt hat.

[15*] Lk 14, 11: Denn wer sich selbst erhöht, wird erniedrigt werden, und wer sich selbst erniedrigt, wird erhöht werden.

[16*] Jo 10, 17: Um deswillen hat der Vater Mich lieb, weil Ich Mein Leben hingebe, damit Ich es wieder an Mich nehme.

[17*] Mt 28, 18: Da trat Jesus herzu und redete sie mit den Worten an: „Mir ist alle Gewalt im Himmel und auf Erden verliehen.“

[18*] Apg 2, 33: Nachdem Er nun durch die Rechte Gottes erhöht worden ist und den verheißenen Heiligen Geist empfangen hat vom Vater, hat Er jetzt diesen (Geist), wie ihr selbst seht und hört, hier ausgegossen.

[19*] Eph 1, 21: . . . hocherhaben über jede Herrschaft und Gewalt, über jede Macht und Hoheit, überhaupt über jeden Namen, der nicht nur in dieser, sondern auch in der zukünftigen Weltzeit genannt wird.

[20*] Hbr 1, 3. 4: Dieser ist der Abglanz Seiner Herrlichkeit und die Ausprägung Seines Wesens und trägt das Weltall durch Sein Allmachtswort; Er hat Sich, nachdem Er die Reinigung von den Sünden vollbracht hat, zur Rechten der Erhabenheit in den Himmelshöhen gesetzt und ist dadurch um so viel größer geworden als die Engel, wie der Name, den Er als Erbteil erhalten hat, den ihrigen überragt.

ist. Aber gerade indem er es so formt, gibt er seiner Mahnung eine unnachahmliche Zartheit und nimmt ihr jeden Beigeschmack eines Hineinredens von außen und von oben herab. Alles, was der Gemeinde gegeben ist, hilft zu ihrer Einheit, aber doch muß diese Einheit noch besonders erstrebt und vor allen Störungen bewahrt werden. Wie leicht führt uns doch das, worauf wir bedacht sind, auseinander. Sogar die Liebe kann in den einzelnen verschieden sein, verschieden stark und verschieden klarblickend (vgl. 1, 9. 10). Darum müht sich Paulus, in vielfältigen Ausdrücken ans Herz zu legen, was zur Einheit gehört.

Denn die alten Todfeinde der Gemeinschaft leben auch in wiedergeborenen Herzen weiter und kommen immer wieder ans Licht: „Eigensucht" (vgl. oben 1, 17) und „Geltungsdrang". Dagegen muß willentlich angegangen werden. Das Neue Testament meint weder, daß in unserm Leben als Christen alles „von selbst" in Ordnung kommt, noch daß das bloße Beten um die rechte Haltung genügt. Das Neue Testament ruft zum tapferen Einsatz des wiedergeborenen Willens auf: „Nichts aus Eigensucht oder aus eitlem Geltungsdrang!" Und positiv erfolgt die wirksame Bekämpfung der niedrigen Motive, indem ihr **„durch die Demut einander für wichtiger haltet als euch selbst, nicht auf das Eigene jeder blickt, sondern jeder auch auf das des andern".** Das Übersetzen ist hier wieder nicht leicht. Das Wort „hyperéchein" kann auf die rein faktische Überordnung des andern hinweisen, aber auch auf die qualitative Überlegenheit. In der bekannten Stelle Rö 13, 1 wird von der „Obrigkeit" dies „hyperéchein" ausgesagt, ebenso in 1 Pt 2, 14 vom „König". Paulus wird den Gemeindegliedern nicht zumuten, grundsätzlich die andern für „vortrefflicher" zu halten. Das gäbe doch wohl eine unwahre und künstliche „Demut". Wohl aber kann Liebe und Demut dazu führen, daß ich den andern mit der Ehrerbietung begegne, die der natürliche Mensch nur denen entgegenbringt, die ihm in ihrer Stellung über-

Hbr 2, 9: . . . wohl aber sehen wir Den, der für eine kurze Zeit unter die Engel erniedrigt gewesen ist, nämlich Jesus, um Seines Todesleidens willen mit Herrlichkeit und Ehre gekrönt; Er sollte ja durch Gottes Gnade für jeden den Tod schmecken.

[21*] Jes 42, 8: Ich bin der Herr, das ist Mein Name, und Meine Ehre gebe Ich keinem andern und Meinen Ruhm nicht den Götzen.

[22*] Jes 45, 23: Bei Mir selbst habe Ich geschworen, hervorgegangen ist aus Meinem Munde Wahrheit und ein Wort, das unverbrüchlich ist: Vor Mir soll jedes Knie sich beugen, Mir jede Zunge schwören!

[23*] Mt 27, 29: . . . flochten aus Dornen eine Krone, die sie Ihm aufs Haupt setzten, und (gaben) Ihm ein Rohr in die rechte Hand; darauf warfen sie sich vor Ihm auf die Knie nieder und verhöhnten Ihn mit den Worten: „Sei gegrüßt, Judenkönig!"

[24*] Jo 5, 23: . . . damit alle den Sohn ebenso ehren, wie sie den Vater ehren. Wer den Sohn nicht ehrt, ehrt auch den Vater nicht, der Ihn gesandt hat.

[25*] Offb 5, 13: Und die ganze Schöpfung im Himmel und auf der Erde und unter der Erde und auf dem Meere und alles, was in ihnen lebt, hörte ich rufen: „Dem, der auf dem Throne sitzt, und dem Lamm Lobpreis und Ehre, Herrlichkeit und Macht in alle Ewigkeit."

[26*] Rö 10, 9: Denn wenn du „mit deinem Munde" Jesus als den Herrn bekennst und „mit deinem Herzen" glaubst, daß Gott Ihn von den Toten auferweckt hat, so wirst du gerettet werden.

[27*] 1 Ko 12, 3: Darum tue ich euch kund, daß niemand, der im Geiste Gottes redet, sagt: „Verflucht ist Jesus!" und keiner zu sagen vermag: „Jesus ist der Herr!" außer im Heiligen Geist.

geordnet sind. Ich kann den andern „wichtiger nehmen" als mich selbst, auch wenn er der Schwächere und Unbegabtere ist. Dabei bezeichnet „Demut" dem Wortlaut nach dasjenige „Denken", das auf das Geringe und „Niedrige" bedacht ist. Der „Geltungsdrang" nimmt die eigene Person wichtig und will für sie die angesehene Stellung, die rühmliche Aufgabe, den sichtbaren Platz. Und wenn der andre das selbstverständlich alles auch will, ist die Eintracht in der Gemeinde unmöglich und der Riß in der Bruderschaft da.[25] Jetzt erst werden auch die abweichenden Erkenntnisse gefährlich, denn jetzt soll ja „meine" Ansicht allein gelten, ich kann nicht mehr auf den andern ernsthaft hören und mich vielleicht von seinen biblischen Gründen überzeugen lassen. Solchen „Geltungsdrang" kann auch eine ganze Gruppe in der Gemeinde haben. Die „Demut" aber ist frei vom Ich und „sachlich" auch in der Prüfung von Erkenntnisfragen. Sie tut gern auch den unscheinbaren Dienst, die im Hintergrund bleibende Arbeit, das geringe Werk und überläßt fröhlich den andern das, was bedeutsamer erscheint und mehr Anerkennung findet. Das kann echt und aufrichtig geschehen ohne eine unwahre Beurteilung der andern und der eigenen Leistung. „Paulus redet nicht von einer unwahren Höflichkeit, die den Schwachen wie einen Helden preist und den, der nicht regieren kann, in die Ämter stellt. Da wäre ja wieder die Eitelkeit zur Herrschaft über die Gemeinde gebracht" (A. Schlatter). Paulus meint selbstverständlich auch nicht die als „Demut" maskierte Verantwortungsscheu und Bequemlichkeit, die den großen Aufgaben ausweicht, weil sie den vollen Einsatz unter Mühen und Schmerzen verlangen. „Wer mit der vollen Hingabe seiner ganzen Kraft als der letzte in der Gemeinde steht, wird auch, wenn er als erster handeln muß, dies mit derselben Treue tun" (A. Schlatter).

In der Welt ist natürlich jeder sich selbst der Nächste, jeder denkt nur an sich und hat seinen Blick nur auf seine eigenen Dinge gerichtet. Die Anliegen der andern liegen außerhalb seines eigentlichen Blickfeldes. Darum gibt es in der Welt auch keine echte Gemeinschaft, sondern nur die Angst voreinander und die eifersüchtige Gegenwehr gegeneinander. In der Bruderschaft der Gemeinde Jesu kann und soll es anders sein, hier dürfen die Brüder so zueinander stehen, daß **„nicht auf das Eigene jeder blickt, sondern jeder auch auf das der andern"**. Paulus verlangt nicht, daß ich meine Sachen vernachlässige und nur noch für andere bemüht bin. Damit würde ich der Gemeinde ja nur Schwierigkeiten machen und von andern die Besorgung dessen in Anspruch nehmen müssen, was ich selbst für mich und die Meinen versäume. Aber daß mein liebender und sorgender Blick „auch" auf die Bedürfnisse, Schwierigkeiten und Nöte des Bruders geht, das hat Paulus erwartet, und er hat damit gerechnet, daß

[25] Anm. Wie liegen hier die Gefahren und Versuchungen gerade bei den „Heiligen"! Welch schmerzliche und beschämende Einblicke in die Geschichte aller Kirchen und Gemeinschaften bestätigen die Dringlichkeit der warnenden Bitten, die Paulus hier an die Philipper richtet!

dafür noch genug Zeit, Kraft und Vermögen übrigbleibt. Dabei soll die Gemeinde nicht in solche zerfallen, die andre für sich sorgen lassen, und solche, die alles für die andern hergeben. Betont steht in der Mahnung das „jeder". Wenn aber so „jeder" auch an den andern denkt, dann wird keiner zu kurz kommen und keiner überlastet werden. Dann herrscht in der Gemeinde eine fröhliche Eintracht.

Es geht bei all dem nicht um „Ideale". Denen stimmen wir leicht und gern zu. Es geht nicht darum, daß wir solche Predigt hören mit einem „ja, ja, so sollte es unter Christen sein"! Paulus will einfach die tatsächliche, konkrete Verwirklichung von all dem in dieser Gemeinde in Philippi. Und das ist schwer! W i e schwer es ist, das weiß Paulus selbst. Darum begnügt er sich nicht mit den Motiven, die er am Anfang des Abschnitts nannte, nicht mit den Gaben, die es in der Gemeinde „gibt", nicht mit der Bitte: Macht mir, eurem Apostel, dem Gefangenen für das Evangelium, doch die Freude voll! Er ruft gerade hier zum mächtigsten Antrieb auf, der in der Gemeinde Jesu überhaupt da sein kann: zum Blick auf Jesus! Und so geschieht das Merkwürdige, daß dies Stück „christliche Ethik" auf einmal einmündet in eines der wichtigsten Stücke „Dogmatik", die wir im Neuen Testament haben, daß diese Anweisungen zur konkreten Gestaltung des Gemeindelebens enden in der anbetenden Schilderung Jesu!

Unsere Theologie darf es nie vergessen: Diese Sätze über Jesus, aus denen die Dogmatik der Jahrhunderte wieder und wieder geschöpft hat, entstammen nicht einem „dogmatischen" Interesse! Gerade nicht ein einsamer theologischer Denker hat sie gefunden, weil sein theoretisches Fragen um das Geheimnis der Person Jesu kreiste. Nicht ein scharfsinniger Kämpfer hat sie geformt, um „reine Lehre" von Irrlehre abzugrenzen. Ein Mann hat sie diktiert, der um die rechte Eintracht seiner Brüder in Demut und Liebe rang. Sie sind in all ihrer Dogmatik ein Stück d i e s e s Ringens.[26]

Daher geht es nun auch in den folgenden berühmten Zeilen (die jeder Christ auswendig können sollte) gar nicht um die Lösung theoretisch-theologischer Probleme. Nicht dann lesen wir sie richtig, wenn wir aus ihnen ein möglichst klares dogmatisches Bild der Menschwerdung, Erniedrigung und Erhöhung des Gottessohnes gewinnen, sondern dann, wenn unser selbstsüchtiges und eitles Herz erschüttert wird von dem Weg, den Jesus ging, und wenn dies Herz dann, überwunden von der Liebe Jesu, in anbetender Dankbarkeit willig die gleiche Wegrichtung einschlägt.

Um das „Vorbild" Jesu geht es. **„Auf das seid bedacht in euch, was auch in Jesus Christus** (lebte)"! Aber es ist nicht gemeint das Vorbild eines „edlen Menschen", dem wir „Bewunderung" widmen, um selber dann doch zu bleiben, wie wir waren. Hier werden wir vor eine einzigartige Geschichte gestellt. Daß dies „Geschichte" und nicht

[26] Anm. Vielleicht verwendet der Apostel hier sogar einen „Christuspsalm", den er in der Gemeinde vorgefunden hat. Manche Forscher meinen aus sprachlichen Merkmalen erweisen zu können, daß diese ganze Christologie nicht unmittelbar von Paulus selbst geformt worden ist.

„Mythus" ist, kann man freilich niemand beweisen. Aber das sollte sich jeder sehr einfach klarmachen, daß dies ganze Zeugnis jeden Wert und jede Kraft verliert, wenn es nicht Geschichte, sondern „Mythologie" ist. Was eine mythische Gestalt tut und erlebt, läßt mich völlig gleichgültig. Es geht mich ja auch wirklich nichts an. Lassen sich allgemeine existenzielle Aussagen über mich aus dem Ganzen herausentmythologisieren, so erbitte ich mir diese Aussagen lieber ohne diesen seltsamen Umweg in klarer Philosophie. Nur wenn es wirklich Jesus ist, der den hier geschilderten Weg tatsächlich ging, der Jesus, den ich kenne, den ich liebe, dem ich gehöre, weil Er „mein" Jesus, mein Erretter, mein „Leben" ist, nur dann bewegt das, was hier geschildert ist, mein ganzes Selbst. Dann gibt es mir etwas, was keine Existentialphilosophie mir zu geben vermag, was aber sie alle empfingen, die in der langen Geschichte der Gemeinde Jesu diese Worte offenen Herzens lasen. Paulus macht selbstverständlich keinen Versuch, die Wirklichkeit all dieser Aussagen zu „beweisen". Hier kann nicht bewiesen, hier kann nur gehört und durch den Glauben im Heiligen Geist erfaßt werden.

Nicht von einem noch so edlen und großen Menschen hören wir, sondern von dem Einen, von dem es gesagt werden muß: **„Er in Gestalt Gottes wesend hielt nicht für einen Raub das Sein gleich Gott."** In Gestalt Gottes wesend – vielfältig hören wir dieses klare Zeugnis im Neuen Testament: Er ist das „Wort", das „bei Gott war" und „Gott von Art", sagt Johannes; Er ist der „Abdruck des Wesens Gottes" und „alle Dinge durch das Wort Seiner Macht tragend", sagt der Hebräerbrief; Er ist das „Ebenbild des unsichtbaren Gottes", „durch Ihn und zu Ihm ist alles geschaffen", sagt der Kolosserbrief. Darin nimmt Jesus an der Gottheit Gottes teil, darin hatte Er „Gestalt Gottes", daß Gott Sich selbst in Ihm aussprach, daß Gott in Ihm einen Abdruck Seines Wesens, Sein Bild vor Sich hinstellte, daß Gott dem All mit seinem Sichtbares und Unsichtbares umfassenden Reichtum in Ihm Ursprung und Ziel gab. „Verstehen" kann dies freilich niemand. Wer wollte Gottes letzte Geheimnisse fassen! Aber es ruht allerdings das ganze Evangelium darauf, daß in Jesus Der bei uns ist, der vom Herzen des Vaters kam. Für Paulus ist dies Geheimnis so völlig gewiß, daß er daran nichts erklärt und deutet, daß er nur dieses eine kurze Wort davon sagt: **„in Gottes Gestalt wesend".** Dabei dürfen wir „Gestalt" nicht als Gegensatz zum „Wesen" verstehen. In der „morphé" drückt sich gerade das „Wesen" aus. Jesus hatte Anteil an Gottes „Art". Schön sagt es Luther: „Der Sohn des Vaters, Gott von Art..."

Aber nun wird Paulus beredt! Denn nicht in die unergründlichen Seinsgeheimnisse Gottes gilt es einzudringen, sondern in das Herz, in das „Denken" Jesu. Und wunderbar: Während alle Trinitätslehre der Kirche jene Geheimnisse des Wesens Gottes höchstens mit negativen Ausdrücken andeutend umschreiben, aber nicht unserm Verständnis nahebringen kann – hier können wir **verstehen!** Was erblicken wir im Herzen des Sohnes Gottes? Wie empfindet Er Sein gottheitliches Dasein? Wir kennen alle von uns selbst das süße Hochgefühl, mit dem wir unsrer Gaben und Fähigkeiten, unsrer Stellung und unsres Einflusses innewerden. Wir wissen, daß wir es alles als unser gutes Recht betrachten, wie zäh wir es festhalten und verteidigen. Wenn der Sohn von Gott her Grund und Ziel aller Dinge ist, wie muß Er darin sich sonnen, wie muß Er das auskosten und Seine Hoheitsrechte ausüben! O, wir ahnen, was das heißt, wenn nun der Blick in das Herz des Sohnes etwas völlig anderes zeigt: **„Er, in Gestalt Gottes wesend, hielt nicht für einen Raub das Sein gleich Gott."**

Über den seltsamen Ausdruck **„hielt nicht für einen Raub"** hat man viel nachgedacht. Das Wort selbst kann sowohl das Rauben bedeuten wie das Geraubte, die Beute, oder dann abgeschwächt auch ein Geschenk des Zufalls, einen Glücksfund. Aus den beiden letzten Bedeutungen ergäbe sich als Sinn der Stelle: Jesus betrachtete das „Sein gleich Gott", die Existenz in Gestalt Gottes, nicht als etwas, das wie ein Raub oder wie ein Glücksfund festgehalten und ausgenutzt werden müsse. Schon so spricht diese Stelle mächtig zu uns, die wir selber unser Leben und unser Glück wahrlich wie einen „Raub" umklammern, ausbeuten und genießen. Aber fällt nicht doch auf unsere Stelle und die merkwürdige Wahl des Ausdrucks noch ein ganz anderes Licht, wenn wir daran denken, daß Paulus ja den kannte, der das „Sein gleich Gott" bei der Versuchung im Paradies den Menschen verlockend vorgehalten hatte, weil es in seinem eigenen Herzen als wildes, empörerisches Verlangen brannte, Satan hielt es in der Tat für einen Raub, Gott gleich zu sein! So wäre dann schon der erste Satz unsres Textes heilsgeschichtlich gefaßt mit dem Blick auf Urfall und Urfeind. Der ganze Weg Jesu, den Paulus beschreibt, wurde ja erst durch den Fall des Menschen und sein tiefes Elend notwendig. Dem Urheber dieses Falles, dem schon Michael in Seinem Namen das „Wer ist wie Gott?!" entgegenschleuderte, dem Urfeind, der das „Sein gleich Gott" sich rauben und erobern wollte, tritt der Aufheber des Falles entgegen, der Sohn, der Gestalt Gottes als Sein wahres Eigentum besaß und der nun im völligen Gegensatz gegen das innerste Denken des Feindes daraus keinen „Raub" macht. Ihm ist das Gleichsein mit Gott reines Geschenk der Liebe. Jeden Augenblick empfindet Er es so lauter und völlig als wunderbare freie Gabe, daß Er es auch seinerseits nur in dieser innersten Freiheit besitzen will, die nicht den leisesten „Anspruch" darauf erhebt und keinen umklammernden Griff danach tun mag.[27] Innerste Gesinnung im Herzen

[27] Anm. Ernsthaft zu erwägen ist aber auch dasjenige Verständnis der Stelle, das im „Sein gleich Gott" nicht das gleiche sieht wie das „wesen in Gestalt Gottes", sondern eine Gleichheit an Würde und Macht, die der Sohn damals noch nicht besaß, die Er nun aber auch nicht raubend an sich zu reißen suchte. „Für einen Raub halten" bekommt dann seinen vollen ursprünglichen Sinn. Bei diesem Verständnis ist Jesus noch ausgeprägter das Gegenbild Satans. In Seinem Herzen erhebt sich nicht die neidische Frage, die Satan umtrieb: „Warum soll ich hohes, göttliches Wesen nicht die volle Gleichheit an Macht und Würde haben?"! Er schlägt vielmehr den entgegengesetzten Weg ein: statt des Griffs nach der Gottgleichheit wählt Er Entäußerung und Gehorsam und wird „Jehova-Jesus", vor dem alle Knie sich beugen.

des Sohnes Gottes, wie staunen wir zu Dir empor! Wie beten wir vor Dir an! Aus Dir ist alles erwachsen, was wir in Deinem Werk, ausgeführt in der Zeit, vor uns sehen. Und diese Gesinnung ist das richtende Licht, in das wir unser eigenes Herz zu stellen haben. Ja mehr: Das eben ist das Werk des Sohnes, daß wir von der uns verseuchenden Satansgesinnung gereinigt und in dies Denken Jesu mit hineingenommen werden. **„Auf das seid bedacht in euch, was auch in Christus Jesus (lebte)!“** So dürfen sie als die „Heiligen in Christus Jesus“ in Philippi miteinander umgehen, daß keiner mehr seine Stellung, seine Begabung, seinen Besitz ängstlich oder anspruchsvoll in seinem Herzen wie einen Raub betrachtet.

Was im Herzen des Sohnes als Sein „Denken“ lebte, das blieb nicht dort verborgen, sondern trat als Tat, als Kette von Taten hervor. Er **„entäußerte Sich selbst, Gestalt eines Sklaven annehmend“.** Es wurde das ausgelöst durch das Werk des Urfeindes, der seine satanische Empörung gegen Gott in die Welt hineintrug, den Menschen zu Fall brachte und dadurch die ganze Schöpfung in grauenhaftes Elend riß. In unserem Abschnitt sagt aber Paulus davon kein Wort. Ausschließlich und voll ist sein Blick auf das Tun Jesu als solches gerichtet, und allein in Seiner Beziehung zu Gott gesehen. Das ist uns so heilsam, die wir nach unserer selbstischen Art Jesus immer gleich und nur als „unsern“ Heiland betrachten, immer nur bedenken, was Sein Handeln uns einbringt, und darüber vergessen, daß Er der „Sohn“ war, dessen Liebe zuerst dem Vater galt und zuerst Gottes Recht und Gottes Ehre und Gottes Sache im Auge hatte. Wir wollen uns auch da in das Gesinntsein, wie Jesus Christus auch war, hineinnehmen lassen und den Sätzen des Paulus folgen, so wie er sie in der Erleuchtung des Heiligen Geistes uns geschrieben hat.

Aber freilich – kann ein armer Sünder das alles lesen, ohne zugleich in der Tiefe eines zerbrochenen und staunend beseligten Herzens in allem das „Um deinetwillen!“, „Durch deine Schuld!“, „Für dich!“ zu hören? Wird nicht das Vorbild Jesu erst dadurch wirkungsmächtig, daß wir Elenden, Hochmütigen, Ungehorsamen in diese Geschichte Jesu mit hineinverflochten sind, weil Er sie für uns durchlitt? Paulus will uns ganz gewiß nicht daran hindern. Er ist kein abstrakter Theologe, der hier bei der Nennung des Kreuzestodes Jesu auf einmal alles vergessen kann, was er sonst über die rettende Bedeutung dieses Sterbens verkündigt hat. Ein Sünder kann diese Verse des Philipperbriefes eigentlich nur auf den Knien lesen, Dem dankend, der diesen Weg zu seiner Errettung gegangen ist. Aber eben dann dürfen wir uns anbetend freuen, daß unser Heiland der Sohn Gottes ist, dessen Verhältnis zu Gott, wie es Paulus uns hier zeigt, das unentbehrliche Fundament unsrer Erlösung ist.

Bei uns kann zwischen unserer gedanklichen Gesinnung und unserer Tat eine tiefe Kluft liegen. Das hat Paulus Rö 7, 14 ff. als unser Elend geschildert. In Jesus finden wir nichts von dieser Kluft. Sein Denken wird vollständige Tat. Daß Er nichts als „Raub“ betrachtet, was Gottes Liebe Ihm verliehen, das beweist Er dadurch, daß Er alles fortgibt, so vollständig fortgibt, bis Er „Gestalt eines Sklaven" hat, dem nichts gehört, nicht einmal sein eigener Leib und sein eigenes Leben. Dabei ist es nicht ganz unwichtig, zu beachten, daß Paulus nicht formlierte: „nahm Sklavengestalt an, indem Er Sich entäußerte", sondern: „entäußerte sich, indem Er Sklavengestalt annahm". Das „sich Entäußern" ist der grundlegende und entscheidende Vorgang, der das „nicht für einen Raub halten" in Tat und Wirklichkeit umsetzte. Das Annehmen der Sklavengestalt ist nur die Kennzeichnung der Tiefe, bis zu der die Entäußerung ging. Vielleicht sollten wir dabei, statt des für uns durch lange kultische Gewöhnung schon wieder „schön" geworden und „erbaulichen" Ausdrucks „Er entäußerte sich" lieber das wörtliche herbe „Er machte Sich leer", „Er machte sich zu nichts" nehmen. So also müssen wir Jesus, den Menschen Jesus, auf Erden sehen! „Gottmensch" heißt gerade nicht „halb Mensch, halb Gott". Jesus ist gerade nicht ein verkleideter Göttersohn, unter dessen dürftiger Verhüllung „eigentlich" lauter Gold und Silber hervorblitzt. Ganz gewiß, es bleibt das Ungeheure, ohne das es keine Rettung für uns und die Welt gäbe: Dieser Mensch Jesus ist G o t t ! Trotzdem der griechische Ausdruck „morphé Gottes" und „morphé eines Sklaven" es für unsern Sprachgebrauch nahelegt, findet doch gerade keine „Metamorphose" statt. Es geht nicht um „Verwandlung" von „Substanzen". Die uns vertraute Übersetzung „ob Er wohl in göttlicher Gestalt w a r" darf uns nicht irreführen. **„In Gestalt Gottes wesend"** ist etwas in sich selbst Ewiges und Unverlierbares. Auch über dem Menschen Jesus auf dem Leidensweg und gerade über Ihm steht Gottes „Das ist Mein lieber Sohn, an welchem Ich Wohlgefallen habe". Aber über die Gottheit ist hier auch nicht die unwesentliche Hülle der Menschheit gezogen. Es ist voller Ernst mit der Menschwerdung. **„In Gleichheit der Menschen geworden"**, setzt darum Paulus hinzu und **„in Haltung erfunden als Mensch"**. Das griechische Wort für „geworden" ist dabei sprachlich vieldeutig. Es kann nur einfach aussagen: „ein Mensch gleich andern ward Er" (Heinzelmann); es hat aber auch den Klang von „kommen, auftreten", dann würde es heißen: „im Menschenbild auftrat" (Weizsäcker); es kann endlich auch speziell auf die Geburt gehen: im „Abbild der Menschen geboren" (Schlatter)! Die drei Übersetzungen zeigen, wie schwierig die rechte Erfassung und Wiedergabe der griechischen Worte sein kann; zu einer Entscheidung rein aus sprachlichen Gründen können wir nicht kommen. Aber wie wir es auch fassen, s o jedenfalls haben wir den Menschen Jesus in Seinem ganzen Dasein auf Erden zu sehen: entleert, „Gestalt Gottes" in „Gestalt eines Sklaven". Das ist mit keinem Denken zu fassen, hier versagen alle Kategorien der „Zweinaturenlehre". Die „Gestalt Gottes" und die „Art der Sklaven in Gleichheit der Menschen" ist gleichzeitig in Jesus da. Nicht vom „Substanz"-Gedanken her, sondern nur in Bildern des personhaften Seins können wir uns das in ahnenden

Anfängen klarmachen, wenn etwa ein Vater im Umgang mit seinem Kind „in Qualität eines Erwachsenen wesend sich entäußert und eines Kindes Art an sich nimmt". Man kann es nur im kühnsten Denkwiderspruch aussprechen: Das eben ist die wahre Gottheit Jesu, alle „Gottheit" abzulegen und Sklavengestalt zu wählen. Es ist das, was gerade nur Der kann, der an der Schöpfermacht Gottes Anteil hat; für jeden andern würde es bloßes Spiel einer „Verkleidung". Aber was nicht zu „denken" ist, das steht dennoch so einfach in der Wirklichkeit vor uns und das hat das anbetende und singende Herz in der Gemeinde aller Zeiten immer neu erfaßt. So liegt das Kind in der Krippe: Er, in Gestalt Gottes wesend – ein hilfloses, schwaches Kind wie alle Menschenkinder, völlig leer gemacht von aller Hoheit und Größe, der Windeln bedürftig. So steht Er in der Versuchung: Muß denn der Sohn Gottes hungern? O ja, denn ein Sklave nimmt sich nicht selber das Brot, er hat nur, was sein Herr ihm gibt. So steht Er in Seinem Dienst: „der Sohn kann nichts von Sich selber tun" und „das ist Meine Speise, daß Ich tue den Willen Des, der mich gesandt hat und vollende Sein Werk". So kam Er, nicht als „Herr", um sich dienen zu lassen, sondern um zu dienen und Sein Leben hinzugeben. So tut Er das kleine Werk im Winkel Palästina unter dem widerspenstigen Israel und läßt sich die ganze Last des menschlichen Elends aufladen. So hängt Er am Kreuz, der Kleider beraubt, Hände und Füße festgenagelt, völlig entleert, völlig ein Sklave, dem nicht einmal der eigene Körper gehört, in absoluter Ohnmacht, eine wehrlose Beute der Schmerzen und des Todes – Er, der Gottes Macht und Herrlichkeit besaß. Aber nur, weil es so ist, ist dies Menschenleben und dies Sterben etwas total anderes als eines der ungezählten jammervollen Schicksale, das Menschen in dieser furchtbaren Welt zu erdulden haben. Dieses Menschenleben und dieses Sklavendasein und dieses Sterben ist in Freiheit gewählt, von Dem, dem das Sein gleich Gott zu Gebote stand. Darum ist es die Verherrlichung des Vaters durch den Sohn, darum ist es meine Rettung und die Erlösung der ganzen Welt.

Kann aber davor noch irgendeiner in Philippi, der abgeben, nachgeben, gering werden soll, erklären: „Das kann man nicht von mir verlangen? Das kann man mir denn doch nicht zumuten!"? Kann irgendeiner, ein Paulus oder ein Philipper, im Dienst dieses Jesus noch die geringsten Ansprüche machen? „Entäußern", verzichten, klein werden – kann es noch schwer werden, wenn man diesem Jesus gehört, der so weggab: Gottesgestalt in Sklavengestalt? Ist dieser ungeheure Sprung in die Tiefe irgend dem vergleichbar, wenn ein verlorener, verdammter Sünder ein Sklave dieses Jesus wird? Wenn es irgendwo in der Eintracht und Gemeinschaft der Bruderschaft nicht stimmt, weil noch irgend etwas festgehalten wird, dann haben sie dort Jesus noch nicht recht gesehen. Und eben dazu, nicht für die Kapitel einer Dogmatik, zeigt Paulus den Philippern Jesus.

Wenn Paulus fortfährt: **„Und in Haltung erfunden als Mensch, er-**

niedrigte Er sich selbst, geworden gehorsam bis zum Tod, zum Tod aber des Kreuzes", dann wird es vollends unmöglich, die Beziehung dieses Tuns Jesu zum Unheilsgeschehen der Sünde zu übersehen. Zwar fällt auch hier kein ausdrückliches Wort darüber. Die Sohnesliebe Jesu leuchtet hier zunächst in ihrem eigenen freien Glanz. Der Sohn will es dem Vater zeigen: Vater, Du hast mich so hoch erhoben und so reich beschenkt; an Dein Herz hast Du mich genommen, wie ich aus Deinem Herzen entsprossen bin, das Gleichsein mit Dir hast Du mir verliehen – Vater, gerade darum will ich Dir den ganzen, vollendeten Gehorsam erweisen, den Gehorsam, der selbst das Unmögliche kann: sterben, den Gottlosentod, den Tod des Verfluchten am Kreuz! Dabei müssen wir uns vor Augen halten, daß für den Durchblick der Bibel der „Tod" nicht einfach ein naturhaftes Geschehen, sondern eine Macht, ein „Feind", der Machtbereich Satans ist (1 Ko 15, 26; Hb 2, 14; Offb 20, 14). In dieses Reich des Todes ist der Fürst des Lebens willig hineingegangen. Wir tun wohl gut, hier erst einmal still zu stehen und diese Sohnesliebe Jesu schweigend zu betrachten. Selbst bei dem ewigen Gottessohn ist es so, daß die Liebe des Herzens sich erst in der Erweisung der Tat vollendet (Hbr 5, 8). „Und wiewohl Er Gottes Sohn war, hat Er doch an dem, das Er litt, Gehorsam gelernt." Aber zugleich **können** wir das alles gar nicht sehen, ohne unmittelbar zugleich in diesem Licht auch die Sünde erst recht zu erkennen. Sünde ist **Ungehorsam!** Sünde ist die hochmütige Selbständigkeit, die sich Gott gegenüberstellt: Ich will mein eigenes Leben haben, ich will nicht gehorchen, ich will meinen eigenen Willen. „Gib mir, Vater, das Teil der Güter, das mir gehört." Oder gesteigert bis zur äußersten Frechheit: Es existiert gar kein „Vater", der mir etwas zu geben hätte, es ist alles einfach mein! Mit dem ersten Ungehorsam im Paradies ist die Lawine des Ungehorsams ins Rollen gekommen, jene Lawine des Unheils, der Finsternis und der Leiden, die wir „Weltgeschichte" nennen. Und jede einzelne Sünde ist wieder Ungehorsam, jede kleinste Sünde ist Ungehorsam und mehrt diese Lawine und wird von dieser Lawine mitgerissen. Gott sagt, Gott warnt und bittet, ich aber – will nicht! Das ist der Schmerz des Sohnes, der den Vater liebt: Vater, wie verunehren sie Dich mit ihrem frommen oder frechen Ungehorsam, sie alle, alle! Vater, laß mich Deine Ehre wiederherstellen! Ich will freiwillig Dir den Gehorsam erweisen wie ein Sklave seinem Herrn. Vater, befiehl mir das Grauenhafteste, Vater, vor allen Engeln und vor ihm, dem Urheber alles Ungehorsams gegen Dich, will ich es gehorsam tun! Und so „erniedrigte Er sich selbst, geworden gehorsam bis zum Tod, zum Tod aber des Kreuzes".

Darum kommt in Ihm das Vergeben Gottes zu uns Ungehorsamen, zu uns Rebellen. Wer sich dem gehorsamen Sohn ausliefert, wer Glied am Leibe dieses Hauptes wird, den kann Gott begnadigen. Darum kann es aber auch bei Ihm nicht bei einer bloßen „forensischen Rechtfertigung", einer nur formalen Begnadigung bleiben. Wer sich

Ihm ergibt, den macht Er gehorsam. Paulus wird darauf gleich noch zurückkommen.

Jetzt aber sagt er das alles wieder nicht. Jetzt läßt er ein ganz anderes Darum folgen: **„Darum auch hat Gott Ihn übererhöht und Ihm geschenkt den Namen, der über jeden Namen, damit in dem Namen Jesu ‚jedes Knie sich beuge', der Himmlischen und Irdischen und Unterirdischen, ‚und jede Zunge anerkenne', daß Herr (ist) Jesus Christus zur Herrlichkeit Gottes, des Vaters."** Der Sohn hat dem Vater die ganze Liebe und darum den ganzen Gehorsam erwiesen. Gott hat das angenommen und Seinem geliebten Sohn das Äußerste zugemutet. „Welcher auch Seines eingeborenen Sohnes nicht verschont hat, sondern hat Ihn für uns alle dahingegeben", dahingegeben bis in die Gottverlassenheit am Kreuz. Aber gerade darum konnte das nicht das Ende sein und ist nicht das Ende gewesen. Der tiefen hingebenden Liebe des Sohnes entspricht die gewaltige, erhöhende Liebe des Vaters. Hinab in die äußerste Tiefe ging Jesu Weg, nun geht Er hinauf zur höchsten Höhe. Jesus machte sich leer und zu nichts, nun bekommt Er die Fülle. Er wurde zum Sklaven, nun wird Er Herr. Auf alles Recht und auf alle Ehre verzichtete Er, nun wird jedes Knie sich vor Ihm beugen und jede Zunge Seine Ehre anerkennen müssen.

„Darum hat Ihn auch Gott erhöht", so kennen wir das Wort. Paulus aber schrieb: „übererhöht", zur höchsten Höhe erhoben. Und das ist nicht nur ein starker Ausdruck, wie wir manchmal die starken Ausdrücke lieben, gerade auch in der erbaulichen Sprache. Paulus meint, was er sagt. Das macht er fast erschreckend deutlich.

Gott schenkt Jesus **„den Namen über jedem Namen".** Das besagt uns zunächst noch nichts. „Name ist Schall und Rauch", kann schon Goethes Dr. Faust mit typisch modernem Empfinden ausrufen. Namen sind heute Modesache und bedeuten uns nichts mehr. Welche „Renate" denkt daran, daß sie „Wiedergeborene" heißt. Und selbst wenn wir „Name" als „Titel" fassen – wie hat die moderne Welt mit Titeln gehaust. Heute „Feldmarschall", morgen „Verbrecher", übermorgen „Märtyrer" und am nächsten Tag wieder abgetan – was gilt in diesem Hin und Her noch wirklich? Und doch empfinden wir hier und da noch mit, wie im „Namen" auch für uns das ganze Wesen zusammengefaßt sein kann. Wie steht dem einsamen alten Witwer in einem gewöhnlichen weiblichen Vornamen seiner Ehefrau eine Welt der Liebe und Treue vor Augen, ein ganzes, reiches, durchlebtes Leben! Wie kann ein großer geschichtlicher Name auch heute noch mächtige Wirkungen auslösen. Aber freilich, alle menschlichen Namen sind nur klein und haben nur einen räumlich und zeitlich begrenzten Geltungsbereich. Ob auch Gott sie achtet, im „Himmel anschreibt" und ihnen so Dauer verleiht, ist noch zu fragen. Jesus aber hat Er den „Namen über jedem Namen" verliehen, also den Namen, in dem all das vollendet und für das Weltall und für alle Äonen da ist, was wir im kleinen Bruchstück bei diesem und jenem Namen als

Inhalt und Kraft spüren. Paulus meint nicht, Gott habe Jesus noch einen neuen höheren Titel zugelegt. So machen es die Mächtigen in dieser Welt, um ihre Diener zu ehren. Bei Jesus aber hat Gott es viel herrlicher gemacht: Eben dieses „Jesus" selbst **ist** nun der „Name über jedem Namen"! Das zeigt die Fortsetzung: **„Damit in dem Namen Jesu jedes Knie sich beuge."**

Darum haben wir keinen Grund, denen zu folgen, die in der Kirche den Jesusnamen geringachten und von Jesus lieber mit liturgischen oder theologischen Titeln reden zu sollen meinen. Der Name, den Gott selbst zum Namen über jeden Namen gemacht hat, darf auch uns getrost der größte, höchste und schönste Name sein. Die Gemeinde erfährt es ja auch immer aufs neue: Gerade da, wo alles darauf ankommt, wo sie Menschen mit Vollmacht von Schuld lösen oder in Krankheit aufrichten darf, da, wo sie die schwerste Schlacht zu schlagen, wo sie Finsternismächten entgegenzutreten und Menschen aus teuflischen Banden zu retten hat, da fallen alle liturgischen Ausdrücke und dogmatischen Titel hin, da ist es der einfache Jesusname selber, in dem allein alle Vollmacht und der Sieg gegeben ist. Jetzt erlebt das die Gemeinde anfangsweise. Es kommt aber der Tag, da wird dieser Anfang sich vollenden in ungeheurer Größe. Dann bringt dieser Name „Jesus" jedes Knie zum Beugen. Paulus setzt ausdrücklich hinzu: **„der Himmlischen und Irdischen und Unterirdischen".** Es gibt dann keine Ausnahme. Die Bewohner der Himmelswelt, die unendliche Menge der Engel, tun es schon jetzt mit Freude und werden es noch viel mehr tun, wenn das Geheimnis, in das sie hineinschauen möchten (1 Pt 1, 12), das Geheimnis dieses ganzen Weges des Sohnes klar vor ihren Augen liegt. Die „Unterirdischen", soweit die dämonischen Mächte damit gemeint sind, scheuen ebenfalls schon jetzt den Jesusnamen, wie es bereits in den Evangelien offenbar wird (Mk 1, 23-26 und andere Stellen) und wie es die Gemeinde Jesu zu jeder Zeit erfahren darf. Wahrscheinlich denkt Paulus bei den „Unterirdischen" an die Bewohner des Totenreiches.[28] Milliarden Menschen sind über diese Erde gegangen und gestorben, ohne Jesus gekannt zu haben. Sie werden Ihn kennen, alle, sie werden das Knie vor Ihm beugen. Und die „Irdischen", die Menschen auf dieser Erde, die großen, namhaften und die kleinen, unbekannten. Millionen wissen heute noch nichts von Jesus, Millionen lehnen Ihn ab, verachten, belächeln oder hassen Ihn, aber diese Millionen werden alle, alle ausnahmslos vor Ihm knien! Es kann dann nicht anders sein, als daß dies Beugen der Knie ein sehr verschiedenes sein wird. Wie jubelnd und selig werden die vor Jesus knien, die sich von Ihm erretten ließen, die Ihn darum liebten und für Ihn lebten! Wie entsetzt werden die in die Knie brechen, die stolz an Ihm vorübergingen oder Ihn bekämpften.

[28] Anm. Nach dem Zeugnis der Schrift ist Satan mit seinen „Engeln" durchaus nicht „unter der Erde" zu denken! Zwar droht ihnen der „Abgrund" (Offb 20, 1). Jetzt aber ist der Lufthimmel ihre eigentliche Sphäre (Eph 2, 2; 6,12), von der aus sie Menschen beeinflussen oder sogar völlig in Besitz nehmen.

Was für ein Bild, das Paulus vor uns entstehen läßt: Das ganze ungeheure Weltall mit allen seinen Bewohnern eine einzige Riesenversammlung vor Jesus auf den Knien! Das ist das eigentliche Ziel der biblischen und jeder wahrhaft christlichen Zukunftshoffnung. Jetzt verstehen wir es ganz, wie mühelos sich für Paulus beides vereinte: die persönliche Hoffnung für sein Sterben und das Festhalten an der großen weltumspannenden Eschatologie. Hat er schon sein persönliches Wünschen, „aufzubrechen und mit Christus zusammen zu sein" zurückgestellt hinter der Aussicht auf „Frucht des Werkes", hinter dem Dienst für seine Gemeinden, wie sollte er es nicht vollends für klein und unwichtig halten, wenn es um die Herrlichkeit seines Herrn Jesu und damit um die Herrlichkeit Gottes, des Vaters, geht!

Wenn Paulus stirbt und mit Christus zusammen ist, so ist das wohl für ihn persönlich „um vieles mehr besser". Aber er lebt ja nicht für sich und sein eigenes Glück, er lebt für Jesus, den Sohn Gottes, der ihn geliebt und sich selbst für ihn dargegeben. Darum sehnt sein Herz sich mächtig über sein kleines persönliches Glück bei Christus hinaus nach diesem Tag, an welchem Jesus, der Gekreuzigte, der Verkannte und Verachtete, die Anbetung aller Knie und Zungen des Weltalls empfängt. „Heimgehen, selig werden – o wunderbares Wort." Ja, ganz gewiß. Aber wir wären wahrlich nicht wert der Liebe, die Er an uns gewandt hat, wenn wir uns selbstsüchtig damit begnügten und da schon unsere Hoffnung und Erwartung enden ließen! Auch der Gemeinde von heute soll wieder das Herz so für ihren herrlichen Jesus entbrennen, daß keine persönliche Seligkeit sie befriedigt, daß vielmehr ihr ganzes Verlangen jene Stunde ersehnt, in der der Vater dem Sohne die überhohe Herrlichkeit vor den Augen aller schenkt.

Aber noch mächtiger wird der Ernst dieses **„Gott hat Ihn übererhöht"**. Dies Wort vom Beugen jedes Knies und ebenso seine Fortsetzung vom Bekennen jeder Zunge ist ja alttestamentliches Zitat. Wenn wir es aber in Jes 45, 23 nachlesen, dann finden wir, daß es dort eigentlich Gott selber gilt! Es ist ein Gottesschwur, in dem Gott in bezug auf Sich Selber sagt: „Bei Mir selbst habe Ich geschworen, hervorgegangen ist aus Meinem Munde Wahrheit und ein Wort, das unverbrüchlich ist: Vor M i r soll jedes Knie sich beugen, M i r jede Zunge schwören." Was der ewige, lebendige Gott, der Bundesgott Jehova,[29] für Sich Selbst in Anspruch genommen hat, das wendet Er

[29] Anm. Es ist bekannt, daß der Name, den Gott dem Mose für Israel offenbart (2 Mo 3, 13—15), „Jahwe" heißt. Die hebräische Schrift kennt ursprünglich nur Konsonantenzeichen; erst später kamen kleine Vokalzeichen zur Erleichterung des Lesens hinzu. Um sich nicht an der „Heiligkeit" des Gottesnamens zu versündigen, wollte man ihn lieber gar nicht aussprechen und sagte dafür „Adonai" = „Herr". Um den Leser eines hebräischen Textes daran zu erinnern, setzte man die Vokalzeichen von Adonai unter die Konsonanten Jhw. So las die Gemeinde, die die Zusammenhänge nicht wissen konnte, zunächst „Jehova". Sie hat sich, auch in ihrem Liedgut, so an diesen Gottesnamen gewöhnt, daß wir ihn stehenlassen sollten, bis einmal eine Bibelrevision die eigentliche Namensform „Jahwe" in der Gemeinde wirklich heimisch gemacht hat.

nun Jesus zu! Darum können wir den Inhalt dieses „Schwörens", dieser Huldigung, dieses „Bekennens", dies „Kyrios Jesus Christos" nicht anders fassen, als daß hier „kyrios" jenes „Herr" ist, mit dem die griechische Bibelübersetzung ähnlich wie unsere Lutherbibel den Gottesnamen „Jehova" wiedergab. Was der millionenstimmige Chor der Zungen im ganzen Weltall bekennt, das heißt also: „Jehova Jesus Christus"! Alles, was Gott als „Jehova", als der Bundesgott, der mit den Menschen Gemeinschaft stiftende Gott, getan hat, jetzt tut und tun wird, das alles ist Jesus übereignet! Alle erkennen es nun und erkennen es an: Alle Liebe Gottes zu den Menschen, alle Gnade, die Gott je erwies, alles Verschonen, alle Geduld mit einer sündigen Welt – es ruht alles allein in Jesus, in Jesu Entäußerung, Dienst und Gehorsam und ist nur um Seinetwillen geschehen.

Wird Gottes eigene Herrlichkeit damit nicht verdunkelt? Das fürchten ja viele in der Kirche, wenn die Gemeinde Jesu immer wieder diesen einen Namen rühmt und anbetet. Aber Paulus sagt: So wird Gottes Herrlichkeit ins hellste Licht gestellt! Kann denn etwas, was Gott selbst tut, Gott ‚verdunkeln'?! Ja, wenn Jesus sich diese Stellung und Ehre selber errungen oder gar angemaßt hätte, dann freilich wäre es ein „Verdrängen" Gottes gewesen. Das war es, was der Urfeind wollte. Aber Jesus, der so „übererhöht" wird, ist ja eben Der, der dem Vater zuliebe sich selbst leer und zu nichts gemacht hat, der Sohn, der dem Vater bis zum Fluchtod am Kreuz gehorsam, gehorsam war. Wie könnte in Seiner Erhöhung auch nur die Spur einer „Beeinträchtigung" des Vaters liegen! Alles was Jesus nun besitzt, ist nur Geschenk. Paulus hat bei der Verleihung des Namens über jedem Namen ausdrücklich nicht das allgemeine Wort „gegeben" gebraucht, sondern ein Wort verwendet, das den ganzen Charakter des Schenkens aus freier Güte und Gnade hervorhebt. Was konnte den Sohn mehr ehren, als daß Er es „nicht für einen Raub hielt, Gott gleich zu sein", sondern in der Sklavengestalt dienend und gehorchend vor dem Vater stand? Was kann den Vater mehr ehren, als daß Er in göttlicher Liebe und Überfülle dem gehorsamen Sohn alles schenkt und Ihn zu Seiner Rechten auf den Thron erhebt: Jehova – Jesus?

Gott zeigt es damit Seinen Feinden, allen Engeln, der ganzen Menschenwelt und also auch den Philippern, daß keiner zu kurz kommt, der für Gott den Weg der Entäußerung, des Gehorsams und des Dienens geht. Wer in Philippi gern hinter andern Brüdern zurücktrat, gern den geringen und unscheinbaren Dienst tat, willig auf sein „Recht" und seine „Ehre" verzichtete, darf auf Jesus blicken und ganz ohne Sorge sein: Gott beschenkt auf solchem Wege gerade mit königlicher Gnade!

Zu Vers 12:
28• 2 Ko 7, 15
29• 1 Pt 1, 17
30• Ps 2, 11

c) 2, 12–18. **Übt ernsten Gehorsam!**

12 **Also, meine Geliebten, wie ihr allezeit gehorsam wart, nicht**
wie in meiner Anwesenheit allein, sondern jetzt viel mehr in

meiner Abwesenheit: Mit Furcht und Zittern schafft eure eigene
13 Rettung, * denn Gott ist es, der da wirkt in euch, sowohl das Wol-
14 len wie auch das Wirken, des Wohlgefallens wegen. * Alles tut
15 ohne Murren und Bedenken, * damit ihr werdet ohne Tadel und
ohne Falsch, „fleckenlose Kinder Gottes“ mitten unter „einem
krummen und verkehrten Geschlecht“, unter dem ihr strahlt
16 wie Sterne im Weltall, * das Wort des Lebens festhaltend, zum
Grund des Ruhmes für mich auf den Tag des Christus, weil ich
17 nicht vergeblich lief und auch nicht vergeblich arbeitete. * Nein,
wenn ich auch als Trankopfer ausgegossen werde bei der Opfer-
handlung und dem Opferdienst eures Glaubens, so freue ich mich
18 und freue mich mit euch allen; * ebenso freut auch ihr euch und
freut euch mit mir.

„Also[30], meine Geliebten“ – Paulus zieht in herzlicher Anrede an die Briefempfänger die Folgerung aus der Schilderung des Weges Jesu, ja eigentlich aus dem ganzen Abschnitt von 1, 27 an, in dem auch 1, 28 schon von der „Rettung“ die Rede war. Er wiederholt aber nicht die Mahnungen, denen er in dieser Schilderung den zusammenfassenden Abschluß gab, die Mahnungen zur Eintracht und liebevollen Demut, sondern knüpft an das an, was ihm jetzt an dem Bilde Jesu so wichtig wurde: an den Gehorsam. Er sagt den Philippern damit an sich nichts Neues, er ruft sie nicht jetzt erst zum Gehorchen. „Glauben“ und „gehorchen“ lagen für Paulus so unmittelbar nebeneinander, daß er die Formel „Glaubensgehorsam“ bilden konnte. Der Glaube wendet sein Vertrauen Dem zu, dem man nur **gehorchend** vertrauen kann. So hat Paulus alle Gemeinden grundlegend unter-

Zu Vers 13:
[31]* 2 Ko 3, 5
[32]* 1 Th 2, 13
[33]* 2 Pt 1, 5
[34]* Jo 15, 5
Zu Vers 14:
[35]* 1 Pt 4, 9
[36]* 1 Tim 2, 8
Zu Vers 15:
[37]* Phil 1, 10
[38]* Mt 10, 16; 5, 14-16; 12, 39; 17, 17
[39]* 5 Mo 32, 5
[40]* Eph 5, 8
[41]* Da 12, 3
[42]* 1 Pt 2, 9
Zu Vers 16:
[43]* Apg 5, 20
[44]* 1 Th 2, 19
[45]* 2 Ko 1, 14
[46]* Jes 45, 4; 65, 23
[47]* Gal 2, 2
Zu Vers 17:
[48]* 1 Th 3, 5
[49]* 2 Ko 12, 15
[50]* 2 Tim 4, 6
[51]* Rö 15, 16
Zu Vers 18:
[52]* Phil 3, 1; 4, 4

[30] Anm. Das gleiche, die Mahnungen eines Abschnitts zusammenfassende „Also“ finden wir auch 1 Ko 11, 33; 14, 39 und in unserm Brief 4, 1.

---

[28]* 2 Ko 7, 15: ... und sein Herz ist euch noch hingebender zugewandt, weil er an euer aller Gehorsam zurückdenkt, wie ihr ihn mit Furcht und Zittern aufgenommen habt.
[29]* 1 Pt 1, 17: Und wenn ihr Den als Vater anruft, der ohne Ansehen der Person nach dem Werk eines jeden richtet, so führet euren Wandel in Furcht während der Zeit eurer Fremdlingschaft.
[30]* Ps 2, 11: Dienet dem Herrn mit Furcht und jubelt Ihm zu mit Zittern!
[31]* 2 Ko 3, 5: ... nicht als ob wir von uns selbst aus tüchtig wären, etwas auszudenken, als stamme es von uns selbst; nein, unsere Tüchtigkeit stammt von Gott.
[32]* 1 Th 2, 13: Deshalb sagen wir auch Gott unablässig Dank dafür, daß ihr nach Empfang des von uns gepredigten Gotteswortes es nicht als Menschenwort angenommen habt, sondern als das, was es ja in der Tat ist, als Gottes Wort, das sich nun in euch, seitdem ihr gläubig seid, auch wirksam erweist.
[33]* 2 Pt 1, 5: Eben darum müßt ihr aber auch mit Aufbietung allen Eifers in eurem Glauben die Tugend darreichen, in der Tugend die Erkenntnis.
[34]* Jo 15, 5: Ich bin der Weinstock, ihr seid die Reben. Wer in Mir bleibt und in wem Ich bleibe, der bringt reichlich Frucht; dagegen ohne Mich könnt ihr nichts vollbringen.
[35]* 1 Pt 4, 9: Seid gastfrei gegeneinander ohne Murren.
[36]* 1 Tim 2, 8: Mein Wille ist nun, daß die Männer an jedem Versammlungsort beten sollen, indem sie heilige Hände aufheben, frei von Zorn und Zweifel.
[37]* Phil 1, 10: ... zur Prüfung dessen, was in jedem Fall das Richtige sei, damit ihr auf den Tag Christi lauter und ohne Tadel dasteht.
[38]* Mt 10, 16: Bedenket wohl: Ich sende euch wie Schafe mitten unter Wölfe; darum seid klug wie die Schlangen und ohne Falsch wie die Tauben!
Mt 5, 14—16: Ihr seid das Licht der Welt! Eine Stadt, die oben auf einem Berge liegt, kann nicht ver-

wiesen, so hörten es auch die Philipper von Anfang an. Paulus kann ihnen darum bestätigen: **„Wie ihr allezeit gehorsam wart."**

Wir freilich haben allen Grund, hier aufzuhorchen! Hier läuft eine klare und starke Linie des Neuen Testaments, die uns allzu fremd geworden ist. Wir sind durch eine einseitige Verkündigung daran gewöhnt, daß es im Christentum doch nur um „Gnade", um „Vergebung", um „Geschenktbekommen", um „Seligwerden" geht. Wir halten es unsererseits schon für eine Art Entgegenkommen gegen Gott, wenn wir uns im Gegensatz zu so vielen andern dazu bereit finden lassen, diese Gaben Gottes anzunehmen. Dazu kommt ein zweites. Als es um 1800 zum erstenmal darum ging, dem „Christentum", ja der „Religion" überhaupt vor den kritischen Augen seiner „Verächter" einen Platz zu sichern, da meinte Schleiermacher im „Gefühl" den eigensten Bereich finden zu können, der der „Religion" nicht genommen werden kann. Von da her drang weit ins Denken des modernen Menschen, auch in der Kirche, die Meinung, „Religion" und „Christentum" haben es mit Gefühlen und Stimmungen zu tun. Und nun mischte sich diese Auffassung mit jenen Restbeständen der reformatorischen Rechtfertigungslehre, mit „Gnade" und „Seligwerden", und prägte unsere unwillkürliche Einstellung dem Christentum gegenüber. „Erbauung", „Erhebung", „Trost" sucht nun der heutige Mensch in der Kirche. Wie sollte er da für eine so nüchterne und harte Sache wie „Gehorsam" aufgeschlossen sein?! Hier müssen wir in der Gemeinde tief eingewurzeltes falsches Denken überwinden. Dazu ist es wichtig, daß wir im Bild des Heilands den Gehorsam ganz neu sehen und neu begreifen, daß das „Gehorchen" unlösbar mit dem „Glauben" verbunden das Christsein ausmacht.[31]

[31] Anm. Zu diesem ganzen wichtigen Punkt vgl. Apg 5, 32; 6, 7; Rö 1, 5; 6, 17; 10, 16; 15, 18; 16, 19; 16, 26; 2 Ko 7, 15; 10, 5. 6; 2 Th 1, 8; 3, 14; Phlm 21; Hbr 5, 9; 1 Pt 1, 2; 1, 14; 1, 22.

---

borgen bleiben. * Man zündet auch nicht ein Licht an und stellt es unter den Scheffel, sondern auf den Leuchter: dann leuchtet es allen, die im Hause sind. * Ebenso soll auch euer Licht vor den Menschen leuchten, damit sie eure guten Werke sehen und euren Vater, der im Himmel ist, preisen.

Mt 12, 39: Er aber gab ihnen zur Antwort: „Ein böses und ehebrecherisches Geschlecht verlangt ein Zeichen; doch es wird ihm kein Zeichen gegeben werden als das Zeichen des Propheten Jona."

Mt 17, 17: Da antwortete Jesus: „O ihr ungläubige und verkehrte Art von Menschen! Wie lange soll Ich noch bei euch sein, wie lange es noch mit euch aushalten? Bringt ihn Mir hierher!"

[39]* 5 Mo 32, 5: Übel haben an Ihm gehandelt, die wegen ihrer Verworfenheit nicht Seine Söhne sind, ein verderbtes und verkehrtes Geschlecht.

[40]* Eph 5, 8: ... denn früher seid ihr zwar Finsternis gewesen, jetzt aber seid ihr Licht im Herrn: Führt euren Wandel als Kinder des Lichts.

[41]* Da 12, 3: Die Verständigen aber werden leuchten wie der Glanz der Himmelsfeste, und die, welche viele zur Gerechtigkeit geführt haben, wie die Sterne in alle Ewigkeit.

[42]* 1 Pt 2, 9: Ihr dagegen seid „das auserwählte Geschlecht, die königliche Priesterschaft, die heilige Volksgemeinschaft, das zum Eigentum erkorene Volk" und sollt die Tugenden Dessen verkünden, der euch aus der Finsternis in Sein wunderbares Licht berufen hat.

[43]* Apg 5, 20: „Geht hin, tretet offen auf und verkündigt im Tempel dem Volk alle diese Lebensworte!"

[44]* 1 Th 2, 19: Denn wer ist unsere Hoffnung, unsere Freude und unser Ruhmeskranz, wenn nicht auch ihr es seid, vor dem Angesicht unseres Herrn Jesu bei Seiner Ankunft?

[45]* 2 Ko 1, 14: ... wie ihr uns ja, wenigstens zum Teil, schon verstanden habt, nämlich, daß wir euer Ruhm sind, ebenso wie ihr es für uns seid am Tage unsers Herrn Jesus.

Die Philipper waren allezeit gehorsam gewesen, natürlich nicht dem Paulus, sondern Gott und dem Herrn Jesus in Seinem Wort. Paulus selbst spielte dabei nur insofern eine Rolle, als er der „Bevollmächtigte des Christus" war. Er war unter ihnen für den Herrn eingetreten und hatte Sein Wort bekräftigt und erläutert. So konnte es sein, daß **„in seiner Anwesenheit"** das Gehorchen leichter und eifriger war. Mit Freude kann Paulus seinen „Geliebten" das Zeugnis ausstellen, daß auch **„jetzt viel mehr in seiner Abwesenheit"** der Gehorsam ihr Gemeindeleben prägte. Natürlich ist das „viel mehr" nicht quantitativ zu verstehen. Die Philipper waren jetzt in des Paulus Abwesenheit nicht noch gehorsamer als früher, aber sie waren es jetzt „erst recht". Dabei haben wir die ganzen Worte von „nicht wie ... bis ... meiner Abwesenheit" als eine Zwischenbemerkung aufgefaßt, die noch von „allezeit gehorsam wart" abhängt. Man kann diese Worte aber auch bereits zum Nachsatz ziehen und ihnen in dem „schafft eure Rettung" das Prädikat geben. Im lebendigen Sprechen des Diktates ist dann unvermerkt der eine Gedanke und Satz in den anderen hinübergeflossen.

Ganz erstaunlich ist nun aber für uns diese Aufforderung: **„mit Furcht und Zittern schafft eure eigene Rettung"**; noch erstaunlicher ihre Begründung: **„Denn Gott ist es, der da wirkt in euch sowohl das Wollen wie das Wirken."**

Wir haben zunächst den Eindruck eines uns ratlos machenden Gegensatzes gegen den Grundzug dessen, was wir als biblisch-reformatorische Verkündigung kennen. Sagen und hören wir es nicht mit aller Entschiedenheit, und zwar ganz einmütig, ob wir nun „Lutheraner" oder „Reformierte" oder „Pietisten" sind: „Nichts kannst du machen mehr, Er hat's gemacht; es ist vollbracht, es ist vollbracht"? Zu deiner Rettung kannst du auch nicht das Allergeringste beitragen, du kannst sie immer nur als freies Geschenk der allwirksamen

[46*] Jes 45, 4: Um Meines Knechtes Jakob und um Israels, Meines Erwählten, willen habe Ich dich bei deinem Namen gerufen und dir Ehrennamen verliehen, ohne daß du Mich erkanntest.

Jes. 65, 23: Nicht vergeblich sollen sie sich abmühen und nicht Kinder für jähen Tod zeugen; nein, sie werden ein Geschlecht der vom Herrn Gesegneten sein, und ihre Sprößlinge ihnen erhalten bleiben.

[47*] Gal 2, 2: Ich unternahm aber diese Reise auf Grund einer Offenbarung und legte ihnen, insbesondere den Angesehenen, die Heilsbotschaft dar, die ich unter den Heiden verkündige, ob meine Arbeit vergeblich wäre oder gewesen wäre.

[48*] 1 Th 3, 5: Deshalb habe ich auch, als ich es nicht länger aushalten konnte, an euch abgeschickt, um Kunde über euren Glaubensstand zu erhalten, ob nicht etwa der Versucher euch in Versuchung geführt habe und unsere Arbeit damit vergeblich werden sollte.

[49*] 2 Ko 12, 15: Ich aber will herzlich gern zum Opfer bringen, ja mich selbst völlig aufopfern lassen, wenn es sich um euer Seelenheil handelt ...

[50*] 2 Tim 4, 6: Denn was mich betrifft, so wird mein Blut nunmehr als Trankopfer ausgegossen, und die Zeit meines Abscheidens ist da.

[51*] Rö 15, 16: Ich soll ja ein Diener Christi Jesu für die Heiden sein und als solcher den Priesterdienst an der Heilsbotschaft Gottes verrichten, damit die Heiden zu einer gottwohlgefälligen, durch den Heiligen Geist geheiligten Opfergabe werden.

[52*] Phil 3, 1: Im übrigen, meine Brüder, freuet euch im Herrn! Euch dasselbe zu schreiben, verursacht mir keine Beschwerde, euch aber verleiht es Festigkeit.

Phil 4, 4: Freuet euch im Herrn allezeit! Noch einmal wiederhole ich's: „Freuet euch!"

Gnade annehmen. Ja, selbst dies „Annehmen", dies „Glauben können" ist nicht deine Leistung, sondern Gottes Werk im Heiligen Geist! Beruht darauf nicht die ganze Gewißheit unseres Heils? Und nun auf einmal **„Schafft eure Rettung"**, ja wörtlich beinah noch stärker „Erwirkt, **erarbeitet** eure Rettung"? Und dies so ernst, so entscheidungsschwer, daß es „mit Furcht und Zittern" geschehen muß? Paulus, wie kannst du das sagen? Stößt du damit nicht alles um, was du uns sonst gelehrt hast? Was meinst du damit: Wie sollen wir das denn tun?

Fast noch ratloser macht es uns, wenn Paulus im selben Atem die uns gewohnte Vorstellung ebenfalls in aller Schroffheit danebenstellt: **„Gott ist es, der da wirkt in euch sowohl das Wollen wie das Wirken."** Jawohl, Paulus, da bist du wieder in deiner vertrauten Linie, das ist reformatorische Heilsbotschaft. Aber – wie kannst du beides zugleich aussprechen und nebeneinanderstellen?! Es kann doch immer nur das eine oder das andere gelten! Entweder Gott wirkt alles, objektiv das Heil und auch subjektiv das „Wollen", dann haben wir doch nichts mehr zu tun, dann ist alles nur Gnade. Dann kann ich mir das Tun Gottes höchstens gefallen lassen und (wie die alten Dogmatiker sagten) „keinen Riegel vorschieben". Oder ich muß selber „meine Rettung schaffen", dann ist es eben mein Tun und meine Sache, und die alten jüdischen Theologen hatten dann recht, wenn sie Gott nur als den Beurteiler dessen sahen, was wir Menschen unsererseits tun oder nicht tun. Dann versteht man auch das „mit Furcht und Zittern", das zum „Gesetz", aber nicht zum „Evangelium" paßt.

In diesen Bahnen klarer Logik ist die Theologie immer wieder gegangen, und das ist offenbar ihr großer Irrtum. So ist sie typisch eine „theologia irregenitorum", eine „Theologie der Nichtwiedergeborenen", eine Theologie, die betrachtend von außen an Gott und Mensch als „Objekte" ihrer Forschungen und Zergliederungen herantritt. („Theologe" so oder so ist aber auch jeder „Laie", der sich überhaupt über diese Fragen Gedanken macht und die Bibel nachdenkend liest.) Von „innen" her, von der wirklichen Erfahrung im Heiligen Geist aus stellt sich alles ganz anders dar. So nämlich, wie Paulus es hier deutlich macht, indem er ja die beiden Aussagen gar nicht „nebeneinanderstellt", sondern mit einem „denn" ausdrücklich zueinander in Beziehung bringt, und zwar so, daß er unserm Schaffen mit Furcht und Zittern in dem Wirken Gottes seinen Grund gibt. W e i l Gott selbst es ist, der sowohl das Wollen wie das Wirken in uns wirkt[32], eben darum schafft nun mit Furcht und Zittern euer Heil. Unsere „Logik" versagt hier, weil es sich um L e b e n s vorgänge handelt, die über alle Logik hinausgehen. Es kommt aber für unser persönliches Glau-

[32] Anm. Von diesem „Wirken" (griechisch „enérgeia" und „energein", woraus unser Lehnwort „Energie" stammt) Gottes (aber auch Satans) spricht z. B. auch 1 Ko 12, 6; 2 Ko 4, 12; Gal 2, 8; 3, 5; 5, 6; Eph 1, 19. 20; 2,2; 3,20; Kol 1,29; 2, 12; 1 Th 2, 13; 2 Th 2, 7. 9. An allen diesen Stellen wird sofort klar, daß das „Wirken" **Gottes (und Satans)** uns gerade nicht in die Passivität, sondern in die eigene Aktivität versetzt.

bensleben und für unsern Dienst an andern Menschen alles darauf an, daß wir diese Lebensvorgänge recht erfassen und ihre seltsame eigene „Logik" begreifen. Unsere Stelle wird so zu einer entscheidenden Probe für uns. Wer sich an ihr noch irgend stößt, wer noch nicht innerlich sagt: Ja, ja, gerade so muß es sein!, wer hier noch etwas von einem „Widerspruch" empfindet, der muß sich fragen, ob er das Evangelium nicht auch noch „von außen" betrachtet und sich nur theoretisch in seine Botschaft hineingedacht, aber die wirklichen Vorgänge der Heilserfahrung noch nicht durchlebt hat. Er wird ja nicht nur vor unserer Stelle ratlos stehen, sondern im ganzen Neuen Testament damit zu tun bekommen, daß immer wieder die große „reformatorische" Linie: Gott allein wirkt alles, alles ist nur Gnade, der Mensch ist nichts! durchkreuzt wird vom ernstesten Appell an des Menschen entscheidungsvolles Tun. Er wird sich dem Ganzen des Neuen Testaments gegenüber freilich damit zu helfen suchen, daß er Stellen der letzteren Art unwillkürlich nicht so ganz ernst nimmt, sie beiseite setzt, sie nur „pädagogisch" als Hinführung zum Verzagen des Menschen an sich selbst versteht oder gar als noch nicht voll „evangelische" Schicht des Neuen Testaments entwertet. Nur das, was das Neue Testament von der Alleinwirksamkeit Gottes und der völligen Passivität des Menschen lehrt, ist eigentliches Gotteswort, nach dem alles andere bewertet werden muß. Aber – bei unserm Text kann man sich so nicht helfen. Zu klar und eindeutig steht es hier: Gott allein wirkt und gibt das Wollen und Wirken, aber gerade darum ist der Mensch n i c h t passiv, bedeutungslos, sondern zur höchsten verantwortlichen Aktivität gerufen![33]

Wir haben eine wichtige Parallele zu unserm Text, nur vom persönlichen Glaubensleben auf den Verkündigungsdienst hinübergewendet, in 1 Ko 2, 1–6. Wir finden dort das gleiche „Furcht und Zittern".[34] Der Glaube der Korinther soll nicht „auf Menschenweisheit, sondern auf Gottes Kraft" beruhen. Es kommt daher in Korinth alles auf Gottes eigenes Wirken, auf „die Erweisung von Geist und Kraft" an. Nun, dann kann ja wohl Paulus ruhig und gelassen nach Korinth gehen. Entweder Gott wirkt, Geist und Kraft Gottes schaffen Glauben, dann ist es gut ohne des Paulus Zutun, oder Gott wirkt nicht, dann kann Paulus auch weiter nichts machen. Nein, mit der gleichen „Logik" wie an unserer Stelle tut Paulus seine Arbeit in Korinth „mit Furcht und Zittern", gerade **weil** dort Gott Selbst am Werk ist.

[33] Anm. Einen Blick in diese „Logik" bei Paulus selbst gibt 1 Ko 15, 10!

[34] Anm. Der Ausdruck „mit Furcht und Zittern", den wir auch noch 2 Ko 7, 15 und Eph 6, 5 vor uns haben, ist entweder eine etwas formelhafte Redewendung, die sich leicht mit dem Begriff des Gehorchens verband, oder greift bei Paulus bewußt zurück auf Aussagen wie 5 Mo 2, 25; 11, 25; Ps 2, 11; Ps 55, 6; Jes 19, 16 und erinnert dann daran, daß „Furcht" und „Zittern" die unwillkürliche und notwendige Reaktion des Menschen bei der Begegnung mit der Wirklichkeit Gottes ist. Stellen wie Jes 6, 5; Lk 2, 9; Mk 16,8 wären dann hier mit heranzuziehen. Bei den Sklaven wäre ihren Herren gegenüber „Furcht und Zittern" nötig, weil es sich auch bei ihnen um ein Gehorchen „vor Gott" handelt. Bei diesem Verständnis würde es besonders deutlich: Eben weil Gottes Wirken nicht eine dogmatische Theorie, sondern erlebte Wirklichkeit in Philippi ist, ist ein Eifer voll „Furcht und Zittern" die einzig mögliche Reaktion.

Er ist in Korinth mit Furcht und Zittern, nicht weil ihm die Erweisung von Geist und Kraft fehlt, sondern weil sie hier, wie stets in seiner Missionsarbeit (einschließlich Athen!), d a ist.

Die Lösung der Sache ist im Grunde ganz einfach, sobald wir uns nur von der alten römischen Vorstellung der „gratia infusa", der „eingegossenen Gnade" ganz haben lösen lassen, die uns zu bloßen, toten Gefäßen und die göttliche Gnade zu einer Art Substanz macht. Gott achtet uns in Seinem Wirken als lebendige Personen! Er wirkt daher in uns nicht irgendwelche ruhenden Qualitäten, sondern wie es unsere Stelle so klar sagt, „Wollen". Wozu aber ist „Wollen" da? Eben dazu, daß nun auch wirklich und mit Ernst „gewollt wird"! Es ist auf dem Gebiet der Gnade und des Heiligen Geistes gar nicht anders wie im Gebiet der Schöpfung. Nicht du machst dir Augen und erarbeitest dir das Sehen. Das sehende Auge ist Gottes wunderbare Gabe allein. Aber da du nun diese Gabe hast, nun allerdings sieh auch wirklich, brauche dein Auge, es ist deine eigene höchste Verantwortung, wie du mit deinem Auge umgehst, was du siehst und wie du siehst! Erst recht ist es so beim höchsten und herrlichsten Geben Gottes in der Errettung des Menschen. Unsere Stelle zeigt, wie weit Paulus von einer bloßen „forensischen Rechtfertigung" entfernt war. Gott versetzt nicht einen unveränderten Menschen lediglich in einen „Gnadenstand", sondern Gott begnadigt so, daß Er ein neues Wollen im Menschen schafft. In der Tat, keiner von uns kann auch nur ein Verlangen nach Rettung im Herzen haben, wenn Gott ihn nicht zuvor aus dem „Totsein in Sünden und Übertretungen" (Eph 2, 1) erweckt und zum Heil hinzieht. Aber jedem, in dem Gott das getan hat, muß nun mit tiefem Ernst gesagt werden: Nun spiele nicht mit diesem Zug zum Heil, nun folge ihm wirklich, versäume diese Gnadenstunde nicht, gerade weil es nicht nur deine eigene „Stimmung", dein eigener „Einfall", sondern im Ernst Gottes Wirken an deinem Herzen ist. Von Gott gewirktes Wollen – welch eine Verantwortung legt das auf uns! Wie können wir dieses Wollen wahrlich nur „mit Furcht und Zittern" in heiligem Ernst ausnutzen! Dies wiederholt sich auf allen Stufen des Glaubenslebens, vom „Wollen" bis zum vollen „Wirken". (Vgl. Rienecker „Bibl. Kritik am Pietismus [1952] S. 72 ff.)

Gerade weil Gott an den Philippern so viel getan hat, weil in ihrem jetzigen Glaubensstand lauter lebendige, herrliche Gnade Gottes sichtbar wird, weil dieser ihr Glaubensstand nicht ihr eigenes Machwerk, sondern Gottes eigenes Werk ist, eben darum dürfen sie damit nicht sorglos umgehen, dürfen Gottes Werk nicht verderben, sondern müssen an ihre Rettung ein ganzes, entschlossenes Handeln setzen, indem sie ständig voll in dieser Gnade leben, mit diesem von Gott gewirkten Willen wirklich und beharrlich wollen, das von Gott ihnen geschenkte Wirken in ganzem Gehorsam zur Durchführung bringen. Das Bild Jesu, das Paulus den Philippern eben gezeichnet hat, steht ihm selbst sicher noch vor Augen. Auch der Sohn hat alles, was Er ist und hat, allein vom Vater als Gabe Seiner Gnade und Liebe. Aber dadurch wurde der Sohn nicht untätig, nicht ein genießender Besitzer schöner und erfreulicher Gaben, sondern ging damit den gewaltigen Dienst- und Gehorsamsweg, nicht um mit solchen „Leistungen" der „Sohn" zu werden, sondern eben weil Er es w a r. So sieht Paulus den Weg seiner „Geliebten" in Philippi. Die freie, wirkende Gnade Gottes, die dort ohne jedes Werk und Verdienst von Menschen verlorene Sünder errettet hatte, darf die Philipper nicht zur Lässigkeit verführen, sondern muß sie in die höchste Anspannung versetzen: Weil Gott das Wollen gab, darum wollt nun auch mit aller Kraft; weil Gott das Wirken verlieh, darum wirkt nun auch mit allem Gehorsam![35]

Wann werden wir das den Gemeinden (und uns selber!) wieder klar sagen, anstatt sie (und uns!) mit einer falschen Gnadenlehre aus einer irrigen Theologie heraus zu Tode zu trösten.

Der Zusatz **„des Wohlgefallens wegen"** ist so in wörtlicher Übersetzung stehen gelassen, weil seine Auslegung nicht eindeutig vollzogen werden kann. In dem griechischen „hypér" = „für" kann das Ziel ebenso wie der Grund einer Sache ausgesprochen sein. Paulus kann also hier gemeint haben: Handelt so, um das göttliche Wohlgefallen zu erlangen.[36] Aber Gottes „Wohlgefallen" ist doch wahrscheinlich als Sein „Gnadenratschluß", Sein freier, nur in Seinem eigenen Gefallen begründeter Beschluß zu verstehen und dann auf das Wirken Gottes im Geben des Wollens und Wirkens zu beziehen. Dann will Paulus hier – wie er es oft tut – an das Geheimnis erinnern, das für uns immer über dem Gnadenwirken Gottes liegt. Weil es „Gnade" ist, kann es nicht in irgendwelchen Vorzügen der Empfänger begründet sein. Warum ist diese Gnade des Wollens und Wirkens gerade den Philippern, gerade diesen wenigen Menschen in Philippi zuteil geworden? Wir können hier zwar auch wieder nicht mit unserer „Logik" operieren und nach der andern Seite hin feststellen: Den andern hat Gott sogar das „Wollen" versagt, Er hat sie also zur Verdammnis bestimmt. Aber im Blick auf den lebendigen Gnadenstand bei uns oder andern können wir in der Tat immer nur anbetend sagen: Es geschah in keiner Weise um irgendeines Vorzuges willen, den wir selber an uns hatten, sondern **„des Wohlgefallens wegen"**, weil es Gott so gefiel, weil Seine freie Gnade es so wollte. Und eben dies erhöht unsere Verantwortung, eben dies läßt

[35] Anm. Weil Gott auch das „Wirken" schenkt, darum ist die Lage für die Christen in Philippi (und für uns!) eine grundlegend andere als die von Rö 7, 18! Darum dürfen wir uns nun auch nicht mehr vor dem „Wirken" in Rö 7 hineinflüchten und uns mit den dortigen Aussagen gegen die Forderungen des Wirkens sichern wollen.

[36] Anm. „Eudokia" kann allerdings auch den „guten Willen" bezeichnen, vgl. etwa in unserm Brief 1, 15 und Rö 10, 1; vielleicht auch 2 Th 1, 11. Selbst die bekannte Stelle Lk 2, 14 wird von Forschern in diesem Sinne verstanden: „Menschen guten Willens". Das bedeutende Wörterbuch von Bauer tritt diesem Wortverständnis bei und schlägt für unsere Stelle vor: „über den guten Willen hinaus". Das wäre aber eine ganz ungewöhnliche Verwendung von „hypér" mit dem Genetiv. Und ein guter Sinn wäre damit auch nicht einmal gewonnen. Das „eudokia" in unserer Stelle wird in der Linie von Mt 11, 26 und Eph 1, 5; 1, 9 zu sehen sein, in die m. E. auch Lk 2, 14 gehört.

uns erst recht „mit Furcht und Zittern“ in vollem Einsatz das verwerten, was Gott uns nach ewigem Gnadenratschluß gab. Welch ein Gericht lüden wir auf uns, wenn wir das versäumten und nicht recht benutzten, was Gott in so freier Güte in uns weckte und schuf! Davor will Paulus seine geliebten Philipper bewahren.

Nun wird das „Schaffen der Rettung“ näher beschrieben. **„Alles tut ohne Murren und Bedenken.“** Wir müssen wieder daran denken, daß das „ihr“ in solchen Aufforderungen sich nicht an eine bloße Vielzahl von lauter einzelnen wendet, die jeder für sich das Geforderte fertigbringen sollen, sondern an die Bruderschaft einer Gemeinde. In der Bruderschaft kann und soll der Wille Gottes für heute hier und so klar erkannt werden, daß das Gehorchen **„ohne Bedenken“** in voller Gewißheit erfolgen kann. „Bedenken“ hemmen und lähmen. „Bedenken“ zeigen, daß ich in meinen Entschlüssen noch bei mir selber bleibe und nicht unter der deutlichen Führung meines lebendigen Herrn lebe. Das braucht nicht so zu sein! Paulus kam nach Philippi nicht unsicher und fragend, sondern „gewiß, daß uns der Herr dahin berufen hätte, ihnen das Evangelium zu predigen“ (Apg 16, 10). Neben den „Bedenken“ kann sich in unserm Herzen auch ein willentlicher Einwand gegen Gottes Weisung erheben. Gottes Weg ist zu schwer, Gott verlangt zuviel von uns. Das ist das **„Murren“**, das laut werden kann, aber auch tief im Herzen verborgen unsern Gehorsam entwertet und lähmt. Da Gott selbst es ist, der das Wollen und Wirken in uns schafft, dürfen wir dies von Gott verliehene Wollen und Tun festhalten und durchführen, und es darf einen redlichen und völligen Gehorsam „ohne Murren und Bedenken“ geben. So „perfektionistisch“ dachte Paulus! Oder sollte er den Philippern diese Sätze mit dem Hintergedanken geschrieben haben: So wird es tatsächlich natürlich nie, wir bleiben alle die elenden Sünder, die das Murren und Zweifeln nie loswerden? Es öffnet sich hier eine weite biblische Perspektive, die einem Paulus, der 1 Ko 10, 1-11 schrieb, bei diesen Worten sicher mit vor Augen gestanden hat. Das Volk Israel war durch Gottes mächtige Gnade aus „Ägypten“ errettet, um nun in Vertrauen und Gehorsam dem lebendigen Gott zu gehören. Da aber begann erschütternd rasch das „Murren“, als nun der Weg mit Gott sehr anders wurde, als menschliches Wünschen es sich gedacht hatte: 2 Mo 16, 2-9; 17, 1-7; 4 Mo 11,1; 14, 27-32; 16, 11; 17, 6; Ps 106, 24. 25. So steht in der Geschichte der Wüstenwanderung des befreiten Volkes das „Murren“ als der eigentliche Gegensatz zum „Glauben“ und verhindert die Erfüllung des göttlichen Heilsplanes, so daß die wunderbar Erretteten doch nicht zur „Ruhe“ in das Land der Verheißung kommen konnten (Hbr 3, 7-19). Alles kommt darauf an, daß das Gottesvolk des Neuen Bundes nicht der gleichen Versuchung unterliegt, zumal sein Weg erst recht durch „Trübsale“ hindurchgeht (Apg 14, 22). Es ist darum nicht nur eine einzelne Mahnung am Rande, sondern zentrale Abwehr der entscheidenden Gefährdung des Glaubensgehorsams, wenn Paulus den von Widersachern bedrängten Philippern schreibt: „Alles tut ohne Murren und Bedenken". Israel wurde mit seinem ständigen Murren zu dem „verkehrten Geschlecht", von dem schon Mose sprach. Die Gemeinde aber darf diesem verkehrten Geschlecht gegenüber die Schar der echten und gehorsamen Söhne bleiben.

Ja, als ernsthaftes Ziel hat Paulus es seinen Geliebten gesetzt: **„Damit ihr werdet ohne Tadel und ohne Falsch, ‚fleckenlose Kinder Gottes' mitten unter ‚einem krummen und verkehrten Geschlecht'."** Was hier mit „ohne Falsch" übersetzt ist, ist eigentlich ein Eigenschaftswort mit der Bedeutung „unvermischt". Wieder werden wir von unserer gewohnten Theologie her meinen, unser Zustand bleibe doch immer ein sehr „gemischter"; auch im Christen bleibe Gutes und Böses, Göttliches und Sündliches miteinander verbunden. So sei es doch einfach unser aller Erfahrung. Das mag sein. Das darf uns aber nicht hindern zu sehen, daß Paulus offensichtlich anders gedacht hat. Oder wollen wir Paulus im Ernst als einen volltönigen Redner verstehen, der im erbaulichen Stil Worte sagt, die er selber so ernst nicht meint? Legen wir ihn richtig aus, wenn wir ein unausgesprochenes „möglichst" in den Satz einschieben? „Müht euch darum, ohne Tadel und ohne Mischung zu werden, auch wenn ihr das selbstverständlich niemals wirklich erreicht?"

In diesem Gehorchen verwirklicht die Gemeinde das, was schon das Alte Testament ausgesprochen hat. Im Liede Moses wird Israel ein „krummes und verkehrtes Geschlecht" genannt (5 Mo 32, 5), weil es Gottes Treue und Herrlichkeit mit Undank und Ungehorsam vergilt. Paulus wird darum sicher auch hier an sein eigenes Volk denken, das sich auch der Christusbotschaft gegenüber wieder in seiner ganzen Verkehrtheit zeigt.[37] Aber die Gemeinde Jesu ist nicht dazu errettet, damit auch sie wieder „krumme Wege" geht und auch wieder Gotteskindschaft und sündliches Tun verbindet, wie Israel es getan hat, sondern damit in ihr **„fleckenlose Kinder Gottes"** zeigen, wie man Gott wirklich ganz gehorcht und Seine guten und „geraden" Wege „ohne Murren und Bedenken" geht. Im Schreiben an die Philipper wird Paulus natürlich nicht vergessen haben, daß gerade in der dortigen Stadt und Gemeinde das Judentum keine Rolle spielte. Was ein „krummes und verkehrtes Geschlecht" ist, hatten die Philipper aber an ihren Stadtgenossen genügend vor Augen. Was jene „Herren" taten, als sie ihren Ärger über das Aufhören einer Geldquelle zu lauter sittlicher Entrüstung treuer Römerherzen gegen die fremden „jüdischen" Prediger werden ließen, um diese Männer ohne Untersuchung wider Recht und Gesetz schlagen und einsperren zu lassen (Apg 16, 19-24), war ja wirklich „krumm" genug. Wieviel Ähnliches mögen die Philipper an ihren „Widersachern" (1, 28) selbst erlebt haben. In diesem Philippi sollen die „Heiligen in Christus Jesus" (1, 1) nicht nur den Stand der Zugehörigkeit zu Gott haben, sondern

[37] Anm. So hat Jesus selbst das Mosewort Mt 12, 39 und 17, 17 aufgenommen; so tat es Petrus am Pfingsttage Apg 2, 40.

auch tatsächlich als „fleckenlose Kinder Gottes" leben, so daß sie im Dunkel ihrer Umgebung **„strahlen wie Sterne im Weltall"**.[38]

Wieder werden wir voller Bedenken sein: Erzieht Paulus seine Leute nicht zu Pharisäern? Und kann man das überhaupt im Ernst einer Gemeinde zumuten, einer Gemeinde von Menschen, die doch immer ganz und gar Sünder bleiben? Ein moderner Theologe würde also lieber schreiben: „Bleibt euch stets bewußt, daß ihr euch faktisch in nichts von dem Volk unterscheidet, unter dem ihr lebt; ihr seid nicht anders und nicht besser als die Menschen um euch, nur daß ihr von der Gnade Dessen wißt, der euch Sünder gerecht spricht und euch nach dem Tode einmal als fleckenlose Kinder Gottes in einer neuen Welt neu schaffen wird." Es entspricht das vielleicht wieder unserer Erfahrung an uns und den heutigen Gemeinden. Aber wieder haben wir zu sehen, daß Paulus selbst grundanders schrieb, und haben uns mit viel Beten und Ringen mit dem auseinanderzusetzen, was das Haupt der Gemeinde im Heiligen Geist seinen Bevollmächtigten Paulus den Philippern tatsächlich schreiben ließ.

Aber wie können denn nach des Paulus Überzeugung die Philipper das große Ziel erreichen, das Paulus ihnen steckt? **„Das Wort des Lebens festhaltend!"** Nicht in sich selbst haben sie die Leuchtkraft als „Sterne", nicht aus sich selbst können sie das rechte Handeln „ohne Murren und Bedenken" finden, nicht von sich aus „ohne Tadel und ohne Falsch fleckenlose Kinder Gottes" sein. Aber „das Wort" ist bei ihnen. Es ist nicht ein totes Wort, sondern „das Wort des Lebens". Es gibt das Leben, weil es selbst voll Leben ist. Dies Wort „festzuhalten", das ist die eine einfache und doch alles in sich schließende Aufgabe. Wie meinte Paulus das aber ganz praktisch und konkret, „das Wort des Lebens festhalten"?[39] Wir denken heute sofort an die Bibel und tun wohl daran. Aber es ist uns zugleich heilsam, daran erinnert zu werden, daß es einerseits eine Schriftgelehrsamkeit gibt, die bei aller gewollten Bibeltreue doch den Christus verkannt und an das Kreuz geliefert hat, und daß andererseits die Philipper die Bibel in unserm heutigen Sinn gar nicht hatten! Ob sie auch nur alle Schriftrollen besaßen, die heute unser „Altes Testament" bilden, ist fraglich. Keinesfalls aber hatten sie alle auch nur die wichtigsten Rollen als persönliches Eigentum zum täglichen Ge-

[38] Anm. „Phostér" ist zunächst der „Leuchtkörper". In diesem allgemeinen Sinn ist das Wort Offb 21, 11 verwendet. Da aber „kósmos" das Weltall bezeichnen kann und „phostér" in der griechischen Literatur vielfach „Gestirn" bedeutet und auch Da 12, 3 in der griechischen Übersetzung „Sterne" mit „phosteres" wiedergegeben ist, ist die hier gewählte Übersetzung zu rechtfertigen. Man muß freilich bedenken, daß „kósmos" für Paulus nach jüdischem Sprachgebrauch überwiegend die „Menschenwelt" bezeichnet. Dann könnte auch an dieser Stelle „phoster" allgemeiner verstanden sein, unter Aufnahme der Weisung Jesu Mt 5, 14. Paulus würde dann sagen: Ihr seid Träger des Lichtes in einer dunklen Menschenwelt, wie und weil ihr fleckenlose Kinder Gottes in einem verkehrten Geschlecht seid!

[39] Anm. Lohmeyer meint, für „epéchein" als allein üblich die Bedeutung „darreichen" ansehen zu müssen. Paulus stellt hier den Philippern die Aufgabe, als „Fackelträger des Wortes" in einer finsteren Umwelt zu stehen. Die andern Stellen der Verwendung von „epéchein" im Neuen Testament stehen aber dagegen: Lk 14, 7; Apg 19, 22; 1 Tim 4, 16.

brauch zu Hause.[40] Und ein „Neues Testament" existierte noch nicht.[41] Das „Wort des Lebens" wird aber wie Kol 3, 16 vor allem „das Wort des Christus" sein. Es galt von den Gemeindegliedern damals ganz anders als von uns das, was von Maria gesagt ist: „Maria aber behielt alle diese Worte und bewegte sie in ihrem Herzen" (Lk 2, 19). Das lebendig verkündigte, lebendig aufgenommene, im Herzen behaltene und bewegte Wort, das war „das Wort des Lebens". Wir wollen ermessen, was Gott uns damit geschenkt hat, daß heute jeder in der Gemeinde persönlich den ganzen Reichtum der alt- und neutestamentlichen Schriften bequem gedruckt in einem einzigen Buch besitzen darf. Aber wir wollen die große Gefahr nicht verkennen, daß wir im sicheren Besitz dieses Buches doch das „Wort des Lebens" viel weniger haben und festhalten als jene Gemeinden, die ohne Druckwerk das gehörte Wort im Herzen als wirkliches, lebendiges Eigentum besaßen. Luther hat mit seinem erleuchteten Durchblick schon etwas Wesentliches getroffen, wenn er schreibt: „Evangelium aber heißet nichts anderes, denn eine Predigt und Geschrei von der Gnade und Barmherzigkeit Gottes, durch den Herrn Jesum Christum mit seinem Tode verdienet und erworben, und ist eigentlich nicht das, das in Büchern steht und in Buchstaben verfasset wird, sondern mehr eine mündliche Predigt und lebendig Wort, und ein Stimm, die da in die ganze Welt erschallet und öffentlich wird ausgeschrien, daß man's überall höret." (WA 12 S. 259)

Am Wort des Lebens festhalten und damit ihre Rettung schaffen, das ist die Aufgabe[42] der Philipper. Und diese Aufgabe steht ganz im Licht des „Tages des Christus". Auf diesen Tag zielt alles Denken und Tun. Auch hier wieder verwundert uns das, was Paulus schreibt. So wie er in 1, 10. 11 damit rechnete, daß die Gemeinde nicht arm, leer, befleckt, nur eben „aus Gnaden" doch angenommen, sondern „lauter und unanstößig", „erfüllt mit Frucht der Gerechtigkeit" vor Christus dastehen werde, so erwartet er hier auch für sich selbst, daß er dann einen „Grund zum Ruhm" haben wird: **„Zum Grund des Ruhmes für mich auf den Tag des Christus, weil ich nicht vergeblich lief und auch nicht vergeblich arbeitete."** Wir vermissen wieder die uns notwendig scheinende „Demut", die etwa so sprechen müßte: „Mein armes, unbrauchbares Werk wird der Herr hoffentlich doch in Gnaden ansehen". Paulus schreibt aber anders. Er will sich fröh-

[40] Anm. Buchrollen waren in der damaligen Zeit mühsamer handschriftlicher Fertigung so teuer, daß eine ganze Bibel etwa den Wert eines Rittergutes gehabt hätte!

[41] Anm. Dieser Tatbestand wird auch in der Artikellosigkeit des Ausdrucks sichtbar. Paulus schrieb nicht eigentlich: „das" Wort des Lebens festhaltend, als wäre es schon eine bestimmte, in einem Buch vorliegende Größe, sondern er schrieb: „Wort des Lebens" festhaltend, so daß es vielmehr als ein Qualitätsbegriff erscheint. Es ist auch für unser Sprachempfinden ein Unterschied, ob ich sage: „Ich habe ja das Lebensbrot" oder: „Ich habe ja Lebensbrot". Mit „dem Lebensbrot" würde ich etwas ganz Bestimmtes, etwa die Bibel, meinen. „Lebensbrot" ohne Artikel würde alles umfassen, was einem Menschenherzen Nahrung zum ewigen Leben sein kann.

[42] Anm. Das Partizip („festhaltend") setzt in unserm Satzgefüge auch den Imperativ an der Spitze des Satzes fort. „Lebenswort festhaltend" ist daher nicht nur als Begründung, sondern auch als Aufgabe zu fassen.

lich seiner Arbeit an der Gemeinde als einer gelungenen rühmen können! Damit er das aber an jenem Tage kann, muß die Gemeinde jetzt schon in klarem und kraftvollem Leben stehen und darin ernstlich vorankommen. Jene anspruchsvolle Bescheidenheit, die es in ihrer Arbeit hier zu nichts bringt, aber sich dabei damit tröstet, daß „die Ewigkeit schon die Frucht offenbaren werde", kennt Paulus nicht. Wenn die Philipper das Wort des Lebens nicht festhalten und ihre Rettung nicht mit Furcht und Zittern schaffen, dann hat er „vergeblich" gearbeitet und ist „vergeblich gelaufen", wie ein Wettläufer, der den Preis nicht erhält. Dann wird auch „die Ewigkeit", oder biblisch richtiger: „der Tag des Christus" nichts anderes offenbar machen. Es ist im Neuen Testament alles viel einfacher und realer als in unserer problematischen Glaubenswelt.[43]

Indem Paulus von seinem Lauf und seiner Arbeit redet, denkt er erneut daran, daß er vielleicht schon an ihrem Ende steht. Was er vorher in 1, 25. 26 schrieb, ist nicht mehr als eine persönliche „Zuversicht". Sein Prozeß hat die Krise noch nicht hinter sich und kann mit dem Todesurteil enden. Dann wird er von den Soldaten aus dem Prätorium hinausgeführt werden, und einer der Soldaten wird ihm mit dem Schwert den Kopf abschlagen, so daß sein Blut sich ergießen wird. Indem Paulus diese Möglichkeit innerlich vor sich sieht, entfaltet sich in der Genialität der Liebe und des Heiligen Geistes in seinem Herzen ein Bild für dieses Geschehen, in dem seine ganze echte Demut und seine ganze liebevolle Schätzung der Gemeinde zum Ausdruck kommt. Wenn wir die Opfervorschriften, etwa in 2 Mo 29, 36-41, lesen, so sehen wir, daß das Opfer der beiden Lämmer, die täglich morgens und abends auf den Altar kommen sollten, von einem „Trankopfer" ausgegossenen Weines begleitet war. Auch das Heidentum, aus dem die Philipper kamen, kannte solche „Trankopfer", die dem Hauptopfer hinzugefügt wurden. Die Gemeinde Jesu kennt keinerlei Opfer mehr, weil Er, der ewige Gottessohn, der große Hohepriester, alle Opfer in Seinem Selbstopfer erfüllt und damit beendet hat. Und doch darf auch sie Gott mit einer Gabe ehren: Ihr „Opfer" ist ihr Glaube, mit dem sie sich Gott ganz ergibt. So hat Paulus sich selbst als opfernden Priester gesehen: „als Priester des Christus Jesus den Heiden gegenüber, der den priesterlichen Dienst tut am Evangelium Gottes, damit die Darbringung der Völker wohlgefällig wäre, geheiligt durch den Heiligen Geist" Rö 15, 16. Der Glaube der Philipper, in welchem sie mit Furcht und Zittern ihre Rettung schaffen und fleckenlose Kinder Gottes werden, ist das eigentliche große Opfer, das Paulus darbringen kann. Wenn er hingerichtet wird, dann ist das Ausströmen seines Blutes wie das begleitende Trankopfer dazu. Die falsche Bescheidenheit – das sahen wir mehrfach – kennt Paulus nicht, aber wie echt demütig ist dies ge-

[43] Anm. Darum ist es für Paulus eine ernsthafte, ihn immer wieder beschäftigende Frage, ob seine Arbeit nicht vergeblich bleibe: vgl. 1 Ko 15, 14; 15, 58; 2 Ko 6, 1; Gal 2, 2; 1 Th 2, 1; 4, 11.

sagt! Nicht sein Märtyrertod ist die große Sache, das wahre Opfer, neben dem das bloße Glauben der Philipper verblaßt, sondern umgekehrt: Sein Märtyrerblut ist nur eine Zugabe, ein „Trankopfer".

Wenn es so ausgehen sollte, dann erschrickt und trauert Paulus nicht. Mit Freude ist er zu diesem Weg bereit. Und zwar jetzt nicht mehr nur, weil er dann „mit Christus zusammen" ist, was so sehr viel besser wäre, sondern jetzt auch, weil er dem Herrn auf diese Weise eine ganze Gabe, ein volles Opfer darbringen kann. Halten die Philipper das Wort des Lebens fest, stehen sie im ganzen, ungemischten Gehorsam des Glaubens, dann findet das Opfer Jesu, der in Gestalt Gottes wesend doch sich zu nichts machte, Sklavengestalt annahm und gehorsam bis zum Kreuzestode wurde, die dankende, wahre Antwort, zu der Paulus mit seinem Blut das Amen hinzusetzt. Was wäre da irgend zu beklagen und zu betrauern? Da kann Paulus sich nur freuen und mit den Philippern freuen. Darum bittet er auch die Philipper: Wenn die Nachricht seiner Hinrichtung nach Philippi kommt, dann sollen sie nicht verstört und traurig sein, sondern sich mit ihm an diesem vollendeten Opfer freuen, das den Namen Jesu verherrlichen darf.[44]

Paulus sorgt für die Gemeinde

a) 2, 19–24. **durch die Sendung des Timotheus.**

19 Ich hoffe in dem Herrn Jesus, Timotheus bald euch zu senden,
damit auch ich froh werde, wenn ich erfahre, wie es mit euch
20 steht. * Denn keinen habe ich von gleicher Gesinnung, der so echt
21 für eure Anliegen besorgt sein wird. * Denn sie suchen alle das
22 Ihre, nicht das des Christus Jesus. * Aber seine Bewährtheit kennt
ihr, daß er wie einem Vater ein Kind mit mir gedient hat für das
23 Evangelium. * Ihn also hoffe ich zu senden, wenn ich meine Lage
24 überblicken kann, sofort. * Ich habe aber im Herrn die Zuversicht,
daß ich auch selbst bald kommen werde.

Zu Vers 19:
53* Apg 16, 1
Zu Vers 20:
54* 1 Ko 4, 17; 16, 10
Zu Vers 21:
55* 2 Tim 4, 10. 16
56* Gal 4, 17
Zu Vers 24:
57* Phil 1, 14. 25
58* Phlm 22

[44] Anm. Man kann freilich den Satz auch so konstruieren: „Nein, wenn ich auch als Trankopfer ausgegossen werde, an der Opferhandlung und dem Opferdienst eures Glaubens freue ich mich mit euch allen" (Ewald)! Dann aber würde aus dem folgenden Satz unvermeidlich die Aufforderung an die Philipper, sich mit Paulus an ihrem eigenen Glauben zu freuen! Es fiele zugleich auch das ganze anschauliche Bild dahin, mit dem Paulus seinen Märtyrertod dem Glauben der Gemeinde zuordnet.

53* Apg 16, 1: Weiter kam er dann auch nach Derbe und Lystra. Und siehe, hier war ein Jünger namens Timotheus — der Sohn einer gläubig gewordenen Jüdin, aber eines griechischen Vaters.

54* 1 Ko 4, 17: Eben deswegen habe ich auch Timotheus zu euch gesandt, mein im Herrn geliebtes und treues Kind; er wird euch an meine Wege in Christus Jesus erinnern, wie ich sie überall in jeder Gemeinde lehre.

1 Ko 16, 10: Wenn aber Timotheus kommt, so sorgt dafür, daß er ohne Furcht bei euch verweilen kann; er arbeitet ja am Werk des Herrn ebenso wie ich.

55* 2 Tim 4, 10. 16: ... denn Demas hat mich aus Liebe zur jetzigen Weltzeit verlassen und ist nach Thessalonike abgereist, Crescens nach Galatien, Titus nach Dalmatien. Vers 16: Bei meiner ersten Verteidigung hat mir niemand zur Seite gestanden, sondern alle haben mich im Stich gelassen: möge es ihnen nicht angerechnet werden!

Wir haben keine gesicherte Vorstellung davon, ob Paulus mit allen Gemeinden in dauernder Korrespondenz stand, so daß uns nur eine kleine Auswahl der tatsächlich geschriebenen Briefe erhalten ist, oder ob er nur bei besonderem Anlaß ein Schreiben sandte, wie ja tatsächlich Rö, 1 Ko, 2 Ko, Gal, Kol, 1 Th, 2 Th einen besonderen Grund des Schreibens, meist eine besondere Sorge, erkennen lassen. Dann wäre auch unser Philipperbrief nicht ohne Beziehung zu Nöten in der Gemeinde entstanden, von denen Paulus gehört hat. Zwar wird eine besondere Gefährdung durch Irrlehre oder dergl. nicht sichtbar; es klingt durch den ganzen Brief ein besonders herzlicher und vertrauensvoller Ton. Aber die Mahnungen, die wir schon lasen und in Kap. 3 noch lesen werden, könnten doch einen ganz bestimmten Hintergrund haben. So würde es auch besonders verständlich, daß Paulus den besten Mitarbeiter, den er hat, nach Philippi senden will. Und die Begründung dafür, **„damit auch ich froh werde, wenn ich erfahre, wie es mit euch steht"**, wäre dann nicht nur die Sprache der Liebe, die als eigenes Wünschen hinstellt, was doch vielmehr ein Geschenk an den andern ist, sondern Paulus wäre in mancher Sorge auch um Philippi. Auf jeden Fall hat Paulus jede Gemeinde, auch die beste, immer von dem bedroht gesehen, was als sündliche Neigung zur Uneinigkeit, Selbstsucht und Trägheit in unserm Herzen liegt. Er hat gewiß auch von den Bedrängnissen nicht gering gedacht, denen die Philipper von den „Widersachern" her ausgesetzt waren. So wird er froh sein, wenn er durch einen völlig zuverlässigen Mann genau erfährt, wie es nach jeder Richtung in der Gemeinde in Philippi aussieht.

Wir sahen schon am Anfang des Briefes, daß wir uns Paulus nicht einsam vorstellen dürfen. Er war von vielen Mitarbeitern umgeben und hat von ihnen in warmer und anerkennender Weise sprechen können, etwa in Kol 4, 10-14. Hier aber erfolgt doch ein erschreckendes Urteil über diese Männer: **„Denn sie alle suchen das Ihre, nicht das des Christus Jesus."** Hat Paulus gerade jetzt, wo alles gefahrvoller wurde, manche Enttäuschung an andern erlebt und die unbedingte Einsatzbereitschaft für die Sache Jesu nicht gefunden, die er für selbstverständlich hielt und darum auch seinen Mitarbeitern zumutete? Wir denken etwa an seine Mitteilung über Demas in 2 Tim 4, 10, die ja nicht bedeutet, daß Demas „abgefallen" ist, wohl aber, daß er sich aus Rom und aus der gefährlichen Nähe des Paulus nach Thessalonich in größere Sicherheit zurückgezogen hat. Einige Jahre

[56]* Gal 4, 17: O, sie bewerben sich nicht in guter Absicht eifrig um eure Gunst, nein, sie möchten euch gern (von mir) ausschließen, damit ihr euch dann eifrig um ihre Gunst bemüht.

[57]* Phil 1, 14. 25: ... und so haben denn die meisten Brüder durch meine Gefangenschaft neue Zuversicht im Herrn gewonnen und wagen deshalb mit wachsender Furchtlosigkeit das Wort Gottes zu verkündigen.

Vers 25: ... und so weiß ich mit voller Gewißheit, daß ich am Leben bleiben und euch allen erhalten bleiben werde, euch zur Förderung und zur Freude im Glauben.

[58]* Phlm 22: Zugleich rüste dich aber auch, mich als Gast bei dir aufzunehmen, denn ich hoffe, infolge eurer Gebete euch geschenkt zu werden.

vorher hatte Paulus es den Römern als das klare Kennzeichen jedes Christen genannt: „Keiner von uns lebt für sich selber; leben wir, so leben wir für den Herrn" (Rö 14, 7. 8). Nun muß er selbst im Blick auf seine engeren Mitarbeiter mit Schmerz feststellen: „Sie alle suchen das Ihre, nicht das des Christus Jesus". Wie würde er über uns urteilen, wenn er uns und unsere Arbeit sähe?

Timotheus aber ist anders. Er hat sich bewährt, und die Philipper wissen das. Und nun sehen wir wieder, was lebendiges Schreiben im Heiligen Geiste ist. Wenn Paulus den Namen seines jüngeren, von ihm selbst einst in den Dienst gerufenen (Apg 16, 1-3) Mitarbeiters ausspricht, dann steht lebendig vor ihm, wie Timotheus ihm selber liebevoll gedient hat **„wie einem Vater ein Kind"**. Aber sofort wendet er diesen Gedanken. Nicht darauf kommt es an, was Paulus selbst an diesem Mann hat haben dürfen, sondern daß er **„mit ihm gedient hat für das Evangelium"**. So hat Paulus schon im Eingang des Briefes Timotheus und sich selbst als „Sklaven des Christus Jesus" zusammengefaßt. Aber wunderschön steht es nun ineinandergeschlungen in dem ersten Satz da: Die herzliche Sohnesstellung des Jüngeren dem älteren und größeren Paulus gegenüber, und doch die ganze Überordnung des Evangeliums, die alle persönliche Hilfe zur Nebensache macht und beide Männer im Dienst an der großen gemeinsamen Aufgabe verbindet.

Paulus hat **„keinen von gleicher Gesinnung"**. Die Philipper brauchen (überhaupt oder doch ganz bestimmter Schwierigkeiten wegen) einen Mann, der völlig selbstlos und **„echt für ihre Anliegen besorgt sein wird"**. Wer das Seine sucht, sein eigenes Ansehen, seine eigene Behaglichkeit, der weicht der Mühe und dem Schmerz aus, den Dingen in einer Gemeinde bis auf den Grund zu sehen und mit geduldiger, liebevoller und darum auch fester Hand den Nöten abzuhelfen. Darum wird Paulus gerade den bewährten Timotheus den Philippern senden. **Er hofft**, daß er es **„bald"** tun kann. Aber freilich, er muß erst **„seine Lage überblicken"**. Solange der Prozeß noch nicht entschieden ist, kann er Timotheus nicht entbehren; er kann ihm die notwendigen genauen Aufträge auch erst geben, wenn er weiß, ob er selbst in die Arbeit zurückkehren kann oder sein ganzes Arbeitsfeld für sein endgültiges Ausscheiden ordnen muß. Ist das aber geklärt durch den Abschluß des Prozesses so oder so, dann kommt Timotheus **„sofort"**. Erneut gibt Paulus seiner **„Zuversicht"** Ausdruck, daß **„er auch selbst bald kommen wird"**.

Es ist für das „Christsein" im Sinne des Paulus, für das „in Christus sein" kennzeichnend, wie konkret es gemeint ist und von Paulus selbst gelebt wurde. Wie eigenmächtig bis in unser Denken hinein sind wir bei all unsern Plänen und Entschlüssen. Höchstens nachträglich soll dann Gott noch Seinen Segen dazu geben. Für Paulus ist das ständige Leben in Christus so selbstverständlich, daß er auch den Gedanken, Timotheus nach Philippi zu schicken, und die Hoffnung, es „bald" tun zu können, nur **„in dem Herrn Jesus"** hat. Ebenso ist seine Zuversicht nicht seine eigene Stimmungssache, sondern eine **„Zuversicht im Herrn"**. Um wieviel bringen wir uns selbst, weil wir es gar nicht ausnutzen, daß wir wirklich alles in dem Herrn Jesus tun dürfen.

b) 2, 25-30. **durch die sofortige Heimsendung des Epaphroditus.**

Zu Vers 25:
[59]* Phil 4, 18
Zu Vers 27:
[60]* 2 Ko 1, 9
Zu Vers 29:
[61]* 1 Ko 16, 16
Zu Vers 30:
[62]* Apg 20, 24
[63]* Phlm 13

25 Für notwendig aber hielt ich es, Epaphroditus, den Bruder, mei-
nen Mitarbeiter und Mitstreiter, euren Beauftragten und Diener
26 meines Bedürfnisses, zu euch zu senden, * da er voll Sehnsucht
war nach euch allen und in Unruhe darüber, daß ihr gehört hattet,
27 er sei krank geworden. * Und er war auch wirklich krank bis nah
an den Tod. Aber Gott hat sich seiner erbarmt, aber nicht nur sei-
ner, sondern auch meiner, damit ich nicht Kummer über Kummer
28 hätte. * Um so eiliger sandte ich ihn, damit ihr euch wieder freut,
29 wenn ihr ihn seht, und auch ich kummerfreier bin. * Nehmt ihn
nun auf im Herrn mit aller Freude und haltet solche Männer in
30 Ehren; * denn um des Werkes Christi willen kam er dem Tode
nahe, indem er sein Leben aufs Spiel setzte, damit er ausfülle, was
an eurem Dienst für mich noch fehlte.

Epaphroditus ist der Überbringer des Philipperbriefes. Die Philipper hatten ihn selbst zu Paulus nach Rom geschickt, um eine Liebesgabe an den gefangenen Apostel zu überreichen. Wenn ihn Paulus als **„euren Diener meines Bedürfnisses"** bezeichnet und seine Rückkehr nach Philippi so besonders eingehend begründet, so hatte er offenbar den Auftrag, zum persönlichen Dienst bei Paulus zu bleiben. Interessant, wie hier Worte noch ganz schlicht gebraucht werden, die später einen ganz bestimmt geprägten Inhalt bekommen. Weil Epaphroditus von den Philippern geschickt und beauftragt ist, nennt ihn Paulus „Apostel"; und weil er dem Bedürfnis des Paulus zu „dienen" hat, heißt er „leitourgos (‚Liturg') meines Bedürfnisses".

Kommt Epaphroditus jetzt schon nach Philippi zurück, so konnte das die Gemeinde verwundern und zu offenen oder versteckten Vorwürfen Anlaß bieten. Gehörte auch dieser ihr Beauftragter zu den Leuten, denen es in Rom und in der Nähe des Paulus zu gefährlich

[59]* Phil 4, 18: Ich habe aber alles richtig erhalten und habe nun mehr als genug: ich lebe in Hülle und Fülle, seitdem ich von Epaphroditus eure Zuwendung erhalten habe, einen lieblichen Wohlgeruch, ein willkommenes, Gott wohlgefälliges Opfer.

[60]* 2 Ko 1, 9: ... ja, wir selber hatten es schon für ausgemacht gehalten, daß wir sterben müßten; wir sollten eben lernen, unser Vertrauen nicht auf uns selbst zu setzen, sondern auf den Gott, der die Toten auferweckt.

[61]* 1 Ko 16, 16: So ordnet denn auch ihr euch solchen Leuten unter und überhaupt einem jeden, der da mitarbeitet und sich abmüht!

[62]* Apg 20, 24: Doch ich sehe das Leben als für mich selbst völlig wertlos an, wenn ich nur meinen Lauf vollende und den Dienst, den ich vom Herrn Jesus empfangen habe, nämlich Zeugnis für die Heilsbotschaft von der Gnade Gottes abzulegen.

[63]* Phlm 13: Gern hätte ich ihn hier bei mir behalten, damit er mir als dein Vertreter in der Gefangenschaft, die ich für die Heilsbotschaft leide, Dienste leisten möchte.

wurde und die darum den Gefangenen in seiner ernsten Notlage verließen? Konnte Paulus auch von Epaphroditus schreiben wie von Demas: „Epaphroditus hat mich verlassen, da er sein Leben in dieser Zeit liebt, und ist nach Philippi gereist"? Nein, sagt Paulus, ich selbst **„hielt es für notwendig, ihn zu euch zu senden"**. Warum? Die Begründung vereint eine ganz schlichte menschliche Betrachtung der Dinge mit dem festen Blick auf Gott und weiß in ganz lieber und feiner Weise alles so zu sagen, daß nur die Philipper und Paulus selbst, nicht etwa Epaphroditus der Gewinner bei dieser Heimkehr ist.

Epaphroditus war in Rom krank geworden. Die Philipper hatten mit Sorge davon gehört. Nach unserer menschlichen Unart konnte es aber vielleicht in Philippi nachträglich auch heißen: So schlimm wird es schon nicht gewesen sein! Paulus bestätigt darum ausdrücklich: **„Und er war auch wirklich krank bis nah an den Tod."** Welch ein neuer Kummer zu allem übrigen war diese schwere Erkrankung für Paulus. Darum sah es Paulus als ein Erbarmen auch gegen sich selbst an, als Epaphroditus wieder gesund wurde. Von Krankheit und Genesung wird dabei ganz schlicht gesprochen. Man könnte Paulus den Vorwurf erheblicher Inkonsequenz machen. Bei sich selber sah er das Sterben als „Gewinn" an (1, 21), die Philipper forderte er kurz vorher auf, sich bei seinem etwaigen Tod durch Henkershand mit ihm zu „freuen" (2, 18), aber bei Epaphroditus wäre ihm das Sterben ein großer Schmerz gewesen! Diese „Inkonsequenz" zeigt aber nur, daß es in Glaubensdingen nicht nach einem dogmatischen Schema, sondern konkret und lebendig zugeht. Auch bei den Philippern hat Paulus es ausgemalt, was für eine Freude des Glaubens es sein wird, wenn er freigesprochen aufs neue bei ihnen erscheint. Wäre Epaphroditus gestorben, würde Paulus voraussichtlich auch der Freude über ein solches Sterben im Dienst Jesu Ausdruck gegeben haben, ohne sich im geringsten im Widerspruch mit sich selbst zu fühlen. Das ist die „Freiheit eines Christenmenschen", daß er mit Freuden gesund werden und leben und mit Freuden aufbrechen und sterben kann. Ebenso sah Paulus es offenbar nicht als einen Mangel im Glaubensleben, wenn ein Christ schwer erkrankte. Auch in der nächsten Nähe des Apostels, auch bei einem **„Mitarbeiter und Mitstreiter"**, wie er Epaphroditus ehrend nennt, kann es zu schwerster Krankheit kommen. Die Errettung daraus schenkte Gott; aber es fällt kein Wort von „Glaubensheilung", es fehlt jeder Ton eines Triumphierens, daß man durch zähes Beten und kühnes Glauben Epaphroditus wieder herausgerissen habe. Paulus will aber den Wiedergeschenkten nicht länger für sich in Anspruch nehmen. Er versteht das Verlangen des Epaphroditus, gerade jetzt die Menschen daheim wiederzusehen, die von seiner Krankheit gehört haben. Epaphroditus war **„in Unruhe darüber, daß ihr gehört hattet, er sei krank geworden"**. Paulus gebraucht hier für die „Unruhe" seines Mitarbeiters ein starkes Wort, das wir im Neuen Testament sonst nur noch in Mt 26, 37 bei dem „Zagen" des Herrn in Gethsemane finden. Warum es für Epaphroditus so besonders beunruhigend war, daß man in Philippi von seiner Erkrankung wußte, ist für uns nicht mehr durchsichtig. Jedenfalls sollten die Philipper recht schnell die Freude haben, ihn wieder zu begrüßen. Und Paulus selbst ist eine Sorge los, wenn er ihn wieder wohlbehalten in Philippi weiß.

Darum sollen die Philipper ihn **„aufnehmen im Herrn mit aller Freude"**. Geschah seine Heimsendung auch in der Berücksichtigung schlichter menschlicher Dinge, so stand doch Gottes eigenes Handeln darüber. Gott hatte diesen Mann in Rom schwer erkranken lassen und ihn dann doch noch einmal gesund gemacht; das war Paulus eine klare Wegweisung. So dürfen es auch die Philipper selbst erkennen und ihn „im Herrn" mit Freude empfangen. „Im Herrn", das war ja keine hübsche, erbauliche Verzierung, das war die ernsthafte und fröhliche Beugung vor Jesus, der die Pläne und Anweisungen der Philipper durchkreuzt und Epaphroditus viel früher als erwartet heimgeführt hatte. Kein versteckter Vorwurf darf sich nun in den Empfang des Zurückkommenden mischen.

Paulus mahnt bei dieser Gelegenheit hier wie in andern Gemeindebriefen: **„Haltet solche Männer in Ehren"**. In der Gemeinde damals gab es keine „Ämter" mit „Rechten und Pflichten", die dem Amtsträger die Ehre und Anerkennung sichern. Freiwillig übernahmen Männer die notwendigen Dienstleistungen. Paulus liegt sehr daran, daß das die volle Beachtung und Anerkennung in der Gemeinde findet. Er kennt die Neigung unseres argen Herzens, unsere eigenen Bemühungen für sehr bedeutend zu halten, aber über das, was andere leisten, recht leicht hinwegzugehen. Darum unterstreicht er auch noch einmal, was Epaphroditus getan hat. Wenn Menschen in der Gemeinde sein rasches Heimkommen kritisieren, dann müssen sie sich klarmachen: Bei aller Dienstbereitschaft für Paulus blieben sie doch alle daheim in Philippi, und so „fehlte" immer noch das Wichtigste, damit die Liebe der Philipper wirklich zu Paulus kam. Epaphroditus hat dies Fehlende ergänzt, indem er die Gaben der Philipper zu Paulus brachte und zu persönlichen Dienstleistungen bei ihm bereit war. Und dabei hat er **„sein Leben aufs Spiel gesetzt"** und kam **„um des Werkes Christi willen dem Tode nah"**. So lehrt Paulus die Philipper und auch uns, in liebevoller Gerechtigkeit Leistung und Einsatz von Mitarbeitern anzuerkennen, auch wenn ihr Handeln nicht ohne weiteres unsern Gedanken und Plänen entspricht.

Eine sprachliche Bemerkung: Paulus schrieb: „Um so eiliger sandte ich ihn". Der antike Briefschreiber versetzt sich anders als der deutsche in den Zeitpunkt, da der Empfänger den Brief liest. Er wählt daher die Zeitform der Vergangenheit für Dinge, die im Augenblick des Schreibens zwar noch Gegenwart oder Zukunft sind, aber beim Lesen bereits Vergangenheit sein werden.

Die Bekehrung des Gerechten

Philipper 3, 1-11

1 **Im übrigen, meine Brüder, freut euch im Herrn. Dasselbe euch**
zu schreiben, ist mir nicht langweilig, euch aber [macht es] gewiß.
2 *** Gebt acht auf die Hunde, gebt acht auf die bösen Arbeiter, gebt**
3 **acht auf die Zer-schneidung. * Denn w i r sind die Be-schneidung,**
die wir durch Gottes Geist [Ihm] dienen und uns rühmen des Chri-
4 **stus Jesus und nicht auf Fleisch unsere Zuversicht setzen, * ob-**
wohl auch ich einer bin, der seine Zuversicht auch auf Fleisch set-
zen könnte. Wenn irgendein anderer meint, seine Zuversicht auf
5 **Fleisch setzen zu dürfen – ich noch mehr! * Ich war bei der Be-**
schneidung acht Tage alt, aus dem Geschlecht Israel, aus dem
Stamm Benjamin, Hebräer von Hebräern, nach dem Gesetz Pha-
6 **risäer, * nach dem Eifer ein Verfolger der Gemeinde, nach der Ge-**
rechtigkeit, der am Gesetz [entstehenden], von jedem Tadel frei.
7 *** Aber was da mir Gewinn war, das habe ich um des Christus wil-**
8 **len für Verlust gehalten. * Ja, allerdings, ich halte wirklich alles**
für Verlust wegen der überragenden Größe der Erkenntnis des
Christus Jesus, meines Herrn, um Des willen ich das alles verlie-
ren mußte – und ich halte es für Dreck –, damit ich Christus ge-
9 **wänne * und erfunden würde in Ihm, nicht mehr im Besitz meiner**
eigenen Gerechtigkeit, der aus dem Gesetz, sondern der durch
den Glauben an Christus, der aus Gott stammenden Gerechtig-
10 **keit auf Grund des Glaubens, * zu erkennen Ihn und die Kraft**
Seiner Auferstehung und die Teilhabe an Seinem Leiden, indem
11 **ich Seinem Tode gleichgestaltet werde, * ob ich wohl hingelange**
zur Ausauferstehung, der aus den Toten.

Zu Vers 1:
[1]* Phil 2, 18; 4, 4
[2]* 2 Ko 13, 11
[3]* 1 Th 5, 16
Zu Vers 2:
[4]* Offb. 22, 15
[5]* 2 Ko 11, 13
Zu Vers 3:
[6]* Rö 2, 26-29
[7]* Gal 6, 16
[8]* Mt 3, 9
Zu Vers 4:
[9]* 2 Ko 11, 18. 22
Zu Vers 5:
[10]* Lk 1, 59; 2, 21
[11]* Rö 11, 1
[12]* 2 Ko 11, 22
[13]* Apg 23, 6; 26, 5
Zu Vers 6:
[14]* Apg 8, 3
Zu Vers 7:
[15]* Mt 13, 44. 46
Zu Vers 8:
[16]* Mt 16, 26
[17]* 2 Pt 3, 18
Zu Vers 9:
[18]* Rö 1, 17; 3, 21 f.; 10, 3
Zu Vers 10:
[19]* Eph 1, 17-20
[20]* Rö 6, 3-5; 8, 17
[21]* Gal 5, 24; 6, 17
Zu Vers 11:
[22]* Lk 20, 35
[23]* Offb 20, 5-7

„Im übrigen“ wird im Briefstil gern verwendet, um einen neuen Abschnitt einzuleiten, besonders wenn dieser dem Abschluß des Ganzen naheliegt. So steht das gleiche Wort auch 2 Ko 13, 11; 1 Th 4, 1; 2 Th 3, 1 und in unserem Brief 4, 8. Aber an unserer Stelle beginnt dann keineswegs der Schlußteil des Briefes. Es folgt vielmehr eines der gewaltigsten und grundlegendsten Kapitel, die Paulus überhaupt

[1]* Phil 2, 18: Ebenso freuet aber auch ihr euch, und zwar im Verein mit mir!
Phil 4, 4: Freuet euch im Herrn allezeit! Noch einmal wiederhole ich's: „Freuet euch!“
[2]* 2 Ko 13, 11: Im übrigen, liebe Brüder, freuet euch! Laßt euch zurechtbringen, nehmt Ermahnungen an, seid eines Sinnes und haltet Frieden; dann wird der Gott der Liebe und des Friedens mit euch sein.
[3]* 1 Th 5, 16: Seid allezeit fröhlich.
[4]* Offb 22, 15: Draußen sind die Hunde und die Zauberer, die Unzüchtigen und die Mörder, die Götzendiener und alle, welche die Lüge lieben und üben.
[5]* 2 Ko 11, 13: Denn diese Leute sind Lügenapostel, unredliche Arbeiter, die nur die Maske von Aposteln Christi tragen.
[6]* Rö 2, 26—29: Wenn umgekehrt der Unbeschnittene die Forderungen des Gesetzes beobachtet, wird ihm dann nicht sein Unbeschnittensein als Beschneidung angerechnet werden? * Ja, der von Natur Unbeschnittene, der das Gesetz erfüllt, wird das Urteil über dich sprechen, der du trotz geschriebenen Gesetzes und Beschneidung ein Übertreter des Gesetzes bist. * Denn nicht der ist ein Jude, der es sichtbar ist, und die Beschneidung besteht nicht in dem, was äußerlich am Fleisch vorgenommen wird; * nein, der ist ein Jude,

geschrieben hat. Es ist dies Kapitel auch so unvermutet anders als der bisherige Brief und so in sich geschlossen, daß die kritische Forschung in ihm einen Einschub aus einem ganz anderen Paulusbrief sehen zu müssen meinte. Was bedeutet dann aber der Vers 1 des Abschnitts? Worauf bezieht sich die Bemerkung, es mache Paulus nichts aus, den Philippern **„dasselbe zu schreiben"?** Handelt es sich nur um eine Zwischenbemerkung mit der Mahnung zur Freude, bei der Paulus nach 1,4; 1,18; 1,25; 2,2; 2,17.18; 2,29 den Eindruck hatte: Ich wiederhole mich, ich spreche immerzu von „Freude" – nun, um so mehr stärke ich die Gemeinde zur Freude? Oder wollte der Apostel ursprünglich einen ganz anderen tatsächlichen Schlußteil, etwa im Sinne von 4,4-9, diktieren und wurde dann unterbrochen, sei es durch neue Nachrichten über weitere Vorstöße der judaistischen Agitation, sei es durch ein Überdenken der Lage auf seinem gesamten Missionsfeld angesichts seines möglichen baldigen Todes? Hat ihn hier Timotheus daran erinnert, daß er ein Wort der Warnung vor der judaistischen Gefahr unbedingt noch sagen müsse als Rückhalt für die Arbeit, die Timotheus dann einmal in Philippi tun sollte? Oder gehört dies „Dasselbe euch zu schreiben..." tatsächlich zu dem folgenden Abschnitt, und Paulus bezieht sich hier auf Ausführungen in früheren Briefen nach Philippi, von denen wir nichts wissen, die aber bei der herzlichen Verbundenheit zwischen Paulus und dieser Gemeinde wohl geschrieben sein können? Eine sichere Entscheidung dieser Fragen ist nicht zu treffen.

Uns aber hat dieser Satz des Paulus jedenfalls zu sagen, daß auch wir nicht ängstlich darin sein sollen, „dasselbe zu sagen". Die Wahr-

der es innerlich ist, und die Beschneidung muß am Herzen vollzogen sein im Geist, nicht nach dem Buchstaben: — das Lob eines solchen kommt nicht von Menschen her, sondern von Gott.

7* Gal 6, 16: ... und alle, die nach dieser Richtschnur wandeln werden: über die komme Friede und Erbarmen, nämlich über das Israel Gottes!

8* Mt 3, 9: ... und laßt euch nicht in den Sinn kommen, bei euch zu sagen: Wir haben ja Abraham zum Vater. Denn ich sage euch: Gott vermag dem Abraham aus den Steinen hier Kinder zu erwecken.

9* 2 Ko 11, 18. 22: Weil so viele sich nach dem Fleische rühmen, will auch ich es einmal tun. Vers 22: Sie sind Hebräer? — Ich auch. Sie sind Israeliten? — Ich auch. Sie sind Nachkommen Abrahams? — Ich auch.

10* Lk 1, 59: Am achten Tage kamen sie zur Beschneidung des Knäbleins und wollten es mit dem Namen seines Vaters Zacharias benennen.

Lk 2, 21: Als dann acht Tage vergangen waren, so daß man das Kind beschneiden mußte, gab man ihm den Namen Jesus, der schon vor seiner Empfängnis von dem Engel angegeben war.

11* Rö 11, 1: So frage ich nun: Hat Gott Sein Volk etwa verstoßen? Keineswegs! Ich bin doch auch ein Israelit aus Abrahams Nachkommenschaft, aus dem Stamme Benjamin.

12* 2 Ko 11, 22: Sie sind Hebräer? — Ich auch. Sie sind Israeliten? — Ich auch. Sie sind Nachkommen Abrahams? — Ich auch.

13* Apg 23, 6: Weil Paulus nun wußte, daß der eine Teil aus Sadduzäern, der andere aus Pharisäern bestand, rief er laut in die Versammlung hinein: „Werte Brüder! Ich bin ein Pharisäer und aus pharisäischer Familie! ..."

Apg 26, 5: ... die mich von früher her kennen; sie müssen, wenn sie nur wollen, mir das Zeugnis ausstellen, daß ich nach der strengsten Richtung unserer Gottesverehrung gelebt habe, nämlich als Pharisäer.

14* Apg 8, 3: Saulus aber wütete gegen die Gemeinde, indem er überall in die Häuser eindrang, Männer und Frauen fortschleppte und sie ins Gefängnis werfen ließ.

15* Mt 13, 44. 46: Das Himmelreich ist einem im Acker vergrabenen Schatz gleich; den fand ein Mann und vergrub ihn; alsdann ging er in seiner Freude hin, verkaufte alles, was er besaß, und kaufte jenen

heit Gottes auch in ihren einfachen Grundzügen ist so wenig „langweilig“ wie das Sonnenlicht, das uns doch Tag für Tag scheint, wie das liebe Wort, das täglich zwischen zwei Menschen gewechselt wird. Die Wiederholung macht fest und gewiß. Der gesamte Strom des Lebens in dieser Welt, einschließlich der edelsten Moral und Religion, fließt stetig dem Evangelium entgegen. Darum bedürfen wir es zu unserer Befestigung, daß uns unermüdlich „dasselbe“, eben das Evangelium gesagt wird.

Und nun treten wir an den mächtigen Abschnitt heran, der freilich in der Gemeinde weit weniger bekannt ist als andere „große“ Stellen der paulinischen Briefe, der aber von der Gemeinde neu gewonnen werden sollte. Dieser Abschnitt ist neben Gal 1, 10-24 und 1 Tim 1, 12-16 der einzige autobiographische Rückblick[45] des Paulus auf seine Bekehrung, und zwar von allen drei Stellen die tiefste und innerlichste. Die Gemeinde aller Zeiten darf hier lesen, wie der Bevollmächtigte Jesu für alle Glaubenden aus den Nationen die große Wendung in seinem Leben selber angesehen hat. Sie darf einem Paulus in das Herz blicken. Zugleich aber kommt ihr in diesem von tiefer Glut erfüllten persönlichen Bekenntnis[46] die Sache des Evangeliums selbst einzigartig klar und durchsichtig vor die Augen, gerade weil die Lebensvorgänge der Bekehrung und der Rechtfertigung hier einmal in ganz anderen Ausdrücken und Bildern erfaßt und dargestellt sind.

Das paulinische „gesetzesfreie“ Evangelium – er kann es gelegentlich „sein“ Evangelium nennen (Rö 2, 16) – war eine unerhörte Botschaft, unfaßbar, ja skandalös für alles natürliche Denken. Denn der Mensch ist von Natur „Moralist“. Tief und zäh sitzt in seinem Herzen die Überzeugung, der Mensch müsse sich vor Menschen und vor Gott

[45] Anm. Apg 9 und die Reden des Paulus in Apg 22 und 26 stammen nun einmal aus der Feder des Lukas, auch wenn sie auf zuverlässiger Berichterstattung, sogar auf eigenen Mitteilungen des Apostels beruhen.
[46] Anm. Wenn Paulus in drei seiner Briefe und nach der Apg in zwei seiner Reden von seiner Bekehrung erzählt, dann sah auch er in dem persönlichen Zeugnis ein besonderes Mittel, die große Sache andern zu verdeutlichen.

Acker. Vers 46: . . . und als er eine kostbare Perle gefunden hatte, ging er heim, verkaufte alles, was er besaß, und kaufte sie.

16* Mt 16, 26: Denn was könnte es einem Menschen helfen, wenn er die ganze Welt gewönne, aber sein Leben einbüßte?

17* 2 Pt 3, 18: Wachst vielmehr in der Gnade und Erkenntnis unseres Herrn und Erretters Jesus Christus! Ihm gebührt die Herrlichkeit, sowohl jetzt als auch für den Tag der Ewigkeit.

18* Rö 1, 17: Denn Gottesgerechtigkeit wird in ihr geoffenbart, aus Glauben zu Glauben, wie geschrieben steht: „Der Gerechte wird aus Glauben leben.“

Rö 3, 21f.: Jetzt aber ist, unabhängig vom Gesetz, jedoch bezeugt von dem Gesetz und den Propheten, die Gottesgerechtigkeit geoffenbart worden, * nämlich die Gottesgerechtigkeit, die durch den Glauben an Jesus Christus für alle da ist und allen zukommt, die da glauben.

Rö 10, 3: Denn weil sie die Gottesgerechtigkeit verkannt haben und dagegen beflissen sind, ihre eigene Gerechtigkeit zur Geltung zu bringen, haben sie sich der Gottesgerechtigkeit nicht unterworfen.

19* Eph 1, 17—20: . . . der Gott unseres Herrn Jesus Christus, der Vater der Herrlichkeit, wolle euch den Geist der Wahrheit und der Offenbarung durch die Erkenntnis seiner Selbst verleihen, * euren Herzen erleuchtete Augen, damit ihr begreift, welche Hoffnung ihr infolge Seiner Berufung habt, wie groß der Reichtum Seines herrlichen Erbes bei den Heiligen ist, * und wie überschwenglich Seine Kraft sich an uns, den Gläubigen, erweist, nämlich die mit gewaltiger Macht sich betätigende Stärke, * die Er an

etwas „verdienen", und er könne und tue das auch. Gewiß braucht der Mensch auch ein Stück Gnade. Aber **nur** Gnade, völlige freie Gnade **allein** – unmöglich! Dagegen empört sich das ganze sittliche Empfinden ebenso wie der ganze Stolz des Menschen. Nur Gnade – das erscheint als eine totale Verkennung und Herabwürdigung des ganzen moralischen und religiösen Besitzes der Menschheit. Nur Gnade – das ist die Prämie auf sittliche Gleichgültigkeit und Schlechtigkeit.[47] Darum folgt dem paulinischen Evangelium überall seine entrüstete Bestreitung, ganz besonders durch Juden und „Judaisten", d. h. durch Christen, die auch an Jesus als den Messias glaubten, die auch von Erlösung und Sündenvergebung etwas wußten, die aber im paulinischen Evangelium eine gefährliche Verirrung und Verzerrung sahen und den Christen in den Gemeinden des Paulus sagten: Ganz gewiß sollt ihr „Christen" bleiben, aber gerade als ernste und ganze Christen müßt ihr den Weg der sittlichen und religiösen Leistungen gehen, den uns das Gesetz zeigt. Dieser Paulus reißt ja alles ein, was jeder sittlich-religiöse Mensch in seinem Herzen trägt und was uns Israeliten unser Gesetz in von Gott selbst geschenkter Klarheit zeigt. In Galatien waren die Erfolge dieser Gegner des Paulus beträchtlich. Der Galaterbrief ist ein heißes Ringen mit ihnen. Sie konnten aber in jeder Gemeinde auftauchen und fanden überall im natürlichen Menschenherzen den Bundesgenossen. Jede Moral und jede Religion steht in tiefem Gegensatz gegen das Evangelium. So können diese Männer jeden Tag auch nach Philippi kommen. Darum möchte Paulus rechtzeitig warnen. **„Gebt acht[48] auf die Hunde, gebt acht auf die bösen Arbeiter, gebt acht auf die Zer-schneidung!"** Der Hund ist im

[47] Anm. Man vergleiche die so instruktive innerliche Empörung einer Mathilde Ludendorff über das Gleichnis vom verlorenen Sohn, über die Aufnahme dieses Sohnes durch den Vater! Der ältere Bruder spricht genau das aus, was jeder anständige und redliche Mensch empfinden muß.

[48] Anm. Das „Gebt acht!" oder „Sehet zu!" verwendet Paulus öfter als warnenden Zuruf: 1 Ko 8, 9; 10, 12; Gal 5, 15; Kol 2, 8.

Christus erwiesen hat, als Er Ihn von den Toten auferweckte und Ihn in der Himmelswelt zu Seiner Rechten sitzen ließ.

[20*] Rö 6, 3—5: Oder wißt ihr nicht, daß wir alle, die wir auf Christus Jesus getauft worden sind, auf Seinen Tod getauft worden sind? • Wir sind also deshalb durch die Taufe in den Tod mit Ihm begraben worden, damit, gleichwie Christus von den Toten auferweckt worden ist durch die Herrlichkeit des Vaters, ebenso auch wir in einem neuen Leben wandeln. • Denn wenn wir mit Ihm zur Gleichheit des Todes verwachsen sind, so werden wir es auch hinsichtlich Seiner Auferstehung sein.

Rö 8, 17: Sind wir aber Kinder, so sind wir auch Erben, und zwar Erben Gottes und Miterben Christi, wenn wir nämlich mit Ihm leiden, um auch an Seiner Herrlichkeit teilzunehmen.

[21*] Gal 5, 24: Die aber Christus Jesus angehören, haben ihr Fleisch samt seinen Leidenschaften und Begierden gekreuzigt.

Gal 6, 17: In Zukunft möge mir niemand zu schaffen machen, denn ich trage das Malzeichen Jesu an meinem Leibe!

[22*] Lk 20, 35: . . . diejenigen aber, welche würdig befunden worden sind, an jener Weltzeit und an der Auferstehung von Toten teilzunehmen, die heiraten weder, noch werden sie verheiratet.

[23*] Offb 20, 5—7: Die übrigen Toten aber lebten bis zum Ablauf der tausend Jahre nicht wieder auf. Dies ist die erste Auferstehung: • Selig und heilig ist, wer an der ersten Auferstehung Anteil hat! Über diese hat der zweite Tod keine Gewalt, sondern sie werden Priester Gottes und Christi sein und die tausend Jahre hindurch zusammen mit Ihm herrschen. • Wenn dann aber die tausend Jahre zu Ende sind, wird der Satan aus dem Gefängnis freigelassen werden.

alten Orient nicht der treue und geliebte Begleiter des Menschen, sondern ein halbwildes Tier, das in Rudeln umherschweift und kläffend nach Beute stöbert. So sieht Paulus seine Gegner schnobernd und bellend alle Gegenden durchschnüffeln.[49] Denn wahrhaftig: Eifrig sind sie, fleißige Arbeiter für ihre Sache, nur leider eben „üble Arbeiter" (vgl. auch 2 Ko 11, 13), die nicht aufbauen, sondern niederreißen und zerstören. Darum nennt sie der Apostel in einem bitteren Wortspiel die „Zerschneidung". Weiter können sie nichts, als die Menschen „zerschneiden" und dabei mit ihrem Drängen auf solche Prozedur die Gemeinde verwirren und spalten und so den Leib Christi zerschneiden!

Es muß freilich auch die andere Möglichkeit ernsthaft erwogen werden, daß an dieser Stelle nicht „Judaisten" gemeint sind, sondern unmittelbar die Juden in Philippi. Aus der kleinen jüdischen Schar war der erste Anfang der Gemeinde hervorgegangen. Wieviel Grund zu Eifersucht und Haß war damit gegeben. Auf der andern Seite war Judenschaft und „Kirche" damals noch nicht so selbstverständlich und völlig getrennt wie später. Wo immer man „Christus Jesus" sagte, sagte man damit „der Messias Jesus". Die Botschaft: Der erwartete Messias ist in Jesus gekommen! ging die Judenschaft allerorts unmittelbar etwas an! Das „Nein" zu dieser Botschaft und damit zu den „Christen" war unbestreitbar eine eigenste jüdische Sache. Kein Wunder, daß darum auch an vielen Orten der Kampf gegen Paulus und seine Gemeinden von der Judenschaft ausging (vgl. etwa Apg 13, 45. 50; 14, 5. 19; 17, 5. 13; 18, 12; 19,9). Ist so in Philippi die kleine, aber vielleicht sehr eifrige Schar der Juden der Herd der Unruhe gegen die Christen, dann würde das Bild der „Hunde" nach Ps 59, 7. 15 recht anschaulich. Zugleich wäre auch dieses Bild schon eine scharfe ironische Umkehrung üblicher jüdischer Gedanken. Für viele Juden waren die Heiden selbstverständlich „Hunde". Nein, sagt Paulus, gerade diese hetzenden und kläffenden Juden sind wahrhaft „Hunde", während aus den „Heiden" in Philippi die meisten „Heiligen in Christus Jesus" kamen. Auch das Wortspiel „Zer-schneidung – Be-schneidung" gewänne so erst seine volle Schärfe: die Beschneidung, also das wirkliche Israel, sind **wir**; die Judenschaft hat nicht mehr als ein Stückchen Zerschneidung an ihrem Leib. Aber es bleibt doch sehr fraglich, ob Paulus, der selber den Timotheus beschnitten hat (Apg 16, 3), über die jüdische (nicht judaistische!) Beschneidung so hart urteilen und Angehörige Israels, das er selbst im Licht von Rö 9–11 ansah, einfach „Hunde" nennen konnte. Ebenso bleibt es auch fraglich, ob bei der antisemitischen Stimmung in der römischen Militärkolonie (vgl. S. 37) die kleine Judenschaft wirklich der Gemeinde so gefährlich werden konnte. Diese Gefahr konnte dann jedenfalls nur eine äußere sein. Dazu paßt aber die Art der Warnung des Paulus und vor allem die anschließende tiefe Auseinandersetzung nicht. An

[49] Anm. Zum Bild der „Hunde" vgl. Ps 59, 7. 15; Offb 22, 15.

einen bedrohlichen inneren Einfluß des reinen Judentums auf die Christen in Philippi ist überhaupt nicht zu denken. So wird der Blick des Paulus auf die bekannten judaistischen Gegner gerichtet sein, mit denen er genug zu tun bekommen hatte, um auch eine von ihnen noch nicht unmittelbar berührte Gemeinde kräftig vor ihnen zu warnen.

Aber wie kann Paulus über diese seine Gegner so schroff und wegwerfend urteilen? Geht er mit solchen Scheltworten und solcher Ironie nicht zu weit? Ist das noch „christlich"? Diese Gegner waren von dem Recht ihrer Sache doch auch überzeugt und wollten nur das Gute! Wenn sie meinten, neben Jesus noch allerlei sittliche und religiöse Leistungen stellen zu müssen, eben die Beschneidung, den Sabbat und gute Werke – kann man da nicht verschiedener Meinung sein? So denken wir heutigen Menschen. Wir kennen unsererseits auch in der Kirche nur noch „Meinungen" und „Ansichten", in deren Fülle – was gibt es doch alles für Denominationen und „Richtungen"! – wir nicht mehr so ganz durchfinden, und sind deshalb geneigt, allerlei „Einstellungen" gegenüber recht tolerant zu sein, solange sie sich von der goldenen Mitte nicht allzu weit entfernen und nicht zu „übertrieben" sind. Dabei sind wir im Grunde durchdrungen von der mittelmäßigsten religiös-christlich gefärbten Moral, die für die Botschaft des Paulus überhaupt kein Ohr hat und wesensmäßig ganz auf die Seite der Gegner des Paulus gehört. So müssen wir ganz neu zu hören suchen, was denn nun Paulus zur Begründung seines „Standpunktes" sagt, warum er in dem Auftreten der Gegner nicht eine „abweichende Meinung" sieht, über die man „diskutieren" kann, sondern die Zerstörung des Werkes Gottes selbst und den Angriff auf Gottes eigene Wahrheit.

Paulus faßt den unüberbrückbaren Gegensatz in zwei scharfe Begriffe, die sich mit ihrem ganzen Gehalt wie Feuer und Wasser gegenüberstehen: „Geist" und „Fleisch". Von ihrem rechten Verständnis hängt für das Erfassen der biblischen Botschaft alles ab!

„Fleisch" – die Vergriechung des Christentums hat es mit sich gebracht, daß wir bei diesem Wort sofort an „Sinnlichkeit", am Ende gar an „Sexualität" denken, zum mindesten aber an unsere „Leiblichkeit". Dieses Mißverständnis müssen wir bei uns von Grund auf beseitigen. „Fleisch" ist in der Bibel zunächst Bezeichnung für die ohnmächtige sterbliche Kreatur im Gegensatz zu dem ewigen, lebendigen Gott. Gottes Wesen dagegen ist „Geist". Das Wort „Geist" in der Schrift meint daher wieder nicht griechisch-modern das „Geistesleben", die „geistige" Seite unseres Wesens im Gegensatz zum Leib und zur „Sinnlichkeit", sondern meint Gottes ewige, herrliche Lebendigkeit und Kraft. So sagt etwa der Prophet Jesaja in Kapitel 31, 3: „Denn Ägypten ist Mensch und nicht Gott, und ihre Rosse sind Fleisch und nicht Geist." „Fleisch" ist dann besonders die Bezeichnung des ganzen von Gott gelösten Menschen, und zwar nach seinem innerlichen „geistigen" Wesen genauso wie nach seiner verweslichen Leiblichkeit. „Fleisch" ist alles, was dieser von Gott gelöste Mensch selbst hat und kann, was in der Macht seines eigenen Schaffens und Leistens liegt einschließlich seiner höchsten und edelsten Leistungen. „Fleisch" im Sinn der Bibel ist auch seine feinste und erhabenste Kunst, „Fleisch" seine edelste Sittlichkeit, „Fleisch" auch alle seine Religion, die er selber aus der Tiefe seines Herzens und Gemütes hervorbringt. Dieses „Fleisch" ist immer daran zu erkennen, daß der Mensch hier bei sich selbst bleibt, auf sich selbst vertraut und sich selber rühmt. „Fleisch" ist Ichwesen. Auch in seiner Sittlichkeit und in seiner Religion bleibt der Mensch in seinem Ich stecken, pflegt und verherrlicht sein Ich, selbst wenn er dabei Gottes Namen nennt.

Das ist für Paulus das Unerträgliche an den Gegnern, daß sie – selbst wenn sie es „gut meinen" – den Menschen in dieser Sphäre des Fleisches festhalten oder, sofern er ein Glied der Gemeinde Jesu war, wieder in diese Sphäre hinunterziehen wollen. Der wirkliche Christ hatte eine total andere Art, Gott zu dienen, geschenkt bekommen. „Im Geist", in Gottes eigenem Wesen und Leben lebte er für Gott. Dieser „Gottesdienst" ist im strengen Sinn des Wortes eine absolut andere Sache als alle menschliche Religion, sie sei so hochstehend, wie sie wolle. Dieser Gottesdienst „im Geist und in der Wahrheit" ist von aller „Religion" so verschieden wie der Tag von der Nacht, der Geist vom Fleisch, Gott von der Kreatur. Darum rühmt man sich in diesem Gottesdienst nicht wieder der eigenen Leistungen, sondern rühmt sich des Christus Jesus allein. Denn alles, was ein Mensch sittlich-religiös selber haben und aufweisen könnte, wäre ja doch wieder nur – „Fleisch". Darum gibt es hier nur ein Entweder-Oder und nicht jene Vermischung von Evangelium und „Religion", die die Gegner betrieben, mit der sie nur zeigten, daß sie das Evangelium überhaupt nicht begriffen hatten. Darum sind sie so gefährliche Leute, die „Zer-schneidung", die „bösen Arbeiter", je eifriger sie sind, um so schlimmer; darum sind sie „Hunde", die man sich beizeiten vom Leibe halten muß. Denn die eigentliche „Beschneidung", die wirkliche Gemeinde Gottes in dieser Weltzeit sind **„wir, die wir durch Gottes Geist Ihm dienen und uns rühmen des Christus Jesus und nicht auf Fleisch unsere Zuversicht setzen".**[50]

Aber – meint Paulus denn das im Ernst, daß alle sittlichen Leistungen des Menschen und all seine Religion **nichts** ist? Dagegen lehnt sich doch auch in uns alles auf! Ja, Paulus meint es mit ganzem Ernst. Er kann uns diesen Ernst nicht besser deutlich machen als dadurch, daß er nicht an seinen Gegnern, sondern an sich selber und an seinem eigenen Leben die totale Wertlosigkeit, den „Fleischescharakter" aller eigenen Religion und Sittlichkeit aufzeigt.

[50] Anm. Von da her hat es eine gewisse Berechtigung, wenn die Gemeinde Jesu sich als das wahre, geistliche Israel empfindet (vgl. auch Rö 2, 28. 29; Gal 4, 21—31; 1 Pt 2, 9). Es darf dabei nur nicht wider die klaren Aussagen von Rö 9—11 gemeint werden, Israel sei „verworfen" und die Gemeinde an Israels Stelle getreten! Israel behält von Gott her seine Berufung und nach Gottes Verheißungen seine große Aufgabe in der Zukunft.

Denn das müssen die Philipper und das müssen vor allem auch seine Gegner bedenken: Er selbst besaß ja auch all das, was die Gegner rühmten und den Gemeinden aufzunötigen suchten, ja er besaß es im höchsten Maße! Er schilt das, was die Gegner bringen, nicht etwa wie der Fuchs die sauren Trauben, weil es ihm unerreichbar ist! **Er ist „einer, der seine Zuversicht auch auf Fleisch setzen könnte“.** Ja, **„wenn irgendein anderer meint, seine Zuversicht auf Fleisch setzen zu dürfen – ich noch mehr!“** Wenn es auf die Beschneidung ankäme – Paulus ist genau nach der Vorschrift 3 Mo 12, 3 am achten Tage beschnitten worden. Wenn die Zugehörigkeit zu Israel das Heil bedeutet – er stammt „aus dem Geschlecht Israel“, er kann sogar „den Stamm angeben, zu dem er gehört, was nur die ursprünglichen Glieder des Volkes konnten, nicht die, die erst später hinzugekommen sind“ (Schlatter); und es ist der Stamm, dem nach Jos 18, 28 ursprünglich auch Jerusalem gehörte und aus dem der erste König Israels stammte, dessen Namen Paulus trug. Er ist ein „Hebräer von Hebräern“, das heißt wohl: trotz seiner Herkunft aus Tarsus stammt er nicht von hellenistischen Diaspora-Juden, sondern aus alten, aramäisch sprechenden Kreisen (vgl. Apg 6, 1; 2 Ko 11, 22)! Kann das einer seiner Gegner so leicht für sich in Anspruch nehmen? Dieser seiner national und kirchlich tadellosen Herkunft entsprach seine eigene innere Haltung. Er schloß sich jener strengen Gruppe im Volk an, die auf die genaue und vollständige Erfüllung des ganzen Gesetzes drang. Wir dürfen bei dem Wort „Pharisäer“ nicht sofort das Bild vor Augen haben, das wir uns auf Grund der Worte Jesu allzu rasch und „pharisäisch“ zurechtzumachen pflegen. Die Pharisäer waren zunächst einmal Männer, die mit leidenschaftlichem Eifer und eiserner Willenszucht Gott wirklich in allem zu gehorchen suchten. Wenn es schon aufs „Tun“ ankommen soll, dann können wir uns mit unserer lauen christlichen Moral vor der Ganzheit und Entschlossenheit jener Pharisäer nur schämen. Viele von ihnen haben den Ernst ihrer Gesinnung in schwerem Martyrium bewährt. Wenn die Judaisten ein Stück „Gesetz“ in die Gemeinden hineintragen wollten – Paulus weiß, was es heißt, das ganze Gesetz wirklich ernst zu nehmen, er war selbst **Pharisäer.** Und dieser Eifer für das Gesetz war ihm blutiger Ernst. Darum hat er die Christen, diese Schwärmer, die in ebenso lächerlicher wie lästerlicher Weise in einem schmählich hingerichteten Verbrecher den Messias Israels, den Sohn des Hochgelobten, sehen wollten, nicht nur mit Worten bekämpft, er hat sie gründlich auszurotten gesucht: **„nach dem Eifer ein Verfolger der Gemeinde“.** Er weiß, wie empörend die Botschaft des Evangeliums für jeden sittlich und religiös ernsten Menschen ist. Denn eben das war der junge Saulus von Tarsus: ein tadelloser, sauberer, frommer junger Mann, **„nach der Gerechtigkeit, der am Gesetz, von jedem Tadel frei“.** Wenn man ihm die Gebote vorhielt, konnte er mit dem reichen Jüngling sagen: „Das habe ich alles gehalten von meiner Jugend auf.“ Darum war er auch bis zu den höchsten Stellen bekannt, eine vielversprechende Erscheinung, der man schon jetzt bedeutende Aufgaben anvertraute (Apg 9, 2).

Paulus ist also ganz anders geführt worden als Martin Luther. All das, was wir von Luther her kennen und dann leicht auch in Paulus hineintragen: das Leiden unter dem Gesetz, die Furcht vor Gottes Zorn und Gericht, die Angst der Verlorenheit, das alles war in dem jungen Saul von Tarsus nicht zu finden. Er erlebte das Gesetz genauso, wie es sich etwa in Psalm 19 oder 119 widerspiegelt: „Das Gesetz des Herrn ist vollkommen und erquickt die Seele; das Zeugnis des Herrn ist gewiß und macht die Unverständigen weise" (Ps 19, 8). Er entsprach in seiner Haltung den vielen ethischen Idealisten, die ihr Leben mit Leidenschaft dem „Gesetz" (wie immer sie es **inhaltlich** auch verstehen mögen) unterstellen und in ihrer entschlossenen Hingabe an die Forderungen des Guten ihre Befriedigung finden. Rö 7, 14 ff. ist also **nicht** biographisch gemeint! Diese Einsicht in die Lage des Menschen unter dem Gesetz hat Paulus erst nachträglich bekommen. Gerade der sittliche Rigorismus ist eine in sich geschlossene Welt, deren Begrenztheit und Fragwürdigkeit von innen her gar nicht wahrgenommen werden kann. Etwa entdeckte „Mängel" des eigenen Lebens erscheinen zunächst nur als „Ausnahmen", als möglichst rasch zu überwindende Fehler, die nur zu noch größerem Einsatz treiben. Die Gnadenbotschaft des Evangeliums kann hier nur als unbegreifliche Torheit, ja als gefährliche Unterminierung des einsatzbereiten Willens empfunden und bewußt bekämpft werden. Wir haben keinen Anlaß, in Saulus, der zur Verhaftung der Christen nach Damaskus eilt, irgendwelche Zweifel und innere Nöte hineinzusehen. Er ging den Weg des Gesetzes und darum den Weg der Ausrottung der empörenden christlichen Schwärmerei mit voller Überzeugung, „unwissend im Unglauben" (1 Tim 1, 13).

Um so völliger mußte die Wende sein, wenn dieser Mann Christ wurde! Wie aber konnte **das** geschehen? Wie **ist** es geschehen?

Diese in sich geschlossene Welt des ethischen und religiösen Idealisten Saulus konnte nur von außen aufgerissen werden und den Todesstoß bekommen. So beschreibt er es selber hier genau entsprechend dem Bericht in Apg 9: **„Aber was da mir Gewinn war, das habe ich um des Christus willen für Verlust gehalten."** „Um des Christus willen": Saulus stand in dem Ereignis bei Damaskus vor der Tatsache, daß Jesus dennoch der Messias, der Auferstandene, der lebendige Herr war. An dieser objektiven, nicht mehr zu leugnenden Tatsache erwies sich sein ganzer bisheriger Weg als falsch. Denn dieser Weg hatte mit innerer Folgerichtigkeit zur Ablehnung, ja Verfolgung des von Gott gesandten Messias Jesus geführt („Saul, Saul, was verfolgst du Mich?" Apg 9, 4). Dieser Weg hatte aus dem reinen, tadellosen, frommen Mann einen „Lästerer, Verfolger und Frevler" (1 Tim 1, 13), aus dem rücksichtslosen Eiferer für Gottes Ehre in Wahrheit Gottes Feind gemacht! Dieser Weg mußte also nicht nur Fehler haben, sondern in der Tiefe und wesenhaft falsch sein. Und nun richtet Paulus seinen Blick auf diesen Messias Jesus, dessen Wirklichkeit ihm vor Damaskus unwidersprechlich gewiß geworden war, auf diesen gekreuzigten, leidenden, sterbenden und liebenden Christus. Und da ging ihm auf, was er eben hier den Philippern in kurzer Zusammenfassung geschrieben hatte: vor dem eigentlichen und wahren Wesen Gottes, wie es in dem Christus Jesus und in Seinem Kreuzestod sich erschloß, erwies sich alles, was der Mensch kann, gerade auch in seinen höchsten kirchlichen, sittlichen und religiösen Werten als „Fleisch". Auch die Beschneidung, die Abstammung aus dem Bundesvolk, auch das eiserne, klare Halten des Gesetzes, auch alles eigene, schonungslose Eifern für Gott – alles ist nur „Fleisch". Und „Geist", also Wahrheit und Leben aus Gott ist nur das, was durch Christus in errettender Liebe in diese Welt hineingetreten ist, was gerade die entschiedenste menschliche Frömmigkeit nur als lächerlich und lästerlich ansehen konnte.

Darum erfolgt nun die große Umwertung aller Werte, die grundlegend in Paulus wohl in jenen drei Tagen in Damaskus vor sich gegangen ist, von denen es heißt: „und er war drei Tage nicht sehend und aß nicht und trank nicht" (Apg 9, 9). **„Was da mir Gewinn war, das habe ich um des Christus willen für Verlust gehalten."** Wir mißverstehen dies Wort gewöhnlich und nehmen ihm seine eigentliche Schärfe und Tiefe. Wir kennen ja nur die Bekehrung der „Sünder". Wir denken darum bei dem, was da „Gewinn" war und nun für „Verlust" gehalten wird, an irdische Güter, an irdische und vielleicht sündliche Genüsse, an das ganze weltliche Leben, mit dem der Christ zu brechen hat. Paulus aber sah beim Rückblick nicht „Sünden" und „Genüsse" und „Weltgüter", er sah in seiner Vergangenheit Schätze, die jeder sittlich-religiöse Mensch als „Gewinn" buchen wird: das Sakrament der Beschneidung, die Zugehörigkeit zur Kirche des Bundesvolkes, ja die ganze hohe Sittlichkeit und Frömmigkeit, an die er den Ernst eines Manneslebens gesetzt hatte – und **das** hatte er als „Verlust" ansehen gelernt! So total anders, so neu, so herrlich ist Jesus, daß nicht etwa irdische Werte dagegen verblassen, sondern daß der höchste innere Gewinn, den ein Mensch überhaupt haben kann, davor zum „Verlust" wird! Ahnen wir „Christen" von heute überhaupt noch etwas von dieser Größe und Einzigartigkeit Jesu?

Paulus bestätigt noch einmal: **„Ja, allerdings, ich halte wirklich alles für Verlust wegen der überragenden Größe der Erkenntnis des Christus Jesus."** Dabei liegt der Ton nicht auf dem Wechsel des Tempus. Paulus will nicht versichern, daß er auch heute noch zu der in seiner Bekehrung gewonnenen Erkenntnis stehe, daß diese also nicht etwa eine vorübergehende Anfangsbegeisterung gewesen sei. Dann hätte er ein „jetzt" oder „heute" ausdrücklich in den Satz einfügen müssen. Der bloße Gebrauch des Präsens genügte dazu nicht. Der Ton liegt auf „alles". Nicht nur die aufgezählten Werte seiner jüdischen Vergangenheit, nein alles, was Paulus seitdem in der Begegnung mit Menschen kennengelernt hatte, **alles** ist nur „Verlust". Und zwar **„wegen der überragenden Größe der Erkenntnis des Christus Jesus, meines Herrn"**. Können wir das noch verstehen? Wissen wir noch von solcher Erkenntnis Jesu? Oder erscheint uns dies Wort des Paulus ganz fremd, übertrieben, schwärmerisch? Aber dieser Christus Jesus war für Paulus seit der Begegnung mit Ihm vor Damaskus in der Tat der ganze Inhalt seines Denkens und Erkennens. „Ich beschloß, nichts unter euch zu wissen als nur Jesus Christus, und zwar als den gekreuzigten", schreibt er den Korinthern (1 Ko 2, 2). Denn eben dies, daß Er, der „Herr der Herrlichkeit", der Ohnmächtige, Erniedrigte, Gekreuzigte wurde, war für ihn der unerschöpfliche Gegenstand all seiner Gedanken; er hat in 2, 5–11 den Philippern selbst eine Probe solchen staunenden und anbetenden Hineinblickens in dieses Geheimnis Jesu gegeben. Auch in Kol 1, 15–2, 15 finden wir ein Beispiel für diese „überragende Größe der Erkenntnis des Christus Jesus". So erbittet er den Ephesern (3, 19), was sein eigenes Leben immer neu bis zum Überströmen erfüllt: „zu erkennen die alle Erkenntnis übertreffende Liebe des Christus". Vor dieser Erkenntnis wird alles andere wertlos.

Und zwar nicht nur theoretisch! Wenn Paulus die alten Begriffe des Würfelspiels „Gewinn" und „Verlust" gebraucht, dann hebt er damit die Sache aus der Ebene der Moral und der Vernunft heraus, in die wir sie unwillkürlich von unserm moralisierten Christentum her versetzen. Er hat in seinem Leben ein großes Spiel gewagt! „Und hat gründlich dabei verloren", sagt jeder vernünftige Zuschauer. Jawohl, bestätigt Paulus: **„um des willen ich das alles verlieren mußte."** Das war harte Realität: sein Volk (vielleicht auch sein Elternhaus), sein Ansehen, seine Stellung, seine aussichtsreiche Zukunft, ein ruhiges und ehrenvolles Leben – alles hat er „verspielt". Laß nur, sagt Paulus in einer Zwischenbemerkung unter Benutzung eines derben Wortes: **„ich halte es für Dreck."** In Wahrheit habe ich bei diesem kühnen Spiel meines Lebens gewonnen und gewinne noch immer: **„Damit ich Christus gewänne und erfunden würde in Ihm."** Das ist so wenig wie das Verlieren nur eine „Ansichtssache", nur der Erwerb dogmatischer Erkenntnisse. Es geht auch nicht einmal nur um das sogenannte „Glauben an" Christus. Nein, dieser Christus selbst ist der Besitz, den er gewinnt, so real, wie er alles andere nicht nur gedanklich, sondern tatsächlich verloren hat.

Dieser Christus ist nun der Ort und der Lebensraum, in dem Paulus zu „finden" ist. Und diese nie zu begreifende Liebe gewonnen zu haben, diese göttliche Herrlichkeit, diese Fülle ewigen Lebens, das läßt jeden andern „Gewinn" tatsächlich als „Verlust" sehen. Das Leben des Christen ist wohl „Askese", Verlierenmüssen, Drangebenmüssen, aber das ist gerade keine moralische Leistung (die wäre wieder nur „Fleisch"), sondern ist ein überschwengliches Gewinnen – im – Verlieren, ein unbeschreiblicher Reichtum in der Armut, ist darum „Freude" selbst im Ausgeschüttetwerden als Trankopfer (2, 17). Auch die Preisgabe aller eigenen „Religion" ist völliger Gewinn.

Denn in diesem Christus leben, das ist Leben „im Geist“. Von diesem Christusleben aus wird deutlich, wie tot, wie arm, wie finster alle ernsteste Sittlichkeit und alle edelste Religion ist, „auch in dem besten Leben“, „Fleisch“ und nicht „Geist“. Vorher **konnte** man das nicht sehen, solange man selber darin stand. Nun aber, von diesem total andern „Ort“ in Christus, sieht man es und kann nicht mehr auf irgend etwas, was doch nur „Fleisch“ ist, seine Zuversicht setzen, sondern man rühmt sich nur noch des Christus Jesus. Merken die Philipper, worum die „bösen Arbeiter“ mit all ihrem Eifer die Gemeinde bringen, in welchen Verlust sie sie mit ihrem angeblichen „Gewinn“ stürzen?

Paulus, gilt das auch für das zentralste Gebiet unseres Lebens, für unsere Stellung vor Gott, für unsere „Gerechtigkeit“? Paulus hört innerlich diese Frage und unterbricht den eigentlichen Strom seines Zeugnisses, der hernach in der begonnenen Richtung fortfluten wird. Jawohl, ich bin **„nicht mehr im Besitz meiner eigenen Gerechtigkeit, der aus dem Gesetz, sondern der durch den Glauben an Christus, der aus Gott stammenden Gerechtigkeit auf Grund des Glaubens“!**

Der Satz ist von dichtester Kürze, die „Rechtfertigungslehre“ im knappen persönlichen Zeugnis. Es wird darum in diesem Satz auch nichts erklärt oder begründet. Wir spüren, wie gerade auch die Botschaft von der Rechtfertigung nicht ein kluges Begriffsspiel ist, das man fertig handhaben kann, nicht eine nur dogmatische Erkenntnis, die man jedem Einsichtigen darlegen und mit so und so viel Gründen „beweisen“ kann. Soweit sie „Lehre“ ist, ist sie vielmehr nur die Projektion einer ganz anders durchlebten Wirklichkeit auf die Ebene des Denkens. Der Umschwung in der Auffassung der „Gerechtigkeit vor Gott“ nimmt teil an dem Gesamtumschwung, der sich in Paulus vollzog, als er den Christus Jesus als seinen Herrn kennenlernte. Darum kann die „Rechtfertigungslehre“ ohne einen solchen wesenhaften Gesamtumschwung, ohne eine solche Erkenntnis Jesu auch nicht verstanden und bejaht werden. Dem Pharisäer Saul von Tarsus hätte man die Rechtfertigung noch so klar vortragen können, sie hätte ihn nie überzeugt. Der sittlich-religiöse Mensch wird vor ihr immer mit ratlosem Kopfschütteln stehen oder sich leidenschaftlich an ihr ärgern. Wenn mein Ringen um das Tun des Willens Gottes, um das Tun des Guten nicht mehr mein Wert in den Augen der ewigen Gerechtigkeit sein soll, dann bricht das Fundament aller Sittlichkeit und das Fundament meines eigenen Lebens zusammen! Und wieder erst von dem neuen „Ort“ des Lebens „in Christus“ wird diese „Gerechtigkeit aus dem Gesetz“ in ihrer Wertlosigkeit sichtbar. Nun müssen an ihr nicht erst einzelne Mängel, Fehler und Löcher nachgewiesen werden – mit solchen Nachweisen gibt sich unsere Verkündigung viel zu sehr ab –, nun ist sie gerichtet, einfach weil sie „meine eigene“ Gerechtigkeit ist. Bei aller Hingabe, bei aller eisernen Willenszucht im Gehorsam gegen die Gebote will sich in ihr doch das Ich vor Gott behaupten. Der Mensch will gerade im Zentrum seines Lebens, im Tun des Guten unabhängig und selbständig sein und Gott gegenübertreten und Gott das Wohlgefallen abringen. Gerade der Mensch, dem die vollendete sittliche Leistung gelänge, der untadlig rein und edel vor Gott dastände, wäre der vollendet gott-lose Mensch im Glanz „seiner eigenen Gerechtigkeit". Um diese gott-lose Gottgleichheit ging es im Sündenfall, um dieses selbständige und eigenmächtige Wissen um Gut und Böse. Paulus aber wurde von Christus ergriffen, er fand in Ihm die Liebe Gottes in ihrer ganzen Herrlichkeit. Nun **will** er seine eigene Gerechtigkeit nicht mehr, gerade auch dann nicht, wenn er sie tatsächlich erringen könnte. Er will sie nicht nur deshalb nicht mehr, weil er ihre Löcherigkeit und Unerreichbarkeit durchschaute – das gewiß auch, aber davon spricht er an unserer Stelle nicht –, er will sie grundsätzlich als seine „eigene" nicht mehr! Denn er will nicht mehr die Selbstbehauptung vor Gott, die in ihr zum feinsten und gefährlichsten Ausdruck kommt. Er fand zurück in den „rechten" Stand vor Gott, wo das Geschöpf von der Liebe Gottes und von Seinem Schenken lebt. Luthers uns vertraute Übersetzung „die Gerechtigkeit, die vor Gott gilt" oder an unserer Stelle „die Gerechtigkeit, die von Gott dem Glauben zugerechnet wird", trifft noch nicht völlig das, was Paulus schrieb. Sie könnte dahin mißverstanden werden, daß der Mensch sich noch immer vor Gott behauptet, nun freilich nicht mehr mit seiner eigenen unzulänglichen, sondern mit der im Glauben erworbenen besseren Gerechtigkeit, die Gott gelten läßt. Paulus aber meinte wirklich Gottes eigene Gerechtigkeit, die uns ebenso wie Gottes eigener Geist und Gottes eigenes Leben durch Christus zuteil wird auf Grund des Glaubens.

Nun klärt sich uns auch das Verhältnis unserer Stelle zu Rö 7, 14 ff. Zunächst scheinen sich die Aussagen hier und dort zu widersprechen. Hier erscheint die Gerechtigkeit durch das Gesetz erreichbar (Vers 9), ja im Leben eines ernsten Pharisäers sogar wirklich erreicht (Vers 6). Paulus sieht hier nicht, wie wir es als Kinder der Reformation für selbstverständlich halten, rückwärts mit dem Seufzen über die mangelnde Gerechtigkeit, sondern mit der bestimmten Feststellung **„nach der Gerechtigkeit, der am Gesetz entstehenden, von jedem Tadel frei"**. In Rö 7 dagegen (und an andern bekannten Stellen) ist die Erfüllung des Gesetzes grundsätzlich und wesensmäßig unmöglich. Dort steht die Klage über das vergebliche Wollen und über das Tunmüssen dessen, was man haßt, dort der Schrei: „Ich elender Mensch!". Wie kann Paulus so verschiedene Aussagen machen? Wie kann er sich so widersprechen? Und welches ist nun der „echte" und eigentliche Paulus? Welches ist die Wahrheit für uns? Der Zwiespalt löst sich, wenn wir beachten, daß in unserer Stelle das Gesetz als „fleischliche" Größe gesehen ist, in Rö 7, 14 dagegen als „geistlich". „Wir wissen", sagt Paulus dort, was wir vorher nicht begriffen hatten, „daß das Gesetz pneumatisch ist". So wie der natürliche Mensch das Gesetz ansieht und allein ansehen kann als Regel für seine eigene menschliche Gerechtigkeit, als Summe von Anweisungen für das rechte Tun und Lassen, ist das Gesetz erfüllbar. So lange man es nur so kennt, kann man subjektiv ehrlich feststellen: „Das habe ich alles gehalten von meiner Jugend an“, ich bin „von jedem Tadel frei“. Darum gibt es auch so viele feine und redliche Menschen, die von der Not und Verzweiflung unter dem Gesetz nichts wissen und die Aussagen anderer darüber schlechterdings nicht begreifen können. Aber als Ausdruck der Gerechtigkeit **Gottes** ist das Gesetz „geistlich“, d.h., es stammt aus dem Geiste Gottes und zielt auf das vom Geist gewirkte göttliche Leben und auf den Dienst für Gott im Heiligen Geist. Nicht dieses oder jenes Tun, sondern allein die Agape, die göttliche Liebe, ist seine „Erfüllung“ (Rö 13, 10). Diese „Liebe“ aber wird bei allem eisernen Halten des Gesetzes nicht erreicht. Im Gegenteil! In genauer Parallele zu unsern Sätzen oben (S. 111) müssen wir feststellen: Je völliger ein Mensch in harter Zucht das Gesetz „erfüllt“, um so völliger verfehlt er seine wahre Erfüllung! Darum ist gerade der ernste und subjektiv redliche Pharisäer doch der geworden, der Gottes liebendes Handeln in Jesu nicht verstand, ja, der Ihn haßte und der mit seinem glühenden Eifer um die Ehre Gottes doch gerade zum Feind Gottes und zum Verfolger Jesu wurde. Und erst wenn ein Saulus ein Paulus wird, wenn er die eigene Gerechtigkeit in der Erfüllung des Gesetzes nicht mehr will, kann ihm Gottes Gerechtigkeit zuteil werden, indem „die Liebe Gottes ausgegossen wird in unser Herz durch den Heiligen Geist, welcher uns gegeben ist“ (Rö 5, 5). So kommt das Gesetz zu seiner wahren und eigentlichen Erfüllung. Diese „Gerechtigkeit“, die „durch den Glauben an Christus, die aus Gott stammende Gerechtigkeit auf Grund des Glaubens“ wollte Paulus hinfort allein noch haben. Wir sind außerordentlich dankbar für diesen Blick auf die Rechtfertigungslehre aus einem ganz andern Zusammenhang heraus. Wir sehen dadurch die alten bekannten Linien einmal in einer neuen und für uns nicht aus Israel stammenden Leute besonders klaren Weise.

Und nun fährt Paulus im Zuge seines ursprünglichen Gedankengangs fort. Alles mußte er verlieren, um Christus zu gewinnen und in Ihm erfunden zu werden, **„zu erkennen Ihn“.** Vor der „überragenden Größe der Erkenntnis des Christus“ war ihm alles andere klein, ja „Verlust“ geworden. Aber eben wegen ihrer „überragenden Größe“ ist diese Erkenntnis unerschöpflich und nie am Ende. Die Liebe des Christus übertrifft jede Erkenntnis und setzt darum unser Erkennen und Erfassen in eine unaufhörliche Bewegung. „Erkennen“ ist dabei nicht modern-intellektuell, sondern biblisch zu verstehen. Das Wort kann ja biblisch (z. B. Mt 1, 25) für den ehelichen Umgang verwendet werden; es ist liebendes und personhaftes Erkennen. So erkennt und gewinnt Paulus den Christus Jesus, um Ihn immer weiter und immer tiefer zu erkennen. Welch eine Unerschöpflichkeit und stete Frische, aber auch welch mächtige Bewegung kommt dadurch in das Christenleben hinein! Es darf wirklich bei der „ersten Liebe“ (Offb 2, 4) bleiben, die in leidenschaftlichem Verlangen nicht genug davon bekommen kann, den herrlichen Heiland mehr und immer mehr zu erkennen.

Daß es sich dabei in der Tat nicht um einen nur intellektuellen Vorgang handelt, zeigt die Fortsetzung: **„und die Kraft Seiner Auferstehung“.** Nicht eine Lehre über Christus sucht Paulus immer besser zu erfassen, sondern Ihn selbst, Ihn in Seiner Person und in Seinem Leben. Er ist aber der Auferstandene und macht die „dynamis“, die „Dynamik“ Seiner Auferstehung wirksam. Seine Auferstehung war nicht Sein persönliches Widerfahrnis, das nur eben Ihm ein neues Leben nach Seinem Sterben schenkte, sondern war die Auswirkung der rettenden und erneuernden Kraft Gottes an dem Haupt für Seinen ganzen Leib, ja der Beginn der Erneuerung der ganzen Schöpfung.[51] Noch ist Christus für die Welt verborgen, so verborgen, daß ein Saul von Tarsus Ihn als gefährliches Märchen bekämpfen konnte. Aber Seine Auferstehungskraft ist auch jetzt schon wirksam. Wo immer Menschen am Leib (Apg 3, 16; 4, 10) oder an der Seele erneuert werden, wo Finsternismächte weichen, wo es zum lebendigen Glauben und darin zum „Mitauferstehen mit Christus“ (Eph 1, 19. 20; 2, 5. 6; Kol 2, 12) kommt, da ist diese „Kraft Seiner Auferstehung“ wirksam. Paulus ist nicht müde geworden, diese Kraft immer wieder und immer mehr kennenzulernen.

Aber ihm liegt wirklich an Jesus selbst, und nur an Jesus. Darum liegt ihm nicht nur an den beglückenden Erfahrungen, wie der Auferstandene mit Macht hilft und errettet. Er will den ganzen Christus und darum auch den Gekreuzigten und Getöteten. In Ihm sein und an Ihm wahrhaft Anteil haben können wir nur, wenn wir auch Sein Leiden und Seine Todesgestalt teilen. Darum vermag es Paulus wirklich hinzuzuschreiben: **„und die Teilhabe an Seinen Leiden, indem ich Seinem Tode gleichgestaltet werde.“** Wir sind auch in der Erfassung des Evangeliums erschreckend im Ichhaften steckengeblieben. Wir fragen bei der Christusbotschaft nur, was dabei für uns, zu unserm Nutzen, für unser Glück herauskommt. Darum war unsere Theologie und unsere Verkündigung fleißig und groß darin, den „Christus für uns“ zu erfassen und darzulegen. Wir selbst aber in unserer Lebenswirklichkeit blieben dabei Christus fern. Unser Ichleben wurde nicht überwunden, wir wurden nicht wirklich erlöst. Diese Erlösung sollte dann auf einmal nach dem leiblichen Tod erfolgen, und die „Heiligung“ blieb ein unsicheres zweites Thema neben der „Rechtfertigung“. Die befreiende Hingabe an Jesus, dieses stürmi-

[51] Anm. Wir dürfen nicht vergessen: Paulus gehört zu den Zeugen des Auferstandenen, die von Ihm nicht nur wußten und an Ihn nicht nur glaubten, sondern Ihn selbst gesehen hatten! Die „Kraft Seiner Auferstehung“ hatte Paulus zuerst vor Damaskus erfahren. Sie hatte den stolzen Verfolger zu Boden geworfen und sein ganzes bisheriges Leben bis in die letzten Fundamente umgestürzt. „Wie alles Lampenlicht, das die Menschen entzünden, auch die flammende Lichtreklame eines Großstadtplatzes, in Schatten versinkt, sobald der Morgen kommt und das Tageslicht hereinflutet, so versank ihm aller Glanz der Welt, als der Auferstandene vor ihm wie eine Sonne aufging. Die Zeugen der Auferstehung hatten den Eindruck: Wir haben bisher noch gar nicht gewußt, was Leben und was Leiblichkeit ist“ (K. Heim, Jesus der Weltvollender 3. Aufl. S. 182).

sche, vom eigenen **Ich fortdrängende** Verlangen hin zu Ihm, zu Ihm, das durch die Sätze unseres Textes glüht, dieses „in Christus", „mit Christus", „für Christus" (vgl. o. z. 1, 29) haben wir allzuwenig aus dem Neuen Testament aufgenommen. Darum ist die evangelische Christenheit auch so matt und ohne Kraft und ohne Sieg. Bei Paulus aber geht es ohne Pause und Themawechsel von der Bekehrung (Vers 7 u. 8) zur Rechtfertigung (Vers 9) und zur Heiligung (Vers 10) und zur Vollendung (Vers 11); und alles ist ein einziger einheitlicher Lebensvorgang, der in dem Wort „Christus gewinnen" zusammengefaßt werden kann. Der ganze Unterschied zwischen Paulus und uns wird besonders kraß deutlich in der Stellung zu den Christusleiden. Die „Teilhabe an Seinen Leiden" ist uns im besten Fall eine Last, der wir nicht geradezu ausweichen; der normale und erwünschte Zustand ist uns aber, daß wir als Gemeinde und als einzelne frei von Leiden für Jesus sind und in Ruhe und Glück die Früchte Seines Leidens genießen können. Paulus aber sah in der „Teilhabe an Seinen Leiden" etwas, was er genau ebenso als ein hohes Gut begehrte wie die „Kraft Seiner Auferstehung". Er hat auch hier nicht an „Kreuzes**theologie**", sondern an reale Teilhaberschaft gedacht. Im Blick auf 1 Ko 10, 16, wo die Abendmahlsfeier als „Teilhabe" an Blut und Leib des Christus beschrieben wird, könnte man geradezu von einer „Realpräsenz" der Christusleiden[52] im Leben der Glaubenden sprechen.

Die Realität der Leidensteilhabe wird durch den Zusatz unterstrichen: **„indem ich Seinem Tode gleichgestaltet werde".** Während der natürliche Mensch in dieser Welt leben und gedeihen und zur Geltung kommen will, ersehnt Paulus eine Existenz, die ihn in dieser Welt zum Verachteten, Bedrängten und Sterbenden macht. Das Wort seines Herrn Jesus vom „Verlieren des Lebens" ist in ihm zur Tat und Wahrheit geworden. In zwei Briefen hat er mit den Korinthern darum gerungen, daß sie begreifen, wie sein Weg durch immer neue Gefahren, Mißhandlungen, Verhaftungen und Entehrungen seine Bevollmächtigung als Apostel nicht aufhebt, sondern gerade bestätigt. Er rühmt sich am liebsten seiner „Schwachheit", nicht seiner wunderbaren Erlebnisse (2 Ko 12, 9. 10), und das eben heißt, er rühmt sich „allein des Kreuzes unseres Herrn Jesu Christi, durch welchen mir die Welt gekreuzigt ist und ich der Welt" (Gal 6, 14). Diese Gleichgestaltung mit dem Tod Jesu ist ihm nicht ein Unglück, dem er möglichst auszuweichen sucht, sondern das Ziel seines Lebens. Die Vollmacht der Gemeinde und des einzelnen zur Verkündigung der Chri-

[52] Anm. Dabei geht es immer um „seine Leiden", um Leiden, die aus der Zugehörigkeit zu Jesus und aus dem Dienst für Ihn entstehen. Das von Luther meist mit „Trübsal" übersetzte Wort „thlipsis" meint immer solche Drangsale um Jesu willen. Wir waren der Sache so fern, daß wir ohne Ahnung von dem wahren Tatbestand in die neutestamentlichen Worte über „Trübsal" einfach die Schmerzen und Nöte mit hineinlasen, die der Christ mit aller Kreatur teilt. Auf diese „bürgerlichen" Leiden fällt aber im Neuen Testament kein Blick. Auch die schwere Erkrankung des Epaphroditus in 2, 27 ff. war nur deshalb bedeutsam, weil Epaphroditus „um des Werkes Christi willen dem Tode so nahe kam".

stusbotschaft wird mit davon abhängen, ob wir Paulus in diesem Punkt wieder zu verstehen und nachzuleben beginnen.

Paulus sucht diese Teilhabe am Leiden und Sterben des Christus mit dem Ziel, **„ob ich wohl hingelange zur Ausauferstehung, der aus den Toten“.** Denn der kommende Äon, der Äon der Auferstehung, hat in dieser gegenwärtigen Weltzeit seine kontradiktorische Entsprechung. „Das ist gewißlich wahr: Sterben wir mit, so werden wir mit leben; dulden wir, so werden wir mit herrschen“ (2 Tim 2, 11. 12). Die göttliche Weisheit kann sich in diesem Äon nur als „Torheit“, die göttliche Kraft nur als „Schwachheit“, die göttliche Herrlichkeit nur als „Kreuz“ manifestieren. Auf den kommenden, alles total umkehrenden Äon aber ist der ganze Blick des Apostels gerichtet.

Aber nicht nur auf diesen Äon als ganzen. Paulus hat ein besonderes Ziel, das er als **„Ausauferstehung aus den Toten“** formuliert. Einige Theologen erklären, diese Formulierung habe nichts zu sagen und bedeute nicht mehr als „Auferstehung der Toten“. Aber warum sagte Paulus dann nicht einfach so? Vor allem aber: zur „Auferstehung der Toten“ gelangen a l l e Menschen, auch die, die ihr brennend gern entgehen möchten, um nicht vor dem großen weißen Thron (Offb 20, 11) stehen und Dem begegnen zu müssen, vor Dessen Angesicht Himmel und Erde „fliehen“. Nach dieser allgemeinen Auferstehung hätte Paulus sich nicht besonders auszustrecken gebraucht. Aber Paulus spricht hier deutlich von einer Auferstehung, die nicht alle Toten umfaßt, sondern die aus der Schar der Toten herausführt. Von ihr hat er auch 1 Ko 15, 23 kurz aber unmißverständlich genug gesprochen. Wir dürfen uns von der kirchlichen Tradition, die schon im Apostolikum die reiche und vielgestaltige Endgeschichte, wie die Schrift sie uns zeigt, in ein einziges Ereignis („von dannen Er kommen wird, zu richten die Lebendigen und die Toten“) zusammenpreßt, nicht den Blick für die biblischen Aussagen blenden lassen. Die knappe Aussage von 1 Ko 15, 23: „danach die Christus angehören bei Seiner Parusie“ hat Paulus selber in 1 Th 4, 13–18 so anschaulich, wie das bei solchen, alle menschliche Anschauung überragenden Ereignissen möglich ist, näher ausgeführt. Wenn nach der Ankündigung Jesu (Mt 24, 31. 40. 41) die Engel mit hellen Posaunen die Auserwählten von einem Ende des Himmels bis zum andern sammeln, dann will Paulus nicht zu denen gehören, die „zurückgelassen“ werden, sondern zu denen, die „imstande sind, zu entfliehen dem allen, was geschehen soll, und zu stehen vor dem Menschensohn“ (Lk 21, 36).

Aber – ist denn das für Paulus noch irgendwie unsicher? Warum denn dieser merkwürdig zaghafte Ausdruck: **„ob ich wohl hingelange ...?“** In 1 Ko 15, 23 hat Paulus doch selbst diese Ausauferstehung allen zugesprochen, „die Christus angehören“? Auch in 1 Th 4, 13–18 ist doch nicht die geringste Ungewißheit zu spüren, und er rechnet sich zu denen, die bei der Parusie noch leben und nun verwandelt werden, einfach mit dazu? Ist diese „Ausauferstehung aus den Toten“ hier noch etwas anderes, etwa eine sofortige Auferstehung besonderer Märtyrer? So meint es Lohmeyer. Aber von solchen Gedanken finden wir bei Paulus sonst nichts; auch an unserer Stelle ist davon nichts angedeutet. Ein so gründlicher Ausleger wie Ewald hat darum unsern Vers lieber mit Eph 5, 14 und Rö 6, 13 in Zusammenhang bringen und die „Ausauferstehung aus den Toten" als geistlichen Vorgang in der Gegenwart verstehen wollen. Jedoch wird dann das fragende „ob ich wohl ..." erst recht schwierig. Denn die römischen Christen sollen nach Rö 6, 13 nicht sehen, ob sie wohl zu solchem Auferstehungsleben gelangen, sondern sich als solche verhalten, die aus den Toten heraus zum Leben gelangt sind. Auch den Kolossern wird in 3, 1 *dieses* Auferstandensein einfach zugesprochen.

Nein, dies „ob ich wohl gelange zur Ausauferstehung aus den Toten" zeigt nur aufs neue, daß der Christ Paulus immer sehr anders ist als wir. Wo wir uns matt und zaghaft mit Halbheiten begnügen, da greift er mit Macht zu und macht über den Christenstand Aussagen, vor deren Größe und Gewißheit wir erschrecken. Aber da, wo wir meinen, es könne uns nicht fehlen, an der Ausauferstehung, Entrückung und Vollendung der Gemeinde hätten wir „selbstverständlich" teil, da hält er vor der unerhörten Größe dieses Geschehens ein und formuliert nicht: „damit ich dann natürlich zur Ausauferstehung gelange", sondern: „ob ich wohl hingelange zur Ausauferstehung". Das ist nicht Unsicherheit oder Zweifel, es ist ehrfürchtiges Staunen und ungekünstelte Demut. Es ist wie bei einem Kind vor Weihnachten: Das Kind weiß, daß die Weihnachtsstube sich öffnen, daß der Weihnachtsbaum brennen wird, und doch kann es nicht fassen, daß es alles wirklich wieder da sein wird: „ob ich es wohl wirklich wieder erleben werde?" Wenn Paulus von der Gemeinde spricht und sich einfach mit der Gemeinde zusammenschließt, dann schreibt er die ruhigen bestimmten Aussagesätze: „Wir werden ..." Aber wenn er für sich persönlich vorwärts blickt – und unsere Stelle ist von Anfang bis zum Ende persönliches Zeugnis –, dann kann und will er in dieser staunenden und ehrfürchtigen Haltung nur sagen: „ob ich wohl gelange ...".

Das Bild des Christen

Philipper 3, 12–14

Zu Vers 12:
24* Lk 13, 24
25* 1 Tim 6, 12
26* Apg 9, 6
Zu Vers 13:
27* Lk 9, 62

12 Nicht daß ich schon ergriffen hätte oder schon vollendet wäre, ich
jage aber nach, ob ich auch ergreife, auf Grund davon, daß ich
13 auch ergriffen wurde von Christus Jesus. * Brüder, ich für meine
Person denke von mir selber noch nicht, ergriffen zu haben. Eins
aber: was dahinten ist, vergesse ich, nach dem, was da vorn ist,

24* Lk 13, 24: Ringet danach, durch die enge Pforte einzugehen! Denn viele, sage Ich euch, werden hineinzukommen suchen und es nicht vermögen.

25* 1 Tim 6, 12: Kämpfe den guten Kampf des Glaubens, ergreife das ewige Leben, zu dem du berufen bist und für das du das herrliche Bekenntnis vor vielen Zeugen abgelegt hast.

14 strecke ich mich * und jage zielwärts auf den Siegespreis zu, [den Siegespreis] der himmlischen Berufung Gottes in Christus Jesus.

Zu Vers 14:
[28]* 1 Ko 9, 24
[29]* 2 Tim 4, 7
[30]* Hbr 3, 1

Paulus hat in einem mächtigen persönlichen Zeugnis seine Bekehrung und sein Christenleben geschildert. Nun unterstreicht er einen Grundzug darin, der eigentlich schon deutlich genug aus dieser Schilderung selbst hervortrat, von dem er aber ganz besonders will, daß er der Gemeinde auch für das eigene Christsein klar vor Augen stand. Wie sieht ein Christenleben aus?

Wenn wir einen heutigen Künstler bitten würden, uns eine sinnbildliche Gestalt zu zeichnen, die „den Christen" darstellt – welche Gestalt würde der Künstler wählen? Welchen Eindruck hat er vom „Wesen" der Christen heute? Vielleicht würde er den „Hörer" malen oder eine Frau, die mit gefalteten Händen vor einer aufgeschlagenen Bibel sitzt.

Auf e i n Bild aber würde er bei unserm Anblick schwerlich kommen, das doch für Paulus das eigentlich zutreffende Bild eines „Christen" ist: die Gestalt des Sportmannes im Stadion! Paulus selbst sah sich in diesem Bild! Jede Auslegung und Verwertung unseres Abschnitts hat also so zu geschehen, daß dieses Bild des Christen dadurch deutlich wird.

Die erste und entscheidende Frage ist dabei die, wo der eigentliche Tenor der Sätze liegt? Offenbar nicht da, wo man ihn aus verständlichen Gründen der theologischen und kirchlichen Polemik gern gesucht hat: bei der Feststellung der Unfertigkeit des Christen. Im evangelischen Christentum lebt die große Sorge vor dem „Hochmut". Die stets intensive Betrachtung unseres Elends und unserer völligen Unzulänglichkeit schien notwendig zu sein, damit die Gnade als notwendig geschätzt und begehrt würde und von jedem „Verdienstgedanken" frei blieb. Darum argwöhnt man hinter jeder frohen Gewißheit Hochmut und Pharisäismus und fürchtet in jedem Aufruf zum Einsatz der Kraft und zur wirklichen Heiligung des Lebens „Perfektionismus". Da schienen die Worte des Paulus die willkommene Waffe zu sein: **„Nicht daß ich schon ergriff oder schon vollendet bin."** Aber damit hatte man es wieder einmal so gemacht, wie unsere böse Unart es gern tut: Man hatte die Hälfte eines Bibelwortes genommen, um daraus die handliche Waffe zu machen, die man dem theologischen oder kirchlichen Gegner über den Kopf schlug. Die andere Hälfte aber übersah man. Und doch ist diese zweite Hälfte erst diejenige, auf der für Paulus der eigentliche Ton liegt! Paulus

[26]* Apg 9, 6: Doch stehe auf und geh in die Stadt hinein: Dort wird dir gesagt werden, was du tun sollst!
[27]* Lk 9, 62: Da sagte Jesus zu ihm: „Niemand, der die Hand an den Pflug gelegt hat und dann rückwärts blickt, ist für das Reich Gottes tauglich."
[28]* 1 Ko 9, 24: Wißt ihr nicht, daß die, welche in der Rennbahn laufen, zwar alle laufen, daß aber nur einer den Siegespreis erhält? Lauft ihr nun in der Weise, daß ihr ihn erlangt!
[29]* 2 Tim 4, 7: Ich habe den guten Kampf gekämpft, habe den Lauf vollendet, den Glauben unverletzt bewahrt.
[30]* Hbr 3, 1: Darum, liebe Brüder, Genossen der himmlischen Berufung, richtet euer Augenmerk auf den Gottesboten und Hohenpriester unseres Bekenntnisses, auf Jesus.

formuliert ja nicht: „Zwar mühe ich mich und laufe, aber ich bin doch noch lange nicht am Ziel." Sein Gedankengang geht umgekehrt: „Zugestanden, daß ich auch von mir bekennen muß, noch lange nicht am Ziel zu sein, aber ich gleiche dem Wettläufer, der mit gesammelter Anstrengung zielwärts auf den Siegespreis zujagt!" Dieser Aufbau des Gedankens wird besonders deutlich durch das „Eins aber", das wie ein aufgehobener Finger ist: „Achtung! Jetzt kommt das Entscheidende!" Dieses Entscheidende aber ist das Nachjagen. Das ist der Grundzug im Christenleben, den er der Gemeinde einprägen will. Der Gegner ist nicht der „Perfektionismus", sondern der „Quietismus"[53].

Wir wissen nicht, ob Paulus im Blick auf bestimmte Züge im Gemeindeleben der Philipper oder auf Äußerungen, die er von ihnen hörte, in Sorge war, ob unsere Verse also einen bestimmten geschichtlichen Bezug haben. Aber das „quietistische" Mißverständnis lag bei der Botschaft des Paulus immer nahe. Wenn unser Ich die Peitsche des Gesetzes nicht mehr spürt, wenn es nicht mehr heißt: Du sollst! Du mußt! Du darfst nicht!, wenn ich wirklich alles geschenkt bekomme und nur im Glauben zu nehmen brauche — kann ich mich dann nicht zur Ruhe setzen? Habe ich „Christus gewonnen", ist dann nicht „alles gut"? Bin ich dann nicht gleichsam schon am Ziel, habe alles, was ich brauche, und warte nur noch, bis die Wiederkunft des Herrn alles vollendet? In welch erschreckendem Maß hat in der Tat die Lehre von der „Rechtfertigung ohne Werke allein durch den Glauben" die evangelische Christenheit sicher und träge gemacht! Dafür haben dann Männer und Bewegungen, die mit Angst und Zorn diese verderbliche Trägheit sahen, wieder zum Stock des Gesetzes gegriffen und damit die Gemeinde erneut in Bewegung zu bringen versucht. Nur zu oft wurde daraus die ohnmächtige Kinderpeitsche idealistisch-christlicher Moral, die in der Predigt hübsch klatscht, aber im Ernst nichts ausrichtet: „der Christ müßte doch . . .! der Christ sollte doch . . .!" All demgegenüber stand Paulus vor der Aufgabe, ein falsches träges Fertigsein aus den Angeln zu heben, ohne die ganze herrliche Gewißheit zu zerstören, von der er eben selber Zeugnis abgelegt hat, und die Notwendigkeit des angespannten Einsatzes zu zeigen, ohne wieder unter das Gesetz mit seiner Treiberei zu geraten.

Dafür ist ihm das Bild des Sportsmannes hilfreich. Warum läuft der Mann dort im Stadion? Weil er „muß"? Weil einer mit der Peitsche hinter ihm steht? Nein, er tut es völlig freiwillig und doch mit Aufbietung all seiner Kraft! Wie kann das sein? Ihn treibt und hetzt nicht einer von hinten mit Befehlen, ihn lockt und zieht von vorn der Siegespreis. So ist der Christ! Dies Bild lag der Sache nach schon in der ganzen persönlichen Schilderung des Paulus von seinem eigenen Leben. Wer nur ein wenig lesen kann, der spürt in den Versen 7–11

[53] Anm. „Quietismus" ist abgeleitet von dem lateinischen Wort „quies" = „Ruhe". Mit „Quietismus" kennzeichnet man also die Neigung zur vorschnellen Beruhigung und Lässigkeit.

dieses stürmische Vorwärts! Weiter! Mehr!, diesen unaufhaltsamen Lauf, der doch etwas völlig anderes ist als alles ruhelose Ringen unter dem Gesetz. Nun hebt Paulus das Bild noch einmal ausdrücklich hervor.

Was bringt den Christen in Bewegung? Nicht ein „Gesetz" mit Befehlen und Drohungen. Er ist „in Christus" und hat „Christus gewonnen". Aber dieser Christus in Seiner Herrlichkeit ist nie von uns schon „ergriffen", wir sind nie „vollendet" und ganz „in Ihm". Wohl gibt es – Gott sei Lob und Dank! – etwas völlig Gewisses und Unwandelbares. Das ist nicht unser Griff nach Jesus, sondern Jesu Griff nach uns![54] Wir sind „von Christus Jesus ergriffen" schon am Kreuz, wo Er die Hand rettend nach uns ausstreckte. Und dieses Kreuzeswerk kam in unserem Leben zum aktuellen Vollzug, als in der Zeit unserer Erweckung und Bekehrung Jesus uns ganz persönlich ergriff und überwand und zu Seinem Eigentum machte. Das ist die unerschütterliche und vollendete Basis: „Ich wurde ergriffen von Christus Jesus." Aber **„auf Grund"** dieser felsenfesten Tatsache geht nun durch das Christenleben die unaufhörliche Bewegung des Ergreifens. Wunderbar und für uns reformatorisch erzogene Menschen erstaunlich: der Grund der Bewegung ist hier nicht unser Elend, unser Versagen, unser Mangel als solcher, sondern die Größe und Fülle des großen Gegenüber, nach dem wir greifen. Hier sind wir noch ganz anders als bei unserer gewohnten Betrachtungsweise los vom Ich und seinen „Bedürfnissen", in unaufhörlicher Bewegung, nicht weil wir so sehr sehen, was uns fehlt, sondern weil wir in Liebe und Dank sehen, wieviel mehr noch in Jesus zu finden und zu nehmen ist.

Nicht eigentlich der eigene Mangel und die eigene Sündhaftigkeit setzt den Christen in Bewegung – dann wäre sein Leben im Grunde noch ganz ichbestimmt –, sondern **„der Siegespreis der himmlischen Berufung Gottes in Christus Jesus"**. „Berufung" ist eines der biblischen Grundworte. Mit der „Berufung Abrahams" beginnt die eigentliche Geschichte des Alten Bundes. Abraham wandert aus seiner Heimat, nicht weil er es dort so schlecht hatte, sondern weil diese geheimnisvolle Berufung von Gott ihn in ein unbekanntes Land zog. Diese Art aber hat Gottes Berufen auch im Neuen Bund. Die „himmlische Berufung" (Hbr 3, 1)[55] ruft zu einem Erbe, das uns irdischen Menschen „unbekannt" ist und nur von unserm „Hoffen" erfaßt werden kann (Eph 1, 18; 4, 4; 2 Tim 1, 9; 2 Pt 1, 10). Sie kümmert sich nicht um menschliche Größe oder Eignung, sondern wählt gerade das, was unedel, verachtet und nichts ist (1 Ko 1, 26 ff). Es ist zuletzt Gott sel-

[54] Anm. Diese tiefe Wendung, daß unser „ergreifen" vielmehr ein „ergriffen sein" ist, daß unser „Aktiv" immer auf einem von Gott gewirkten „Passiv" ruht, hat Paulus mehrfach gebraucht: 1 Ko 8, 3; 13, 12; Gal 4, 9; Kol 2, 11; der Sache nach lag sie auch in 2, 12. 13 unseres Briefes.

[55] Anm. In unserm Text steht wörtlich nicht die „himmlische", sondern „die droben Berufung". Es ist die Berufung, deren Inhalt „droben" liegt. Es ist das gleiche „droben", das auch in der bekannten Stelle Kol 3, 1 und 2 steht. In Angleichung an Hbr 3, 1 ist das Wort auch hier als „himmlische Berufung" übersetzt, da der griechische Wortlaut für uns nicht genau wiederzugeben ist.

ber das Subjekt der Bewegung, in die ein Mensch da versetzt wird. Und dadurch unterscheidet sich **diese** Bewegung von allem eigenen menschlichen „Rennen und Laufen". Darum läßt Paulus nicht nur den Siegespreis als solchen den Christen locken, das könnte noch wieder „gesetzlich" verstanden werden. Um den Siegespreis der „eigenen Gerechtigkeit" lief auch ein Saul von Tarsus. Darum durchbricht und überschreitet Paulus hier das Bild aus dem Sport und bildet das Wort von dem Siegespreis der himmlischen Berufung. Er hat es erlebt – und er weiß diese Erfahrung in jedem wirklichen Christenleben –, wie die Berufung Gottes in Jesus in sein Leben, in sein eigenes stürmisches Rennen eingriff und ihm den Anstoß zu einer ganz anderen Bewegung gab, die er zu ergreifen suchte.

So ist in diesem Bild tatsächlich beides geeint: freie Gnade und äußerster eigener Einsatz. Daß Gott mich „beruft", ist Sein Gnadenwille. Der „Siegespreis" ist reines Geschenk. Keiner von uns machte sich „von selber" zu Gott auf; Gott allein rief ihn aus Todesschlaf und Verlorenheit. Keiner stellt den Siegespreis selbst her; Gott allein reicht ihn dar. Hier gilt alles, was wir in der Theologie je von der Alleinwirksamkeit Gottes und von der Majestät des freien Erbarmens gesagt haben. Aber: diesen Siegespreis erlangen wir dennoch nicht, wenn wir am Rande des Stadions sitzen bleiben und über ihn nachdenken oder zutreffende Aussagen über ihn machen. Wir werden auch nicht in einem Gnadenauto zu ihm hingefahren. Wir müssen nach ihm „jagen" mit dem Einsatz aller Kraft. So sagt es jedenfalls der Apostel Paulus. Daß wir rückblickend auch in diesem „Jagen" Gottes Gnade und Treue am Werk sehen und am Ziel nur noch „Alles war Gnade!" ausrufen werden, steht auf einem andern Blatt und darf uns an unserm Einsatz keinen Augenblick hindern. „Wer auch läuft / und läuft zu schlecht, / der versäumt sein Kronenrecht" u n d „Dort wird's tönen / bei dem Krönen: / Gott ist's, der es schafft" – beides ist in gleicher Weise das Zeugnis der Schrift wie der Glaubenserfahrung.

Der Läufer ist nicht am Ziel. Eben darum läuft er mit Aufbietung aller Kraft. Er hat dabei keine Zeit, rückwärts zu blicken und die schon zurückgelegte Strecke abzumessen. **„Was dahinten ist, vergesse ich."** Paulus hat mit diesen Worten nicht das dankende Zurückdenken verurteilt. Er fordert die Gemeinde oft und mit solchem Ernst zum Danken auf. Danken aber schließt immer das „Vergiß nicht, was Er dir Gutes getan hat" ein. Paulus hat ja auch eben erst rückwärts gesehen und sein Leben vor und nach der Bekehrung geschildert. Nie „vergaß" er, was er als Verfolger der Gemeinde Jesu angetan. Nie „vergaß" er, wie Jesus in unbegreiflichem Erbarmen ihn, den Verfolger und Lästerer, ergriffen hatte. Wie liebevoll und dankbar schaut er im Anfang unseres Briefes auf alles zurück, was er mit den Philippern erlebte. Jetzt aber denkt er einfach im Bild des „Läufers", der sich nicht mit dem aufhalten kann, was hinter ihm liegt. Es ist dies Pauluswort eine lebendige Anwendung des Wortes Jesu:

„Wer seine Hand an den Pflug legt und siehet zurück, der ist nicht gschickt zum Reiche Gottes."

Nach vorn ist das Gesicht des Läufers gewendet. Dort steht der „Skopus"[56], das „Ziel", das erreicht, die Säule, die umrundet werden muß! Alle Aufmerksamkeit ist dorthin gerichtet damit der Lauf gelingt und der Preis errungen wird. „Nach dem, was da vorn ist, strecke ich mich und jage zielwärts." So sieht nach der Überzeugung des Paulus die Haltung einer Gemeinde (und im Zusammenhang damit auch die jedes einzelnen Christen) aus. Es ist die ernste Frage an die Christenheit von heute, ob davon noch etwas an ihr zu sehen ist?!

Wir müssen noch ein Mißverständnis abwehren, das sich an die Ausdrucksweise des Apostels gerade in Vers 14 heften kann. Hier scheint auch er die Sprache Platons zu sprechen. Das „vorn" scheint zugleich ein „Droben" zu sein, der „Himmel", dem wir zueilen sollen. Aber wie bezeichnend ist dem gegenüber, daß Paulus in Vers 11 für sich selbst als das ersehnte Ziel nicht den „Himmel" nennt, sondern die „Ausauferstehung aus den Toten"! Hätte er das „Droben", die „himmlische Berufung" als den „Himmel" verstanden, in dem für unsere „Seele" das letzte Ziel liegt, so hätte er notwendig in Vers 11 formulieren müssen: „ob ich wohl in den Himmel mit seiner Seligkeit und Herrlichkeit komme." Aber er bleibt im biblischen Zukunftsbild, wie uns das Ende des Kapitels noch einmal deutlich zeigen wird. Der „Siegespreis der himmlischen Berufung Gottes in Christus Jesus" ist nicht das „in den Himmel kommen", sondern ist die Teilnahme an der Ausauferstehung aus den Toten, an der Entrückung und Vollendung der Gemeinde in der endgültigen Vereinigung mit ihrem Haupt und von da aus die Teilnahme am Sturz des Antichristen, an der Regierung der Erde im „Königreich der Himmel", am Gericht über die Welt und über die Engel, am Wohnen im neuen Jerusalem auf der Neuen Erde! Wahrlich ein „Siegespreis", der eine glaubende Christenheit in die freiwilligste und mächtigste Bewegung bringen und ihr die Gestalt aufprägen muß, in der Paulus sie hier unter dem Bild des Wettläufers gesehen hat!

An dieser Hauptsache festhalten!

Philipper 3, 15. 16

15 Wie viele nun „Vollkommene" sind, auf dies wollen wir bedacht
sein. Und wenn ihr in etwas anders denkt, auch dies wird Gott
16 euch offenbaren. * Nur: wozu wir gelangt sind, an demselben auch
halten!

Zu Vers 15:
31* 1 Ko 2, 6; 14, 20
Zu Vers 16:
32* Gal 6, 16
33* Rö 15, 5. 6

[56] Anm. Das Wort „skópos" hängt mit „skopein" = „sehen, blicken" (Mikro„skop") zusammen. In der griechischen Bezeichnung des „Zieles" ist also die unverwandte Richtung des Blickes schon mit enthalten, die auch in unserm deutschen „zielen" liegt. Das Ziel ist der „Blickpunkt".

31* 1 Ko 2, 6: Was wir aber vortragen, ist dennoch Weisheit — bei den Vollkommenen, jedoch nicht die Weisheit dieser Weltzeit, auch nicht die der Machthaber dieser Weltzeit, die dem Untergang verfallen.

Die Übersetzung sucht die Kürze der Ausdrücke spürbar zu machen, die das völlige Verständnis erschwert. Kein Wunder, daß besonders der kurze Schlußsatz eine Fülle von Lesarten in den Handschriften hervorgerufen hat, die alle als Verdeutlichung oder Erklärung der knappen ursprünglichen Worte angesehen werden müssen.

Von „Vollkommenen“ hat Paulus auch 1 Ko 2, 3; 14, 20; Kol 1, 28 gesprochen. „Téleios“ war in dem damals weitverbreiteten Mysterienkulten ein Fachwort, um den zu bezeichnen, der alle Weihen durchlaufen hatte. Es ist möglich, daß dieser besonders geprägte Sprachgebrauch mitklingt, wenn in Gemeinden des hellenistischen Gebiets von „Vollkommenen“ gesprochen wurde. Aber es wäre töricht, wenn wir daraus für den **Inhalt** des Begriffes im Munde des Paulus irgend etwas ableiten wollten. Solche besonders „Eingeweihte“ gab es in der Gemeinde Jesu gerade **nicht!** Paulus könnte das Mysterienwort nur in Anführungszeichen gebraucht haben, um ihm inhaltlich gerade einen ganz andern Sinn zu geben. Jawohl, auch bei uns Christen gibt es „Eingeweihte“, aber das sind bei uns die, die in diesem unermüdlichen Glaubenslauf zum Siegespreis der himmlischen Berufung begriffen sind! Viel näher aber liegt es, daran zu denken, daß die biblische Sprache den Begriff des „téleios“ auch da kennt, wo von irgendeiner Berührung mit dem Mysterienwesen sicher keine Rede sein kann: Mt 5, 48; 19, 21; Jak 1, 4; 3, 2; Hbr 5, 14. Auch wenn das Wort „vollkommen“ im Raum der Mysterien einen besonderen Sinn bekam, so behielt es doch selbstverständlich im allgemeinen Sprachgebrauch seine einfache Grundbedeutung, deren spezielles Verständnis sich aus dem jeweiligen Textzusammenhang ergeben muß. Wenn der ganze bisherige Abschnitt gegen das mögliche oder bereits drohende Eindringen judaistischer Anschauungen auch in Philippi gerichtet ist, dann haben wir daran zu denken, daß die judaistische Propaganda – wie es im Kolosserbrief besonders deutlich wird – mit der Behauptung arbeitete, der bloße Glaube an Jesus sei nur eine Anfangsstufe, über die hinaus es durch tiefere Erkenntnisse und durch eine am Gesetz orientierte „Heiligung“ zu einem „vollkommenen“ Christenstand gehen müsse. Das ist übrigens bis heute der Grundzug in der Propaganda jeder Sekte: Euer Glaube ist ganz schön und gut, aber „vollkommen“ wird er erst, wenn ihr den Sabbat haltet, wenn ihr euch durch unsere Apostel versiegeln laßt, wenn ihr die anthroposophischen Erkenntnisse höherer Welten hinzunehmt usw. Demgegenüber sagt Paulus, daß wahrlich auch er keine unreifen und halben Christen wolle, sondern ganze und „vollkommene“. Aber die

1 Ko 14, 20: Liebe Brüder, zeigt euch nicht als Kinder in der Urteilskraft! Nein, in der Bosheit sollt ihr Kinder sein, aber hinsichtlich der Urteilskraft zeigt euch als Erwachsene.

[32*] Gal 6, 16: . . . und alle, die nach dieser Richtschnur wandeln werden: — über die komme Friede und Erbarmen, nämlich über das Israel Gottes!

[33*] Rö 15, 5. 6: Der Gott aber, von dem standhaftes Ausharren und Trost kommen, möge euch dazu verhelfen, einen einträchtigen Sinn untereinander nach der Weise Christi Jesu zu besitzen, * damit ihr einmütig mit einem Munde den Gott und Vater unsers Herrn Jesus Christus preisen könnt.

echte Ganzheit und „Vollkommenheit" des Christen besteht gerade darin, daß er nicht rasch „fertig" („vollendet") zu sein meint, nicht rasch „genug hat" („ergriffen hat"), nicht rasch sich zur Ruhe setzt, sondern in der Unermüdlichkeit des Laufens zum Ziel, in der freudigen Unermüdlichkeit immer neuen „Erkennens" des Christus und der Kraft Seiner Auferstehung und der Teilhabe an Seinen Leiden beharrt. Also gerade **„wie viele Vollkommene sind, auf dies wollen wir bedacht sein"**. Auf **„dies"**, nämlich auf das „Vergessen was da hinten ist", auf das „Sich ausstrecken nach dem, was da vorn ist", auf dies „Zielwärts jagen auf den Siegespreis zu". Paulus hat dabei – sei es ganz bewußt, sei es unwillkürlich von der Sache her – das „teteleiomai" = „ich bin vollendet" und das „téleios" = „vollkommen" einander gegenüber gestellt. „Fertige" Christen gibt es nicht: „ganze Christen" darf und soll es geben!

Im folgenden Satz dürfen wir das kleine Wörtchen „ti" = „etwas" nicht übersehen. **„Wenn ihr in etwas anders denkt, auch** dies wird Gott euch offenbaren." Paulus kann nach der gewaltigen und eindringlichen Zeichnung des rechten Christenstandes[57] unmöglich erklären: Wenn ihr vom Christsein ganz anders urteilt, dann mag das erst einmal ruhig hingehen. Gott wird euch schon einmal Licht darüber geben. So hat er sich weder in Korinth noch in Galatien noch in Kolossä zu der Gefährdung der Gemeinden durch falsche Anschauungen gestellt! Wie sollte er es bei den geliebten Philippern auf einmal tun! Es findet sich im Brief auch nirgends ein Anzeichen dafür, daß die Gemeinde dort bereits wesentlich abweichende Auffassungen vom Christentum hatte. Nein, bei dem „anders denken" handelt es sich wirklich nur um „etwas", um dies und jenes Nebensächlichere. Als Beispiel könnten wir etwa an 1 Ko 7, 25. 40 denken. Paulus ist immer ein Mann der Freiheit, nicht der Uniformierung gewesen und hat selbst bei den heißesten Auseinandersetzungen (Galatien, Korinth) nicht einfach kommandiert, sondern um die eigene Einsicht der Gemeinden gerungen. Ist die Hauptsache gesichert, sind die Philipper „ganze Christen", die mit Paulus „auf dies bedacht" sind, dann mögen sie in manchen Punkten von Paulus abweichen. Darin kann er sie ruhig gehen lassen, bis Gott ihnen auch darüber Licht gibt.

Das ist ein wichtiges Wort auch für uns. Es gibt neben den großen und notwendigen Hauptlinien der Schrift manche biblischen Erkenntnisse, die wir keinem aufdrängen sollten. Ist das, was wir erkannten, wirklich „biblisch", wirklich göttliche Wahrheit und Weisung, so wird es sich dem andern zu seiner Zeit schon auftun. Wir dürfen einander viel Freiheit lassen und dadurch unnötige Spaltungen und Trennungen vermeiden.

„Nur: wozu wir gelangt sind, an demselben auch halten!". Manche

[57] Anm. Wie bezeichnend, daß wir gewöhnlich vom Christen„stand" reden, während es doch vielmehr nach Paulus um den Christen„lauf" geht!

Handschriften fügen zu „an demselben“ nach Gal 6, 16 noch das Wort „Kanon“ = „Richtschnur“, „Regel“ hinzu; sachlich sicher sinngemäß. Ob man in dem Tätigkeitswort „stoichein“ mehr das „festhalten“ oder mehr das „einhertreten“ heraushört, ändert auch am Inhalt der Aussage nicht allzu viel. Es wird sich jedenfalls in dem kurzen Sätzchen wieder nicht um wesentliche Dinge grundsätzlicher Erkenntnis handeln. Davon hätte Paulus nicht mit einer so kurz hingeworfenen Bemerkung gesprochen. Das Sätzchen muß sich auch an die vorhergehende Aussage anschließen. Bleiben die Philipper als „ganze Christen“ nur im angespannten Lauf zielwärts zum Siegespreis, dann mögen sie im Gemeindeleben und im Verhalten des einzelnen Christen manches anders ordnen, als Paulus es tun würde. Sie sollen darin Freiheit haben, bis Gott selbst es ihnen anders zeigt. Nur freilich, was als Aufbau der Gemeinde einmal erreicht war, dahinter dürfen sie nicht wieder zurück, das muß einmütig festgehalten werden! Das „an **demselben**“ ist betont. Es geht hier wie oben 2, 2 und wie Gal 6, 16; 1 Ko 1, 10 und auch 1 Pt 3, 8 um die Einheit und Einmütigkeit im Gemeindeleben. Gerade bei dieser im Kampf stehenden Gemeinde (1, 17–30), die ihren Apostel Paulus vielleicht bald verlieren wird (2, 17), liegt an der Geschlossenheit und Eintracht so viel. Darum müssen sie schon „auf Vordermann gehen“, wie man hier auch übersetzen könnte, auch wenn in manchen Punkten bei ihnen verschieden gedacht wird.

Es geht um den rechten Wandel!

Philipper 3, 17–4, 1

Zu Vers 17:
[34]* 1 Ko 11, 1
[35]* 1 Th 1, 7
[36]* 2 Th 3, 9
[37]* Tit 2, 7
[38]* 1 Pt 5, 3
Zu Vers 18:
[39]* Gal 5, 11; 6, 12
[40]* 1 Ko 1, 23

17 Ahmt mir mit den andern zusammen nach, Brüder, und blickt
18 auf die, die so wandeln, wie ihr habt als Typus uns! * Denn viele
wandeln, von denen ich oft mit euch sprach, jetzt aber sogar mit
19 Tränen spreche: die Feinde des Kreuzes des Christus, * deren
Ende Verderben, deren Gott der Bauch und deren Ehre in ihrer
20 Schande, die auf das Irdische bedacht sind. *Denn u n s e r Bürger-
tum ist in den Himmeln, von wo wir auch als Retter sehnlich er-
21 warten den Herren Jesus Christus, * der umwandeln wird den
Leib unserer Niedrigkeit (oder: Erniedrigung) gleichgestaltet dem

[34]* 1 Ko 11, 1: Nehmt mich zum Vorbild, gleichwie ich meinerseits dem Vorbild Christi nachfolge!
[35]* 1 Th 1, 7: . . . so daß ihr für alle Gläubigen in Mazedonien und Achaja vorbildlich geworden seid.
[36]* 2 Th 3, 9: . . . nicht als ob wir nicht das Recht dazu hätten, nein, wir wollten euch an uns ein Vorbild geben, damit ihr uns nachfolgen solltet.
[37]* Tit 2, 7: . . . und biete dich selbst ihnen in jeder Beziehung als Vorbild guter Werke dar. In der Lehre beweise Unverfälschtheit, würdevollen Ernst.
[38]* 1 Pt 5, 3: . . . auch nicht als Gewaltherrscher über die euch anvertrauten (Gemeinden), sondern als Vorbilder für die Herde.
[39]* Gal 5, 11: Was mich aber betrifft, liebe Brüder: — wenn ich wirklich noch die Beschneidung predige, warum verfolgt man mich da noch? Dann ist ja das Ärgernis des Kreuzes aus der Welt geschafft!
Gal 6, 12: . . . solche, die im Fleische etwas Besonderes vorstellen wollen, suchen euch die Beschneidung aufzunötigen, lediglich um nicht wegen des Kreuzes Christi Verfolgungen zu erleiden.

Leib Seiner Herrlichkeit, nach der Wirkungsmacht, die Ihn befähigt, sich auch alles (oder: das All) zu unterwerfen.

4, 1 Also, meine geliebten und ersehnten Brüder, meine Freude und mein Kranz: in solcher Weise steht fest im Herrn, ihr Geliebten!

Auch in diesem Abschnitt geht es um das, was in der ersten Christenheit und auch in den Augen des Apostels der „Rechtfertigung" ganz anders wichtig war, als es uns evangelischen Christen meist ist: um den W a n d e l, um das tatsächlich gelebte Christentum. Besonders in den deutschen Kirchen hat der eigentümlich akademische Zug, der ihnen durch die Rolle der Theologie und der Universitäten in der Reformationszeit aufgeprägt wurde, dazu geführt, daß das Christsein im Besitz richtiger Erkenntnisse fast aufzugehen schien. So blieb das wirkliche Leben – unter der Vorherrschaft der zehn Gebote statt der neutestamentlichen Weisungen – rasch der bürgerlichen Moral überlassen, wozu die einseitige Hervorkehrung der „Berufsethik" noch das ihrige tat. Wie geht es dagegen im Philipperbrief fort und fort um eben dieses wirkliche Leben! Wie wenig „Dogmatik" haben wir in diesem Brief. Und wo wir sie haben: 2, 5–11; 3, 2–11, da steht sie völlig im Dienst der Praxis, der tatsächlichen Lebensgestaltung. „Dogmatik" und „Ethik" ist unlöslich miteinander verklammert, aber deutlich so, daß das Schwergewicht auf der „Ethik" ruht.

Aber nachdem in allem Bisherigen die Grundzüge des rechten Wandels mächtig aufgezeigt wurden, gibt Paulus der Gemeinde nun nicht als Richtschnur ein kleines Kompendium der christlichen Ethik mit seinen Paragraphen, sondern Personen als anschauliches und lebendiges Beispiel: „Blickt auf die, die so wandeln ...!" Wieder scheint uns damit unsere ganze „reformatorische" Haltung bedroht. Dürfen

Zu Vers 19:
[41*] Rö 16, 18
[42*] 2 Tim 3, 4
[43*] Kol 3, 2

Zu Vers 20:
[44*] Eph 2, 6
[45*] Kol 3, 1
[46*] Hbr 9, 28; 12, 22
[47*] 1 Ko 1, 7
[48*] Tit 2, 13

Zu Vers 21:
[49*] 1 Ko 15, 43. 49. 53
[50*] Rö 8, 29
[51*] Hbr 2, 6-8
[52*] 1 Jo 3, 2
[53*] 1 Ko 15, 27

Zu Vers 1:
[1*] **2 Ko 1, 14**
[2*] **Phil 1, 18**
[3*] **1 Th 2, 19. 20**

[40*] 1 Ko 1, 23: ... verkünden wir dagegen Christus als den Gekreuzigten, der für die Juden ein Ärgernis und für die Heiden eine Torheit ist.

[41*] Rö 16, 18: ... denn solche Menschen dienen nicht unserm Herrn Christus, sondern ihrem Bauche und betören durch ihre schön klingenden Reden und glatten Worte die Herzen der Arglosen.

[42*] 2 Tim 3, 4: ... verräterisch, leichtfertig und dünkelhaft, mehr dem Genuß als der Liebe zu Gott ergeben.

[43*] Kol 3, 2: Trachtet nach dem, was droben ist, nicht nach dem, was auf Erden ist.

[44*] Eph 2, 6: ... und hat uns in Christus Jesus mitauferweckt und mit Ihm in die Himmelswelt versetzt.

[45*] Kol 3, 1: Seid ihr also mit Christus auferweckt worden, so suchet das, was droben ist, dort, wo Christus weilt, indem Er zur Rechten Gottes thront!

[46*] Hbr 9, 28: ... ebenso wird auch Christus, nachdem Er ein einziges Mal als Opfer dargebracht worden ist, um die Sünden vieler wegzunehmen, zum zweitenmal ohne Sünde denen, die auf Ihn warten, zum Heil erscheinen.

Hbr 12, 22: Nein, ihr seid zu dem Berge Zion und zur Stadt des lebendigen Gottes, dem himmlischen Jerusalem, herangetreten und zu vielen Tausenden von Engeln, zu einer Festversammlung.

[47*] 1 Ko 1, 7: Ihr steht infolgedessen an keiner Gnadengabe zurück, während ihr auf die Offenbarung unseres Herrn Christus wartet.

[48*] Tit 2, 13: ... indem wir dabei auf unser seliges Hoffnungsamt und auf das Erscheinen der Herrlichkeit des großen Gottes und unsers Retters Christus Jesus warten.

[49*] 1 Ko 15, 43: ... es wird gesät in Unehre, auferweckt in Herrlichkeit; gesät wird in Schwachheit, auferweckt in Kraft. Vers 49: ... und wie wir das Bild des Irdischen an uns getragen haben, so werden wir auch das Bild des Himmlischen an uns tragen. Vers 53: Denn dieser vergängliche Leib muß die Unvergänglichkeit anziehen, und dieser sterbliche Leib muß die Unsterblichkeit anziehen.

denn arme, elende Sünder als Richtpunkt und Vorbild hingestellt werden? Muß das nicht zu Hochmut und Pharisäismus führen? Bleibt's nicht auch beim Christen, dem begnadigten Sünder, dabei, daß er alles immer nur falsch und schlecht machen kann? Und noch unmöglicher scheint es uns zu sein, daß Paulus dabei zuletzt sogar auf sich selbst verweist: **„Ahmt mir mit den andern zusammen nach; blickt auf die, die so wandeln, wie ihr habt als Typus uns!"** Aber wir können es nicht ändern, Paulus schrieb nun einmal so. Und wir müssen es zugestehen: auch in der heutigen Gemeinde sind die wenigsten Glieder Büchermenschen. Und Bücher, auch solche über den „Wandel", führen meist nicht über „Gedanken" und gedankliche Auseinandersetzungen hinaus. Aber unvergessen bleibt es dem Sohn bis ins Alter und bis in seine hohe Lebensstellung hinein, wie seine einfache Mutter „wandelte", wie sie glaubte, betete, handelte und litt. Wir brauchen es, daß der „Typus" eines Christen anschaulich vor uns steht. In unserer kompliziert gewordenen Welt wird nicht mehr die Predigt des Theologen, der stark in seinen speziellen Lebenskreis gebannt bleibt, sondern nur das „Vorbild" des christlichen Arbeiters dem Arbeiter, des christlichen Wirtschaftlers dem Kaufmann, des christlichen Politikers dem politischen Menschen zeigen können, wie man in all diesen schwierigen Verhältnissen als „Christ" zu stehen und zu leben vermag. Ganz gewiß, alle diese „Vorbilder" brauchen selbst wieder den „Typus", nach dem sie sich ausrichten. Darum hat der Heilige Geist Paulus in diesem Brief aufzeichnen lassen, wie sein Christwerden und sein Christenleben aussah. Paulus sagt es uns wie den Philippern: „Ahmt **mir** mit den andern zusammen nach!"

Das klare, ermunternde und festhaltende Vorbild ist um so nötiger, als sich in der Christenheit ganz andere Einflüsse geltend machen und eine ganz andere Lebensgestalt sichtbar wird. Mit sichtlicher Erregung und mit sehr schroffen Worten spricht Paulus davon. Seine Worte treffen uns unmittelbar mit großem Ernst. Und doch ist es

[50]* Rö 8, 29: Denn die, welche Er zuvor ersehen hat, die hat Er auch im voraus dazu bestimmt, dem Bilde Seines Sohnes gleichgestaltet zu werden: dieser sollte eben der Erstgeborene unter vielen Brüdern sein.

[51]* Hbr 2, 6—8: . . . vielmehr hat jemand an einer Stelle ausdrücklich bezeugt: „Was ist der Mensch, daß Du seiner gedenkst, oder des Menschen Sohn, daß Du Ihn beachtest? * Du hast Ihn für eine kurze Zeit unter die Engel erniedrigt, Ihn mit Herrlichkeit und Ehre gekrönt; * alles hast Du Ihm unter die Füße unterworfen; dadurch nämlich, daß Er „Ihm alles unterworfen hat", hat Er nichts von der Unterwerfung unter Ihn ausgenommen. Bisher nehmen wir allerdings noch nicht wahr, daß Ihm alles unterworfen ist.

[52]* 1 Jo 3, 2: Geliebte, jetzt sind wir Kinder Gottes, und es ist noch nicht offenbar geworden, was wir sein werden. Wir wissen jedoch, daß, wenn diese Offenbarung eintritt, wir Ihm gleich sein werden; denn wir werden Ihn sehen, wie Er ist.

[53]* 1 Ko 15, 27 . . . denn „ales hat Er Ihm unter die Füße gelegt". Wenn Er aber dann aussprechen wird: „Alles ist unterworfen!", so ist doch selbstverständlich der ausgenommen, der Ihm alles unterworfen hat.

[1]* 2 Ko 1, 14: . . . wie ihr uns ja, wenigstens zum Teil, schon verstanden habt, nämlich, daß wir euer Ruhm sind, ebenso wie ihr es für uns seid am Tage unseres Herrn Jesus.

[2]* Phil 1, 18: Doch was tut's? Wird doch in jedem Fall, mit oder ohne Hintergedanken, Christus verkündigt, und darüber freue ich mich.

[3]* 1 Th 2, 19. 20: Denn wer ist unsere Hoffnung, unsere Freude und unser Ruhmeskranz, wenn nicht auch ihr es seid, vor dem Angesicht unseres Herrn Jesus? * Ihr seid ja doch unser Ruhm und unsere Freude!

bei der Auslegung unserer Stelle gar nicht so einfach zu sagen, wen Paulus dabei eigentlich konkret vor Augen hat. Die Ausleger gehen hier weit auseinander.

Die einen sehen hier weiter von den „Judaisten" gesprochen. Nichts weise darauf hin, daß Paulus sich jetzt ganz andern Männern zuwende. Daß es damals schon „viele" gegeben habe, die mit einem ausgesprochen zügellosen Leben geprahlt und damit Eindruck auf die Gemeinden gemacht hätten, sei unwahrscheinlich. Die von Paulus gebrauchten Ausdrücke bekämen ihren prägnanten Sinn erst dann, wenn man sie auf die Judaisten beziehe. Sie seien „die Feinde des Kreuzes des Christus". Die Formulierung mit dem bestimmten Artikel meine nicht nur „kreuzesscheue" Leute, sondern sei viel grundsätzlicher ausgerichtet. So gehe es ja auch im Galaterbrief mit seinem Kampf gegen judaistische Verwirrung um die Geltung des Kreuzes (Gal 2, 21; 3, 1 ff; 5, 2; 5, 11; 6, 14). Daß „viele" Christen durch Völlerei ihren Bauch zum „Gott" machten oder in geschlechtlicher Ausschweifung ihre Ehre suchten, sei schwer vorzustellen. Wenn dagegen die Judaisten einen Hauptpunkt der ganzen Religion in der Einhaltung der Speisegesetze sahen, dann setzten sie in der Tat mit ihrer steten ängstlichen Aufmerksamkeit auf die Einhaltung dieser Vorschriften den Bauch an Gottes Stelle. Das meist mit „Schande" übersetzte Wort könne auch den Schamteil bezeichnen. In einer harten Ironie – die doch nicht härter sei als das Wortspiel „Zer"schneidung für „Be"schneidung und als das Scheltwort „Hunde" – weise Paulus darauf hin, wie hier die Operation am Schamteil des Menschen zu seiner „Ehre" werde. Auch der eigentliche Aussagesatz am Schluß: „die auf das Irdische bedacht sind" rede nicht, wie es „Libertinisten" gegenüber notwendig gewesen wäre, vom Bedachtsein auf „Fleischliches"; das werde vielmehr hervorgehoben, daß die Judaisten mit all ihrem religiösen Handeln im Raum des Irdischen steckenblieben. Vom „Ende" der Judaisten spreche Paulus auch 2 Ko 11, 15 mit drohendem Ernst.

Andere Ausleger wenden dagegen ein, daß sich Paulus mit solcher Zeichnung der judaistischen Gegner doch einer „frivolen Karikatur" schuldig machen würde, und wollen lieber dabei bleiben, daß Paulus in unserm Abschnitt von andern Männern als in 3, 2 ff. rede, von Heidenchristen, die für den im „Geist" lebenden Menschen die volle Freiheit auf den niederen und darum auch bedeutungslosen Lebensgebieten proklamieren.

Um den ungelösten Zwiespalt zwischen den bisherigen Auslegungen zu überwinden, hat Lohmeyer in unserer Stelle – im Zusammenhang mit seiner Gesamtauffassung des Briefes! – eine Brandmarkung der in der Verfolgung Abgefallenen nachzuweisen versucht. Aber von solchem Abfall ist gerade dort nichts zu merken, wo Paulus ausdrücklich von den Bedrängnissen der Gemeinde spricht (1, 27–30). Und wann sollte der Apostel „schon oft" von diesen Abgefallenen mit den Philippern gesprochen haben? Auch die Auslegung der von Paulus gebrauchten Ausdrücke führt bei dieser Deutung der Stelle keineswegs zu so prägnanten Ergebnissen, wie man sie der Deutung auf „Judaisten" immerhin zubilligen muß.

Wir werden darauf zu achten haben, daß der eigentliche Hauptsatz lautet: „Viele wandeln ... als die, die auf das Irdische bedacht sind." Alles andere ist ein eingeschobener Nebensatz, untergeordnet dem „von denen ich oft mit euch sprach als von den Feinden usw.". Es wird auch der „geschichtlichen" Auslegung nicht schaden, sondern nützen, wenn wir zum Verständnis des Hauptsatzes zunächst auf uns selber blicken. Wir alle wissen, wie mächtig „das Irdische" in seiner brutalen Wirklichkeit und seiner aufdringlichen Unentbehrlichkeit unser Herz in Angst und Lust auf sich zieht. Müssen wir nicht „auf das Irdische bedacht sein", für uns selbst, für unsere Kinder? Sind wir es nicht alle, wir Christen von heute? Wie wir irdisch durchkommen, wie wir auf Erden ein gutes und behagliches Leben gewinnen, wie es unsere Kinder auf dieser Welt zu etwas bringen – ist das nicht für uns der ausschlaggebende Gesichtspunkt? Und wenn wir es noch leugnen wollten, sehen wir es nicht sofort, sobald das „Irdische" für uns bedroht ist? Christentum ist schön und gut, wir möchten es nicht missen, aber **kosten** darf es nichts, jedenfalls nicht die Stellung, das Brot, die Zukunft unserer Kinder oder gar Freiheit und Leben!

Es ist kein Wunder, daß Paulus damals schon bei „vielen" diese Gefahr heraufziehen sah. „Sie suchen alle das Ihre, nicht das des Christus Jesus", so hatte er kurz vorher (2, 21) diktiert. Nur wer wirklich keinen Blick vom „Siegespreis der himmlischen Berufung Gottes" wandte und mit ganzem Einsatz zielwärts jagte und alles hinter sich vergaß, konnte dieser Gefahr entgehen. Die „vielen", die ihr erlagen, konnten sehr wohl auch „Judaisten" sein, die ihr irdisches Leben damit sicherten, daß sie sich mit dem Judentum auf guten Fuß stellten und so den Schutz der im Römischen Reich erlaubten jüdischen Religion genossen und von Verfolgungen frei blieben. Gerade so hat sie Paulus in Gal 6, 12 dargestellt. Von dort führt eine einfache Linie zu den Aussagen unsrer Stelle. Es konnten aber genau so gut Menschen des Griechentums sein, die nicht einsahen, warum man dem Leib nicht alles zugute kommen lassen und sich in dieser Welt möglichst gut einrichten sollte: kam es doch nur auf die „Seele" und ihre Verbindung mit Gott an! Wir wissen aus 1 Ko 6, 12 ff., wie Paulus in einer griechischen Hafenstadtgemeinde mit solchen Gedanken zu ringen hatte: „Alles ist erlaubt." In jener Zeit zahlloser Kulte, Religionen und Weltanschauungen und vieler Wanderprediger bestand auch die Gefahr, daß Menschen in den Gemeinden zum Einfluß kamen, die schön und fromm reden konnten, aber im Grunde nur einen bequemen Lebensunterhalt suchten. Vor solchen Menschen hat Paulus in Rö 16, 17. 18 mit ganz ähnlichen Worten wie in unserer Stelle gewarnt. Der Brief des Judas (Vers 12) zeichnet ihr Bild unverblümt. Auch an sie könnte Paulus hier denken. Ihre „Ehre", die sie bei den Gemeinden genießen, ruht auf dem, was ihre Schande ist: auf einer verlogenen und scheinheiligen Frömmigkeit und Tätigkeit.

Der Möglichkeiten geschichtlichen Einzelverständnisses sind also viele. Wenn aber Paulus hier nur allgemein von „vielen“ redet, ohne ihre nähere Kennzeichnung als „Judaisten“ oder „Libertinisten“, „Wanderprediger“ oder „Abgefallene“ zu geben, so werden wir gut tun, diese Unbestimmtheit stehen zu lassen. Das ist für unser eigenes Lesen des Briefes sehr heilsam! Wie leicht entziehen wir uns dem erschreckenden Ernst unserer Stelle, indem wir voll Eifer und Scharfsinn historisch die Schuldigen von damals ermitteln! Die „Judaisten“ sind hier gemeint – und „Judaisten“ sind wir ja doch nicht! Wenn Paulus „oft“ mit den Philippern von diesen „vielen“ gesprochen hat, dann sah er hier offenbar eine umfassende und allgemeine Gefährdung des Christentums, die auch ohne das Auftauchen einer bestimmten „Richtung“ auf mannigfaltige Weise in Philippi wie anderwärts Fuß fassen konnte. Wo immer das „Bedachtsein auf das Irdische“ begann, da hatte eine tödliche Erkrankung des Christenstandes eingesetzt. Gerade das, was Paulus als das „Wesen“ des Christentums vor die Philipper hingestellt hatte, dies „alles für Verlust halten um Jesu willen“, dies rücksichtslose „Jagen auf den Siegespreis der himmlischen Berufung zu“, wurde von dieser Erkrankung zerfressen. Darum konnte Paulus jetzt nur „mit Tränen“ davon reden. Es sind schwerlich Tränen des Mitleids mit den „vielen“; es sind Tränen des Jammers und des Zornes im Blick auf die Verwüstungen, die diese Aushöhlung des Christentums in den Gemeinden anrichtete. Wie merkwürdig, daß wir im evangelischen Christentum zwar mit leidenschaftlichem Eifer den Kampf um diese oder jene „Lehre“ geführt, um diese einen Paulus bis zu Tränen erschütternde Bedrohung des Christentums aber uns kaum gekümmert haben!

Dabei werden Christen, die „auf das Irdische bedacht sind“, notwendig zu **„den Feinden des Kreuzes des Christus“.** Auf die Hinzufügung des bestimmten Artikels werden wir nicht zuviel Gewicht legen dürfen, da sie bei der gegebenen Satzkonstruktion unvermeidlich war. Wir würden im Deutschen etwa sagen: „Viele wandeln ... Oft habe ich euch von ihnen gesagt ... von diesen Feinden des Kreuzes Christi, deren ...“ Es kennzeichnet wieder die Einseitigkeit unseres abendländischen Christentums, daß wir diesen Ausdruck selbstverständlich und sofort auf die Dinge der „Lehre“ bezogen und ihn etwa auf die Theologen der liberalen Schule angewandt haben. Aber das meint Paulus nicht in erster Linie. Eine „Kreuzestheologie“, die tröstet und beruhigt, einen Christus, der am Kreuz alles für uns getan hat, läßt sich der im Irdischen versinkende Christ recht gern gefallen! Paulus dagegen hatte ja von seinem Verlangen nach der „Teilhabe an Seinen Leiden“ gesprochen. Er sah das Kreuz, eben weil es das „des Christus“ war, mit tatsächlich tötender Macht über den Seinen stehen. Das Kreuz des Christus ist wirksames Gericht und von

Gott vollzogenes Todesurteil, das unser Fleisch gerichtet und getötet sein läßt, innerlich und bis in unsere äußere Lebensgestalt hinein (vgl. dazu 2 Ko 5, 14 ff.!). Dagegen lehnt sich jeder notwendig auf, der auf das Irdische bedacht ist. Das wird sich immer auch „theologisch" bemerkbar machen. Das wird sich an der Rolle zeigen, die man dieses Kreuz in der Verkündigung spielen läßt (Ist unsere Predigt noch „Wort vom Kreuz"?). Die „Feindschaft gegen das Kreuz" sitzt aber viel tiefer im Herzen und Wesen und bricht da auch unter der Decke einwandfreier Lehre hervor, wo das Kreuz unsere tatsächliche irdische Existenz angreift.

„Deren Ende Verderben" fährt Paulus fort. Das griechische Wort für „Ende" „télos" schließt immer den Gedanken des „Zieles" mit ein. Die irdisch Gesinnten „zielen" auf Leben und Gedeihen und merken nicht, daß dort am Ziel ihres Lebens in Wahrheit das Verderben steht. Sie erleben es: „Wer sein Leben erhalten will, der wird es verlieren" (Mt 16, 25). Wenn sie ihr und ihrer Kinder Leben von Jahr zu Jahr „gesichert" zu haben meinen, öffnet sich vor ihnen der entsetzliche Abgrund.

Wer anfängt, auf das Irdische bedacht zu sein, der macht notwendig den **„Bauch"** zum bestimmenden Faktor in allem, zu seinem **„Gott"**. Ist das zu hart gesagt? Aber prüfen wir einmal, wieviel Zeit wir für unsern Bauch haben und wieviel für Gott! Ungefrühstückt werden wir nie in den Tag hineingehen, aber ohne Gebet – wie oft! Wieviel Geld geben wir bereitwillig und selbstverständlich für die Bedürfnisse unseres Bauches aus und wie sparsam werden wir, wenn es um Gottes Sache geht. Und erscheint uns nicht die Not des Bauches viel dringender und unbedingter der Abhilfe bedürftig als die Not gottentfremdeter Herzen?

„Deren Ehre in ihrer Schande" besteht. Vielleicht denkt Paulus hier an Dinge, wie er sie in Korinth erlebte, wo man bei der Heirat zwischen Stiefsohn und Stiefmutter noch stolz auf diese Errungenschaft der „christlichen Freiheit" war, anstatt über diese Schande zu trauern (1 Ko 5, 1. 2). Wir unsererseits werden freilich meinen, uns treffe diese Kennzeichnung jedenfalls nicht mehr. Auch irdisch gesinnte Christen sähen doch nicht in schändlichen Dingen ihre Ehre, sondern lebten anständig und sauber. Aber Paulus ist auch hier der, der „auf das Unsichtbare sieht". Bei „Schande" muß er nicht an Dinge denken, die auch moralisch „schändlich" sind. Er hat vor Augen, welche „Beschämung", welches „Zuschandenwerden" viele vor Gottes Angesicht erwartet, die hier so unangefochten und geehrt durchs Leben kommen, weil sie ein „vernünftiges" Christentum haben, das „mit beiden Beinen auf der Erde bleibt". Wird nicht auch bei uns in Gottes Licht manches eine „Schande" sein, was wir recht wohlgefällig betrachten und bei uns und andern hochschätzen?

Und nun zeigt Paulus noch einmal den Ort, von dem allein her alles so gesehen und beurteilt werden kann, wie er es dieses ganze 3. Kapitel hindurch tut. **„Denn unser Bürgertum ist in den Himmeln."**

Das Wort „políteuma" bezeichnet sowohl das Bürgerrecht als auch das Gemeinwesen, den Staatsverband, in dem man Bürgerrecht hat. Gern wird das Wort auch gebraucht, um eine Kolonie von Ausländern zu bezeichnen. Vielleicht wählt Paulus diese besondere Formulierung gerade im Brief nach Philippi, weil diese Stadt eine römische Militärkolonie war, die verwaltungsmäßig über die mazedonischen Provinzialbehörden hinweg mit Rom verbunden war und römisches Recht (das „ius italicum") besaß. So konnte das Gleichnis den Philippern besonders anschaulich sein. Wir Christen leben wohl auf dieser Erde, in unsern Bedürfnissen an sie gebunden, von den „Archonten dieser Weltzeit" (1 Ko 2, 8), den „Mächten" und „Gewalten" bedrängt (Eph 6, 12), aber im Grunde haben sie uns nichts mehr zu sagen, wir sind „reichsunmittelbar" zu unserm „Herrn" gehörig, wie die alten Soldaten in Philippi zu dem „Herrn" auf dem Caesarenthron in Rom. Wer „auf das Irdische bedacht" ist, der macht die Fremde zur Heimat und verleugnet sein eigentliches und wahres Bürgertum und scheidet sich von dem Gemeinwesen, dessen Glied er doch sein darf, und trennt sich von Dem, der sein rechter „Herr" ist, um sich an andere Herren zu verlieren und seinen Bauch zum Gott zu machen!

Paulus hat es sehr betont geschrieben: „Für u n s aber ist das Bürgertum in den Himmeln vorhanden." Ja, hier gilt es zu wählen! Diese Wahl betrifft die Wurzeln unserer Existenz! Wo sind w i r eingebürgert, wo sind wir zu Hause? Auf dieser Erde, in dieser gegenwärtigen sichtbaren Welt? Oder in den Himmeln, weil in Christus Jesus?

Dann ist unsere übliche Vorstellung vom „Himmel" und dem „in den Himmel kommen" also doch richtig? Dann ist das Christentum doch „weltflüchtig"? Dann muß es doch heißen „Himmelan, nur himmelan soll der Wandel gehn"? Ja und nein! Das knappe Wort „Unser Bürgertum ist im Himmel!" richtet allerdings die ganze Entwicklung unseres neuzeitlichen Christentums, die es immer diesseitiger und weltförmiger gemacht hat. Wir waren so stolz darauf, daß wir von dem vielen Denken an Tod und Ewigkeit losgekommen waren und auf dieser Erde unsere Aufgaben als Christen erkannt und angefaßt hatten. Wir ließen uns willig mit hineinziehen in den großen Prozeß, die Erde immer wohnlicher und schöner und reicher zu machen und auf ihr die Ziele unseres Schaffens und Strebens zu suchen. Vor Gott aber mag dieser Ruhm des modernen Christentums vielmehr „Schande" sein. Daß unser Bürgertum nicht in dieser gegenwärtigen Welt liegt, sondern in der unsichtbaren Wirklichkeit, daß unser „Leben" tatsächlich „Christus" und alles andere „Verlust" ist, das sah man uns Christen von heute nicht mehr an, selbst wenn wir noch davon redeten. Kein Wunder, daß unser Wort und Zeugnis so wenig Vollmacht besaß. „Himmelan, nur himmelan" ...? Ja, Jesus wolle diesen himmlischen Sinn wieder mit Macht in den Seinen erwecken!

Und doch auch: Nein! Auch jetzt, wo es so „platonisch" klingt: „Unser Bürgertum in den Himmeln", bleibt Paulus, bleibt das Neue Testament von allem „Platonismus“, von aller „Jenseitigkeit“ und falscher „Geistigkeit“ geschieden! Denn Paulus fährt ja gerade nicht fort: Unser Bürgertum ist im Himmel, „in den wir dann bei unserm Tode kommen werden“, sondern fährt fort: **„aus welchem wir auch als Retter sehnlich erwarten den Herrn Jesus Christus!“** Man könnte es einmal so sagen: Unser Bürgertum ist nicht deshalb im Himmel, weil es der Himmel, das bessere Jenseits ist, sondern weil J e s u s dort ist! Es liegt von vornherein nicht am Ort und am Raum, sondern am Herrn! Hätte es Gott gefallen, unserm Haupt schon jetzt in der irdischen Stadt Jerusalem den Thronsitz zu geben, so würde es heißen müssen: Unser Bürgertum ist in Jerusalem. Es ist schon so: „Nicht nach Erd, nach Himmel nicht meine Seele wünscht und sehnet; Jesus sucht sie und Sein Licht, Der hat mich mit Gott versöhnet.“

Es geht um Jesus! Er aber ist „der Herr“, der „Kyrios“! Unser abgebrauchtes und bedeutungsloses Wort „Herr“ sagt nicht mehr, was die junge Christenheit vor sich sah, wenn sie Jesus den „Kyrios“ nannte. „Der Herr“, so sagten die alten Soldaten in Philippi, wenn sie vom römischen Kaiser sprachen! Also der „Weltbeherrscher“ ist Jesus! Ja, Er ist der gottgleiche Herrscher des Weltalls, Jehova-Jesus! Darum kann das Ziel aller Dinge niemals nur sein, daß einzelne Menschenseelen zu Jesus in den Himmel kommen, während die ganze übrige Schöpfung sich selbst und den „Mächten“ und dem Tode überlassen bleibt (Rö 8, 19-21). Nein, das Größte und Wichtigste, was Jesus als „Herr“ zu tun hat, steht noch aus! „Drum kann nicht Friede werden, bis Jesu Liebe siegt, bis dieser Kreis der Erden zu Seinen Füßen liegt, bis Er im neuen Leben die ausgesöhnte Welt Dem, der sie Ihm gegeben, vors Angesicht gestellt.“

Darauf **„warten“** die Glieder der Gemeinde. Paulus hat dem Wort „warten“ hier zwei Vorsilben gegeben, um die Sehnlichkeit dieses Wartens auszudrücken. Die Glieder der Gemeinde warten aber nicht sehnlich auf ihr Sterben, um dann in den Himmel zu kommen – hier ist trotz des Rechtes von 1, 23 die Grenze und ein unbiblischer Zug in vielen Gliedern der evangelischen Christenheit –, sondern sie warten, daß aus dem „Himmel“ hervortritt Jesus zur Vollendung Seines Rettungswerkes.

„Als Retter“ erwarten wir Jesus. Wir ahnen bei unserer allzu gewohnten und allzu stimmungsvoll-erbaulichen Sprache gar nicht mehr, wie aktuell, der politisch-geschichtlichen Sphäre entnommen, die Sprache des Neuen Testamentes war. Hier steht das Wort „sotér“. Wir kennen es in der Übersetzung „Heiland“. In dieser Übersetzung ist es ein zu kleines, nur gemütvoll-frommes Wort geworden. Im Grauen der Bürgerkriege, in der Zersetzung aller bisherigen Lebensformen, in hoffnungslosen Wirren sehnte sich eine erschütterte Welt nach dem „Sotér“, nach dem „Retter“. Mitten in den blutigen Greueln, die nach der Ermordung Caesars über die römische Welt hereinbrachen, erhob der Dichter Virgil seine prophetische Stimme: Die Wende der Zeiten ist nahe herbeigekommen. Das Eiserne Zeitalter mit seinen Schrecken geht dem Ende entgegen. Denn schon steigt die Sternstunde der Weltgeschichte herauf. Schon ist der göttliche Retterkönig, auf den die Menschheit seit der Zeit der Pharaonen gewartet hat, im Kommen. Er wird die Verheißungen, die seit den Tagen der Sybille im römischen Volk nicht verstummt sind, endlich erfüllen. Er wird die Frevel der Vergangenheit tilgen und die Länder von unaufhörlicher Furcht befreien. Er wird ein weltumspannendes Friedensreich gründen und das Goldene Zeitalter heraufführen, zum Segen einer erneuerten Menschheit. „Schon reift die Zeit; tritt an die hohe Ehrenlaufbahn, großer Sohn des Zeus", so ruft der prophetische Dichter dem kommenden Gottkönig zu. „Schau hin, wie das Weltenrund, wankend unter seiner Last, wie Länder, Meeresweiten und Himmelstiefen, schau, wie sie alle dem Anbruch der neuen Weltzeit entgegenjubeln" (E. Stauffer, Christus und die Caesaren). Als dann Oktavian zum Siege kam und dem Bürgerkrieg ein Ende machte, als Ruhe und Sicherheit zurückkehrten und äußere und innere Reformen im Reich wirksam wurden, da atmete wirklich eine Welt auf und sah in diesem ersten römischen „Kaiser" solche dichterischen „Weissagungen" erfüllt. In Antiochien etwa wird eine Münze geprägt: Sie „vereinigt auf einer einzigen Münze das Bild des siegverleihenden Himmelsgottes und des menschgewordenen Zeus: des siegreichen Augustus, der auf den zugehörigen Umschriften als der „Anbetungswürdige", der „Sohn Gottes", „Sebastos Theou Hyios" gefeiert wird (E. Stauffer a. a. O.). Spätere Kaiser aber trugen offiziell den Titel „Sotér", „Retter". Dieses ganze Sehnen und Denken der Zeit muß man recht lebendig vor Augen haben, wenn man verstehen will, was die Empfänger unseres Briefes unwillkürlich mithörten, wenn Paulus schrieb: „Als Sotér erwarten wir sehnlich den Herren Jesus Christus." Sie verstanden sofort richtig: Als Den, der die Welt wahrhaft in Ordnung bringt, als den Herrscher eines wahrhaft neuen Weltzeitalters erwarten wir Christen Den, den wir als unsern persönlichen Erretter schon kennen: Jesus! Für die junge Gemeinde jener Zeit ist Jesus von vornherein nicht nur eine erbauliche Gestalt für die einzelne „Seele" in verborgner Innerlichkeit. Ihr Blick ist realistisch. Sie sieht Leben und Welt in ihrer tiefen Gesamtverkehrung. Schon ist die kurze Augustische Blütezeit vorbei, schon ist die tiefe Enttäuschung unter Tiberius gekommen, ja, Gestalten wie Caligula und Nero auf dem Kaiserthron machen den großen Titel „Sotér" zum blutigen Hohn. Wieder einmal ist deutlich geworden, daß Menschen – und seien sie so groß und guten Willens wie ein Augustus – die Menschheit nicht erneuern und die Weltwende nicht bringen können. Um so froher und gewisser sagen es die Christen: „Wir erwarten als den Retter der Welt den Herren Jesus." Er ist der wahre „Sotér", denn Er hat die „Wirkungsmacht", die kein Mensch besitzt und besitzen kann, die **„Wirkungsmacht, die Ihn befähigt, sich auch das All zu unterwerfen"**. „Wirkungsmacht" heißt im Griechischen „enérgeia"; es ist das Wort, das wir alle als Lehnwort kennen. Ein Mann wie Augustus hatte schon eine große „Energie". Aber sie war doch viel zu klein, um der Welt wirklich helfen zu können. Dazu bedarf es der „Energie", die Satan, Sünde, „Mächte und Gewalten" und den Tod „aufheben" und die Gestalt der Welt in der Tiefe „verwandeln" kann. Diese Macht aber hat kein Mensch und keine menschlich-geschichtliche Bewegung. Nur Jehova-Jesus besitzt sie. Sein Sieg ist auf Golgatha schon errungen, ein Sieg, der noch ganz anders als des Augustus Sieg bei Aktium eine Weltwende bedeutet. Und dieser Sieg Jesu wird nicht nur zur Rettung einiger Seelen aus der Welt in den Himmel führen, er wird das All unterwerfen und erneuern!

Wird die Gemeinde unserer Tage endlich die Enge, den lieblosen und dürftigen Individualismus und den gefährlichen Spiritualismus sprengen, in die sie durch die immer neue Vergriechung des Christentums gebannt ist, und zurückkehren zum Vollgehalt, zur Weite und Größe der biblischen Botschaft? Wird sie in den Bewegungen unserer aufgewühlten Zeit stehen, nicht als eine Schar von Menschen, die sich aus der Welt in den warmen Raum einer verborgenen erbaulichen Innerlichkeit flüchtet, sondern als die Gemeinde des Kyrios Jesus, die es allen Bewegungen der Zeit sagt: Wir sind viel radikaler, viel revolutionärer als ihr, wir erwarten als Retter und Vollender der Menschheit Jesus, den Seine Wirkungsmacht befähigt, sich auch das Weltall zu unterwerfen und die Welt so von Grund auf zu erneuern, wie niemand von euch es kann!?

Noch eines hebt Paulus dabei hervor, das auf dem Gebiet der persönlichen Zukunftshoffnung ebenfalls alle falsche „Innerlichkeit" durchbricht. Was wird Jesus mit dir und mit mir tun? Paulus antwortet nicht: Er wird dich und mich für ewig in den Himmel aufnehmen. Er antwortet: **„der umwandeln wird den Leib unserer Niedrigkeit gleichgestaltet dem Leib Seiner Herrlichkeit."** Es geht wirklich um den **Leib!** Der Leib ist nicht, wie der griechische Idealist dachte (und der durchschnittliche Christ bis heute mit ihm denkt!), der „Kerker der Seele", das Nichtige und Böse Der Leib ist ursprüngliche Schöpfung Gottes. Der Mensch ist von vornherein und für immer gewollt als die lebendige Einheit von Geist, Seele und Leib. Ganz gewiß, auch Paulus verkennt all das nicht, was die Griechen dazu trieb, das Wort vom „Kerker" der Seele zu bilden. Jetzt, im gefallenen Zustand ist unser Leib ein „Leib der Niedrigkeit", vielleicht sogar „der Erniedrigung". Wie erniedrigend ist für den Menschen, je klarer und brennender er lebt, die ständige Abhängigkeit von den Bedürfnissen des Leibes. Diese Bedürfnisse sind es ja auch, die uns immer wieder dazu verleiten, „auf das Irdische bedacht zu sein." Wie rasch ermüdet der Leib, wenn er im Dienst Gottes in Beten und Wachen und Arbeiten stehen soll. Wie oft ist er das schwere Hemmnis, wenn der Geist sich aufschwingen will, Gott und die Brüder recht zu lieben. Er kettet uns an Raum und Zeit. Und wieviel Not macht er durch seine Gebrechlichkeit und Zerstörbarkeit. Wahrlich ein „Leib der Niedrigkeit", der zu dem nicht paßt, was Gottes

Geist innerlich in unsern Herzen an neuem Leben geschaffen hat. Darum ist die Existenz des Christen jetzt eine zwiespältige: „So aber Christus in euch ist, so ist der Leib zwar tot um der Sünde willen, der Geist aber ist Leben um der Gerechtigkeit willen" (Rö 8, 10). Darum warten auch wir Erretteten „auf unsres Leibes Erlösung" (Rö 8, 23). Der wiederkommende Herr wird die Umwandlung dieses Leibes vornehmen. Die „Erlösung" ist so real gemeint, daß sie uns g a n z erfaßt, daß sie gerade auch unserm Leib gilt.[58] Unser „Sein in Christus", unsere Zusammengehörigkeit mit Jesus ist so ernst, daß auch unser Leib, das unentbehrliche Organ wirklichen Lebens, die gleiche Gestalt haben soll, wie Sein Leib sie hat. In der Auferstehung aus dem Grabe aber ist der Menschenleib Jesu zu einem „Leib der Herrlichkeit" geworden. „Herrlichkeit" = „doxa" ist eines der Grundworte der Bibel. Es kann hier und da einmal auch nur „Ehre" heißen. Aber auch dann noch schimmert seine eigentliche Bedeutung durch: „doxa" ist die Lichtglorie und „Herrlichkeit", wie Gott und die ewige Gotteswelt sie an sich tragen. So war Jesu Leiblichkeit, wie Paulus sie vor Damaskus mit erblindenden Augen selber sah, strahlendes Licht, unvergängliche Kraft, wunderbare Unabhängigkeit von Zeit und Raum. Einen solchen „Leib Seiner Herrlichkeit" anstelle des „Leibes unserer Niedrigkeit"[59] werden auch wir bekommen – was für ein volles Leben, was für unermüdlicher Dienst Gottes, was für unaussprechliche Freude wird das sein! D a, da und nicht in dem Zwischenzustand leibloser Geborgenheit bei Christus (1, 23) liegt das Hoffnungsziel des Paulus, das Hoffnungsziel des Christen. Von d a aus beurteilt er das Leben. Von d a aus wird alles Bedachtsein auf das Irdische Verrat an unserer herrlichen Bestimmung, wird alle auf Erden gesuchte „Herrlichkeit" in Wahrheit „Schande", von da aus wird das Christenleben zum „Jagen zielwärts auf den Siegespreis der himmlischen Berufung Gottes in Christus Jesus zu".

Von da aus faßt Paulus seine Mahnung noch einmal zusammen: **„Daher meine geliebten und ersehnten Brüder, meine Freude und mein Kranz: in solcher Weise steht fest im Herrn, ihr Geliebten!"** Nichts deutet darauf, daß es – wie Lohmeyer grundlegend für seine Deutung des Briefes annimmt – unter dem Druck der Verfolgung in Philippi einen erheblichen Abfall gegeben hat, auch nichts darauf, daß irgendwelche Irrlehre bereits eingedrungen ist. Von den Philip-

[58] Anm. Vgl. dazu, was K. Heim über das Wesen der Macht und des Willens sagt, die zur „Leibhaftigkeit" drängen und erst in der vollen Verleiblichung ihr Ziel erreichen. „Aller ernste Machtkampf auf dieser Welt ist also ein Kampf zwischen Leibern, in denen ein Wille Form werden und sich andern Mächten gegenüber durchsetzen will, die auch Form werden wollen. ... Soll Gott das letzte Wort im Weltgeschehen behalten, dann muß sich sein Wille verleiblichen. Er muß sich darstellen als eine vollendete Gestalt, von der alle Schranken weggenommen sind, die infolge der Gottentfremdung und des tragischen Gesetzes der gegenseitigen Verdrängung die volle Entfaltung der Leiblichkeit im gegenwärtigen Weltzustand noch aufhalten" (K. Heim, Jesus der Weltvollender, 3. Aufl. S. 178 und 180).

[59] Anm. Indem Paulus formuliert: Leib „unserer" Niedrigkeit, wahrt er auch hier die Überzeugung, daß nicht die Leibhaftigkeit als solche etwas „Niedriges" ist, sondern daß nur für jetzt auch der Leib an „unserer" allgemeinen Niedrigkeit teilnimmt.

pern muß Paulus nicht „mit Tränen“ sprechen. Sie sind „seine Freude“. Und wie er persönlich in seinem Christenleben dem Siegespreis zujagt, so ist auch sein Apostеldienst ein „Lauf“, der nicht „vergeblich“ bleiben soll (2, 16), sondern ihm den Siegeskranz am Tage des Christus einträgt. Dieser „Kranz“ aber ist die Gemeinde selbst, die seine Arbeit und sein Leiden „krönt“. Noch ist dieser herrliche Tag nicht da, noch ist die Gemeinde bedroht. Die „Hunde“ kläffen schon um sie, die „vielen“ können sie so gut, wie damals die Galater, in ihrem schönen Lauf aufhalten (Gal 5, 7). Die „Widersacher“ bedrängen die Gemeinde mit drohendem Ernst. Darum nimmt Paulus das „Stehet fest!“ von 1, 27 noch einmal auf und ruft es den Philippern zu: „In solcher Weise steht fest im Herrn!“ Aber er tut es in der herzlichen und warmen Liebe, die in dem kurzen Satz die Angeredeten zweimal als „Geliebte“ bezeichnet und nochmals das Verlangen nach dem persönlichen Wiedersehen (1, 8) zum Ausdruck bringt. Wir brauchen uns im Blick auf einen Paulus von keiner Ächtung des Gefühls in unserer Zeit in der warmen Herzlichkeit unseres Liebens beirren zu lassen!

Letzte seelsorgerliche Beratung

Philipper 4, 2–9

Zu Vers 2:
[4]* Rö 15, 5
Zu Vers 3:
[5]* Rö 15, 30
[6]* Lk 10, 20
Zu Vers 4:
[7]* Phil 3, 1
[8]* 2 Ko 13, 11
Zu Vers 5:
[9]* Tit 3, 2
[10]* Hbr 10, 37
[11]* Jak 5, 8. 9
Zu Vers 6:
[12]* Mt 6, 25-34
[13]* Ps 145, 18
[14]* 1 Pt 5, 7
Zu Vers 7:
[15]* Jo 14, 27
[16]* Kol 3, 15
Zu Vers 8:
[17]* Rö 12, 17
Zu Vers 9:
[18]* Rö 15, 33
[19]* 1 Th 5, 23

2 Euodia mahne ich und Syntyche mahne ich, auf dasselbe bedacht
3 zu sein im Herrn. * Ja, ich bitte auch dich, echter Syzygos („Joch-
genosse“), hilf ihnen, die ja in dem Evangelium zusammen kämpf-
ten mit mir, und auch mit Klemens und meinen übrigen Mitarbei-
tern, deren Namen im Lebensbuch.
4 * Freut euch im Herrn allezeit; nochmals will ich es sagen: Freut
5 euch! * Eure Milde werde kund allen Menschen. Der Herr ist nah!
6 * Um nichts macht euch Sorgen, sondern in allem sollen durch das
Gebet und durch das Bitten mit Danksagung eure Anliegen kund-
7 werden zu Gott. * Und der Friede Gottes, der ja übersteigt alles
Denken, wird bewahren eure Herzen und eure Gedanken in Chri-
stus Jesus.
8 * Im übrigen, Brüder, alles, was wahr ist, was würdig, was ge-
recht, was rein, was liebenswert, was ansprechend, gibt es irgend-
9 eine Tugend und irgendein Lob, das bedenkt! * Was ihr gelernt und
empfangen, gehört und gesehen habt an mir, das tut; und der Gott
des Friedens wird mit euch sein.

Wenn die Mahnung an zwei Frauen in der Gemeinde die letzte seelsorgerliche Beratung des Briefes einleitet, dann kann es sich nicht um belanglose oder rein persönliche Differenzen zwischen Euodia

[4]* Rö 15, 5: Der Gott aber, von dem standhaftes Ausharren und Trost kommen, möge euch dazu verhelfen, einen einträchtigen Sinn untereinander nach der Weise Christi Jesu zu besitzen.
[5]* Rö 15, 30: Ich bitte euch aber dringend, liebe Brüder, bei unserm Herrn Jesus Christus und bei der Liebe, die der Geist wirkt: Steht mir mit den Gebeten, die ihr für mich an Gott richtet, im Kampfe kräftig bei.

(der Name hat ein kurzes O) und Syntyche gehandelt haben. Wir tun hier einen wichtigen Blick in die Rolle der Frau in der jungen Christenheit. Euodia und Syntyche waren nicht etwa – wie eine einseitige Auslegung von 1 Ko 14, 34 und 1 Tim 2, 11 allen Frauen in der Christenheit zudiktieren möchte – an den Kochtopf gebannt, sondern hatten wichtige Dienste in der Gemeinde zu tun. Ja, sie hatten „in dem Evangelium" Seite an Seite mit Paulus im Kampf gestanden! Wie gern wüßten wir Näheres! „Das Evangelium" ist hier nicht nur Bezeichnung für den Inhalt der Christusbotschaft, sondern meint das ganze geschichtliche Wirken dieser Botschaft und bezeichnet (wie Gal 3, 23 und 25 „der Glaube") geradezu eine Zeitepoche. Als das Evangelium auf Weisung des Herrn nach Europa kam und in Philippi sein Werk ausrichtete, da standen diese beiden Frauen mit im Kampf. Ob sie bei jener ersten kleinen Frauenversammlung am Wasser mit Lydia zusammen schon mit dabei waren?

Daran erinnert Paulus eben jetzt, da er die beiden öffentlich mahnen muß; der Brief wurde ja in der Gemeindeversammlung laut verlesen, alle hörten die Mahnung mit. Wie fein ist des Paulus ganze Art dabei. Er wendet sich an jede der beiden einzeln: Er meidet jedes Urteil über die Differenzen; er kritisiert nicht ihre Tätigkeit als solche. Er mahnt nur diese beiden, wie er 2, 2 die ganze Gemeinde gemahnt hatte: „daß ihr auf dasselbe bedacht seid, dieselbe Liebe habt, einträchtig, auf das eine bedacht." Wie ernst liegt es Paulus an der Einheit! Wie sah er die großen Gefahren, denen auch eine solche ge-

[6]* Lk 10, 20: Doch nicht darüber freuet euch, daß die Geister euch gehorsam sind; freut euch vielmehr darüber, daß eure Namen im Himmel eingeschrieben stehen!

[7]* Phil 3, 1: Im übrigen, meine Kinder, freuet euch im Herrn! Euch dasselbe zu schreiben, verursacht mir keine Beschwerde, euch aber verleiht es Festigkeit.

[8]* 2 Ko 13, 11: Im übrigen, liebe Brüder, freuet euch! Laßt euch zurechtbringen, nehmt Ermahnungen an, seid eines Sinnes und haltet Frieden; dann wird der Gott der Liebe und des Friedens mit euch sein.

[9]* Tit 3, 2: . . . daß sie niemand schmähen, sich friedfertig und nachgiebig benehmen und volle Sanftmut gegen alle Menschen beweisen.

[10]* Hbr 10, 37: Denn es währt „nur eine kleine, ganz kurze Zeit, dann wird der kommen, der kommen soll, und nicht auf sich warten lassen".

[11]* Jak 5, 8. 9: So haltet auch ihr geduldig aus und macht eure Herzen fest, denn die Ankunft des Herrn steht nahe bevor. * Seufzt nicht gegeneinander, liebe Brüder, damit ihr nicht gerichtet werdet! Bedenkt wohl, der Richter steht vor der Tür!

[12]* Mt 6, 25—34: „Deswegen sage Ich euch: Macht euch keine Sorgen um euer Leben, was ihr essen und was ihr trinken sollt, auch nicht um euren Leib, was ihr anziehen sollt. Ist nicht das Leben wertvoller als die Nahrung und der Leib wertvoller als die Kleidung? fortfahrend bis Vers 34.

[13]* Ps 145, 18: Der Herr ist nahe allen, die Ihn anrufen, allen, die Ihn in Treue anrufen.

[14]* 1 Pt 5, 7: Alle eure Sorgen werft auf Ihn, denn Er sorgt für euch!

[15]* Jo 14, 27: Den Frieden hinterlasse Ich euch, Meinen Frieden gebe Ich euch; nicht so, wie die Welt gibt, gebe Ich euch. Euer Herz erschrecke nicht und verzage nicht.

[16]* Kol 3, 15: Und der Friede Christi regiere in euren Herzen — zu diesem seid ihr ja auch berufen worden als ein Leib, und erweiset euch dankbar!

[17]* Rö 12, 17: Vergeltet niemand Böses mit Bösem; seid auf das bedacht, was in den Augen aller Menschen löblich ist!

[18]* Rö 15, 33: Der Gott des Friedens aber sei mit euch allen! Amen.

[19]* 1 Th 5, 23: Er selbst aber, der Gott des Friedens, heilige euch durch und durch, und völlig tadellos möge euer Geist samt der Seele und dem Leibe bei der Wiederkunft unseres Herrn Jesus Christus bewahrt geblieben sein.

liebte Gemeinde hier ausgesetzt ist! Die Geschichte der Kirche hat seine Sorge reichlich bestätigt.

In jener Kampfzeit, die für die Gemeinde selbst noch andauert (1, 27), haben natürlich nicht nur jene beiden Frauen ihm zur Seite gestanden, sondern **„auch Klemens und meine übrigen Mitarbeiter, deren Namen im Lebensbuch"** stehen. Von Klemens wissen wir leider nichts Weiteres; er trägt einen typisch römischen Namen. Die andern Mitarbeiter nennt er jetzt nicht. War der „Kerkermeister" darunter? Was ist aus ihm geworden? Wir schreiben und lesen heute gern Biographien. Wenn wir eine Lebensbeschreibung jenes Klemens oder des Kerkermeisters hätten! Jene Zeit hat an solche Aufzeichnungen nicht gedacht. Paulus weiß etwas viel Größeres als menschliche Biographie: Die Namen dieser Männer stehen in einem ganz anderen entscheidenden Buch: im „Buch des Lebens".[60] Gott hat ein anderes Gedächtnis als wir kurzlebigen und oft so vergeßlichen Menschen. Das ist von erschreckendem Ernst im Blick auf unsere Sünden. Und das ist ein tiefer Trost und eine heilige Freude im Blick auf alles, was Menschen im Dienst Gottes tun dürfen. Auch wenn keine Biographie von ihnen erscheint, wenn die Gemeinde selbst es übersieht oder bald wieder vergißt – in Ewigkeit unvergessen steht es in Gottes Buch, im Buch des Lebens.

Den beiden Frauen soll der Dank dadurch zuteil werden, daß ein – in der Gemeinde sichtlich bedeutsamer – Mann sich ihrer in ihren Schwierigkeiten annimmt. Den auffallenden Ausdruck „echter Syzygos" werden wir am besten doch so verstehen, daß es sich hier wirklich um einen Eigennamen handelt, auch wenn wir ihn als solchen sonst nirgends bezeugt finden. Dieser Name „Syzygos" bedeutet „Jochgenosse". Nun sei, sagt Paulus auf seinen Namen anspielend, ein **echter** Jochgenosse, spanne dich in dieser Not mit ins Joch und spanne die beiden Frauen wieder einträchtig zusammen in das Joch des Dienstes für den Herrn! Ärgere dich nicht über ihre Uneinigkeit, sondern denke an das, was sie mit ihrem tapferen Einsatz für die Gemeinde in der Anfangszeit bedeutet haben, und hilf ihnen, daß sie auch jetzt wieder einen einmütigen und gesegneten Dienst in der Gemeinde tun. Wie dürfen wir von Paulus „mahnen" lernen!

Und nun kommen jene Zeilen, die wir als alte Epistel des 4. Advent von klein auf kennen und lieben. Gerade darum lohnt es sich, sie noch einmal ganz neu und losgelöst von aller vorweihnachtlichen „Stimmung" zu hören. Weder der Schreiber noch die Empfänger dieser Worte waren in irgendeiner Stimmung des äußeren Wohlergehens und Behagens. Dies Wort von der Freude schreibt einer im Gefängnis, dessen Prozeß auf Leben und Tod vor kurzem in das entscheidende Stadium getreten ist. Darum hat das **„allezeit"** Gewicht! Auch wenn die Nachricht vom Todesurteil nach Philippi kommt –

[60] Anm. Zum Bild vom „Buch" Gottes vgl. schon im Alten Testament 2 Mo 32, 32; Ps 69, 29; 139, 16; Da 12, 1; im Neuen Testament Lk 10, 20; Offb 3, 5; 20, 12. 15.

Paulus hat es in 2, 17. 18 schon ausdrücklich gesagt –, auch wenn die Bedrückungen in Philippi selbst nicht aufhören, auch wenn die „vielen" da sind, von denen man nur mit Tränen sprechen kann, die Freude ist entscheidende Gabe und Aufgabe der Gemeinde! **„Im Herrn"** hat die Gemeinde **„allezeit"** Freude! Selbst die Bedrängnisse sind ja „Teilhabe an Seinen Leiden" (3, 10) und darum „Freude". – Wissen wir überhaupt noch, daß „Freude" nicht gelegentliche Randverzierung am Christentum in guten Tagen, sondern wesentlicher Inhalt des Christseins ist? Sind Christen und Christengemeinden in einer Welt, die ihre tiefe Lebensangst und Enttäuschung schlecht genug hinter ihren „Vergnügungen" verbirgt, an ihrer strahlenden Freude erkennbar? Liegt über allen Zusammenkünften und Gottesdiensten der Christen das Leuchten der Fröhlichkeit? Zieht dadurch die Christenheit die freudehungrigen Menschen aller Zeiten an? Paulus tut auch uns einen Dienst, wenn er ausdrücklich diktiert: **„Nochmals will ich es sagen: Freut euch!"**

An dem Schlagwort „Kraft durch Freude" war schon etwas Richtiges. Gerade aus dem tiefen Frohsein kommt die „Lindigkeit", wie Luther so schön übersetzt hat. Das griechische Wort bedeutet „Güte, Milde, Nachgiebigkeit". Alle Menschen in Philippi, Freund und Feind, sollen etwas von dem merken, was Martin Luther einmal so ausgedrückt hat: „Mein Mut ist zu fröhlich, als daß ich jemandem könnte herzlich feind sein." Wer selbst voll Freude ist, macht gern auch andern Freude, gibt gern ab, verzichtet gern auf Ansprüche und Rechte.

Die Gemeinde braucht keine Angst zu haben, daß sie dabei unter die Räder kommt! **„Der Herr ist nah!"** Wir werden dies Wort ganz anders als frühere Generationen wieder in seinem eschatologischen Sinn verstehen. So hat ja auch ein Jakobus die Mahnung zur brüderlichen Nachgiebigkeit mit dem Hinweis auf den nahenden Richter verbunden (Jak 5, 9), wie es in Seiner Weise schon Jesus tat (Mt 5, 25). Wenn der Herr bald kommt und die großen Dinge beginnen — wer hat da noch Lust, sich mit kleinen Rechthabereien aufzuhalten! Wenn Jesus vor der Tür steht und anklopft, der Richter aller Unbarmherzigkeit und Härte, wer wollte nicht gern zu den „Sanftmütigen" gehören, denen die Erde zuteil wird, und zu den „Friedfertigen", die „Söhne Gottes" heißen sollen! Die „Nähe" des Herrn im Sinne von Psalm 145, 18 braucht dabei nicht ausgeschlossen zu sein. Doch ist solche „Nähe" eigentlich schon durch viel Größeres ersetzt: durch das „Wohnen" des Christus in den Herzen durch den Glauben (Eph 3, 17) und durch das Innewohnen des Heiligen Geistes.

Wie gut hat es eine Gemeinde Jesu! Das, wozu sie „gemahnt" wird, ist ja doch lauter Glück! „Freude", „Milde" und nun auch „Sorglosigkeit!" Warum ist solche Aufforderung **„Um nichts macht euch Sorgen!"** etwas anderes als eine erbauliche Rederei, die man am Sonntag von zehn bis elf in der Kirche anhören mag, aber am Montagmorgen beim Aufstehen in die Woche hinein doch nicht durchführen kann? Weil hier dem negativen „Nichts sorgen" das mächtige, tragende Positivum zur Seite tritt: „sondern beten!" **„Sondern in allem sollen durch das Gebet und durch das Bitten mit Danksagung eure Anliegen kundwerden zu Gott!"** Statt „in allem" sollten wir vielleicht noch besser übersetzen „in jedem einzelnen Fall". Die „Anliegen" sind im griechischen Wort „die Dinge, die man vom andern begehrt und erbittet". Was wir in unserer Lage brauchen, das hat Gott für uns reichlich bereit. Darum sollen wir das, was wir haben müssen, nicht sorgend uns selbst vorerzählen – das ergibt einen wahren „Teufelskreis" der ständigen Steigerung des Sorgens und Ängstens –, sondern bittend im Gebet zu Gott hin kundwerden lassen. Daß wir wirklich vertrauensvoll beten und nicht nur unsere Not hinausrufen, wird sich daran zeigen, daß wir auch jetzt „danken" und dankend dessen gedenken, was Gottes Hilfe uns so oft schon gegeben hat. Das „Bitten mit Danksagung" legt Zuversicht und Kraft in unser Beten. Sind wir Christen in einer von Angst und Sorgen umgetriebenen Welt als die heilig Sorglosen erkennbar?

Aus dem Satz von dem bewahrenden Frieden haben wir einen bloßen Wunsch gemacht, der dann wie so viele unserer Wünsche recht ungewiß bleibt. Paulus aber gab eine feste Zusage: Der Friede Gottes w i r d bewahren! In dies „Bewahren" müssen wir mit dem griechischen Wort etwas von dem hineinhören, was in unserm deutschen gerichtlichen Ausdruck „Sicherheitsverwahrung" oder in dem ursprünglichen Sinn von „Schutzhaft" lag. 2 Ko 11, 32 benutzt Paulus das gleiche Wort für die „Bewachung" der Stadttore in Damaskus, um ein Entkommen des Apostels aus der Stadt zu verhindern. So ist der Friede Gottes eine bewahrende und bewachende Macht. Die Hinzufügung „in Christus Jesus" kann sich auf das Satzganze beziehen: Hier wie überall, wo Gott handelt, geschieht Sein helfendes Tun durch Jesus. Sie kann aber auch angeben, in welchem Raum die Herzen und Gedanken bewahrend festgehalten werden. Die Wortstellung spricht für dieses Verständnis. Dann wird der ganze Satz konkret und deutlich. Der Friede Gottes wird bewirken, daß unser unruhiges, schwankendes Herz, das sich so leicht erschrecken oder lokken läßt, dennoch „in Christus Jesus" bleibt, im Licht Seiner Wahrheit und im Leben Seiner Liebe. Der Friede Gottes achtet aber auch auf unsere „Gedanken". Das Wort meint wieder nicht intellektualistisch unsere theoretischen Denkgebilde, sondern praktisch unsere Pläne und Vorsätze. Paulus verwendet es in 2 Ko 2, 11, um die Absichten, die Satan hat, zu bezeichnen. Aus dem Herzen steigen all die „Gedanken" auf, mit denen wir unsere Ziele für unser Leben und Handeln zu erfassen suchen. Diese „Gedanken" sind also die Keime unserer Entschlüsse. Wie wichtig ist es, daß gerade sie „in Christus Jesus" bleiben, in Seinen heiligen Willenslinien und Geboten.

Was aber ist dieser „Friede Gottes", der das alles tut? Ist der Genetiv hier ein objektiver oder ein subjektiver, meint er „Friede m i t Gott oder Friede v o n Gott"? Aber „Friede m i t Gott" gibt es für uns nur, wenn Gott Frieden macht und uns in diesen Frieden ruft und in diesem Frieden erhält. Daß Gott dies wirklich tut, das **„übersteigt freilich alles Denken"**. Je mehr ein Mensch Gott in Seiner ganzen Heiligkeit und sich selbst in seiner ganzen Verdorbenheit, Ichhaftigkeit und Untreue kennenlernt, um so weniger wird er es „verstehen können", daß Gott uns Seinen Frieden schenkt. Je größer und erstaunlicher uns aber dieses Geschenk ist, um so mehr wird es die bewahrende und bewachende Macht über unser Herz und unsere Gedankenwelt haben.

Gehört der nächste Satz noch in unseren Abschnitt hinein? Paulus reiht hier eine Fülle von Ausdrücken aneinander, die der griechischen Ethik entstammen. Will er sagen: Ich zeichnete euch das Bild des Christen, dieses rücksichtslosen Wettläufers zum großen Ziel, dieses mit Freude und Friede, mit heiliger Sorglosigkeit und zuversichtlichem Beten erfüllten Menschen; aber gewiß, dabei brauchen wir nicht völlig an dem vorbeizugehen, was von der Welt in ihrem edelsten Streben hochgeschätzt wird; nein, auch daran denkt immerhin! Das „Im übrigen" leitet in der Tat meist etwas Neues ein; und die Mahnung zum „Bedenken" dieser Dinge könnte uns verhältnismäßig gedämpft vorkommen. Aber wir dürfen nicht vergessen, daß alle diese Worte griechisch-humanistischer Ethik schon lange vor Paulus in der griechischen Übersetzung des Alten Testaments benutzt worden waren. So rein „weltlich" und „griechisch" klangen sie also für Paulus nicht. Vor allem aber bezieht sich Vers 9 auf das zurück, was der Vers 8 vor den Lesern ausgebreitet hat, und Paulus versichert sehr betont in gehäufteu Begriffen, daß die Philipper diese Haltung von Paulus selbst **„gelernt und empfangen, gehört und an ihm gesehen"** hätten.

So werden wir uns doch recht ernstlich die Frage stellen müssen, wie sich eigentlich die christliche „Heiligung" zu der humanistischen „Ethik" verhält? Es bleibt dabei, daß wir die totale Lebenswende der „Bekehrung und Wiedergeburt" n i c h t zuerst auf dem moralischen Gebiet suchen dürfen. Sie vollzieht sich in der eigentlich entscheidenden Tiefe unserer Existenz, in unserem Verhältnis zu Gott, und wird an dem Kindesschrei „Abba, Vater!" weit sicherer und eindeutiger erkannt als an aller „Besserung". Den Existenzwandel im Christwerden hat Paulus in Kapitel 3 eindeutig beschrieben. Aber schon Jesus selbst hat die zweite Tafel des Dekalogs aufs engste mit der ersten verbunden. Das neue Verhältnis zu Gott führt notwendig zu einem neuen Verhältnis zu den Menschen, und zwar nicht zu einem gedanklich-allgemeinen, sondern zu einem ganz konkreten im Alltag. Und da begegnet sich das sittliche Urteil der Menschen mit dem, was auch vor Gott „gut" ist. Es ist schon erstaunlich, wie der schlichte Mensch überall recht gut weiß, wie das Verhalten des andern eigentlich sein sollte! Wohl gibt es jene Entartung und Zersetzung, von der Paulus den Römern schreibt: „Sie wissen Gottes Gerechtigkeit, daß, die solches tun, des Todes würdig sind, und tun es nicht allein, sondern haben auch Gefallen an denen, die es tun“ (Rö 1, 32). Aber es bedarf schon eines sehr langen Fäulnisprozesses, bis dieser Punkt erreicht ist. Im Herzen der Menschen hält sich unter wechselnden Weltanschauungen sehr zäh eine ganz andere Wertung der Dinge. Der Christ hat daran nicht von vornherein vornehm vorbeizugehen. Was unter den Menschen als „Tugend“[61] geschätzt und gelobt wird, das hat auch er wohl zu bedenken. Daß sein Wort und Verhalten aufrichtig und wahr sei, daß es alles Oberflächliche und Leichtfertige meide, der Gerechtigkeit und Reinheit diene, daß es die andern erfreue und ansprechend[62] sei, das gehört zum Leben des Christen wesentlich mit dazu. Die Unterweisung und das Beispiel des Paulus haben den Philippern von Anfang an ein Christentum gezeigt, das diese Dinge ernst nahm. Wie gewaltig er auch das biblische Zukunftsbild vor jeder Gemeinde entfaltete, wie radikal er alle „eigene Gerechtigkeit“ ablehnte und in Christus allein „das Leben“ sah, niemals lehrte er ein Christentum, das sich über die Grundlagen des menschlichen Zusammenlebens hinwegsetzte. Er wollte keine „Heiligen“, die in der Erwartung der Zukunft die einfachen Aufgaben der Gegenwart versäumten, in der Liebe zu Jesus die Liebe zu den Menschen verlören und in ihrer angeblichen Größe das mißachteten, was sogar noch der gefallene Mensch als schön und gut zu schätzen weiß. Vielleicht ist Blumhardt (Vater) ein lebendiges Beispiel für das, was Paulus in unserem Abschnitt meinte. Dieser Mann, der wie kein anderer in seiner Zeit den Hereinbruch der großen göttlichen Hilfe wirklich erwartete und in Wundern, Heilungen und Gebetserhörungen fast wie selbstverständlich lebte, hatte zugleich jene einfache edle Menschlichkeit, die ihm so viele Herzen erschloß. Es geht nicht um die Reduzierung der christlichen „Heiligung“ auf eine menschliche Moral, wie sie auch wackere Nichtchristen kennen. Es geht aber darum, daß gerade von einer tiefen Heiligung und einer biblisch großen Hoffnung aus alles das bedacht und gelebt wird, was von jedem Menschen mit Recht als „Tugend“ geschätzt zu werden pflegt. In eigner Kraft vom gottgelösten Menschen getan ist es alles freilich nur „Fleisch“. Was wir oben aus 3, 2 ff. lernten, haben wir nicht vergessen. Aber so wie Paulus den Todescharakter des Gesetzes mit durchdringender Klarheit sah und doch mit seinem „gesetzesfreien“ Evangelium das Gesetz nicht „aufhob“, sondern „aufrichtete“ (Rö 3, 31), so erfüllt das „Sein in Christus“ und der „Dienst Gottes im Geist“ bei allem Gegensatz gegen alle „Gerechtigkeit aus dem Gesetz“ doch gerade auch das, was alle menschliche Moral eigentlich will und ersehnt.

[61] Anm. Das Wort „Tugend“ hat für uns seit der Aufklärungszeit einen unangenehm moralistischen Beigeschmack bekommen. Das griechische Wort bezeichnet die „Tüchtigkeit“, freilich nicht im sachlichen, sondern im sittlichen Sinn. Sobald wir die einzelnen „Tugenden“ wie Tapferkeit, Gerechtigkeit, Aufrichtigkeit, Güte usw. vor uns sehen, schwindet das peinliche Gefühl von Selbstgefälligkeit und Lebensferne, das für uns so leicht mit „Tugend“, „tugendhaft“ verbunden ist.

[62] Anm. Das Wort ist vieldeutig, weil es alles umschließt, was „gut zu sagen“ ist. Auch Luthers schöne Übersetzung „wohllautend“ kann zutreffend sein.

Der Dank des Paulus für die ihm gesandte Gabe

Philipper 4, 10–20

**10 Ich freute mich aber im Herrn mächtig, daß ihr endlich einmal
wieder aufblühen ließet das an mich Denken; woran ihr wohl
11 dachtet, aber ihr hattet keine Gelegenheit. * Nicht, daß ich auf
Grund von Mangel so spreche. Ich für meine Person lernte ja, in
12 der Lage, in der ich bin, selber auszukommen. * Ich verstehe zu
fasten und verstehe auch Überfluß zu haben. In alles und jedes
bin ich eingeweiht: mich zu sättigen und zu hungern, Überfluß zu
13 haben und Mangel zu leiden – * alles vermag ich durch den, der
14 mich stark macht (Christus). *Indes schön habt ihr gehandelt, indem
15 ihr euch zu Teilhabern meiner Bedrängnis machtet. * Ihr wißt ja
selbst, ihr Philipper, daß im Anfang des Evangeliums, als ich auszog von Mazedonien, keine Gemeinde mein Teilhaber in Abrech-
16 nung des Gebens und Empfangens wurde als ihr allein. * Denn
auch in Thessalonich sandtet ihr mir ein-, zweimal zu meinem Be-
17 darf. * Nicht als begehrte ich die Gabe, nein, ich begehre die Frucht,
18 die für eure Rechnung sich mehrt. * Ich habe alles erhalten und
habe Überfluß. Ich bin erfüllt, als ich empfing aus Epaphroditus
Hand, was von euch kam, einen wohlriechenden Opferduft, ein
19 willkommenes Opfer, wohlgefällig Gott. * Mein Gott aber wird
erfüllen allen euren Bedarf nach Seinem Reichtum durch Herr-
20 lichkeit in Christus Jesus. * Dem aber, der Gott und unser Vater
ist, gehört die Herrlichkeit in die Äonen der Äonen. Amen.**

Zu Vers 10:
20* Phil 1, 18
21* 2 Ko 11, 8. 9
Zu Vers 11:
22* 1 Tim 6, 6
23* Hbr 13, 5
Zu Vers 12:
24* 2 Ko 6, 10
Zu Vers 13:
25* 2 Ko 12, 10
26* 2 Tim 4, 17
27* Jo 15, 5
Zu Vers 14:
28* Hbr 10, 33. 34
Zu Vers 15:
29* 2 Ko 11, 9
Zu Vers 17:
30* 1 Ko 9, 11
31* Rö 15, 28
Zu Vers 18:
32* Phil 2, 25
33* 2 Mo 29, 18
34* Hes 20, 41
35* Eph 5, 2
36* Hbr 13, 16
Zu Vers 19:
37* Rö 9, 23
Zu Vers 20:
38* Rö 16, 27

Noch einmal dürfen wir die ganze Lebendigkeit eines Paulusbriefes spüren. Er ist nicht ein nur lehrhaftes Sendschreiben in Briefform. Es geht im ganzen Brief um das ganze Leben der Gemeinde, das untrennbar voneinander Erkennen und Glauben und Handeln und Hoffen in sich schließt. Es geht bei Paulus wie bei den Brief-

20* Phil 1, 18: Doch was tut's? Wird doch in jedem Falle, mit oder ohne Hintergedanken Christus verkündigt, und darüber freue ich mich.

21* 2 Ko 11, 8. 9: Andere Gemeinden habe ich ausgebeutet, indem ich Belohnung von ihnen genommen habe, um euch zu dienen; * und während meines Aufenthaltes bei euch bin ich, auch als ich Mangel litt, doch keinem zur Last gefallen; denn meinem Mangel haben die Brüder abgeholfen, die damals aus Mazedonien gekommen waren; und in jeder Beziehung habe ich mich so gehalten, daß ich euch nicht beschwerlich gefallen bin, und werde es auch so halten.

22* 1 Tim 6, 6: Allerdings ist die Gottseligkeit eine reiche Erwerbsquelle, nämlich in Verbindung mit Genügsamkeit.

23* Hbr 13, 5: Euer Sinn sei frei von Geldgier; begnügt euch mit dem, was euch gerade zu Gebote steht, denn Er selbst hat gesagt: „Ich will dir nimmermehr Meine Hilfe versagen und dich nicht verlassen."

24* 2 Ko 6, 10: . . . als die Leidtragenden, aber doch allezeit Fröhlichen, als Bettler, die aber viele reich machen, als solche, die nichts haben und doch alles besitzen.

25* 2 Ko 12, 10: Darum bin ich freudigen Muts in Schwachheiten, bei Mißhandlungen, in Notlagen, in Verfolgungen und Bedrängnissen, die ich um Christi willen erleide; denn gerade, wenn ich schwach bin, dann bin ich stark.

26* 2 Tim 4, 17: Doch der Herr ist mir beigestanden und hat mir Kraft verliehen, damit durch mich die Verkündigung zum Abschluß gebracht würde und alle Heiden sie zu hören bekämen; so bin ich denn aus dem Löwenrachen glücklich errettet worden.

empfängern um die konkrete Existenz, nicht um ein besonderes Gebiet „Religion“, wobei sie freilich in dieser gesamten Existenz „Heilige“ sind. Darum kommt nun am Schluß des Briefes – erst hier zuletzt, aber hier doch auch ausführlich genug – eine besondere Sache zwischen Paulus und den Philippern zur Sprache: Paulus quittiert eine Gabe, die die Gemeinde zu seiner persönlichen Unterstützung durch Epaphroditus ihm gesandt hat. Wie er nun diese „Quittung“ gestaltet – diesen „danklosen Dank“, wie man wohl gesagt hat –, wie er hier „Weltliches“ und „Geistliches“ unmittelbar und natürlich vereint, dankbare Schätzung der Gabe mit völliger Freiheit von ihr verbindet, wie er mit feinem Humor Fachausdrücke des Geschäftslebens verwendet, um doch das Gegenteil von allem Geschäftlichen zu sagen, das ist so kennzeichnend für Paulus und so vorbildlich für uns, daß auch dieser Abschnitt ein Geschenk des Heiligen Geistes an uns ist. Hier lernen wir am konkreten Beispiel etwas von dem „Wandeln, wie ihr uns zum Typus habt“ (3, 17) und von dem „Bedenken, was wahr und würdig, recht und rein, liebenswert und ansprechend ist“. Hier steht vor uns, wie ein „Heiliger“ geheiligt-natürlich mit „Geld“ umgeht.

Paulus hat es für seine Person grundsätzlich abgelehnt, sich von den Gemeinden unterhalten zu lassen. In jener Zeit zahlreicher und oft recht zweifelhafter Wanderredner (s. o. S. 132) wollte er seine Verkündigung von vornherein gegen jeden Verdacht eigennütziger Hin-

[27*] Jo 15, 5: Ich bin der Weinstock, ihr seid die Reben: Wer in Mir bleibt und in wem Ich bleibe, der bringt reichlich Frucht; dagegen ohne Mich könnt ihr nichts vollbringen.

[28*] Hbr 10, 33. 34: ... indem ihr teils selbst durch Beschimpfungen und Drangsale zum öffentlichen Schauspiel gemacht wurdet, teils an den Geschicken derer teilnehmen mußtet, die in solche Lagen versetzt waren. • Ihr habt ja doch mit den Gefangenen mitgelitten und den Raub eurer Habe mit Freuden hingenommen in der Erkenntnis, daß ihr selbst einen wertvolleren und bleibenden Besitz habt.

[29*] 2 Ko 11, 9: ... und während meines Aufenthaltes bei euch bin ich, auch als ich Mangel litt, doch keinem zur Last gefallen; denn meinem Mangel haben die Brüder abgeholfen, die damals aus Mazedonien gekommen waren; und in jeder Beziehung habe ich mich so gehalten, daß ich euch nicht beschwerlich gefallen bin, und werde es auch so halten.

[30*] 1 Ko 9, 11: Wenn wir für euch das Geistliche ausgesät haben, ist es da etwas Absonderliches, wenn wir von euch das Irdische ernten?

[31*] Rö 15, 28: Wenn ich nun dieses Geschäft erledigt und ihnen den Ertrag dieser Sammlung sicher übermittelt habe, dann werde ich über euer Rom nach Spanien reisen.

[32*] Phil 2, 25: Für nötig habe ich es aber gehalten, den Bruder Epaphroditus, meinen Mitarbeiter und Mitstreiter, der euer Abgesandter und der Überbringer eurer Gabe für meinen Lebensunterhalt ist, zu euch zurückzusenden.

[33*] 2 Mo 29, 18: ... und laß dann den ganzen Widder auf dem Altar in Rauch aufgehen: Es ist ein Brandopfer für den Herrn, ein lieblicher Geruch; ein Feueropfer ist es für den Herrn.

[34*] Hes 20, 41: Beim lieblichen Opferduft will Ich euch gnädig annehmen, wenn Ich euch aus den Heidenvölkern herausführe und euch aus den Ländern sammle, in die ihr zerstreut worden seid, und Ich will mich an euch vor den Augen der Heidenvölker als den Heiligen erweisen.

[35*] Eph 5, 2: ... und wandelt in der Liebe, wie auch Christus euch geliebt und Sich selbst für uns als Weihegabe und Opfer dargebracht hat, Gott zu einem lieblichen Wohlgeruch.

[36*] Hbr 13, 16: Wohlzutun und mitzuteilen vergeßt nicht, denn das sind Opfer, an denen Gott Wohlgefallen hat

[37*] Rö 9, 23: ... um zugleich den Reichtum Seiner Herrlichkeit an Gefäßen des Erbarmens zu erweisen, die Er zur Herrlichkeit zuvor bereitet hat.

[38*] Rö 16, 27: ... Ihm, dem allein weisen Gott, sei durch Jesus Christus die Herrlichkeit in alle Ewigkeit! Amen.

tergründe schützen.[63] Darum erarbeitete er sich das Wenige, das er zum Leben brauchte, mit eigener Hand.[64] Entbehrungen, Armut und Leiden gehörten ihm unabtrennbar zum apostolischen Dienst (1 Ko 4, 9 ff.; 2 Ko 6, 4 ff.). Nur den Philippern erlaubte er es, eine „Rechnung auf Gegenseitigkeit" („Abrechnung des Gebens und Nehmens" ist der damalige geschäftliche Fachausdruck dafür) aufzumachen. Ja, so wurden die Philipper „Teilhaber" in seinem „Geschäft"! Sonst bleiben die Gemeinden allein die Empfangenden und Paulus allein der Gebende, so klar Paulus das Recht der Boten auf Erhaltung durch die Gemeinden betonte (1 Ko 9, 4–14). Welche Gründe Paulus dazu veranlaßten, bei den Philippern eine Ausnahme zu machen, erfahren wir nicht. Es wird das mit zu der besonderen Herzlichkeit der Liebe gehören, die wir im ganzen Brief von Anfang an spüren. Eben darum ist es so lieb ausgedrückt, wenn Paulus diese Bevorzugung seiner Geliebten in das Bild vom „Geschäft" faßt: Ihr allein tratet in das Geschäft mit gegenseitiger Abrechnung mit ein! Für uns aber ist es wichtig, daß Paulus trotz seiner Beharrlichkeit in dieser Sache den Korinthern gegenüber (2 Ko 11, 7–12; 12, 13) kein Mann bloßer „Prinzipien" war, sondern die Freiheit des Handelns behielt. So haben die Philipper ihn schon in Thessalonich „ein-, zweimal" unterstützt. Diese Mitteilung legt übrigens nahe, daß wir uns ein falsches Bild machen, wenn wir aus Apg 17, 2 schließen, Paulus sei nur drei Wochen in Thessalonich geblieben; sein Aufenthalt muß doch wohl etwas länger gedauert haben, wenn in dieser Zeit mehrfach eine Unterstützung aus Philippi an ihn gelangte. Paulus bezeichnet jene Tage als „Anfang des Evangeliums". Hier ist wieder wie in Vers 3 das Wort „Evangelium" nicht nur für den Inhalt der Botschaft, sondern auch für ihr Wirksamwerden benutzt, so daß geradezu die Bestimmung einer „Zeit" daraus wird (s. o. S. 141). In ähnlicher Weise könnte etwa ein Vater seinem Sohn schreiben: „Im Anfang der Studien riet ich Dir ..." (Ewald). Aus 2 Ko 11, 8. 9 geht hervor, daß die Philipper ihre Unterstützung auch während der Arbeit des Paulus in Korinth fortgesetzt haben.

Aber nun hatte Paulus lange nichts mehr von der Gemeinde erhalten. Darum freut er sich „mächtig" – er braucht hier ein Wort, das stärker ist als unser abgegriffenes „sehr" –, daß Epaphroditus eine erhebliche Gabe mitbrachte. Die Philipper ließen das „Denken an ihn" – es ist das Wort „Denken", „Bedacht sein", das in unserm Brief oft vorkam und hier das „Sorgen für ihn" bezeichnet – wieder „aufblühen" oder „aufgrünen". Benutzt ist das Bild der Pflanze, die

[63] Anm. Die ganze Frage hat er besonders mit den Korinthern mehrfach erörtern müssen; besonders ausführlich ist es in 1 Ko 9 geschehen.

[64] Anm. Er gab dadurch zugleich in der griechischen Welt, die die Handarbeit verachtete, ein mächtiges Beispiel für die Gemeinde; vgl. 1 Th 2, 9; 2 Th 3, 6–14. Es ist einer der seltsamsten Vorwürfe gegen das Christentum, daß es die Arbeit gering schätze. Bezgl. der antisemitischen Propaganda aber ist im Gedächtnis zu behalten, daß es die arischen Griechen waren, die körperliche Arbeit für unter ihrer Würde hielten, während jeder jüdische Rabbi ein Handwerk zu lernen hatte.

nach der Winterzeit wieder „ausschlägt" oder „aufblüht". Auf das „Denken an ihn" waren sie freilich immer bedacht, das weiß Paulus. Aber es fehlte ihnen der „kairos", die geeignete Zeit, die Gelegenheit zum Helfen. Schon 2 Ko 8, 2 hatte Paulus die in der Kollektensache säumigen Korinther an die Armut der Mazedonier im Zusammenhang mit schweren Bedrängnissen der Gemeinde erinnert. So waren sie zur Unterstützung des Apostels nicht in der Lage. Nun hat Paulus wieder eine reiche Gabe bekommen, die Epaphroditus aus Philippi mitbrachte (s. o. S. 16). Über ihre tatsächliche Höhe erfahren wir nichts. Paulus bescheinigt, „alles erhalten zu haben", und versichert, nun „Überfluß zu haben" und „erfüllt" zu sein. Das sind freilich sehr relative Begriffe! Der an Mangel und Entbehrung Gewöhnte hält für „Überfluß" und „Fülle", was dem Verwöhnten recht bescheiden vorkommen mag. Die Liebe eines Paulus hat die „Größe" der Gabe sicher mehr an der Armut der Geber als an dem Umfang seiner Bedürfnisse gemessen.

Aber ihm liegt überhaupt nicht an der „Gabe" als solcher, auch wenn er sich „mächtig" an ihr freuen kann. Ihm liegt an der „Frucht". Der Mensch ist von Natur gierig oder doch wenigstens ängstlich im Festhalten seines Besitzes. Wenn er zu geben vermag, und dies noch aus eigener schwieriger Lage heraus (die Gemeinde stand noch immer im Kampf 1, 27–30), dann zeigt sich darin die Wirkung des Wortes, das den Menschen zum Vertrauen auf den lebendigen Gott gebracht und das Herz zur Liebe befreit hat. Solche „Frucht" begehrt Paulus. Wir sahen es mehrfach in unserm Brief, wie er nicht nur eine Gnade kennt, die als verheißungsvoller Bogen über einem unverändert grauen Leben steht, sondern eine solche, die das wirkliche Leben umwandelt und für Gott tatsächlich fruchtbar macht. Er hat eben das geschäftliche Bild verwendet. So gebraucht er es nun gleich noch einmal und sagt: Diese wachsende Frucht kommt „auf eure Rechnung". Euer Konto steigt dadurch. In feiner Weise verbindet Paulus den Dank für das große Geschenk mit der vollen Unabhängigkeit den Philippern gegenüber: Sie erhöhen nur ihren eigenen Kontostand, wenn sie die Frucht bringen, die von einer Pflanzung des Evangeliums erwartet werden darf. Der eigentliche Grund der Freude des Apostels liegt nicht in der Hilfe, die er selbst erfährt, sondern in dem Gedeihen der Gemeinde, das in solchen Gaben zum Ausdruck kommt.

Denn für seine Person hat Paulus gelernt, **„in der Lage, in der er ist, selber auszukommen".** Und nun beschreibt er eine Lebenshaltung, die wieder mit manchem „griechischen" oder „philosophischen" Ideal verwandt erscheint, die aber in Wahrheit diese „Ideale" weit unter sich läßt und selber nicht ein „Ideal", sondern einfache Wirklichkeit ist. Wenn der Mensch sein „Menschsein" entdeckt, dann werden ihm seine Triebe zur Not, die ihn zum bloßen Naturwesen stempeln und hart an die Verhältnisse binden. Wird er wahrhaft „Mensch" nicht erst dann, wenn er die Triebe möglichst abtötet und sich aus der Knechtschaft der Verhältnisse befreit? „Frei" ist der Mensch erst, wenn er die „Autarkie" besitzt, die Fähigkeit, sich selbst zu genügen, „selber auszukommen". Aber nur der „Genügsame" hat sie! Darum kommt der Philosoph stoisch-kynischer Richtung zur „Askese", zur möglichst armen und primitiven Lebensgestalt.[65] Dadurch hofft er Freiheit und Menschenwürde zu retten. Je wilder und raffinierter der Lebensgenuß und die Lebensgier in der zu Ende gehenden Antike wurden, um so mehr sahen sich ernste Menschen auf diesen Weg getrieben. Was hier gedacht und erfahren wurde, hat dann später mitten in der Christenheit im Mönchtum wieder und wieder seine innere Macht über Menschenherzen entfaltet. Bedürfnisse ketten, Bedürfnislosigkeit befreit. „Askese" heißt der Weg in diese Freiheit. Und doch ist es nur eine halbe Freiheit, die so gewonnen wird. „Ich kann fasten[66], ich kann hungern, ich kann Mangel leiden", so sagt dankbar und stolz der Asket. Das ist freilich „Freiheit" denen gegenüber, die das nicht können und an ihre vielen Bedürfnisse gebunden bleiben. Der „Mönch" bleibt darum eine ernsthafte Frage auch an uns! Paulus aber fügt die andere Hälfte hinzu: „Ich kann satt sein, ich kann Überfluß haben." Beides zusammen – das ist die volle und ganze Freiheit. Zwar auch Paulus hat das „gelernt" und nicht einfach „gekonnt"; diese Freiheit fiel ihm nicht einfach in den Schoß. Das ist ein hilfreiches Wort für uns, das wir beachten müssen. Unsere falschen Gedanken über die göttliche Gnade und die menschliche Unfähigkeit zum Guten erwecken in uns oft törichte Erwartungen und hindern uns am „Lernen" und am notwendigen Einsatz unseres Willens. Nun aber ist Paulus **„in alles und jedes eingeweiht"** – freilich eine „Weihe" sehr anderer Art als die in den feierlichen Liturgien der Mysterien! Jetzt „kann" er „alles". Aber dieses „Können" ist bei allem Lernen und Eingeweihtwerden doch etwas grundanderes als bloße Willenszucht eines Asketen. **„Alles vermag ich durch Den, der mich stark macht (Christus)".** Ob der Name „Christus" hier ausdrücklich mitzulesen ist oder nicht, aus Christus jedenfalls stammt die „Ermächtigung" zu der vollen Freiheit, die Paulus hat. Weil „das Leben" für ihn „Christus" ist (1, 21), darum hängt er nicht mehr an dem, was die Menschen „das Leben" nennen. Darum kann er es ruhig einmal reichlich und gut haben und sich sättigen, es wird ihm nicht zur Gefahr. Darum kann er aber auch fröhlich entbehren und ohne Angst und Unmut hungern.[67] So **braucht** er die Gabe der Philipper nicht. Er hat die „Autarkie". Auch das Verhältnis zu dieser Gemeinde, der er

[65] Anm. So ging schon Sokrates über den Markt und freute sich an dem Vielen, was er — nicht brauchte So wohnte Diogenes in der Tonne. Weil die Philosophen dieser Art „wie die Hunde" lebten, bekamen sie den Spottnamen „Kyniker" = „die Hündischen", der (wie so viele Spottnamen in der Geschichte) von ihnen selbst aufgenommen und als Ehrenname getragen wurde.

[66] Anm. Das Wort kann freilich auch allgemeiner „sich gering machen, niedrig sein" bedeuten. Aber schon im griechischen AT wird es speziell für „sich kasteien, fasten" gebraucht: 3 Mo 16, 29. 31; 23, 27; Ps 35, 13.

[67] Anm. Wir werden sehr ernst zu prüfen haben, ob u n s e r e „christliche" oder „lutherische Freiheit", die wir oft so gereizt verteidigen, wirklich etwas mit dieser Freiheit des Paulus zu tun hat!

das persönliche Geben erlaubt hat, entstellt kein heimliches Schielen nach dem, was sie ihm schenkt. Er ist königlich frei. Aber eben wirklich „königlich" und nicht „asketisch". Darum braucht er die reiche Gabe, die Epaphroditus mitbrachte, auch nicht verlegen oder ängstlich zurückzuweisen, sondern kann sich mächtig über sie freuen und einmal wieder „Überfluß" haben. Das ist Jesu sichtbare Wirkung! Zwar die „herrliche Freiheit der Kinder Gottes" kommt in ihrer Fülle erst, wenn Jesus Sein Werk bei Seiner Parusie vollendet. Aber das Christentum ist doch nicht nur „Vertröstung auf die Zukunft oder aufs Jenseits". Jesus ist schon heute Der, der die Menschen zu solcher herrlichen Freiheit ermächtigt, wie sie uns hier an Paulus sichtbar wird.

Paulus hat den Kampf geführt gegen alle „gesetzliche" Heiligung. Er hat es besonders den Kolossern gezeigt (vgl. die Auslegung des Kolosserbriefes S. 233 ff.), wie alle „Satzungen" immer nur Teile unseres Lebens für Gott aussondern, anstatt das gesamte Leben mit Gott in Verbindung zu bringen und dadurch zu heiligen. Es ist darum für Paulus kennzeichnend, daß am Schluß gerade dieser „Quittung" über einen empfangenen Geldbetrag die Gedanken zwanglos zu Gott emporgehen. Hier wird nicht einer „weltlichen" Sache ein erbauliches frommes Schwänzchen angehängt. Paulus ist tief davon durchdrungen, daß die Gabe, die ihn „erfüllt", eigentlich Gott gegeben ist. Ein „Opfer" wird ja nie Menschen, sondern nur Gott gebracht. So ist auch dieses Geld, dieses harte und wirklich oft „schmutzige" Geld, **„ein wohlriechender Opferduft, ein willkommenes Opfer, wohlgefällig Gott".** Gott aber läßt sich nichts schenken. Haben die Philipper aus eigener Not und Armut heraus dies Opfer gebracht, so führt das einen Paulus keinen Augenblick zu den bei uns dann üblichen Erwägungen: Ihr hättet doch nicht so viel geben sollen, ihr habt ja selber so wenig, ich kann das ja gar nicht annehmen! Nein, königlich als der Bevollmächtigte eines großen und reichen Gottes steht Paulus vor der schenkenden Gemeinde. **„Mein Gott"**, der Gott, dem ich diene, der Gott, dessen Macht und Treue ich so oft erprobt habe, **„wird erfüllen allen euren Bedarf nach Seinem Reichtum durch Herrlichkeit in Christus Jesus".** Sicher denkt Paulus beim Beginn des Satzes an die mancherlei äußeren Nöte und Schwierigkeiten in Philippi. Gott kann „jeden Mangel ausfüllen", Er ist ja „reich". Aber wie in den Fürbitten aller Briefe der Blick des Paulus sofort auf die innere Gestalt des Gemeindelebens ging, so sieht er auch den „Bedarf" der Philipper tiefer als in dem, was ihnen äußerlich fehlt. Da aber steht erst recht der Reichtum Gottes zur Verfügung, der ja ein „Reichtum durch Herrlichkeit in Christus Jesus" ist. Für das, was die Philipper jetzt entbehren – auch durch ihr williges Geben für Paulus –, erhalten sie zuletzt ewige Herrlichkeiten. Denn **„Dem, der Gott und unser Vater ist, gehört die Herrlichkeit in die Äonen der Äonen".**

Grüße und Abschluß

Philipper 4, 21–23

21 **Grüßt jeden Heiligen in Christus Jesus. Es grüßen euch die**
22 **Brüder, die mit mir zusammen sind. * Es grüßen euch alle Heili-**
gen, am meisten die aus des Kaisers Hause.
23 *** Die Gnade des Herrn Jesus Christus mit eurem Geist!**

Zu Vers 22:
39* Phil 1, 13
Zu Vers 23:
40* Gal 6, 18

Auch der antike Brief endet wie der moderne mit Grüßen. Zuerst bittet Paulus selbst um Grüße. Der Brief wird zwar in der Gemeindeversammlung vor allen vorgelesen werden. Aber es liegt Paulus daran, daß wirklich jeder einzelne sich gegrüßt weiß und daß auch diejenigen Heiligen den Gruß empfangen, die – vielleicht als Sklaven oder als Kranke – bei der Verlesung des Briefes nicht zugegen sein konnten. Irgendwie hat Paulus Grund, in diesem Brief das „alle" und „jeder" besonders zu betonen (vgl. o. S. 42). Wenn er in seiner Mahnung 2, 2 bittet: Macht meine Freude an euch vollkommen, indem ihr die volle Einmütigkeit unter euch herstellt, so müssen in diesem Punkt Schwierigkeiten bestanden haben, ohne daß es dabei schon um tiefere „dogmatische" Differenzen ging, von denen in unserm Brief nichts zu merken ist. Auch die Spannungen zwischen zwei aktiv tätigen Frauen in der Gemeinde werden nicht auf die beiden persönlich beschränkt geblieben sein. Wie leicht konnten daraus eifersüchtige und mißtrauische Gedanken auch im Bezug auf die Verbundenheit mit dem Apostel bestehen. Darum will Paulus am Schluß noch einmal sagen: Kein einziger in der Gemeinde ist von meiner Liebe, meinem Gedenken und meinen Grüßen ausgeschlossen; jeder ist als ein „Heiliger in Christus Jesus" mir teuer und wert; bringt das auch dadurch zum Ausdruck, daß ihr keinem meinen Gruß vorenthaltet!

Trotz der Verschärfung seiner Haft hat Paulus die Möglichkeit des persönlichen Zusammenseins mit Brüdern.[68] Diejenigen, die eben mit ihm zusammen sind, bestellen ihre Grüße.

Aber auch „alle Heiligen", also die ganze Gemeinde am Ort, zu denen der Apostel ebenfalls noch lebendige Beziehungen unterhalten kann, lassen die Philipper grüßen. Darunter **„am meisten die aus des Kaisers Hause"**. Der vielfach bezeugte zeitgenössische Sprachgebrauch macht es sicher, daß hier nicht Glieder der kaiserlichen Fa-

[68] Anm. Von da aus gesehen ist der viel gerühmte „Fortschritt" in der „Humanität" der Gefangenenbehandlung heute doch recht fraglich. Die materielle Versorgung mag sehr viel besser geworden sein; im eigenlich „Menschlichen" aber wird es für die Verhafteten nur immer schwerer. Man denke: Ein Mann, der in einen politischen Prozeß auf Leben und Tod verwickelt ist, kann lange Briefe schreiben, die nicht einmal durch die Zensur gehen, und kann dauernd Freunde und Mitarbeiter empfangen! Heute muß ein Gefangener froh sein, wenn er monatlich einmal eine begrenzte Anzahl vorsichtig gewählter Worte an die nächsten Angehörigen schreiben darf!

39* Phil 1, 13: Es ist nämlich bei der ganzen kaiserlichen Leibwache und auch sonst überall offenkundig geworden, daß ich um Christus willen meine Fesseln trage.
40* Gal 6, 18: Die Gnade unsers Herrn Jesus Christus sei mit eurem Geiste, liebe Brüder! Amen.

milie, sondern „Angestellte des kaiserlichen Hofstaates“ gemeint sind, die überwiegend Sklaven, allenfalls auch Freigelassene waren. Solche „Kaisersklaven“ gab es nicht nur in Rom, sondern im ganzen Römischen Reich. Für Ephesus sind uns sogar „Vereine“ solcher Kaisersklaven bezeugt. So kann es sie auch in Philippi, dieser römischen Militärkolonie, gegeben haben. Aber der ganz besondere Gruß der Hofangestellten, mit denen der gefangene Apostel verbunden ist, wird nicht darauf beruhen, daß sie in der Gemeinde in Philippi Standesgenossen wußten. Das wäre dann wohl doch deutlicher ausgedrückt. Auch sonstige, uns unbekannte Gründe persönlicher Art brauchen wir für diesen Gruß nicht anzunehmen. „Christen – und zwar doch wirkliche Christen! – im Palast und Hofstaat eines Nero!“ – das mußte die Philipper in Dank und Freude und Bangen hoch aufhorchen lassen! Also bis dahin hat das Evangelium seinen Weg gefunden! „Heilige“, Menschen, die ein Eigentum Jesu sind und dem wahren und lebendigen Gott dienen, gibt es sogar in der Hofhaltung des Caesar! Aber wie schwer werden sie es gehabt haben! Wie bedürfen gerade sie der Bruderschaft und der tragenden Fürbitte der Gemeinden. Das alles hören wir aus diesem Zusatz heraus: „am meisten die aus des Kaisers Hause“. Freut euch über die Wunder der Macht Jesu, der selbst hier Menschen aus Sünde und Todeswesen herausgerettet hat! Aber vergeßt uns auch nicht, betet besonders für uns, daß wir in Christus bewahrt bleiben!

Paulus hat seinen diktierten Briefen gern einen eigenhändigen Schlußgruß hinzugefügt (z. B. Gal 6, 11; Kol 4, 18; 2 Th 3, 17). Er tut es hier nicht ausdrücklich. Aber das **„Die Gnade des Herrn Jesus Christus mit eurem Geist!“** mag so von ihm selbst unter den Brief geschrieben worden sein.

Das Wort „Geist“ findet sich als Bezeichnung des Inwendigen im Menschen überhaupt. Es wird aber von Paulus besonders im Blick auf den Christen gebraucht, bei dem der Geist Gottes das Innenleben aus dem bloß „seelischen“ Bereich emporgehoben hat. Nun hat der Mensch erst ernsthaft einen „Geist“. Aber auch dieser Geist, dem der Geist Gottes die Kindschaft bezeugt (Rö 8, 16), bedarf stetig der „Gnade“ Jesu. „Heilige“ sind auch die Geliebten in Philippi nur „in Christus Jesus“. Es gibt keinen von Jesus gelösten „selbständigen“ Christenstand. Völlig aus der Gnade Jesu leben, das macht den vollkommenen Christen. Darum faßt dieser letzte Wunsch des Apostels alles zusammen, was Christen zuletzt gewünscht werden kann. Es ist aber mehr als ein „Wunsch“! Er, der der „Herr“ ist, Jesus-Jehova, Jesus, der Christus, Er, dem sich alle Knie im Weltall beugen werden, Er *ist* den Philippern gnädig. „Genug ist für dich Meine Gnade“, hat Jesus in schwerer Anfechtung Seinem Paulus gesagt. So kann alles, was der Brief der Gemeinde zu sagen hatte, zusammengefaßt zur Ruhe kommen in der Gewißheit: **„Die Gnade des Herrn Jesus Christus mit eurem Geist!“**

Der Abfassungsort unseres Briefes

Der Philipperbrief ist lange Zeit selbstverständlich in die (erste) römische Gefangenschaft des Apostels gelegt worden. So hat es schon die alte Kirche getan. Darum steht auch in einem Teil der Handschriften unter dem Brief: „Geschrieben von Rom durch Epaphroditus." Diese Unterschrift beruht aber auf Rückschlüssen und Meinungen der Abschreiber und hat als solche keine unmittelbare Beweiskraft.

Die Abfassung unseres Briefes in Rom schien ohne weiteres klar, solange man am Schluß „die aus des Kaisers Hause" als Glieder der kaiserlichen Familie oder wenigstens als Bewohner des kaiserlichen Palastes ansah. Nun ist es aber sicher, daß der Sprachgebrauch hier Angestellte des kaiserlichen Hofstaates meint, die keineswegs in Rom zu suchen sein müssen. So kann die Abfassung des Briefes in Rom mindestens in Frage gestellt werden. Und dazu meint man in der Tat gewichtige Gründe zu haben.

Der Ausdruck „Prätorium" in 1, 13 bezeichne nun einmal zunächst den Amtssitz eines römischen Statthalters, den es in Rom nicht geben kann. Ferner sei die Entfernung Rom–Philippi für die damaligen Reiseverhältnisse so groß, daß man sich die nahe und rasche Verbindung schwer vorstellen könne, die der Brief zwischen Paulus und der Gemeinde offenbar voraussetze. Habe Paulus im Falle seines Freikommens in Rom bei seinen bestimmten Reiseplänen nach Spanien (Rö 15, 24) und auch sonst bei der Weite seines Arbeitsfeldes daran denken können, sofort von Rom direkt nach Philippi zu eilen? Ganz anders verständlich werde das, wenn man an die Gefangenschaft in Caesarea oder gar an eine solche in Ephesus denke, auf die auch 1 Ko 15, 32 eine Hindeutung gebe. Ein „Prätorium" ist für Caesarea ausdrücklich bezeugt, und einen Verein kaiserlicher Haussklaven kennen wir gerade für Ephesus.

Es muß demgegenüber aber doch gesagt werden, daß wir mit solchen Annahmen recht unsicheren Boden betreten. In Caesarea ist eine solche Verschärfung in der Lage des Apostels mit der drohenden Möglichkeit eines Todesurteils, wie sie der Hintergrund unsres Briefes ist, fast ausgeschlossen. Die Schilderung der Apostelgeschichte läßt dafür nicht den geringsten Raum. Und für eine Gefangenschaft und einen Prozeß in Ephesus sind wir – abgesehen von der vieldeutigen Bemerkung in 1 Ko 15, 32 – vollends auf eigene Konstruktionen angewiesen. Sollen wir uns auf so unsichren Boden begeben? Dazu müßten die Bedenken gegen eine Abfassung des Briefes in Rom doch noch zwingender sein. „Prätorium" k a n n eben doch auch die Prätorianergarde oder ihre Kaserne bezeichnen. Konnte Paulus nach der langen Zeit in Rom nicht Gründe genug haben, zunächst aufs neue seine alten Gemeinden zu besuchen und die Evangelisation in Spanien zu verschieben? Unerwartete Änderungen seiner Reisepläne sind ihm auch früher schon zum Vorwurf gemacht worden (2 Ko 1, 17)!

Muß das „bald" in 2, 24 für den Schreiber und für die Empfänger bedeuten, daß Paulus acht Tage nach seinem Freispruch unmittelbar in Philippi eintrifft? War man nicht an lange Reisen über mancherlei Stationen hin damals so gewöhnt, daß man ein solches „bald" ganz anders empfand als wir heute? Man wird urteilen müssen, daß die im Brief geschilderten Verhältnisse immer noch am besten auf eine nach Apg 28, 30. 31 eingetretene Wendung in dem Prozeß passen, der durch des Paulus Berufung auf den Kaiser und seine Verbringung nach Rom in Gang gekommen war.

Für das innere Verständnis des Briefes ist die nicht abschließend zu lösende Frage nach Ort und Zeit der Abfassung von geringem Gewicht.

Der Brief des Paulus an die Kolosser

Erklärt von

Dr. Werner de Boor

Verlag R. Brockhaus Wuppertal

Einleitung zum Brief an die Kolosser

Der Kolosserbrief ist an die Gemeinde in *Kolossä,* die zur römischen Provinz Asia gehörte, gerichtet. *Kolossä* liegt am Lykos-Fluß, nicht weit, wo dieser Fluß in den Mäanderstrom, etwa 200 km von Ephesus landeinwärts entfernt, einmündet.

Mit Ephesus war Kolossä durch eine große Handelsstraße verbunden. Diese uralte, berühmte Handelsstraße verband den griechisch-römischen Kulturkreis am Mittelmeer mit dem Persischen Meerbusen, und zwar lief diese Handelsstraße von Ephesus über Laodicea — Kolossä — Antiochien (in Pisidien) — Ikonium — Lystra — Derbe — Tarsus — Issus nach Syrien — Mesopotamien — Medien — Persien!

Schon Herodot und Xenophon kennen Kolossä als große und reiche Stadt. Plinius zählt sie zu den „berühmtesten Städten" Kleinasiens.

Die Fruchtbarkeit des Lykos- und Mäander-Tales, der sehr rege Handelsverkehr und eine blühende Tuchweberei schufen Wohlstand und weckten Handels- und Unternehmungsgeist. Die tiefschwarze Wolle des Lykostales war überall sehr begehrt.

Schwere Erdbeben erschütterten häufig diese fruchtbare Gegend. Das schreckliche Erdbeben zur Zeit des römischen Kaisers Nero (um 60 n. Chr.) legte die drei Städte Kolossä, Laodicea und Hierapolis in Trümmer. Kolossä scheint sich nicht wieder von dieser Katastrophe erholt zu haben. Es verschwindet mehr und mehr aus der Geschichte.

Paulus hat auf seiner zweiten und dritten Missionsreise, als er in diesen Gegenden weilte, die Städte des Mäander- und Lykostales *nie* besucht. Ein Mitarbeiter des Paulus, namens Epaphras, hat die Gemeinde Kolossä gegründet (Kol. 1, 6 f. und 4, 12 f.). Epaphras ist vielleicht in Ephesus vom Apostel zum Christentum bekehrt worden. Paulus nennt ihn *„einen lieben Mitknecht"* (Kol. 1, 7). Die benachbarten Gemeinden von Kolossä, nämlich Laodicea und Hierapolis, sind wahrscheinlich auch von Epaphras gegründet worden (Kol. 4, 13). Als Paulus in römischer Gefangenschaft weilte, überbrachte Epaphras dem Apostel Kunde von der Liebe der Kolosser zu dem Apostel und erstattete ihm Bericht über den trefflichen Stand der Gemeinde (Kol. 1, 3 ff.). Dann machte Epaphras auch Mitteilung von der schweren Gefährdung der Gemeinde durch Irrlehren, die in die Christenschar von Kolossä eingebrochen waren.

Daß Epaphras nicht gleich nach Kolossä zurückgekehrt ist, geht aus Kol. 4, 12 f. hervor. Nach Philemon 23 hat Epaphras als *„Mitgefangener"* (Kol. 4, 10 und Rö. 16, 7) die Haft des Apostels Paulus wohl freiwillig geteilt. Dies erklärt, warum er noch bei Paulus bleibt. — Paulus nennt seinen Mitarbeiter Epaphras seinen *„Mitgefangenen in Christus"* (Philem. 23).

Der Brief an die Kolossäer wurde durch den Boten *Tychikus* übermittelt. Er wird Kol. 4, 7 genannt. Tychikus ist derselbe Bote, dem auch der *Epheserbrief* anvertraut wurde (Eph. 6, 21). In seiner Begleitung befand sich der Sklave Onesimus (Kol. 4, 9), der den Philemonbrief als ein prächtiges Empfehlungsschreiben bei sich führte.

Obwohl Paulus die Gemeinde von Kolossä nie besucht hatte, hielt er es doch für ratsam, einen Brief an sie zu schreiben. Wie die anderen Gefangenschaftsbriefe (siehe die Einleitung zum Philipperbrief) wurde der Brief an die Kolosser auch von Rom aus geschrieben.

Es fragt sich nun, *woher* die Irrlehren kamen, welche die Gemeinde von Kolossä so sehr bedrohten.

Wenn Paulus von Speisesatzungen und auch von der Beobachtung von Neumondfasten und Sabbaten spricht (2, 16), so weist das deutlich auf Irrlehren *jüdischer* Herkunft hin. Daß *Juden* in Kolossä wohnten, beweist ein Bericht des jüdischen Geschichtsschreibers *Flavius Josephus,* der schreibt, daß Antiochius der Große etwa 2000 jüdische Familien nach Phrygien (das ist das Land, in welchem *Kolossä* lag) verpflanzt hatte. Ein anderer Beleg für die Tatsache, daß in Kolossä Juden lebten, ist, daß einmal jüdische Tempelsteuergelder, die für Jerusalem bestimmt waren, vom römischen Feldherrn Flaccus beschlagnahmt worden waren.

Und noch ein drittes sei erwähnt: Bei einer Judenverfolgung in der Nachbarstadt Laodicea sollen in den drei Städten Kolossä, Laodicea und Hierapolis im ganzen 12000 Juden ums Leben gekommen sein.

Aus dieser zahlreichen jüdischen Einwohnerschaft in Kolossä erklärt sich dann auch die Forderung, doch gewisse *Gesetze* des Alten Testaments zu beachten, um noch eine *„bessere Heiligkeit"* in der Nachfolge Christi zu erzielen als Paulus verkündigte. Man verlangte darum das Halten vom Sabbat und das festliche Begehen von Neumondfeiern (Kol. 2, 16). Dazu kam noch die einseitige Betonung levitischer Reinheitsgesetze, der Beschneidung (vgl. Kol. 2, 11. 16. 21). Die Beachtung solcher Vorschriften würde sich, so meinte man, mit dem Christenglauben gut vertragen, ja sogar ihn heiliger und vollkommener gestalten.

Zu diesen jüdischen *Einflüssen* traten noch hinzu die *Verführungen* durch *gnostische Irrlehrer*. Diese Irrlehrer behaupteten, die echte Christusnachfolge werde vertieft durch eine *höhere Erkenntnis*. Man bezeichnete diese als Philosophie (Kol. 2, 8). Man sagte, daß der Christ durch die Beachtung asketischer Vorschriften, durch Schauung göttlicher Gesichte und Visionen, durch das Hören „innerer Stimmen" immer mehr zur Vollkommenheit gelange (Kol. 1, 9. 28; Kol. 2, 10. 16. 18. 21. 23; Kol. 3, 5. 14; Kol. 4, 12).

Anstatt in Christus ganz allein die Erlösung zu suchen und zu finden, huldigten diese Irrlehrer einer zwar verborgenen, aber sehr bewußten *Selbsterlösung* (Kol. 1, 13; Kol. 2, 16—19). Der Erlösungstod Christi müsse, so lehrten die gnostischen Irrlehrer weiter, *„ergänzt"* werden, und zwar dadurch, daß man auch *daneben* noch die Geisterwelt zu berücksichtigen hätte (Kol. 2, 18. 23). Christus sei nicht der einzige Mittler, sondern gehöre in die Reihe der Geistermächte hinein. Die volle christliche Erkenntnis sei *nicht* in Christus allein zu finden.

Zwar wolle man keineswegs mit Christus brechen, aber, so hieß es, man dürfe die Anbetung und Verehrung des Christus nicht übertreiben. Es gehe nicht an, den Glauben an die Geister, den Kult der Engel, die Verehrung der „Elemente" als Nebensache anzusehen, denn „Geister" und „Engel" und „Elemente" seien doch auch Geschöpfe Gottes. (Was man unter „Elemente" versteht, siehe in der Erklärung des Kolosserbriefes zu Kap. 2, 8 und 2, 20.) Auch sei die Macht dieser Gegebenheiten viel zu groß, als daß sie in den Hintergrund gedrängt werden sollte.

Eine wichtige Rolle spielten weiter die „menschlichen Überlieferungen". Vielleicht ist hier nicht so sehr an die „Aufsätze der Ältesten" zu denken, sondern an alte Volksbräuche und mündlich weitergegebene Lehren, die aus der völkischen Eigenart der Kolossäer hervorgegangen waren. — Diesem allen hätten Paulus und seine Mitarbeiter zu wenig Rechnung getragen ...

Was ist die Antwort des Apostels auf diese kolossäischen Irrlehren, die, grundsätzlich gesehen, das apostolische Christentum ergänzen wollten, und zwar einerseits durch eine *„höhere Heiligkeit"* und andererseits durch eine *„höhere Erkenntnis"?* Die Antwort des Paulus auf diese Irrlehren, die immer wieder das menschliche Herz als solches offenbaren, nämlich das Erlösungswerk Christi *durch eigene Anstrengungen und Bemühungen im Handeln und Denken vervollständigen zu wollen,* die Antwort des Paulus, niedergelegt im Kolosserbrief, ist folgende:

Die einzigartige göttliche Würde und Herrlichkeit der Person Jesu Christi wird wunderbar und kristallklar „herausgemeißelt". Seine ewige, vorweltliche und überweltliche Erhabenheit über alles Geschöpfliche, auch über Engel- und Geistermächte, wird dargelegt. Die Fülle der Gottheit wohnt in Ihm leibhaftig. *ER* ist der Erlöser. Neben Ihm gibt es kein Geistwesen als Mittler unseres Heils. *ER* ist das Haupt der Gemeinde, die Sein Leib ist. In Christus allein ist nicht nur die Erlösung in vollem Maße durchgeführt, sondern in Ihm kann auch jeder zur Vollkommenheit heranreifen, in Ihm ganz allein (Kol. 1, 19 f. 28; Kol. 2, 2 f. 10).

Wer Christus erkennt und in Ihm lebt, bedarf keiner Weltweisheit oder trügerischen Philosophie; denn in Christus „sind alle Schätze der Weisheit und Erkenntnis verborgen". Es gilt, diesem Reichtum sich immer wieder neu hinzugeben in demütiger Andacht und in aufrichtigem Ausleben praktischer Heiligung (vgl. Kol. 1, 6. 9. 10; Kol. 2, 2. 3; Kol. 3, 10. 16).

Wie der „Kyrios Christos", d. h. der „Herr Christus" in den gewaltigen Mosaikgemälden altchristlicher Basiliken (altchristlicher Kirchbauten) von der Apsis (Altar-Raum) herab den ganzen Kirchenraum beherrscht, die Blicke aller auf sich lenkt und ihre Gedanken an sich fesselt, so läßt Paulus das Antlitz des Gottessohnes vor den Augen der Kolosser aufleuchten. Denn Paulus weiß: „Wer einmal diese Herrlichkeit geschaut hat, wird nicht mehr leicht von den Ersatzversuchen der Irrlehrer betört."

Der neutestamentliche Forscher Adolf Reihsmann hat den Kolosserbrief mit einer „dynamisch präexistenten Kantate" von Bach verglichen.

Adolf Reihsmann meint: „Öffne ich die Kapellentür des Kolosserbriefes, so ist mir's, als säße Johann Sebastian Bach auf der Orgelbank."

In den johanneischen Schriften, sowohl im Evangelium als auch in den Briefen, werden gegen Ende des Jahrhunderts diese gewaltigen christozentrischen Lehren und praktischen Anweisungen des Kolosserbriefes fortgeführt. Und je mehr man den Kolosserbrief mit dem Prolog des Johannesevangeliums vergleicht, desto mehr entdeckt man zwischen beiden die wunderbarsten Beziehungen, ein Beweis, wie einzigartig und kostbar das paulinische und das johanneische Christentum zusammengehören und eines sind.

Die Ausführungen des Paulus im Kolosserbrief werden feierlich — ohne jede Polemik — aufgebaut und entfaltet. Die beste Abwehr aber gegen alle Irrlehre und Schwärmerei ist damals wie heute ein heiliger Wandel in Seiner Kraft. (Vgl. Kol. 1, 10—12. 28; Kol. 2, 5—6. 10; Kol. 3, 4. 10. 14. 16; Kol. 4, 12 u. a.).

Fritz Rienecker

Der Eingangsgruß

Kolosser 1, 1. 2

1 **Paulus, Apostel des Christus Jesus durch Gottes Willen, und**
2 **Timotheus, der Bruder, * an die in Kolossä [wohnenden] heiligen**
und gläubigen Brüder in Christus· Gnade [werde] euch [zuteil]
und Friede von Gott unserm Vater.

Zu Vers 1:
1* Eph 1, 1
Zu Vers 2:
2*Eph 1, 2
3*Rö 1, 7

Paulus schreibt (oder richtiger: diktiert; nur der Schlußgruß **4,** 18 ist ausdrücklich von seiner eigenen Hand) den folgenden Brief. Indem wir diesen Brief lesen, stehen wir in unmittelbarer Verbindung mit Paulus. Der Abstand der 1900 Jahre ist überbrückt, wir hören selber Paulus reden. Wie wichtig ist diese Tatsache allen historischen Zweifeln gegenüber! Wir haben hier die Begegnung mit dem Mann, der wenige Jahre nach der Kreuzigung Jesu ein Christ wurde, der den Auferstandenen selbst gesehen hat, der einen Petrus, Johannes und den Bruder Jesu, Jakobus, genau kannte! Wie gespannt, wie gründlich müssen wir jedes Wort hören: Paulus redet zu uns!

Er redet aber nicht als große Persönlichkeit, als der bedeutende Mensch und der orginale Denker (wiewohl er das alles auch ist!). Er redet als **Apostel des Christus Jesus.** Das Fremdwort „Apostel" ist uns vertraut. Aber wie Wasser bei einem Durchfluß durch Erdschichten eine andere Färbung und anderen Geschmack annimmt, so bekommen auch Worte und Begriffe auf ihrem Weg durch die Geschichte leicht eine „Färbung", die ihre ursprüngliche Bedeutung mehr oder weniger verändert oder verdeckt. Die aus der Reformation hervorgegangenen Kirchen waren vor allem Lehrkirchen mit stark akademischen Zügen. Unter der Kanzel, unter dem Katheder zu sitzen und sich belehren zu lassen, darin bestand im wesentlichen oft das christliche Leben. So sah man auch in einem „Apostel" vor allem den Denker und Lehrer. In dem hebräischen Wort aber, dessen griechische Wiedergabe „Apostel" ist, liegt vor allem der Gedanke der übertragenen Vollmacht. So steht es uns in den Worten des Herrn Jesu Mt 10, 40; Lk 10, 16; Mt 16, 19; Jo 20, 21-23 anschaulich vor Augen. Nicht das Denken und Reden, sondern das vollmächtige Handeln[1] steht im Mittelpunkt des Wortes, auch wenn dies Handeln

[1] Anm. Ein griechischer Geschichtsschreiber schildert einmal, wie die Athener ein Kreuzergeschwader unter einem Admiral aussenden, um eine aufsässige Insel zur Raison zu bringen. Dabei bezeichnet er den Admiral als „apostolos". Von seinem Handeln hätte genau in den gleichen Ausdrücken berichtet werden können, wie sie Paulus in 2 Ko 10, 4—6 im geistlichen Bild für sein bevorstehendes Eingreifen in Korinth verwendet.

1* Eph 1, 1: Ich, Paulus, ein Apostel Jesu Christi durch den Willen Gottes, sende meinen Gruß den Heiligen und an Christus Jesus Gläubigen, . . .

2* Eph 1, 2: Gnade sei mit euch und Friede von Gott unserm Vater und dem Herrn Jesus Christus!

3* Rö 1, 7: Euch allen, die ihr als Geliebte Gottes, als berufene Heilige in Rom wohnt, sende ich meinen Gruß: Gnade werde euch zuteil und Friede von Gott unserm Vater und dem Herrn Jesus Christus.

durch das **„Wort“** geschieht. Unsere politischen Begriffe (die Sprache des Neuen Testaments ist überhaupt stark der politischen Welt entnommen!) eines **„Gesandten“**, eines **„bevollmächtigten Botschafters“** geben die Sache gut wieder, gerade auch die Würde und den Öffentlichkeitscharakter, wie er im Wort „Apostel“ von uns gehört werden muß. So hat Paulus selbst den Sinn seines Auftrages gesehen: 2 Ko 5, 20; 10, 4; 12, 12.[2] Darum ist der hinzugefügte Genitiv **„des Christus Jesus“** nicht eine Bezeichnung des Inhalts, über den der Theologe Paulus nachdenkt und von dem er redet, sondern Bezeichnung des großen Auftraggebers, in dessen Vollmacht er handelt. Es heißt für die Kolosser und auch für uns: „Aufgepaßt!“ Wir haben es nicht mit einem Menschen Paulus und seinen theologischen Meinungen zu tun, sondern mit dem Bevollmächtigten des Herrn Jesu und darin zu letzt mit Jesus selbst. Ein Apostel kann man daher nicht „werden“, wie man Arzt oder Kaufmann oder Ingenieur „wird“.

„Durch Gottes Willen“, hinter den nicht zurückgefragt werden kann, erhält der Mann diese unerhörte Bevollmächtigung. So sieht Paulus selbst Gal 1, 15. 16 auf sein Leben und seine Berufung.

So sind diese wenigen Anfangsworte unseres Briefes von nicht leicht zu überschätzender Bedeutung auch für uns heutige Leser. Sie bringen uns geschichtlich in den unmittelbaren Kontakt mit dem Urchristentum, ja mit Jesus Christus selbst, und bringen uns grundsätzlich in die rechte Stellung des aufmerksamsten Hörens: der von Gott erwählte und beauftragte Bevollmächtigte des Christus Jesus spricht zu uns!

Nicht immer hat Paulus im Briefeingang auf seine Vollmacht als „Apostel“ hingewiesen. Bei der bedeutsamen Reichshauptstadt Rom und bei den in voller Auflehnung begriffenen Galatern tut er es in besonders betonter Weise. Aber in den frühesten uns erhaltenen Schreiben, denen an die Thessalonicher, nennt er nur seinen und seiner Mitarbeiter Namen, und im Brief an die besonders vertrauten Philipper genügt die Bezeichnung „Sklaven des Christus Jesus“. Paulus benutzt keinen vorgedruckten amtlichen Briefkopf!

Nur in dem Brief an die Römer und an die Epheser tritt Paulus allein vor die Gemeinde. In allen anderen Gemeindebriefen stellt er sogleich wenigstens einen Bruder neben sich, der den Brief mitverantwortet. So fährt er auch hier fort: **„und Timotheus, der Bruder“**. (Über die Person des Timotheus vgl. die Erläuterung zu Phil 2, 19.) Das „wir“ in den folgenden Ausführungen ist also ganz schlicht wört-

[2] Anm. Freilich, der Auftrag des „Apostels“ ist ein einmaliger und unwiederholbarer; es ist der „kirchengründende“ Auftrag. Darum steht die Gemeinde aller Zeiten unter der Vollmacht des apostolischen Wortes, unter dem „Neuen Testament“. „Neue Apostel“ sind ein Widerspruch in sich selbst. Mit einem gewissen Recht hat man dagegen auf wirklich „kirchengründende“ Männer des Missionsfeldes diese Bezeichnung in abgeleitetem Sinne angewandt: z. B. „Nommensen, der Apostel der Batak“. In der Arbeit eines solchen Mannes haben wir das beste Bild einer „apostolischen“ Tätigkeit. Nur daß auch ein Nommensen sich vorbehaltlos dem einmaligen Auftrag der Urapostel unterordnete, so wie umgekehrt Paulus die von ihm nicht gegründete Gemeinde in Kolossä mitsamt ihrem Begründer Epaphras ohne weiteres seinem einzigartigen Dienst unterstellt; vgl. zu 1, 25; 2, 1.

lich gemeint. Ob hier eine bewußte Fortsetzung jenes „zu zweit" bei der Aussendung der Jünger durch Jesus Lk 10, 1 vorliegt, ist ungewiß. Tatsache aber ist, daß wir uns den Verkünder und Missionar Paulus nicht als den einsamen Großen vorstellen dürfen, der am Ende noch eifersüchtig darüber wacht, daß kein anderer ihn beeinträchtige. Die Apostelgeschichte gibt ein anderes Bild, z.B. 13, 2; 13, 15; 13, 43; 14, 1; 15, 2; 15, 35; 15, 40; 16, 10; 16, 13; 17, 4; 17,10. Paulus selbst bestätigt es, und zwar gerade für Korinth, wo nach der Apostelgeschichte noch am ehesten an eine Tätigkeit des Paulus allein gedacht werden könnte: 2 Ko 1, 19! Das ist keine Einschränkung seiner Vollmacht, es ist eine Bestätigung, daß es hier um eine **Sache** geht, nicht um Ansichten und Meinungen, um eine Sache, die durch das Zeugnis von zwei oder drei Zeugen bekräftigt wird. (Vgl. 2 Ko 13, 1 nach dem alttestamentlichen Vorbild 5 Mo 19, 15). Paulus betont: Ich teile euch in diesem Brief nicht meine persönlichen Auffassungen mit, sondern spreche die göttlichen Wahrheiten aus, für die auch der Bruder Timotheus mit einsteht. Wie wichtig ist das für uns, die wir in den Nachwirkungen der neueren Kirchengeschichte mit ihren „Richtungen" und Schulhäuptern auch den Pfarrer auf der Kanzel als einen „Redner" ansehen, der seine „Ansichten" über Gott vor uns ausbreitet!

Nun blickt Paulus auf die Menschen, an die er den Brief richtet. Dem Wortlaut nach stehen hier z w e i „Ortsbezeichnungen": die Empfänger des Briefes befinden sich **„in" Kolossä** und **„in" Christus.** Das eine ist ihr irdischer Wohnort, den sie bei dem flutenden Verkehr des damaligen Weltreiches leicht auch wechseln können. Das andere ist ihr grundsätzlicher und bleibender „Ort", der ihr ganzes Dasein bestimmt. Denn so wie die Welt grundmäßig „im Argen" liegt (1 Jo 5, 19), so „liegt" jede wirkliche Gemeinde „in Christus", sie befinde sich geographisch wo immer sie wolle. Weil die Männer in Kolossä „in Christus" sind, darum sind sie mit dem „Bevollmächtigten des Christus Jesus" von vornherein wesentlich verbunden und für sein Wort offen. Eben darum sind sie ja auch wirklich „Brüder".

Und zwar **„heilige und gläubige Brüder".** Was darin liegt, wird der Brief noch vielfach entfalten. Hier am Anfang wollen wir nur auf den freudigen und festen Klang hören, der in dieser Anrede liegt. Wie haben wir alles mit Problematik zerfasert! Paulus hat Fragen und Sorgen genug, wenn er nach Kolossä hinüberdenkt. Aber hell steht es vor ihm: Dort in Kolossä gibt es ganz bestimmte Menschen, die sind „heilig", die sind von Gott erwählt und zu Seinem Eigentum gemacht, und die sind „gläubig", ihr Jasagen zu dieser göttlichen Erwählung bestimmt ihr ganzes Dasein. Paulus hat es nicht als „pharisäisch" empfunden, bestimmte Männer in jener kleinasiatischen Stadt als „heilig und gläubig" zu bezeichnen. Er war offenbar auch nicht gehemmt durch das Bedenken, man könne doch niemand ins Herz sehen und wisse darum nie, ob einer wirklich glaube.

Daß diese Männer **in Kolossä** wohnen, ist nicht entscheidend für ihr Leben, aber auch nicht bedeutungslos. Der Herr Jesus selbst

„weiß, wo du wohnst" (Offb 2, 13). Unser Wohnort kann unser äußeres Schicksal bestimmen und uns auch innerlich spürbar beeinflussen. Kolossä lag landeinwärts von Ephesus im Tal des Lykus, von den Städten Laodikea und Hierapolis nur dreizehn Kilometer flußaufwärts entfernt. Einst groß und angesehen, war es zur Zeit des Paulus von dem politischen Vorort Laodikea und dem medizinisch und religiös berühmten Hierapolis („Heiligenstadt") in den Schatten gedrängt worden. Die gebirgige Gegend erhebt sich im Berge Kadmos bis zweitausendvierhundert Meter Höhe. Sie ist vulkanischer Formation mit wild zerklüfteten Tälern und heilkräftigen warmen Quellen, fruchtbar und besonders zum Weinbau geeignet. Berühmt waren die in Kolossä hergestellten Farbstoffe; „kolossisch" war die Fachbezeichnung für eine bestimmte Purpurfarbe. Auch eine blühende Woll- und Webstoffindustrie ist uns für die Stadt bezeugt. Daher gab es dort solche wohlhabenden Männer wie Philemon, dessen Haus eine eigene „Hausgemeinde" umfassen konnte (Philemonbrief). Vielleicht war darum gerade auch in Kolossä (im Zusammenhang mit der Flucht des Onesimus?) die Sklavenfrage für die Gemeinde wichtig (s. 3, 22–25): „Industrie" bedeutete damals die Beschäftigung vieler Sklaven. Wenige Jahre nach dem Schreiben des Paulus ist die Gegend von einem Erdbeben heimgesucht worden. Bestimmte Nachrichten haben wir nur über die Zerstörung in Laodikea; doch wird ein so nah gelegener Ort wie Kolossä schwerlich verschont worden sein.

Paulus folgt dem Briefstil seiner Zeit. Wie wir es an Briefen wie Apg 15, 23; 23, 26 (und an unzähligen Briefen berühmter und unberühmter Männer des Altertums) sehen, wird am Anfang eines Schreibens der Absender und der Empfänger genannt, und beide werden durch ein Grußwort miteinander verbunden. Das kann sehr kurz und formelhaft geschehen. Der Hauptmann Klaudius Lysias hat sich über die „Freude", die er seinem Oberbefehlshaber wünscht, sicher keine weiteren Gedanken gemacht, wie auch wir mündliche und schriftliche Gruß- und Wunschformeln ohne jeden Gedanken gewohnheitsmäßig gebrauchen. Paulus aber erfüllt die Briefsitte seiner Zeit, ohne sie äußerlich abzuändern, mit Leben und Wahrheit. Wieviel hat er schon in die Nennung des Absenders und der Empfänger hineingelegt. Nun grüßt er – anders als Lysias. Zwar nimmt er denselben Wortstamm, dessen Verbalform „chairein" = „sich freuen" auch Lysias benutzt. Aber das Substantiv „charis" = „Freundlichkeit, Huld, **Gnade"**, zeigt die tatsächliche Erfüllung dessen, was das griechische Grußwort meinte. Gnade bringt tiefe und bleibende Freude! Ebenso nimmt Paulus den üblichen hebräischen Gruß auf: „Schalom" = „Friede". Aber es bleibt auch hier nicht bei einem ohnmächtigen Wunsch. Denn **Gott** ist ja da, der in Jesus **unser Vater** ist. Wenn aus dem Vaterherzen des lebendigen Gottes der Strom Seiner Gnade auf uns fließt, dann ist das „chairein", das Freuen, da und „Schalom", Friede. Christliches Grüßen und Wünschen geschieht in göttlichen Realitäten.

Die uns an dieser Stelle geläufige Fortsetzung „und dem Herrn Jesus Christus" fehlt im Kolosserbrief, so wie Paulus im 1. Thessalonicherbrief über die Herkunft von „Gnade und Friede" überhaupt keine Angabe macht. Es verwundert uns nicht, daß sie schon früh in die Handschriften eingefügt worden ist, so daß wir sie darum auch in unserer Lutherbibel lesen. Es ist uns aber gut, bei der heutigen Neigung zu liturgischer Gesetzlichkeit zu sehen, daß Paulus auch in diesen Dingen ganz in der Freiheit blieb.

Der Bestand einer Gemeinde Jesu ist Grund zum Danken!

Kolosser 1, 3–8

3 Wir danken Gott, dem Vater unseres Herrn Jesus Christus, alle-
4 zeit beim Beten für euch, * da wir von eurem Glauben in Christus
Jesus gehört haben und von der Liebe, die ihr habt zu allen Heili-
5 gen, * wegen der Hoffnung, die für euch bereitliegt in den Him-
meln. Von ihr habt ihr vorausgehört in dem Wort der Wahrheit
6 des Evangeliums, * das anwesend ist bei euch, wie es ja auch in der
ganzen Welt ist fruchtbringend und wachsend wie auch in eurer
Mitte, von dem Tage an, da ihr es gehört und erkannt habt die
7 Gnade Gottes in Wahrheit. * Ihr ließt euch ja unterweisen von
Epaphras, unserem geliebten Mitsklaven, der ein treuer Diener
8 des Christus für euch (oder: für uns) ist. * Er hat uns auch kund-
gemacht eure Liebe im Geist.

Zu Vers 3:
[4]* Eph 1, 16
Zu Vers 4:
[5]* Eph 1, 15
[6]* 1 Ko 13, 13
Zu Vers 5:
[7]* 1 Pt 1, 4
[8]* Eph 1, 13. 18
[9]* Hbr 6, 18. 19
Zu Vers 6:
[10]* 2 Pt 1, 12
[11]* 1 Tim 3, 16
[12]* Eph 1, 13
Zu Vers 7:
[13]* Kol 4, 12
[14]* Phlm 23
Zu Vers 8:
[15]* Rö 15, 30

„Wir danken" – so beginnt Paulus diesen wie die meisten seiner Gemeindebriefe (vgl. Rö 1, 8; 1 Ko 1, 4; Eph 1, 3; Phil 1, 3; 1 Th 1, 2; 2 Th 1, 3). Nur bei dem Ringen um die Korinthische Gemeinde kann

[4]* Eph 1, 16: ... mit der Danksagung für euch nicht aufhöre und in meinen Gebeten eurer mit Namensnennung gedenke.
[5]* Eph 1, 15: Das ist denn auch der Grund, weshalb ich auf die Kunde von eurem Glauben an den Herrn Jesus und von eurer Liebe zu allen Heiligen ...
[6]* 1 Ko 13, 13: Nun aber bleiben Glaube, Hoffnung, Liebe, diese drei, die größte unter diesen aber ist die Liebe.
[7]* 1 Pt 1, 4: ... zu einem unvergänglichen, unbefleckten und unverwelklichen Erbe, das im Himmel aufbewahrt ist für euch.
[8]* Eph 1, 13: In Ihm seid auch ihr, nachdem ihr das Wort der Wahrheit, die Heilsbotschaft von eurer Rettung, vernommen habt und zum Glauben gekommen seid, mit dem verheißenen Heiligen Geist versiegelt worden.
Eph 1, 18: ... euren Herzen erleuchtete Augen, damit ihr begreift, welche Hoffnung ihr infolge Seiner Berufung habt, wie groß der Reichtum Seines herrlichen Erbes bei den Heiligen ist.
[9]* Hbr 6, 18. 19: ... damit wir durch zwei unabänderliche Tatsachen, bei denen Gott unmöglich getäuscht haben kann, eine starke Ermutigung besäßen, wir, die wir unsere Zuflucht dazu genommen haben, die uns eröffnete Hoffnung zu ergreifen. * In dieser besitzen wir ja gleichsam einen festen und zuverlässigen Anker für unsere Seele, der bis hinter den Vorhang hinreicht.
[10]* 2 Pt 1, 12: Daher will ich auch darauf bedacht sein, euch immer wieder an diese Dinge zu erinnern, wenn sie euch auch schon bekannt sind und ihr in der Wahrheit, wie sie vorhanden ist, festgegründet seid.
[11]* 1 Tim 3, 16: Und etwas unbestreitbar Großes ist das Geheimnis der Gottseligkeit: „Er, der geoffenbart ist im Fleisch, als gerecht erwiesen im Geist, erschienen den Sendboten, verkündigt unter den Völkern, gläubig angenommen in der Welt, emporgehoben in die Herrlichkeit."

2 Ko nicht mit einem Dank für die Gemeinde, sondern nur mit einem persönlichen Lobpreis Gottes beginnen (2 Ko 1, 3); und angesichts der Verstörungen in den galatischen Gemeinden kommt sofort der herbe Schmerz zum Ausdruck (Gal 1, 6). Sonst aber blickt Paulus immer zuerst dankend zu Gott empor. Tun wir es auch?

Der Dank richtet sich an **„Gott, den Vater unseres Herrn Jesus Christus“.** Nur ausnahmsweise und durch den Zusammenhang besonders bedingt findet sich bei Paulus ein unmittelbarer Dank an Jesus in 1 Tim 1, 12. Sonst steht ihm Gott, der Vater, als der letzte schöpferische Quell aller guten Gaben vor Augen. Er wendet auch das Danken der Gemeinde zu Gott empor: 3, 17; Eph 5, 20, auch 1 Th 5, 18. Aber wenn Gott auch schon mit Seinen natürlichen Gaben das Herz und den Dank der Menschen sucht (Apg 14, 17; Rö 1, 21), als „Vater“ wird Er doch allein in Jesus Christus wahrhaft erkannt und nur durch Jesus Christus kann Ihm recht gedankt werden. Wohl zeigt das Alte Testament Ansätze zu einer Erfassung der Vaterschaft Gottes, nicht von der „Natur“, sondern von der „Heilsgeschichte“ aus: 5 Mo 32, 6; 2 Sam 7, 14; Jes 9, 5; 63, 16; Jer 3, 19; 31, 9; Mal 1, 6; 2, 10; Ps 103, 13; Hos 11, 1. Aber es ist bezeichnend genug, daß diese Ansätze für das Verhältnis Israels zu Gott nicht bestimmend wurden: In immer größere Ferne tritt im Spätjudentum der unnahbare Gott zurück, dessen Namen man nicht mehr auszusprechen wagt. Erst recht ist die naive Meinung des modernen Menschen, in Natur und Menschenleben den „Vater“ finden zu können („Brüder, überm Sternenzelt muß ein lieber Vater wohnen“), zerbröckelt. Was Jesus gesagt hat, ist einfach Tatsache: „Niemand kommt zum Vater denn durch mich“ (Jo 14, 6). Angesichts dieser ungeheuren, rätselhaften Welt der gefallenen Schöpfung bricht nur durch den „Geist der Sohnschaft“ (Rö 8, 15; Gal 4, 6) aus einem Menschenherzen der Kindesschrei „Vater!“ wahrhaft hervor, wenn und weil im Sohn die Vaterliebe Gottes sichtbar geworden ist (Jo 3, 16; 14, 9). Nun erst kann und nun soll aber auch wahrhaft gedankt werden.

Dieser Dank regt sich aber im Herzen des Paulus nicht erst jetzt, da er den Brief zu diktieren beginnt; er ist erst recht nicht so etwas wie eine höfliche Freundlichkeit gegen die Empfänger. Dieser Dank ist echt, weil er schon längst, ehe die Kolosser es wußten, in der stillen Verborgenheit vor Gott aufgestiegen ist **„allezeit beim Beten für euch“.** Wir müssen uns das so konkret wie möglich vorstellen, es sind

12* Eph 1, 13: In Ihm seid auch ihr, nachdem ihr das Wort der Wahrheit, die Heilsbotschaft von eurer Rettung, vernommen habt und zum Glauben gekommen seid, mit dem verheißenen Heiligen Geist versiegelt worden.

13* Kol 4, 12: Es grüßt euch euer Landsmann Epaphras, ein Knecht Christi Jesu, der allezeit in seinen Gebeten für euch ringt, damit ihr in allem, was dem Willen Gottes entspricht, als Vollkommene und völlig Überzeugte dastehen möget.

14* Phlm 23: Es grüßt dich Epaphras, mein Mitgefangener in Christus Jesus.

15* Rö 15, 30: Ich bitte euch aber dringend, liebe Brüder, bei unserm Herrn Jesus Christus und bei der Liebe, die der (Heilige) Geist wirkt: Steht mir mit den Gebeten, die ihr für mich an Gott richtet, im Kampfe kräftig bei.

ja keine frommen Redewendungen. Oft haben Paulus und Timotheus betend vor Gott gelegen. Stunden hat Paulus in erster Linie (1 Tim 2, 1) für diesen entscheidenden Dienst verwendet. Dann ist im Gebet auch der Name „Kolossä" genannt worden, und dann ist beiden Männern das frohe Danken über die Lippen gekommen. Wie fest und innig dürfen sich die Kolosser mit Paulus und Timotheus verbunden wissen, wenn sie es so am Anfang des Briefes hören: „Wir haben viel für euch gebetet und gedankt!" Wie kann sie das bereitmachen, auch die Mahnungen und Warnungen recht aufzunehmen, die sie nachher im Brief lesen werden.

Warum danken Paulus und Timotheus? **„Da wir von eurem Glauben in Christus Jesus gehört haben."** In Kolossä gibt es eine Schar von Glaubenden! – das weckt den hellen Dank. Uns schien lange Zeit das Christentum „selbstverständlich". Jedermann bis auf wenige böse Ausnahmen war doch ein „Christ". Und natürlich gab es überall Kirchen und Gemeinden. Was wäre da besonders zu „danken" gewesen?! Dabei hätten wir es aus dem Katechismus wissen können, daß Glaube an Jesus ein Wunderwerk des Heiligen Geistes ist, die Geburt eines neuen, göttlichen Lebens. Heute haben wir in Kasernenstuben, Frontstellungen und Gefangenenlagern, in Betrieben und Wohnblocks wieder gemerkt, welch eine Seltenheit ein „Christ" ist! Wir fangen wieder an zu verstehen, daß das Herz des Paulus und des Timotheus mit Freude und Dank erfüllt wurde, als sie hörten: In Kolossä sind Menschen zum Glauben gekommen. In der Wüste von Götzendienst, Aberglauben, Unglauben und Gedankenlosigkeit gibt es nun auch in Kolossä Männer des klaren Glaubens an Jesus. Das ist zum Danken, so oft man daran denkt.

Dabei formuliert hier Paulus **„Glaube i n Christus Jesus"**. Damit ist jenes intellektualistische Mißverständnis des Glaubens **kräftig** ausgeschlossen, das uns Menschen der Neuzeit so besonders gefährdet. Christsein besteht nicht darin, daß ich „an" einen Jesus „glaube", der früher einmal große Dinge getan hat und jetzt fern im Himmel ist. Es besteht erst recht nicht darin, daß ich gewissen Lehren über diesen Jesus zustimme. Glaube ist die personhafte Lebensverbindung mit Christus Jesus selbst, so daß mein Glaube „in" Ihm als einer lebendigen und gegenwärtigen Person wurzelt und mein ganzes Dasein zu einem Leben „in Christus" macht. Vergleiche das oben zu Vers 2 Gesagte.

„... und von der Liebe, die ihr habt zu allen Heiligen", haben Paulus und Timotheus gehört. „Glaube, Liebe, Hoffnung, diese drei" kennzeichnen das Leben nicht so sehr des einzelnen Christen, den das Neue Testament als einsamen einzelnen überhaupt nicht kennt, sondern der Gemeinde. Dabei ist diese „Liebe" nicht eine unbestimmte Sache, nicht ein Allerweltsgefühl, sondern „Liebe zu den Heiligen". So ist sie mit echtem, aus Wiedergeburt erwachsenem Glauben untrennbar verbunden. „Wer da liebt den, der ihn geboren hat, der liebt auch den, der von ihm geboren ist" (1 Jo 5, 1). Rein menschliche

Zuneigung oder Abneigung, das „Kennen nach dem Fleisch" (2 Ko 5, 16) d. h. nach den natürlichen angenehmen oder unangenehmen Eigenschaften geht unter in der Freude am andern, einfach weil auch er ein „Heiliger", ein Mensch „in Christus" ist. Wie haben auch wir diese Liebe wieder kennengelernt, wenn uns im Strom der Gleichgültigen, Ablehnenden und Spottenden ein „Heiliger" begegnete, einer, der mit uns Jesus kannte und liebte! Solche Liebe ist ein Wunder göttlicher Neuschöpfung (1 Jo 3, 14; 1 Th 4, 9). Darum steigt auch bei ihrem Anblick der Dank zu Gott empor, der mitten in dieser Welt der Kälte, der Selbstsucht und des Hasses Menschen zu solcher Bruderliebe brachte.

Nun fällt auch das letzte Wort der Dreiheit: Hoffnung. **„... wegen der Hoffnung, die für euch bereitliegt in den Himmeln."** Womit hat Paulus gedanklich dieses „wegen" verknüpft? Haben die Kolosser die Liebe zu allen Heiligen und dann wohl auch den Glauben in Christus Jesus „wegen der Hoffnung"? Hängen sie an Jesus und lieben sie die Brüder, weil sich eine so große und herrliche Zukunft vor ihnen öffnet? Oder ist mit diesem „wegen" der letzte Grund und der höchste Inhalt jenes „wir danken" bezeichnet? Ist der Dank des Paulus und Timotheus so stark und froh, weil die Kolosser nicht nur jetzt in dieser vergehenden Zeit glauben und lieben, sondern auch an der Herrlichkeit der kommenden Weltzeitalter Anteil haben werden? Beide Verknüpfungen sind sprachlich möglich. Welcher von beiden wir aber auch den Vorzug geben, es wird auf alle Fälle deutlich, daß die Hoffnung hier wie überall im Neuen Testament nicht ein „Anhang" von geringerer Bedeutung ist, sondern beherrschend im Mittelpunkt steht, der eigentliche Zielpunkt des Dankens, vielleicht sogar der tragende Grund auch des Glaubens und Liebens.[3]

Dabei bezeichnet „Hoffnung" hier nicht die subjektive Tätigkeit des Hoffens, sondern seinen objektiven Inhalt, das „Hoffnungsgut". Das zeigt deutlich der Zusatz „die für euch in den Himmeln bereitliegt". (Das neue Testament gebraucht gern den Plural „die Himmel", um den Reichtum und die Vielgestaltigkeit der unsichtbaren Welt Gottes anzudeuten. So spricht Paulus 2 Ko 12, 2 von dem „dritten Himmel", in den er entrückt wurde.)

Nun aber sind wir wieder in der Gefahr, gewohnte Vorstellungen unwillkürlich in den Text hineinzulesen. Das Hoffnungsgut liegt in der Himmelswelt bereit – also kommen wir nach dem Tode in diesen Himmel und finden es dort vor und nehmen es in Besitz. So folgern wir, weil wir das ganze biblische Zukunftsbild verloren und an seine Stelle (in einer langen kirchengeschichtlichen Entwicklung) Gedanken über „Diesseits" und „Jenseits" gesetzt haben, die nicht aus der Bibel, sondern aus der Weltanschauung Platons und des Neuplatonismus stammen. Ein Vergleich unserer Stelle mit Phil 3, 20. 21; 1 Pt

[3] Anm. Die innere Verbundenheit von „Glaube, Liebe, Hoffnung" zeigt neben 1 Ko 13, 13 auch 1 Th 5, 8. Die ganze enge und unmittelbare Zugehörigkeit der „Hoffnung" zum „Glauben" macht Rö 4, 18; 5, 2; 8, 24; 2 Ko 3, 12; Gal 5, 5 sichtbar; in unserm Brief auch 3, 3. 4.

1, 4. 5; Kol 3, 3. 4 und Offb 21, 2 zeigt uns sofort, daß die Bibel es völlig anders denkt. All diese Herrlichkeiten unseres Hoffnungsgutes sind im Himmel nicht um dort zu bleiben und dort von uns als von seligen Seelen angeeignet zu werden, sondern um von dort herabzukommen und unser ganzes Dasein zu verwandeln. Die Aufbewahrung in der Himmelswelt soll uns nur gewiß machen, daß uns dieses Hoffnungsgut nie verlorengehen oder geraubt werden kann. Es liegt dort sicherer als irdische Juwelen im festesten Tresor der Welt. (Vgl. Mt 6, 20; 1 Pt 1, 4; siehe auch Wt. Stb. „Matth." S. 79.)

„Von ihr habt ihr vorausgehört in dem Wort der Wahrheit des Evangeliums." Die Hoffnung liegt in der Zukunft. Das Ende der Verderbensmächte dieser Welt, das Königreich der Himmel auf dieser Erde, das Ende des Teufels und des Todes, das Weltgericht, der neue Himmel und die neue Erde (das alles ist das biblische „Hoffnungsgut") – all das kommt ja erst noch! Aber schon jetzt hören wir davon im Wort des Evangeliums. Es wird deutlich, in welchem Maße das Evangelium damals ebenso die Botschaft vom wiederkommenden Herrn wie vom gekreuzigten und auferstandenen Christus umfaßte. Welche Verarmung und Entstellung hat das Evangelium in der Christenheit seitdem erlitten! Wie wenig hören wir noch von der biblischen Zukunftshoffnung. Sie aber ist gerade der eigentliche Zielpunkt des Evangeliums, das insofern auch in der apostolischen Verkündigung das „Evangelium vom Reich" ist und bleibt.

„Vorausgehört" haben die Kolosser und haben auch wir. „Glaube" ist nach Hbr 11, 1 eine „Überführung von Dingen, die man nicht sieht". Der heilige Gott ist in Seinen Taten jetzt in der gefallenen Welt grundsätzlich unsichtbar. Das „Sehen" wird darum erst in der kommenden Welt unser Teil sein. Jetzt ist das „Hören" die zentrale und wesentliche Sache der Glaubenden. „So kommt der Glaube aus dem Hören, das Hören aber durch das Wort des Christus" (Rö 10, 17; vgl. Eph 1, 13; 1 Th 2, 13). Gott aber als der Lebendige ist der Gott der **zukünftigen** Taten. Es ist Sein Ruhm vor allen „Götzen", daß Er diese Taten voraus verkündigt (Jes **41**, 21–23; **42**, 9; **44**, 6–8; **45**, 18–25); es ist die Herrlichkeit der Gemeinde, daß sie dementsprechend „voraushören" darf.

Und dies Evangelium ist das **Wort der Wahrheit.** Der Begriff der „Wahrheit" hat im Neuen Testament nicht so sehr die Bedeutung der subjektiven Ehrlichkeit als vielmehr den Sinn des Wirklichen, Wesenhaften im Gegensatz zum Schein und zur Entstellung der Wirklichkeit. Nicht das betont Paulus hier, daß die Boten des Evangeliums die Kolosser nicht belogen haben (das ist selbstverständlich), sondern daß sie ihnen im Evangelium göttliche Realitäten vor Augen stellten.[4] Das gilt gerade von der „Hoffnung", die im Gegensatz zu

[4] Anm. Subjektive Ehrlichkeit gibt es bei den Vertretern aller Weltanschauungen! Gerade auch Bestreiter des Christentums waren oft von einem hohen Pathos persönlicher „Wahrhaftigkeit" getragen. Die Kraft der christlichen Verkündigung aber liegt in der Gewißheit, den Menschen die letzte, unumstößliche, weil göttliche Wahrheit zu bringen. Vgl. Ps 119, 42; Jo 17, 17; 2 Ko 4, 2; 6, 7; Gal 2, 5; 2, 14; 5, 7.

allen eigenmächtigen Hoffnungen und Träumen der Menschen Wahrheit Gottes ist.

Es geht darum überhaupt nicht so sehr um die Boten und ihre subjektiven Qualitäten. Das Evangelium ist vielmehr selber eine in sich geschlossene, selbsttätige Größe mit eigener innerer Lebensmacht: **„das anwesend ist bei euch, wie es auch in der ganzen Welt ist fruchtbringend und wachsend ...“** Staunend hat es Paulus miterlebt: Das Evangelium ist in der ganzen Welt! Von Jerusalem sprang es nach Judäa und Samarien über, es kam nach Antiochien, es kam mit Paulus nach Zypern und Galatien, nach Mazedonien, nach Korinth, nach Athen, nach Ephesus, es ist aber ebenso auch dort, wo Paulus selbst es nicht hingetragen: in der Reichshauptstadt Rom, im Städtchen Kolossä. Wie sehen erst wir heute diesen Lauf des Evangeliums! Und wo es ist, da erweist es eine unwiderstehliche Kraft, es bringt Frucht, es wächst.

Die Kolosser haben es ja selbst erlebt. **„... wie auch in eurer Mitte von dem Tage an, da ihr es gehört und erkannt habt die Gnade Gottes in Wahrheit.“** Weil das Evangelium in der ganzen Welt ist, sich wie ein Duft überall verbreitet (2 Ko 2, 14), darum kam es eines Tages auch nach Kolossä. Und auch dort tat es sein geheimnisvolles Werk an Herzen und Gewissen: Männer kamen zum Glauben an Jesus. Menschliche Gedanken und Lehren mögen langsam aufgenommen und allmählich verarbeitet werden. Das Evangelium aber zieht da, wo es trifft, rasch („von dem Tage an ...“) den Schleier fort, der dem gefallenen Menschen Gottes Wirklichkeit verhüllt, und zeigt Gottes rettende Gnade „in Wahrheit“ (wörtlich fast: „in Unverhülltheit“) so, daß Menschen zugreifen und in Jesus Christus ihr Leben finden. Wieviel Frucht des Evangeliums hat es auch in Kolossä gegeben; wieviel Wachstum ist auch dort zu sehen.

Paulus kann vom Evangelium reden wie von einer selbständigen Person. Aber er vergißt dabei nicht, daß dennoch Menschen im Dienst des Evangeliums nötig sind. Unbeschadet 1 Ko 3, 6. 7 kann er darum mit Nachdruck feststellen, daß er der geistliche Vater der Korinther ist (1 Ko 4, 15). Logisch ist es widerspruchsvoll, in der lebendigen Erfahrung aber steht es mächtig und klar vor uns, daß das Wort den ganzen rückhaltlosen Einsatz der Boten fordert und dennoch seine eigentliche Wirkung allein in seiner eigenen Macht entfaltet.[5] So nennt er hier mit herzlicher Anerkennung Epaphras als den Mann, der für die Gemeinde in Kolossä besondere Bedeutung hat. Dabei stellt der „große“ Paulus den „kleinen“ Epaphras nicht unter sich, sondern als **„geliebten Mitsklaven“** des einen Herrn neben sich. Denn Epaphras ist **ein treuer Diener des Christus,** und diesem seinem Dienst verdanken die Kolosser ihr Bestes. Dabei wird dies „Mit-

[5] Anm. Wie tief recht hat Martin Luther mit seinem Rückblick auf die Reformation: „Während Magister Philippus und ich Wittenbergisch Bier getrunken haben, ist das Wort durch die Lande gegangen und hats gemacht.“ Und doch ist ebenso wahr: Wenn Luther und Melanchthon wirklich **nur** „Wittenbergisch Bier getrunken“ hätten, wäre die Reformation nicht geschehen.

sklave" einen ganz bestimmten Sinn haben. „Sklaven Jesu Christi" nennt Paulus nicht alle Christen, sondern nur die Männer, die ihr Leben unter Einsatz ihrer ganzen Existenz in den Dienst Jesu gestellt haben. Als „Mitsklave" ist Epaphras also „Mitarbeiter" des Paulus. Vermutlich ist er während der Wirksamkeit des Paulus in Ephesus von Kolossä aus unter die Verkündigung des Paulus gekommen und gläubig geworden. Im Auftrag des Paulus ist er nach Kolossä zurückgekehrt, um in seiner Heimatstadt den evangelistischen Dienst zu tun. Diese Vermutung wird noch wahrscheinlicher, wenn wir statt „ein treuer Diener Christi für euch" nach sehr guter Bezeugung „ein treuer Diener Christi für uns" lesen dürfen. Dann sieht Paulus in Epaphras geradezu seinen Vertreter in Kolossä, der die Arbeit dort ausdrücklich „für Paulus (und Timotheus)" getan hat. Epaphras seinerseits hat nicht ängstlich darüber gewacht, daß nur ja nicht der große Paulus in „seine" Gemeinde hineinwirke und sein Licht verdunkle. Er hat sich neidlos gefreut, daß die Kolosser Paulus lieben, nicht mit einer seelischen, an dem berühmten Menschen hängenden Liebe, sondern mit nur solcher, die der Heilige Geist wirkt.[6] Er hat die weite Reise zu dem gefangenen Paulus nicht gescheut, um ihm von der Liebe der Kolosser zu erzählen und für Nöte und Schwierigkeiten in der Gemeinde das klare, helfende Wort des Paulus zu erbitten. Wie vorbildlich ist das Verhalten dieser beiden Männer für uns. Wie anders sieht es oft zwischen „Reichsgottesarbeitern" aus! Am Schluß des Briefes 4, 12 erscheint Epaphras unter denen, die Grüße bestellen, und wir hören noch einmal, mit welch selbstlosem Einsatz er betend für die Gemeinde in Kolossä einsteht.

Apostolische Fürbitte erfleht kraftvolles Wachstum der Gemeinde

Kolosser 1, 9–14

9 **Darum auch wir, von dem Tage an, da wir es hörten, hören wir**
nicht auf, für euch zu beten und zu bitten, daß ihr erfüllt wer-
det mit der Erkenntnis Seines Willens in jeder Weisheit und Ein-
10 **sicht, wie der Geist sie gibt, * zu wandeln würdig des Herrn zu**
11 **allem Wohlgefallen, in jedem guten Werk fruchtbringend * und**
wachsend in der Erkenntnis Gottes, mit aller Stärke gestärkt nach

Zu Vers 9:
16* Eph 1, 15—17
17* Phil 1, 9
18* Eph 1, 8. 9. 17
Zu Vers 10:
19* 1 Th 2, 12
20* Eph 1, 8. 9. 17; 2, 10; 4, 1

[6] Anm. Dieses Verständnis der Stelle wird bestritten. Es sei hier nicht von der Liebe der Kolosser zu Paulus die Rede, das Wort „Liebe" („agape") bezeichne vielmehr den Christenstand als solchen. Es wäre aber doch auffallend, wenn Paulus, der eben für „Glaube, Liebe, Hoffnung" bei den Kolossern dankte, nun auf einmal den ganzen Christenstand in dem einen Wort „Liebe" ausgedrückt hätte. Der „Liebe" der Kolosser hatte er in den „Heiligen" ein klares Objekt gegeben, jetzt soll „Liebe" objektlos gebraucht sein. Das alles erscheint doch recht unwahrscheinlich.

16* Eph 1, 15—17: Das ist der Grund, weshalb ich auf die Kunde von eurem Glauben an den Herrn Jesus und von eurer Liebe zu allen Heiligen * mit der Danksagung für euch nicht aufhöre und in meinen Gebeten eurer mit Namensnennung gedenke: * Der Gott unsers Herrn Jesus Christus, der Vater der Herrlichkeit, wolle euch den Geist der Weisheit und der Offenbarung durch die Erkenntnis Seiner Selbst verleihen.

[21]* Phil 1, 27
[22]* 2 Pt 1, 2. 8
[23]* 1 Ko 1, 5
Zu Vers 11:
[24]* Eph 1, 18. 19; 3, 16
Zu Vers 12:
[25]* Eph 1, 17. 18
[26]* Apg 20, 32
[27]* 1 Pt 1, 4
Zu Vers 13:
[28]* Eph 2, 2
Zu Vers 14:
[29]* Eph 1, 7

der Kraft Seiner Herrlichkeit zu aller Geduld und Langmut, mit
12 Freuden * dankend dem Vater, der euch tauglich gemacht hat zum
13 Anteil am Erbe der Heiligen im Licht, der uns entrissen hat dem
Machtbereich der Finsternis und hat uns versetzt unter die Herr-
14 schaft des Sohnes Seiner Liebe, * in dem wir haben die Erlösung,
die Vergebung der Sünden.

So wie das Evangelium sofort seine Wirkung in Kolossä ausübte (Vers 6), so haben Paulus und Timotheus sofort mit der **Fürbitte** begonnen, sobald sie von der Gemeinde dort hörten. Es blieb aber nicht nur ein einmaliges Beten in der ersten Freude der neuen Nachricht. Sie **„hören seitdem nicht auf"**, fürbittend an Kolossä zu denken.

Was erbittet ein Apostel für eine Gemeinde? Bewahrung vor Druck, Not und Leid? Davon lesen wir kein Wort. Paulus weiß, durch viele Drangsale führt der Weg einer Gemeinde Jesu mit göttlicher Notwendigkeit (Apg 14, 22; 1 Th 3, 4). Aber das bewegt den Apostel, daß die junge Gemeinde in Kolossä nicht steckenbleibt in dem, was sie jetzt schon hat und ist. Gewiß, das war Gottes herrliches Werk im Evangelium in ihrer Mitte, und Paulus hat mit Timotheus zusammen von Herzen dafür gedankt (Vers 3). Aber Gott hat ja noch viel mehr und viel Größeres! Paulus kennt nicht die rasche Selbstzufriedenheit und die falsche Bescheidenheit, in der wir uns so leicht mit kümmerlichen Anfängen begnügen. Er teilt auch nicht unsere Angst vor dem „Perfektionismus", Gott hat die Fülle für uns, darum greift Paulus auch für Kolossä getrost nach dieser Fülle: **„erfüllt** mit Erkenntnis" – **„jede** Weisheit" – **„jede** Einsicht" – **„alles** Wohlgefallen" – **„jedes** gute Werk" – **„alle** Stärke" – so „perfektionistisch" betet Paulus. Und es ist ihm zweifellos ernst mit diesem Bitten.

[17]* Phil 1, 9: Und dahin geht mein Gebet, daß eure Liebe je länger desto mehr zunehme an Erkenntnis und allem Feingefühl.

[18]* Eph 1, 8. 9. 17: . . . die Er uns durch Mitteilung aller Weisheit und Einsicht in überströmender Fülle hat zuteil werden lassen. * Er hat uns ja das Geheimnis Seines Willens kundgetan, nach Seinem freien Ratschluß, dessen Ausführung Er Sich vorgenommen hatte.

Vers 17. Der Gott unsers Herrn Jesus Christus, der Vater der Herrlichkeit, wolle euch den Geist der Weisheit und der Offenbarung durch die Erkenntnis Seiner Selbst verleihen.

[19]* 1 Th 2, 12: . . . ermahnt und euch zugeredet und euch beschworen haben, ihr möchtet würdig des Gottes wandeln, der euch zu Seinem Reich und zu Seiner Herrlichkeit beruft.

[20]* Eph 1, 8: . . . die Er uns durch Mitteilung aller Weisheit und Einsicht in überströmender Fülle hat zuteil werden lassen.

Eph 1, 17: . . . der Gott unsers Herrn Jesus Christus, der Vater der Herrlichkeit, wolle euch den Geist der Weisheit und der Offenbarung durch die Erkenntnis Seiner selbst verleihen.

Eph 2, 10: Denn Sein Gebilde sind wir, in Christus Jesus geschaffen zu guten Werken, die Gott im voraus bereitgestellt hat, damit wir in ihnen wandeln könnten.

Eph 4, 1: So ermahne ich euch denn, ich, der Gefangene im Herrn: Wandelt würdig der Berufung, die an euch ergangen ist.

[21]* Phil 1, 27: Nur verwaltet die Gemeinde so, wie es der Heilsbotschaft Christi würdig ist; denn ich möchte, falls ich kommen sollte, an euch sehen oder, falls ich fernbleibe, über euch hören, daß ihr in einem Geist feststeht, indem ihr einmütig wie ein Mann für den Glauben an die Heilsbotschaft kämpft.

[22]* 2 Pt 1, 2. 8: Gnade und Friede möge euch in der Erkenntnis Gottes und unseres Herrn Jesus immer reichlicher zuteil werden.

Vers 8: Denn wenn diese bei euch vorhanden sind und beständig zunehmen, so lassen sie euch hinsichtlich der Erkenntnis unseres Herrn Jesus Christus nicht untätig und ohne Frucht bleiben.

Denn so, wie das Evangelium eine lebendige Größe ist, „fruchtbringend" und „wachsend" (Vers 6), so ist auch die von ihm ins Dasein gerufene Gemeinde ein lebendiger Organismus, der nicht stehenbleiben kann, der nicht nur notdürftig hinkümmern soll, sondern der selber **„Frucht bringen"** und **„wachsen"** darf. Ein mächtiges „Vorwärts! Weiter! Nicht stehenbleiben!" geht darum durch diesen Abschnitt.

Das ist der kennzeichnende Unterschied des apostolischen Gemeindelebens von unsern heutigen Zuständen. Es herrscht dort nicht jene Buß- und Elendsstimmung, die der Grundklang vieler unserer Gesangbuchlieder im Blick auf uns selbst zu sein pflegt. Ein freudiger und zuversichtlicher Ton erfüllt auch alle Mahnungen der Apostel. Falsche Selbstzufriedenheit aber wird nicht durch Schilderung der eigenen Sündhaftigkeit und des vielfältigen Versagens abgewehrt, sondern durch die klare Sicht des Zieles und den hellen Blick in die Größe der Aufgaben, die vor der Gemeinde liegen.

Von der **„Erkenntnis Seines Willens"** ist zuerst die Rede. Aber wieder dürfen wir das nicht als moderne intellektualistische Menschen unwillkürlich mißverstehen. Paulus hat **nicht** gemeint, die Kolosser möchten noch viel mehr Dogmatik und Ethik studieren, damit sie theologisch über Gott noch besser Bescheid wüßten. Ihm liegt an etwas ganz anderem, an dem, was uns neben aller Theologie oft so unwichtig erscheint: am **„Wandel"**, an der tatsächlichen Gestaltung des ganzen Lebens. Dabei ist Paulus, der tiefe Kenner des menschlichen Elends, offenbar in keiner Weise gehemmt durch die uns geläufige Überzeugung, daß wir ja doch dieselben armen, elenden Sünder bleiben und also auch in unserm Wandel nur lauter Versagen und Sünde zustande bringen. Er will – und jedes echte Gebet ist ein entschlossener Wille! –, daß das Leben der Kolosser dem herrlichen Herrn entspricht, der sie berufen hat. Weil Jesus für Paulus nicht eine ferne theoretische Größe war (s. o. zu Vers 4), sondern ein per-

[23]* 1 Ko 1, 5: Ihr seid ja in Ihm an allem reich geworden, an aller Redegabe und aller Erkenntnis.

[24]* Eph 1, 18. 19: ... euren Herzen erleuchtete Augen, damit ihr begreift, welche Hoffnung ihr infolge Seiner Berufung habt, wie groß der Reichtum Seines herrlichen Erbes bei den Heiligen ist, * und wie überschwenglich Seine Kraft sich an uns, den Gläubigen, erweist, nämlich die mit gewaltiger Macht sich betätigende Stärke.

Eph 3, 16: Er wolle euch nach dem Reichtum Seiner Herrlichkeit verleihen, durch Seinen Geist am inwendigen Menschen mit Kraft ausgerüstet zu werden.

[25]* Eph 1, 17. 18: ... der Gott unsers Herrn Jesus Christus, der Vater der Herrlichkeit, wolle euch den Geist der Weisheit und der Offenbarung durch die Erkenntnis Seiner Selbst verleihen, * euren Herzen erleuchtete Augen, damit ihr begreift, welche Hoffnung ihr infolge Seiner Berufung habt, wie groß der Reichtum Seines herrlichen Erbes bei den Heiligen ist.

[26]* Apg 20, 32: Und nunmehr befehle ich euch Gott und dem Wort Seiner Gnade, das die Kraft besitzt, aufzubauen und das Erbe zu verleihen unter allen, die sich haben heiligen lassen.

[27]* 1 Pt 1, 4: ... zu einem unvergänglichen, unbefleckten und unverwelklichen Erbe, das im Himmel aufbewahrt ist für euch.

[28]* Eph 2, 2: ... in denen ihr einst wandeltet, abhängig vom Zeitgeist dieser Welt, abhängig von dem Machthaber, der die Gewalt über die Lust hat, von dem Geist, der gegenwärtig in den Söhnen des Ungehorsams wirksam ist.

[29]* Eph 1, 7: In diesem haben wir die Erlösung durch Sein Blut, nämlich die Vergebung unserer Übertretungen nach dem Reichtum Seiner Gnade.

sönlicher lebendiger Herr, „in" dem die Kolosser lebten, darum stand Jesus für seinen Blick auch nicht wie ein Götzenbild starr und unberührt über den Gemeinden, sondern sah und kannte alles Tun und Lassen auch der Kolosser und hatte Wohlgefallen oder Mißfallen daran. Paulus hält ein Gemeindeleben für denkbar, an dem Jesus ein **volles Wohlgefallen** hat! Wie könnte er es sonst ernstlich erbitten?

Und nun scheut sich Paulus, der klare Bote der Rechtfertigung allein durch den Glauben, nicht im geringsten, kräftig von guten Werken zu sprechen! Er mutet es einer Gemeinde zu, daß sie nicht nur hier und da einmal, sondern **„in jedem guten Werk"** Frucht bringt. Also ganz bestimmte, konkrete Dinge hat die Gemeinde in Kolossä fort und fort zu tun. Da kann es im Gemeindeleben keine Langeweile geben; da kann nicht einige Zeit nach der ersten Freude der Bekehrung die enttäuschte und verdrossene Frage aufkommen: Und was nun? Sind die schönen Blütenblätter des Frühlings abgefallen, dann arbeitet der Baum still an hundert Früchten.

Aber dazu gehört **„Erkenntnis Seines Willens"**. Wieso? Kennen wir nicht Gottes Willen aus den Zehn Geboten? Ist nicht Sein Wille immer der gleiche? Gott ist in sich selbst der Ewige mit einem unabänderlichen Willen, der unfehlbar Sein letztes Ziel erreichen wird. Aber Er ist der Gott, der immer neu das Heute der Geschichte bestimmt und darin jeweils neu für jede Gemeinde und jedes ihrer Glieder konkret bestimmt, was Sein guter und gnädiger Wille jetzt und hier und in dieser Sache ist. Sein Auftrag war für Paulus ein anderer als für Petrus und wieder ein besonderer für Johannes. Eine Gemeinde heute hat andere Aufgaben als eine Gemeinde im Jahre 1525 in der damaligen Lage. Darum ist der Wille Gottes jeweils immer neu zu erfassen, nicht nur ungefähr und ein wenig, sondern ganz und voll. Dazu gehört wachsend und immer neu („jede") **„Weisheit"**, die die Zusammenhänge der göttlichen Pläne durchschaut, und **„Einsicht"**, die die gegebene Lage zu beurteilen und die rechten Mittel zu dem jetzt nötigen guten Werk zu finden weiß. Das ist aber gerade nicht Weisheit und Einsicht, wie sie der Mensch von Natur in sich selbst besitzt.[7] Mit „fleischlicher" Weisheit und menschlicher Geschicklichkeit würden wir Gottes Willen verfehlen. Wehe, wenn eine Gemeinde sich davon leiten läßt! Wir bedürfen der Weisheit und der Einsicht, die allein **„der Geist Gottes gibt"**. Darum erbittet sie der Apostel für die Gemeinde.

So kommt es zu einer Praxis des Gemeindelebens, die Frucht bringt durch jedes gute Werk. Umgekehrt kommt es aber gerade erst durch solche Praxis und nicht allein am Schreibtisch zu einem **Wachsen in der Erkenntnis Gottes.** Denn Gott ist nicht ein „Problem" und nicht

[7] Anm. Wir tun gut, uns zu überzeugen, wie tief diese „griechisch" klingenden Worte „Weisheit", „Erkenntnis", „Einsicht" im Alten Testament wurzeln: 2 Mo 31, 3; 5 Mo 4, 6; 34, 9; 2 Chro 1, 10; Ps 49, 4; 111, 10; Jes 11, 2. Was aber im Alten Bund vielfach noch Sehnsucht und Verheißung bleibt, das ist in der Gemeinde Jesu in vollem Maße verwirklicht. In ihr wohnt der Heilige Geist, „der Quell, draus alle Weisheit fließt".

ein „Dogma", sondern lebendiger Wille, dessen ich erst handelnd in wachsendem Maße inne werde. Darum haben in geistlichem Tun und Leiden geübte und gereifte Laien immer wieder eine wahrere Erkenntnis Gottes gehabt als mancher Theologe mit seinen vielen Büchern.

Wir meinen es der rechten Demut schuldig zu sein, daß wir gar nicht genug unsere Schwachheit und Ohnmacht betonen können. Paulus dagegen ersehnt und erfleht sich eine starke Gemeinde. Gewiß kann sie nicht stark sein in sich selbst. Aber sie hat es ja unmittelbar zu tun mit einem Gott, von dem sie anbetend sagt: „Dein ist die Kraft und die Herrlichkeit." Und **„nach der Kraft Seiner Herrlichkeit"** soll auch sie **„mit aller Stärke gestärkt werden"**. Es ist wahrlich kein Ruhm für Gott, wenn Seine Gemeinde kraftlos und ohnmächtig ist und in allen Anforderungen versagt. Das ist nicht „würdig des Herrn"! Darum will und erbittet Paulus auch in Kolossä eine kraftvolle Christenheit.

Diese Stärke zeigt sich freilich ganz anders als die Kraft, die die Welt bewundert. Nicht das Draufgängertum, nicht das Dreinschlagen, nicht die Faust auf dem Tisch kennzeichnen sie, sondern im Gegenteil **„Geduld"** und **„Langmut"**. Auch hier wieder nicht ein wenig, ein Anflug davon, sondern „alle" Geduld und Langmut, die nötig ist. Wir treffen hier auf einen Grundzug der neutestamentlichen Ethik, der in allen Briefen wiederkehrt. Von den Zehn Geboten ist in ihnen auffallend wenig die Rede; aber „Freundlichkeit, Demut, Sanftmut, Geduld", darum geht es immer wieder. So wie die ganze weltüberwindende Stärke des Herrn der Herrlichkeit gerade darin sich offenbarte, daß Er litt und Sein Kreuz trug und für Rebellen und Feinde starb, so liegt auch die Stärke Seiner Gemeinde in dem „Darunterbleiben" und dem „langen Atem", mit dem sie im Haß der Welt aushält, ohne feige zu fliehen oder in Zorn und Bitterkeit zu fallen. So zeigt sie, daß sie stärker ist als die Welt. So ist sie ihres Herrn würdig und findet sein ganzes Wohlgefallen. Dulden, tragen, vergeben, Feinde lieben - das ist freilich unsagbar schwer. Alle natürliche Kraft, alles menschliche Heldentum wird hier zuschanden. Aber die Gemeinde darf mit der Stärke rechnen, die ihr nach der Kraft der göttlichen Herrlichkeit zuteil wird, wie und weil sie für sie erbetet wird.

Daß sie nicht nur mühsam mit den ihr gestellten Aufgaben fertig wird, sondern „mit aller Stärke gestärkt" dasteht, das zeigt sich besonders darin, daß sie auch unter Arbeit, Kampf und Last eine fröhlich dankende Gemeinde bleibt und **„mit Freuden dem Vater dankt"**. Wie kann sie das? Sie hat immer und auf jeden Fall reichen Grund zum Danken, weil ihr Leben durch Gott völlig verwandelt ist. Das zeigt sich mächtig an allen drei Zeiten, in die unsere Lebenszeit sich gliedert, an Vergangenheit, Gegenwart und Zukunft.

Dunkel liegt die Zukunft vor den Menschen. Wohl übermalt er dies Dunkel mit seinen Hoffnungen und Erwartungen, aber er weiß es im Grunde nur zu gut, wie seine Illusionen immer wieder in Enttäuschung enden. Und hinter all seinen Plänen wartet auf ihn das Altern, der Verfall, das Sterben, das große Dunkel, das Nichts. Für „uns" aber ist es total anders geworden. Wir haben eine leuchtende Zukunft, denn dort liegt **„das Erbe der Heiligen im Licht".**[8] Wir haben es uns nicht ausgedacht, wir müssen es uns nicht mit ungewissen Mühen erringen oder verdienen. Wir haben den völlig gewissen **„Anteil"** daran, weil Gott selbst uns **„tauglich gemacht hat"** dazu. Paulus kennt eine klare und bestimmte Heilsgewißheit und hält sie offenbar nicht für „pharisäisch". Er ist auch offenbar nicht der Meinung, daß dieser Anteil am Erbe der Heiligen durch das kommende Weltgericht ein sehr fraglicher sei. Er stellt fest, daß eine Gemeinde der Glaubenden sich mit jubelnder Dankbarkeit zu diesem Lichterbe tauglich gemacht wissen darf. Darum brauchen wir auch nicht mehr angstvoll und gierig zu sehen, wo es in dieser Welt etwas zu „erben" gibt. Wir sind aus dem Neiden, Jagen und Streiten befreit und können mit jeder Geduld und jeder Langmut verzichten, entbehren und fortgeben. Ist das nicht zum Danken?

Aber das Christentum ist nicht etwa „Vertröstung aufs Jenseits". Anders und neu wurde auch unsere Gegenwart, dieser so entscheidende haarfeine Strich, der zwischen dem liegt, was schon wieder vergangen, und dem, was noch nächster Augenblick der Zukunft ist. In diesem „Jetzt" geschehen unsere Taten und fallen unsere Entscheidungen. „Jetzt" spreche ich das gute oder ungute Wort, „jetzt" tue ich die hilfreiche oder schädliche Tat, „jetzt" versäume ich den unwiederbringlichen Augenblick. Von Natur stehen wir dabei alle im **„Machtbereich der Finsternis"**, so wahr der Teufel der „Fürst dieser Welt", ja der „Gott dieses Äons" ist. In der Ausnutzung des Jetzt, in unseren Gedanken und Worten, Taten und Unterlassungen sind wir Sklaven des Feindes. Wer sich selbst wirklich kennengelernt hat, weiß, daß das nicht eine empörende Verleumdung des Menschen, sondern schreckliche Wahrheit ist. Diese Sklaverei braucht durchaus nicht derb und roh zu sein, sie hat ihre feinen und „edlen" Formen. Sie kennt goldene Ketten und Fesseln, die unsichtbar auch auf den Höhen von Wissenschaft, Kunst und Sittlichkeit ihre Opfer unzerreißbar binden. Wir müssen hier auch in besonderer Weise an das Netz von Aberglauben und Zauberei denken, in dem gerade heute die modernen Menschen in Scharen gefangen sind. Kartenlegen, Horoskop, Astrologie, Wahrsagerei, Besprechen, Spiritismus, die Glücksfigur in Auto und Flugzeug – gerade auch das ist „Machtbereich der Finsternis".

[8] Anm. Zunächst war Kanaan, das „gelobte Land", das „Erbe", das vor dem Volk auf der Wüstenwanderung lag, das „Land, da Milch und Honig fließt" (5 Mo 12, 10). Die Leviten und Priester aber dürfen es schon lernen, auf einen Anteil an diesem irdischen Erbgut zu verzichten und ihr „Erbe" weit höher zu suchen: in dem lebendigen Gott selbst (5 Mo 10, 9; 18, 1. 2; Hes 44, 28). Gott aber ist strahlendes Licht, vor dem Sonne und Mond erbleichen (Jes 2, 5; 60, 1. 2; 60, 19). Die neutestamentliche Gemeinde als ein wahres Volk von Priestern begehrt keine irdischen Erfüllungen mehr, sondern sieht vor sich das „Erbe der Heiligen im Licht".

Kein eigenes Wollen und Ringen, keine verzweifelten Anstrengungen, keine bitteren Tränen und guten Vorsätze machen uns frei. Gerade der redliche und tapfere Kämpfer erfährt die Wahrheit von Rö 7, 19. Mit Vollmacht müssen wir **„dem Machtbereich der Finsternis entrissen“**[9] werden. Das hat Gott getan! Aber nicht um uns nun uns selbst zu überlassen. Wie wenig wäre uns damit geholfen. Nein, Er hat uns **„unter die Herrschaft des Sohnes Seiner Liebe versetzt“**. Welch ein Existenzwandel ist das! Und das ist nicht eine vage Möglichkeit, nicht eine unsichere Zukunftsaussicht, das ist Realität! Christwerden ist ein realer völliger Herrschaftswechsel. So schildert Paulus in Apg 26, 18 vor dem König Agrippa die Bekehrung der Menschen als das Ziel des Auftrages, den er von Jesus erhalten hat. Wie wunderbar, nicht mehr dem kalten, grausamen Feinde fronen zu müssen, sondern dem geliebten Sohn Gottes dienen zu dürfen. Das gibt ein ganz neues fruchtbares und gesegnetes „Jetzt“. Unerschöpflich und täglich neu steigt dafür der frohe Dank zum Vater empor!

Aber schleppe ich nicht die Last meiner Vergangenheit unabänderlich mit? Es ist das Eigentümliche dieser Zeitform, daß sie wirklich „vorbei“ ist, daß wir sie nur noch in Bildern der Erinnerung haben. Aber eben darum ist sie auch unabänderlich, unverbesserlich. Und was dort hinten in der Vergangenheit liegt, das wirkt noch aufs stärkste in unser Leben hinein nach. Das merken wir besonders an unserer – Schuld! Welche Last von Schuld schleppt jeder Mensch aus seiner Vergangenheit mit. Gerade der moderne Nervenarzt und Psychologe weiß es, wieviel „Nervosität“, wieviel Mißstimmung, Schwermut und Krankheit Folge dieses Lastenschleppens ist. Ich kann aber diese Last auch nicht selber abwerfen. Alles Vergessenwollen der Schuld wird höchstens ein „Verdrängen“, und eben dies führt erst recht zu schweren nervlichen und seelischen Störungen. Wer aber zu jenem „Sohn Seiner Liebe“ kam, der erfährt es, daß wir in Ihm **„die Erlösung, die Vergebung der Sünden haben“.** Welch ein unaussprechliches, befreiendes Geschenk! Frage die berühmtesten Wissenschaftler der Welt, ob sie ein Mittel zur Befreiung von der Schuld kennen, frage die großen Künstler, ob sie Schuld aus dem Gewissen wegmusizieren oder wegmalen oder wegdichten können; frage die Reichen und Mächtigen dieser Erde, ob die Last der Schuld vor Goldschätzen oder Panzerarmeen weicht – du fragst vergeblich. In Jesus findest du, wonach dein Herz dürstet, und du findest es nicht nur als Möglichkeit, als unbestimmte Vertröstung, sondern als ganze, selige Wirklichkeit jetzt und hier: „in dem wir … **haben!“** Ist das nicht Grund zum Loben und Danken, auch in der schwersten Lage, auch am dunkelsten Tag? Und erwächst nicht daraus wieder „alle Geduld“, „alle Langmut“, die andere so aufnehmen kann, wie Christus uns aufgenommen hat?

[9] Anm. Dieses „der entrissen hat“ steht mit dem gleichen Wort wie hier in der griechischen Übersetzung des Alten Testaments an den Stellen, an denen wir in unserer Lutherbibel „Erlöser“ lesen; Jes 44, 6; 47, 4; 48, 17; 49, 7. 26; 54, 5. Auch an Stellen wie Ps 18, 17. 20 finden wir dasselbe Verbum. Die Errettung Israels aus Ägypten ist das große alttestamentliche Vorbild.

Damit ist Paulus bereits zu dem Thema übergegangen, das ihm gerade im Blick auf die Fragen und Irrungen in Kolossä von entscheidender Bedeutung ist. Wollen die Kolosser ein klares eigenes Urteil gewinnen über die „Heiligungsbestrebungen", die eifrig an sie herangetragen werden und die ihnen ein „vollkommeneres" Christentum verheißen, dann müssen sie sehen

Wie groß Jesus ist!

Kolosser 1, 15–20

Zu Vers 15:
[30]* 2 Ko 4, 4
[31]* 1 Tim 1, 17
[32]* Offb 3, 14
Zu Vers 16:
[33]* Jo 1, 3. 10
[34]* 2 Ko 4, 18
[35]* Eph 1, 10. 21
Zu Vers 17:
[36]* Spr 8, 25—27
[37]* Eph 1, 22
[38]* Hbr 1, 3
Zu Vers 18:
[39]* Kol 1, 15
[40]* Eph 1, 23
[41]* Rö 8, 29
[42]* 1 Ko 15, 20
[43]* Offb 1, 5; 3, 14
[44]* Apg 26, 23
Zu Vers 19:
[45]* Kol 2, 9
[46]* Eph 1,23; 4, 10
[47]* Jo 1, 16
Zu Vers 20:
[48]* 2 Ko 5, 19
[49]* Eph 1, 7. 10; 2, 13
[50]* 1 Jo 2, 2

15 Er ist das Bild Gottes, des unsichtbaren, Erstgeborener aller
16 Schöpfung, * weil in Ihm alles in den Himmeln und auf der Erde
geschaffen wurde, das Sichtbare und das Unsichtbare, es seien
Throne oder Herrschaften oder Mächte oder Gewalten; alles ist
17 durch Ihn und zu Ihm hin geschaffen, * und Er ist vor allem, und
alles hat in Ihm seinen Bestand.
18 Und gerade Er ist das Haupt des Leibes, der Gemeinde. Er ist
Anfang, Erstgeborener aus den Toten, damit in allem Er Erster
19 würde. * Denn in Ihm gefiel es Gott, die ganze Fülle wohnen zu
lassen (oder: in Ihm beschloß die ganze Fülle Wohnung zu neh-
20 men) * und durch Ihn alles zu versöhnen zu Ihm hin, indem Er
Frieden machte durch das Blut Seines Kreuzes, durch Ihn, ob es
auf der Erde oder in den Himmeln ist.

Unser Schreiben ist ein echter Brief. Paulus dachte beim Diktieren nicht daran, ein Stück zeitlose „Bibel" zu schreiben. Er dachte nicht daran, daß 1900 Jahre später Menschen in Deutschland, Amerika oder Australien diese Worte lesen sollten. Die Kolosser hatte er vor Augen und im Herzen. Mit allem, was er von ihnen, gerade auch von ihren Fragen und Schwierigkeiten gehört hatte, war er innerlich beschäftigt. Ihnen wollte er Antwort geben, ihnen über Gefährdungen ihres Glaubenslebens hinweghelfen. Auf ihre innere Lage, auf ihre Probleme geht er ein. Die Kolosser leben in ihrer Zeit und Umwelt. Damals in der ausgehenden Antike gab es wie heute bei uns

[30]* 2 Ko 4, 4: . . . weil in ihnen der Gott dieser Weltzeit das Denkvermögen der Ungläubigen verdunkelt hat, damit ihnen das helle Licht der Heilsbotschaft von der Herrlichkeit Christi, der das Ebenbild Gottes ist, nicht leuchte.

[31]* 1 Tim 1, 17: Ihm aber, dem Könige der Weltzeiten, dem unvergänglichen, unsichtbaren, alleinigen Gott, sei Ehre und Verherrlichung in alle Ewigkeiten! Amen.

[32]* Offb 3, 14: Und dem Engel der Gemeinde in Laodikäa schreibe: So spricht Der, welcher Amen ist, der treue und wahrhaftige Zeuge, der Anfang der Schöpfung Gottes.

[33]* Jo 1, 3. 10: Alle Dinge sind durch dieses (Wort) geworden, und ohne dieses ist nichts geworden, was geworden ist.

Vers 10: . . . es war in der Welt, und die Welt war durch Ihn geschaffen worden, doch die Welt erkannte Ihn nicht.

[34]* 2 Ko 4, 18: . . . weil wir den Blick nicht auf das Sichtbare, sondern auf das Unsichtbare richten: Denn das Sichtbare ist zeitlich, das Unsichtbare aber bleibet ewig.

[35]* Eph 1, 10. 21: . . . sobald die Zeiten zum Vollmaß der von Ihm geordneten Entwicklung gelangt wären: Er wollte in Christus als dem Haupt alles einheitlich zusammenfassen, was in den Himmeln und was auf der Erde ist.

eine Fülle von „Weltanschauungen". Wie heute konnte man damals eine Menge weltanschaulicher, philosophisch-religiöser Vorträge hören und Schriften mancher Art lesen. Bestimmte Begriffe und Vorstellungen, Kernworte und oft auch Schlagworte faszinierten die Menschen. Von dem allen waren die Christen in Kolossä nicht unberührt geblieben. Vielleicht waren sie vor ihrer Bekehrung selber suchende Menschen gewesen und trugen von daher manche Fragen und Anschauungen in sich. Oder sie stießen auf die weltanschaulichen Gedankengänge ihrer Zeit, wenn sie mit andern vom Evangelium zu sprechen begannen. Genügte denn vor all diesen Problemen und Anschauungen das „einfache" Evangelium? Konnte Jesus, in dem ihr Glaube wurzelte, bestehen in diesem Kreuzfeuer der Weltanschauungen? Es gab in der Gemeinde selber offenbar Männer, die diese Frage mit Nein beantworteten und die darum die Jesusbotschaft durch bestimmte Gedankengänge und Vorstellungen der Zeit zu ergänzen und zu „vervollkommnen" suchten. Darum geht nun Paulus in seinem Brief auf diese Fragen ein. Freilich nicht in Form der Diskussion! Über das Evangelium kann man nicht „diskutieren"! Das errettende Tun des heiligen, lebendigen Gottes kann und darf niemals Gegenstand menschlicher Diskussion sein! Aber er nimmt die Begriffswelt jener Weltanschauungen auf und zeigt den Kolossern, die davon bewegt und beunruhigt waren, in den Worten und Ausdrücken ihrer Umwelt, wie groß Jesus ist: so groß, daß sie auch vor den Weltanschauungsproblemen ihrer Zeit und Welt nichts anderes brauchen als Ihn und in Ihm die lebendige Antwort auf alle ihre Fragen haben.

Ist dann aber nicht dieser Teil des Briefes für uns einigermaßen wertlos geworden? Ist nicht ein echter Brief so zeitbedingt, daß er eigentlich nur seinen ursprünglichen Empfängern verständlich ist

Vers 21: ... hocherhaben über jede Herrschaft und Gewalt, über jede Macht und Hoheit, überhaupt über jeden Namen, der nicht nur in dieser, sondern auch in der zukünftigen Weltzeit genannt wird.

36* Spr 8, 25—27: Bevor die Berge eingesenkt waren, vor den Hügeln bin ich geboren worden, * als Er die Erde und die Fluren noch nicht geschaffen hatte und die ersten Schollen des Erdreichs. * Als Er den Himmel baute, war ich dabei, als Er das Himmelsgewölbe feststellte über der weiten Urflut.

37* Eph 1, 22: Ja, alles hat Er Ihm zu Füßen gelegt und hat Ihn zum alles überragenden Haupt gemacht für die Gemeinde.

38* Hbr 1, 3: Dieser ist der Abglanz Seiner Herrlichkeit und die Ausprägung Seines Wesens und trägt das Weltall durch sein Allmachtswort; Er hat Sich, nachdem Er die Reinigung von den Sünden vollbracht hat, zur Rechten der Erhabenheit in den Himmelshöhen gesetzt.

39* Kol 1, 15: Er ist ja das Ebenbild des unsichtbaren Gottes, der Erstgeborene aller Schöpfung.

40* Eph 1, 23: ... die Sein Leib ist, die Fülle dessen, der alles in allen erfüllt.

41* Rö 8, 29: Denn die, welche Er zuvor ersehen hat, die hat Er auch im voraus dazu bestimmt, dem Bilde Seines Sohnes gleichgestaltet zu werden: Dieser sollte eben der Erstgeborene unter vielen Brüdern sein.

42* 1 Ko 15, 20: Nun aber ist Christus von den Toten auferweckt worden als Erstling der Entschlafenen.

43* Offb 1, 5: ... und von Jesus Christus, dem treuen Zeugen, dem Erstgeborenen der Toten und dem Herrscher über die Könige der Erde!

Offb 3, 14: Und dem Engel der Gemeinde in Laodikäa schreibe: So spricht Der, welcher Amen ist, der treue und wahrhaftige Zeuge, der Anfang der Schöpfung Gottes.

44* Apg 26, 23: ... nämlich ob Christus zum Leiden bestimmt sei und ob Er als Erstling unter den vom Tode Auferstandenen sei, sowohl dem Volk als auch den Heiden das Licht verkünden solle.

45* Kol 2, 9: Denn in Ihm wohnt die ganze Fülle der Gottheit leibhaftig.

und 1900 Jahre später nur noch mit Mühe und unzulänglich verstanden werden kann? Interessiert er nicht höchstens noch den Altertumsforscher, der sich in Jahren eines Gelehrtenlebens jene vergangene Welt einigermaßen rekonstruieren konnte? Müßten nicht auch wir jetzt erst einmal versuchen, uns in die Weltanschauungen jener Zeit hineinzudenken?

Es ist das mit keiner Theorie zu erfassende Wunder der Bibel, daß diese echten, konkret für ganz bestimmte Empfänger in einer ganz bestimmten Lage geschriebenen Briefe dennoch zu Menschen aller Zeiten, aller Völker, aller Klassen und aller Lebenslagen unmittelbar geredet haben und noch reden! Der Kolosserbrief ist auch in diesem unserm Abschnitt gelesen worden im Altertum, im Mittelalter, in der Neuzeit und heute, ist gelesen worden in Europa und in Afrika, von Eskimos und von Indern. Und er ist von ihnen nicht als unverständlich und nutzlos beiseite gelegt worden, sondern hat mit göttlicher Kraft ihnen das rechte Verständnis Jesu erschlossen. Er wird diesen Dienst auch an uns tun, auch wenn wir die Gedankenwelt, in der jene Kolosser lebten, nicht kennen.

Denn auch wir in einer ganz andern weltanschaulichen Lage stehen vor der gleichen Frage, ob denn das „einfache" Evangelium von Jesus in all den geistigen Problemen, in all dem religiösen Suchen unserer Zeit und Welt genüge. Auch bei uns hat man versucht, dieses Evangelium durch allerlei Zusätze und Erweiterungen, durch philosophische und religiöse Umdeutungen und Umformungen „modern" und „wirksam" und „vollkommen" zu machen. Sollen wir diesen Versuchen folgen, oder dürfen wir es weiter mit freudiger Überzeugung sagen: „Drum auch, Jesu, Du alleine sollst mein ein und alles sein"?

Dann brauchen wir einen g r o ß e n Jesus! Welch kleinen Jesus haben wir oft. Wie reden wir manchmal vom „lieben Heiland" so hin, als wäre Er fast unsresgleichen und als wäre Sein Erlösungswerk nur eben eine kleine Freundlichkeit. Welch kleinen Jesus haben wir oft auf den Bildern vor Augen, einen Jesus, dem man es nicht zutrauen kann, daß vor Ihm die Dämonen zittern, die Pforten des Totenreichs aufspringen und Sturm und Wogen verstummen!

[46*] Eph 1, 23: . . . die Sein Leib ist, die Fülle dessen, der alles in allen erfüllt.
Eph 4, 10: Er, der hinab gestiegen ist, ist derselbe, der hoch über alle Himmel hinaus aufgestiegen ist, um das ganze Weltall zu erfüllen.

[47*] Jo 1, 16: Aus Seiner Fülle haben wir ja alle empfangen, und zwar Gnade über Gnade.

[48*] 2 Ko 5, 19: Denn Gott war in Christus und hat die Welt mit Sich versöhnt, indem Er ihnen die Übertretungen nicht anrechnete und in uns das Wort von der Versöhnung niedergelegt hat.

[49*] Eph 1, 7. 10: In diesem haben wir die Erlösung durch Sein Blut, nämlich die Vergebung unserer Übertretungen, nach dem Reichtum Seiner Gnade.
Vers 10: . . . sobald die Zeiten zum Vollmaß der von Ihm geordneten Entwicklung gelangt wären: Er wollte in Christus als dem Haupt alles einheitlich zusammenfassen, was in den Himmeln und was auf der Erde ist.
Eph 2, 13: Jetzt aber in Christus Jesus seid ihr, die ihr ehedem in der Ferne standet, durch das Blut Christi zu Nahestehenden geworden.

[50*] 1 Jo 2, 2: Und Er ist die Versöhnung für unsere Sünden, aber nicht nur für die unsrigen, sondern auch für die ganze Welt.

Wer aber ist in Wahrheit Er, „in dem wir die Erlösung, die Vergebung der Sünden haben"?

„Er ist das Bild Gottes, des unsichtbaren!"[10] Die Unsichtbarkeit Gottes, das ist die religiöse Not. Darum kann man an Gott zweifeln und Gott leugnen. Darum gibt es in allen Religionen der Welt die unzähligen „Bilder" von Gott, die gemalten und die geschnitzten und gegossenen und die aus Marmor gehauenen, die aus Gedanken und Begriffen zurechtgemachten, die rohen und die edlen. Aber noch keines hat dem suchenden und fragenden Menschen genügt. „Zeige uns den Vater, so genüget uns!" (Jo 14, 8), das ist der Schrei des Menschenherzens. Gott aber hat dies Suchen und Schreien nicht unerhört gelassen. Er hat ein Bild, das Ihm vollkommen entspricht, den „Sohn Seiner Liebe". Und dies Bild hat Er uns in Menschengestalt geschenkt in Jesus. „Wer Mich sieht, der sieht den Vater; wie sprichst du denn: Zeige uns den Vater?" (Jo 14 ,9.) So groß ist Jesus!

Ermessen wir, was das für uns bedeutet? Nun kennen wir wahrhaft Gott und sehen Ihm in Sein Herz! Der Neger in Zentralafrika, der nicht lesen und schreiben kann, der aber Jesus kennt, weiß von Gott tausendmal mehr als die großen Denker ohne Jesus in ihren tiefsten philosophischen Werken!

Wie grundlegend unterscheidet sich freilich diese frohe Botschaft von aller philosophischen Spekulation. Dem Denker gehört die Unsichtbarkeit Gottes zu Seinem „Wesen". Für ihn scheint es ganz in der Ordnung, daß Gott unsichtbar und verborgen ist. Darum grübelt er über Wege nach, wie man zu diesem unsichtbaren Gott dennoch in Beziehung treten könne. In der damaligen Zeit war es die Fülle der Zwischenwesen, der Engel- und Geistermächte, die den Abgrund zwischen dem unerreichbaren Gott und der Schöpfungs- und Menschenwelt überbrücken sollte. Die biblische Botschaft aber sagt dem Menschen die erschreckende Wahrheit, daß diese Verborgenheit Gottes gar nicht „in Ordnung" ist, daß sie vielmehr das Zeichen einer Katastrophe, des Sündenfalles ist. Erst unsere Sünde hat Gott zu dem „unsichtbaren" Gott gemacht. An unserer religiösen Not tragen wir selbst die Schuld, sie ist nicht im „Wesen" Gottes begründet. Das ist freilich keine Wahrheit mehr zum bloßen Denken und zum Bau weltanschaulicher Systeme. Das ist eine Wahrheit, die das Gewissen trifft und nur von erwachten und erschreckten Gewissen aufgenommen werden kann.

Diese Wahrheit bestimmt die Eigenart der mächtigen Sätze, die wir hier miteinander lesen. Diese Sätze sehen aus wie philosophische Aussagen über Gott und Welt, wie „kosmologische" Spekulationen. Aber diese „Kosmologie" ist in Wahrheit lauter „Soteriologie", lauter Heilslehre. Der den unsichtbaren Gott uns zurückschenkt, weil

[10] Anm. Beachten wir die kühne Paradoxie: Kann es von einem „Unsichtbaren" denn ein „Bild" geben? In dieser Paradoxie wird uns die ganze Größe des Geschenkes deutlich, das uns Gott in Jesus gemacht hat. Nun gehört schon satanische Verblendungskunst dazu, wenn wir dies Bild des Unsichtbaren in seinem hellen Licht nicht mehr sehen (2 Ko 4, 4)!

Er als „Sein Bild" zu uns kommt, das ist nicht wie im zeitgenössischen Denken jener Tage eine große geistige Wesenheit (der „Logos", die „Weisheit"), sondern Er ist es, „in dem wir haben die Erlösung, die Vergebung der Sünden". Er, der „Frieden machte durch das Blut Seines Kreuzes". Die Aussagen über Jesu wahres Wesen, über Sein Verhältnis zu Gott, über Seinen Anteil an der Schöpfung werden nicht um ihrer selbst willen als philosophische Erkenntnisse gemacht, sondern zielen alle auf das Erlösungswerk und wollen seine weltumfassende Größe, seine absolute Allgenugsamkeit dartun.

Er ist **„Erstgeborener aller Schöpfung".** Paulus denkt hier nicht wie später das Nizänische Glaubensbekenntnis an den Unterschied des von Gott **„Geborenen"** zu allem von Gott nur **„Geschaffenen".** Er sieht auf das Vorrecht und die Stellung des „Erstgeborenen" unter allen andern Kindern und vergleicht damit das Verhältnis Jesu zu allem, was geschaffen ist.[11] Aber er fügt sofort noch etwas Gewaltiges und Erstaunliches hinzu. Die Erstgeburt verleiht wohl große Vorrechte, hebt aber nicht völlig aus der Schar der Geschwister heraus. Jesus aber ist nicht ein Geschöpf unter anderen, wenn auch das höchste und bevorzugteste. Jesus, das Bild Gottes, gehört auf die Seite des Schöpfers, wesensmäßig geschieden von allem, was nur Schöpfung ist. Jesus ist an der Schöpfung beteiligt, Jesus selbst ist Schöpfer!

„Alles ist durch Ihn und zu Ihm hin geschaffen." Wissen wir das eigentlich? Bedenken wir es? Wenn wir nachts in den Weltraum hinausblicken und Ozeane von Sonnen über uns sehen – durch Jesus und für Jesus ziehen diese ungeheuren Glutbälle ihre Bahn. Aber auch die kleine Blume im Wald, die niemand sieht und beachtet – durch Jesus und für Jesus blüht sie. So groß ist Jesus! Denken wir daran, wenn wir betend den Namen Jesu nennen, daß wir nun zu Dem reden, in dem **„alles in den Himmeln und auf der Erde geschaffen wurde, das Sichtbare und das Unsichtbare"?** Wird nicht zugleich diese uns oft so unheimliche Welt vertrauter und heimischer für uns, weil wir es nun wissen dürfen, daß wir uns im schöpfungsmäßigen Eigentum unseres herrlichen Heilands bewegen? Und hat nicht deshalb jener Matrose recht, der sagte: „Das Meer, in das mein Leib versinkt, ist auch nur die hohle Hand meines Heilandes, aus der mich nichts reißen kann"? (Gorch Fock.)

Jesu Schaffen endet nicht bei dem „Sichtbaren", bei dem, was „auf der Erde" ist. Er schuf auch **„das Unsichtbare"** und belebte auch **„die Himmel"** mit unzähligen Geschöpfen, für die wir den Namen „Engel" brauchen. Freilich, diese Engel sind etwas sehr anderes als die lieblichen Kinder-, Mädchen- und Frauengestalten, die uns von unsern Malern vor Augen gestellt wurden. Wo immer in der Bibel Menschen einen Engel sehen, da erschrecken sie und fürchten sich. Dieser Engel gibt es „vieltausendmal tausend" (Offb 5, 11; Da 7, 10). Welch eine

[11] Anm. Vgl. 1 Mo 25, 29—34; 2 Mo 4, 22. 23; Ps 89, 28; Rö 8, 29; Hbr 1, 6.

Welt von Leben, Kraft und Licht! Wie alles in Gottes Schöpfung mannigfaltig und geordnet zugleich ist, so gibt es offenbar auch in der unsichtbaren Geisterwelt große Ordnungen und Gruppierungen, auf die die Ausdrücke **„Throne“, „Herrschaften“, „Mächte“, „Gewalten“** hier wie auch an andern Stellen des Neuen Testaments hinweisen.[12] Sind diese majestätischen Wesen und Mächte nicht äußerst wichtig für den Menschen? Greifen sie in sein Leben, ja selbst in die Geschichte der Völker nicht wirksam ein? (Da 10, 13.) Können sie nicht sehr hilfreich oder sehr gefährlich sein? Muß man nicht zu ihnen ein Verhältnis zu gewinnen suchen, ja ihnen gar Anbetung zukommen lassen? Solche Fragen waren auch unter den Christen in Kolossä laut geworden. Also nicht mehr „Jesus allein“, sondern „Jesus **und** die Engel“? Wurde das Christentum nicht erst dadurch weit und vollkommen, daß man die geheimnisvollen kosmischen Mächte mit hineinnahm? Nein! Wie gewaltig diese unsichtbare Welt immer sein mag, auch sie ist durch Jesus und zu Jesus hin geschaffen. Auch zwischen dem herrlichsten und mächtigsten Engel und Jesus liegt die ganze Kluft, die das Geschöpf vom Schöpfer trennt. „Vor dem die Seraphim anbetend niederknien, um den die Engel dienen“, das ist Jesus. So groß ist Jesus! Darum gibt es kein „Jesus **und** die Engel“. Es gilt auch im Blick auf die unsichtbare Welt mit all ihren Geheimnissen: „Drum auch, Jesu, Du alleine sollst mein ein und alles sein.“

Jesus, der Schöpfer über aller Kreatur – ahnen wir nun, was in den Wundertaten Jesu während Seines Erdenwandels vor sich geht? D e r rührt die kranken, entstellten Leiber an, durch den der Menschenleib geschaffen wurde. Der vermehrt das Brot und verwandelt das Wasser, durch den Gott Korn und Wein ins Dasein rief. Willig trägt das Meer den Erstgeborenen aller Schöpfung, und Wind und Wellen verstummen vor dem, der ihr Herr ist! Und daß die großen Geistermächte des Kosmos tatsächlich Seiner einzigartigen Hoheit zu Füßen liegen, das zeigt der willige Dienst der Engel (Lk 2, 9–14; Mt 4, 11; Jo 1, 51; Mt 26, 53) ebenso wie das Zittern der Dämonen (Mk 1, 23–27 u. a).

Von allen Geschöpfen das wichtigste aber ist der Mensch. Und nun dürfen wir es auf den Menschen, auf uns selbst anwenden: „durch Jesus und zu Jesus geschaffen!“ Wie wichtig ist das für alle Mission

[12] Anm. Für Paulus wie für alle seine Zeitgenossen war das Bestehen und die Wirksamkeit dieser unsichtbaren Mächte in der Welt ganz anders gewiß und bekannt als für uns. Die nur kurz genannten Namen sagen daher ihm und den Lesern des Briefes viel mehr als uns. Für uns bleiben viele Fragen offen. Vielleicht hat Paulus „Throne“ und „Herrschaften“ als Gott dienende Engelbereiche von den „Mächten“ und „Gewalten“ unterschieden, die, in die satanische Revolution mit hineingezogen (vgl. 1 Ko 6, 3; 2 Pt 2, 4; Jud 6), nun in angemaßter Selbständigkeit ihr Regiment in der Schöpfung Gottes ausüben. Denn da, wo er von der Beseitigung dieses Regimentes der Engel redet, nennt er nur die „Mächte“ (archai) und „Gewalten“ (exousiai): 1 Ko 15, 24; Eph 6, 12; Kol 2,15. In 1 Ko 2,8 spricht er von den „archontes“ dieser Welt; Rö 8, 38 von „angeloi“ und „archai“. Eph 3, 10 ist wieder von „archai“ und „exousiai“ die Rede, aber es ist an dieser Stelle fraglich, ob gottwidrige Mächte damit gemeint sind. An unserer Stelle aber betont Paulus in der Form der Aussage: „einerlei ob es nun ‚Throne‘ oder ‚Herrschaften‘ oder ‚Mächte‘ oder ‚Gewalten‘ sind . . .“, daß diese Unterscheidungen in der Engelwelt, die den Kolossern als wesentliche und notwendige Lehren hingestellt wurden, vor der Größe Jesu belanglos werden.

und Evangelisation. Wenn wir Menschen zu Jesus rufen, so rufen wir sie nicht zu einem Fremden. Wenn wir ihnen Jesus bezeugen, drängen wir ihnen nicht künstlich eine fremde Gestalt auf. Wir rufen sie zu Dem, dem sie schon von Schöpfungs und Rechtes wegen gehören, und bringen ihnen Den, der als Ursprung und Ziel ihres Daseins schon längst **ihre** eigentliche Heimat ist. Über die Ablehnung Jesu steht darum immer wieder das Wort: „Er kam in Sein **Eigentum**, und die **Seinen** nahmen Ihn nicht auf" (Jo 1, 11). Wohl spricht dies Wort zuerst und in besonderer Weise von Israel. Aber da der Prolog des Johannesevangeliums ebenso weltumfassend ist wie des Paulus Darlegung hier und von dem ewigen Wort des Vaters als dem Licht und Leben „der **Menschen**" redet, wird in der Schuld Israels die Schuld der gesamten Menschheitswelt offenbar. Jeder von uns muß im Rückblick auf sein eigenes Leben bekennen: „Er kam zu mir, der ich Ihm doch vom Ursprung her gehörte, und ich – wies Ihn ab!" Gerade so erst wird die Sünde (die Sünde, „daß sie nicht glauben an Mich" Jo 16, 9) in ihrer ganzen Unbegreiflichkeit und Unentschuldbarkeit deutlich. Die Bekehrung zu Jesus aber ist für jeden von uns bei aller dadurch geschenkten Neuheit des Lebens ein wunderbares Nach-Hause-Kommen. Umgekehrt: Die Tatsache, daß Menschen aller Rassen und Entwicklungsstufen Jesus erkennen und sich von Herzen Ihm anvertrauen konnten, bestätigt und bezeugt, daß Er der ist, durch den und zu dem wir alle geschaffen sind. Paulus gibt uns hier bei allem Eingehen auf Fragestellungen und Begriffe der zeitgenössischen Philosophie doch nicht theoretische Gedankengespinste über Jesus. Er bleibt im festen Zusammenhang mit der lebendigen Glaubenserfahrung und zeigt uns die Größe Jesu so, wie wir sie für unsern eigenen Glauben und für unsern Dienst an andern kennen müssen.

Es wird uns durch diese Erkenntnis Jesu auch eine Sorge abgenommen, die vielen Menschen den Zugang zu Jesus erschwert. Wenn ich mich in einer redlichen Bekehrung ganz Jesus ausliefere, wird dann mein Leben nicht arm, eng und einseitig? Wäre Jesus nur eine kleine religiöse Einzelgestalt, dann könnten wir mit dieser Befürchtung recht haben. Aber wenn wir uns Dem anvertrauen, durch den und zu dem alles geschaffen ist, können wir dann irgend etwas verlieren und um irgend etwas kommen? Gewinne ich dann nicht notwendig mit Jesus – alles? Umfassender und vollständiger kann mein Besitz und Reichtum doch gar nicht werden, als wenn der Schöpfer und Herrscher aller Welt mich zu Seinem geliebten Eigentum annimmt. So hat es der Apostel Paulus mit kühner Freude gesehen: „Es sei Paulus oder Apollos oder Kephas, es sei Welt oder Leben oder Tod, es sei Gegenwärtiges oder Zukünftiges: Alles ist euer, ihr aber Christi, Christus aber Gottes" (1 Ko 3, 22. 23) und „Wenn aber Kinder, so auch Erben – Erben Gottes und Miterben Christi ..." (Rö 8, 17).

Dabei dürfen wir noch besonders auf die wunderbare Wahrheit achten, daß das All in seiner ganzen Fülle sichtbarer und unsichtbarer Welten nicht nur „durch Ihn", sondern auch **„zu Ihm hin"** geschaffen ist. Hier geht uns eine Ahnung davon auf, daß es Gottes Liebeswillen entsprach, die Welt mit ihren Geschöpfen nicht „fertig" hinzustellen, sondern ihr die Freude der eigenen Entfaltung zu einem herrlichen Ziel hin zu machen.[13] Dieses Ziel aber, auf das die Schöpfung vom Ursprung her angelegt ist, ist Jesus! Vor allem für die Menschen bestand die „Verordnung" Gottes in Rö 8, 29: „daß sie gleich sein sollten dem Ebenbild Seines Sohnes, auf daß derselbe sei der Erstgeborene unter vielen Brüdern", auch abgesehen vom Sündenfall, von Anfang an. Jesus, der Sohn, hatte eine zentrale Bedeutung für uns auch ohne die Katastrophe des Losrisses von Gott. Versöhner in der Kreuzesgestalt wurde Er freilich erst durch sie. Mittler und Vollender aber wäre Er auch so gewesen, wenn wir uns auch nicht auszumalen vermögen, wie sich dann alles gestaltet hätte. Durch den Fall aber bekommt dieses „zu Ihm hin" eine ganz neue Bedeutung und Tiefe. Davon wird Paulus sogleich noch sprechen. Wir tun aber gut, das ursprüngliche, wesenhafte „zu Ihm hin" in Herz und Gedächtnis zu behalten, wenn wir das versöhnende „zu Ihm" in seiner ganzen mächtigen Gegründetheit erfassen wollen. „Kosmologie" und „Soteriologie" gehören auch hier zusammen.

Weil das All durch Ihn und zu Ihm geschaffen ist, darum ist Er **„vor allem, und alles hat in Ihm seinen Bestand".** Dringt hier nicht ein falsches „philosophisches" Denken ein? Der ahnungslose Philosoph mag seine Sätze über den „Bestand" der Welt formen, der biblische Mensch weiß doch vielmehr, daß „das Wesen dieser Welt **vergeht"!** (1 Ko 7, 31.) Vielleicht nimmt Paulus hier in der Tat gedankliche Fragen auf, die in Kolossä unter dem Einfluß der Philosophie erörtert wurden. Aber indem er das Bestehen der Welt auf Jesus gründet, reißt er alle Menschengedanken hinweg, die den Bestand der Dinge irgendwie in ihren eigenen Kräften und Wesenheiten suchen, und spricht eine Wahrheit aus, über deren Kühnheit der Philosoph nur lachen oder – erschrecken kann. Dieses ganze All mit seinen unvorstellbaren, ungeheuren Sternenwelten besteht nur, weil Jesus es noch zu Seinen Plänen und Zielen braucht! Sobald Er seiner nicht mehr bedarf, wird Er es abtun wie ein veraltetes Gewand (Ps 102, 26. 27). Darum ist beides zusammen die eine biblische Wahrheit: Das Wesen dieser Welt **vergeht,** und die Welt hat ihren unerschütterlichen (vorläufigen) **Bestand** in Jesus (der auch hier „erfüllt", was schon im Bund Gottes mit Noah verheißen war).

Von welcher Bedeutung sind alle diese Aussagen in ihrer lapidaren Kürze und Wucht für uns heutige Christen, wie sie es damals für die Gemeinde in Kolossä waren! Wohl lebt der Christ von dem einen entscheidenden Thema „Sünde und Gnade". Jesus als den persönlichen Heiland zu finden, ist für jeden von uns das einzig wirklich Notwendige. Aber der Christ mit diesen grundlegenden Erfahrungen (ohne die er die biblischen Aussagen auch im Kolosserbrief

[13] Anm. Von da aus haben wir auch keinen Anlaß, uns als Christen **grundsätzlich** gegen den Entwicklungsgedanken in der heutigen Naturwissenschaft zu sträuben.

nie verstehen wird!) lebt in der Welt, die sich in Natur- und Geisterreichen um ihn her ausbreitet. Er hat sich in dieser Welt zu bewegen und zurechtzufinden. Wie soll er sie ansehen? Er trifft auf die Versuche der Weltanschauungen, diese Welt zu erfassen und zu deuten. Er spricht mit den Menschen seiner Umgebung, die von solchen Weltanschauungen her sein Christentum in Frage stellen. Was soll er ihnen antworten? Paulus zeigt ihm den Weg. Er setzt sich mit den andern Weltdeutungen in Kolossä nicht auseinander. Er entfaltet keine eigene Naturphilosophie oder Naturtheologie als Unterbau der Christologie. Erst recht läßt er aller redlichen wissenschaftlichen Forschung freien Raum. Aber er zeigt dem Christen die eine befreiende Wahrheit, daß Jesus, sein persönlicher, herrlicher Heiland, Grund, Halt und Ziel dieses ganzen unbegreiflichen Weltalls ist. Das zu wissen ist uns genug.

Wir haben von dem Kaiser Marc Aurel, einer der edelsten Gestalten auf dem Cäsarenthron, ein Wort, das schon genau das Empfinden des modernen Menschen ausspricht und uns damit zeigt, wie „alt" und wie unabhängig von der modernen Naturforschung das „materialistische" Denken ist: „O Natur, aus dir ist alles, in dir ist alles, zu dir ist alles." Wie völlig ungenügend ist dieser Satz. Wie kann das sichtbare, vergängliche, geschöpfliche Sein „aus sich selbst" stammen! Wie kann das ständig Vergehende in sich selbst seinen bleibenden Bestand haben! Und wie trostlos, wenn das Ziel aller Dinge nur wieder dieses selbe Dasein wäre, das wir zur Genüge als sinnlos in sich selbst gekostet haben! Diese „Natur" wäre dann das „ewig sich selbst gebärende und ewig sich selbst verschlingende Ungeheuer", von dem Goethe einmal spricht. Diesem lähmenden „aus – in – zu" stellt das Neue Testament seine befreiende und beglükkende Botschaft entgegen: „Denn aus Ihm und durch Ihn und zu Ihm das All: Ihm die Ehre in die Äonen!" (Rö 11, 36); „Aber für uns ist Gott der Vater, aus dem das All und wir zu Ihm, und Einer der Herr, Jesus Christus, durch den das All und wir durch Ihn" (1 Ko 8, 6); „Das All ist durch Ihn und zu Ihm geschaffen, und Er ist vor allem, und das All hat in Ihm seinen Bestand" (1, 17).

Wenn wir das erfaßt haben, dann hören wir den anbetenden Jubel, wenn Paulus fortfährt: **„Und gerade Er ist das Haupt des Leibes, der Gemeinde."** Wir sahen schon: Jesus ist uns kein Fremder, wir gehören Ihm als Geschöpfe. Aber in der Bekehrung zu Ihm gewinnen wir ein ganz neues Verhältnis zu Ihm: Wir werden Glieder Seines Leibes (der Gemeinde), für den Er das Haupt ist. Tief ist das Geheimnis der Schöpfung; je länger die Naturwissenschaft arbeitet, um so größer wird es uns. Aber viel tiefer **ist das Geheimnis der „Gemeinde"!**[14] Wir sind blind dafür geworden, weil uns die Kirche eine

[14] Anm. Wir sollten den Sprachgebrauch wieder aufnehmen, den die Herrnhuter Brüdergemeine bewahrt hat, und die „ekklesia" des Neuen Testaments zum Schutz vor Verwechslungen mit allem, was heute „Gemeinde" heißt, als „die Gemeine" bezeichnen. Schon Luther, der Wiederentdecker des Neuen Testaments (dem leider viele Lutheraner hierin nicht folgen), hat die Not der mißverständlichen Worte emp-

„Selbstverständlichkeit" war und uns als eine nur allzu menschliche und weltliche Institution begegnete. Aber was ist doch in Wahrheit die „Gemeinde", die **eine** „Gemeinde der Heiligen" in, mit und unter allen Kirchentümern, Gemeinden und Gemeinschaften.

Sie ist das gerade Gegenteil eines „Vereins", einer Gemeinschaft, die durch den Willen und die Qualität ihrer Mitglieder zustandekommt. Sie ist nicht eine „Genossenschaft", sondern eine „Hauptschaft". Sie war nicht aus eigenem Entschluß da und wählte sich dann in Jesus ihr Haupt. Sie war aber auch nicht von sich aus vorhanden und wurde dann von Jesus als Sein Leib angenommen. Nein, auch hier ist es wieder so, daß **„in allem Er der Erste würde"**. Er ist auch hier **„Anfang"**; man könnte auch übersetzen „Ursprung". Das Haupt schuf und schafft sich Seinen Leib. „Gemeinde" ist gerade nicht ein Zusammenschluß „religiöser" Menschen. Sie besteht aus „Heiligen", aus Menschen, die zum Erbe der Heiligen im Licht tauglich gemacht wurden. Mit Recht singen wir von ihr: „Sie, die des großen Gottes erneute Schöpfung ist." Sie ist die Gemeinde der Auferstehenden und mit Christus schon jetzt Auferstandenen (3, 1). Darum beginnt sie mit dem **„Erstgeborenen aus den Toten"**[15] und kann nur und erst mit Ihm beginnen. Sie ist der wahre und eigentliche „Tempel", die „Behausung Gottes im Geist" (Eph 2, 21. 22), die das in allen Tempeln der Welt hervorbrechende Sehnen der Menschen erfüllt. Denn in Jesus, ihrem Haupt und Anfang, ist nicht nur etwas von Gott offenbar, eine Seite Gottes den Menschen zugewandt, eine Kraft Gottes ihnen zugeflossen, sondern **„in Ihm gefiel es Gott, die ganze Fülle wohnen zu lassen"**. Nun gibt es also eine Stelle in der Welt, wo wirklich Gott in Seiner ganzen Fülle „wohnt"[16]: Das ist Jesus, der als das „Haupt" in Seiner Gemeinde auf Erden gegenwärtig und wirksam ist.

Wieder spricht Paulus in die besonderen Fragen der Kolosser hinein. Die damalige religiöse und philosophische Welt sah „Gott" als das unendliche Meer, aus dem immer neue „Ausflüsse", „Emanationen", zu den Menschen kamen. Keiner dieser Ausflüsse konnte das ganze Meer geben. Darum liebte man den „Synkretismus", die Verbindung und Vermischung verschiedenster Religionen, Kulte und

funden und besonders den Ausdruck „Kirche" nachdrücklich **abgelehnt.** „Darum sollts auf recht Deutsch und unser Muttersprach heißen ‚ein christliche Gemeine oder Sammlung' oder aufs allerbeste und kläiste ‚ein heilige Christenheit'" (Gr. Katechismus). Und wären im Kinderglauben solche Worte gebraucht worden: ich glaube, daß da sei ein christliches, heiliges Volk, so wäre aller Jammer leicht zu vermeiden gewesen, der durch das unklare, undeutliche Wort „Kirche" eingerissen ist. Denn das Wort: „christliches, heiliges Volk" hätte klar und unwiderleglich beides mit sich gebracht, Verstand und Urteil, was Kirche oder nicht Kirche wäre („Von den Konzilen und der Kirche" in „Luther Deutsch" Bd. 6 S. 18).

15 Anm. Zu dem „Erstgeborenen" aus den Toten vgl. Apg 3, 15; 26, 23; 1 Ko 15, 20—23. Zugleich ist der „Erstgeborene" als solcher schon „Haupt": 1 Mo 49, 3; 5 Mo 28, 13.

16 Anm. Wie geht doch die Frage nach dem „Wohnen" Gottes durch das Alte Testament: 1 Chro 17, 4—14; Ps 68, 17; 132, 13; Jes 8, 18 und zugleich Ps 2, 4; Jes 57, 15. Die Freude an dem faßbaren „Wohnen" Gottes im Tempel ist bedroht von der Gerichtspredigt der Propheten. Das Verlangen nach dem eigentlichen, endzeitlichen Wohnen Gottes unter Seinem Volk wird wach. Dies Verlangen ist im Dasein der Gemeinde Jesu ganz neu erfüllt: Jo 2, 19—22; Eph 2, 20—22; 1 Ko 3, 16. 17. Aber zugleich weist auch dies noch einmal über sich hinaus zu jener letzten Erfüllung, die Offb 21, 3 25; 22, 3 andeutet.

Weltanschauungen. Recht weit und umfassend wollte man an möglichst vielen „Offenbarungen" der Gottheit, an möglichst vielen „Strömen" ihrer Kraft und ihres Lebens teilhaben. Darum sagte man auch der Gemeinde in Kolossä: Jesus – o ja! Eine wichtige, große Offenbarung! Aber doch nicht die einzige und allein schon genügende! Füllt doch euer einseitiges Christentum auf mit all dem andern Reichtum geheimnisvoller Offenbarungen und Kulte. Dann erst wird es „vollkommen", dann erst habt ihr die „Fülle".[17] Und wieder ist das auch uns heutigen Menschen gar nicht so fremd. Fassen wir nicht in der „allgemeinen Religionsgeschichte" alle Religionen der Welt als den einen großen Baum mit den vielen Ästen und Zweigen? Sollte man nicht wenigstens die großen Religionen der Menschheit mit einander verbinden können? Jesus, o gewiß. Aber warum seid ihr Christen so eng, so einseitig! Nehmt doch zu dem Licht, das Gott gewiß auch in Jesus Christus scheinen ließ, all die andern Lichtstrahlen aus Gottes Fülle hinzu, die Er allen Gottsuchern, allen Dichtern und Denkern in allen Völkern aufleuchten ließ! So liebt der moderne Mensch Spruchbücher, Kalender und „Breviere", in denen ganz sicher auch Bibelworte und Jesusworte ihren guten Platz haben, in denen aber dann Aussprüche von Goethe oder Tagore über „Gott" neben den Worten Jesu stehen.[18] Nein! sagt Paulus den Kolossern und uns. Das Verhältnis Jesu zu allen andern Religionen und Weltanschauungen ist ein völlig anderes. Dort das Suchen und Fragen, dort der Irrtum und oft genug die Lüge, dort bestenfalls ein Ahnen der Wahrheit – aber in Jesus die Antwort, das klare Licht, „die ganze Fülle", die wesensgemäß nicht erst durch Hinzutun von anderem „aufgefüllt" werden kann.

Und nun gilt die einzigartige Herrlichkeit Jesu auch im Bezug auf eine Frage, die für viele damaligen Menschen eine heiße und dringliche war: Wo finde ich die Versöhnung mit Gott?!

Der moderne Mensch ist weithin von einer erschreckenden Harmlosigkeit. Er träumt den Traum der Gottunmittelbarkeit des Menschen. Er erfährt es zwar in einem geradezu gigantischen Ausmaß, wie die Welt aus den Fugen ist. Er hat Unsagbares erlitten. Er steht unter entsetzlichen Gerichten Gottes. Aber – das bringt ihn höchstens dazu, an Gott zu zweifeln oder Gott anzuklagen. Sich selbst stellt der moderne Mensch nicht in Frage. Ein tieferes Erschrecken vor der eigenen Schuld geht nicht durch unsere Zeit, trotz allem, was wir erlebt haben. Ein Verlangen nach Versöhnung, nach Frieden mit Gott, wie es noch die Reformationszeit kennzeichnet, ist im allgemeinen nicht zu spüren. Das war in der ausgehenden Antike anders. Man

[17] Anm. Das „Pleroma" („die Fülle") ist ein Fachausdruck jener Zeit. Mit ihm hängt sprachlich und sachlich der Begriff der „pepleromenoi", der „Erfüllten", der „Vollkommenen" zusammen; vgl. zu 2, 10. Da „das Pleroma" geradezu ein Ausdruck für „Gott" sein konnte, kann Paulus an unserer Stelle die „Fülle" zum Subjekt des Satzes genommen haben. Für die Sache selbst bedeutet der Unterschied in der Satzkonstruktion nicht viel.

[18] Anm. Ein Beispiel solcher Religionsmengerei ist die „Bahai"-Lehre.

empfand schmerzhaft die Kluft, die von der Gottheit, von der Welt des Lebens und des Lichtes trennt. „Erlösung", „Versöhnung" war es darum, was in vielen Religionen und Kulten jener Zeit verheißen wurde. Ließ sich der Christuskult dort mit einreihen? War Jesus ein Erlöser – einer neben andern? Vielleicht ein Erlöser für bestimmte Gebiete des Lebens und der Wirklichkeit?

Nein! Es gefiel Gott **„durch Ihn alles zu versöhnen zu Ihm hin"**. Und nachdem Paulus von dem Mittel dieser Versöhnung ein Wort gesagt hat: **„indem Er Frieden machte durch das Blut Seines Kreuzes"**, wiederholt und betont er noch einmal: **„durch I h n, ob es auf der Erde oder in den Himmeln ist"**.

Wir stehen am Herzpunkt der Botschaft, die ja „das Wort von der Versöhnung" ist. Es ist die entscheidende Wendung in unserm Leben, wenn alle anderen Fragen unseres Herzens, auch alle weltanschaulichen und religiösen, verstummen vor der einen großen Frage: Was wird aus meiner Schuld? Wie bekomme ich Frieden mit Gott? Wer versöhnt mich mit Gott? Glück oder Unglück, Freude oder Leid, Ehre oder Schande, Leben oder Sterben – es wiegt alles nichts mehr vor dem ewigen Gewicht dieser Frage.

Denn es ist Feindschaft zwischen Gott und mir. Mein Wille widerstreitet fort und fort dem heiligen Willen Gottes. Er verbietet die Lüge, und ich bin ein Lügner. Er verlangt die Reinheit, und ich bin unrein. Er will die selbstlose Liebe, und ich lebe selbstsüchtig für mein Ich. Er beansprucht als Gott den Platz in der Mitte meines Lebens, und ich verweise Ihn in den Winkel. Wie soll das enden? Wie soll das gut werden? Die Last der Schuld aus Jahren und Jahrzehnten meines Lebens ist wie Bergeslast. Ich kann nicht bezahlen, was ich schuldig blieb und immer neu schuldig bleibe. Und Gott kann, so wahr Er G o t t ist, nichts ablassen von Seiner unverbrüchlichen Forderung.

Da kommt die Botschaft, die niemand „begreifen" kann, die sich darum auch niemals „beweisen" oder logisch für unsern Verstand darstellen läßt, die sich aber wieder und wieder an den erschrockenen Gewissen bewährt: Er, der Eine, **machte Frieden!** Eben nur in solchen Bildern kann man davon reden: „Die Strafe liegt auf Ihm", „Er zahlte das Lösegeld", „Er machte Frieden", „Er brachte das reinigende Opfer". Alle Bilder aber weisen hin auf das Geschehen, in dem sie ihre Kraft und Wahrheit haben, auf das Geschehen von Golgatha. Und dies Geschehen ist Gericht, Leiden, Blut, Sterben „für uns". Er machte Frieden **„durch das Blut Seines Kreuzes"**.

Und nun kommt wieder alles darauf an, daß wir einen **großen** Jesus haben. Denn nun erheben sich unter uns die Fragen: Es haben in der Weltgeschichte so viele gelitten, geblutet und den Tod erduldet – warum soll denn gerade das blutige Sterben dieses eures Jesus unser Friede mit Gott sein?! Nach der Eroberung Jerusalems durch die Römer standen rings um die Stadt zweitausend Kreuze! Es ist „das Kreuz" schon nicht etwas so Ungewöhnliches! Und – was hilft denn mir heute vor Gott das Kreuz, das vor bald zweitausend Jahren dort hinten in Palästina stand? Es steht da so unendlich weit entfernt, daß es für mich kaum noch zu sehen ist; es verliert sich winzig in der Länge und Weite der Weltgeschichte.

„Das Kreuz", so sagen wir gern. Aber nicht eine Sache, nicht das Kreuz rettet uns, sondern der, der daran hängt! Das Kreuz hilft uns nur, weil es **„Sein Kreuz"** ist. Hängt an diesem Kreuz nur ein Mensch, und sei es einer der edelsten und besten, die es je gab, so ist es freilich bedeutungslos für mich heute und für mein Verhältnis zu Gott. Es geht dann auch unter in dem Meer von Blut und Tränen, das die Weltgeschichte füllt. Das Kreuz von Golgatha ist genau so groß, wie Der ist, den es trägt. Haben wir nur einen kleinen Jesus, so haben wir auch nur ein kleines Kreuz, dessen Bedeutung für alle Zeiten und alle Menschen wir schwerlich klarmachen können. Aber wir haben einen großen Jesus, so groß, wie Er uns von Paulus gezeigt worden ist. Und D e r ist es, der am Kreuz hängt. Mit Ihm und durch Ihn aber ragt **„Sein"** Kreuz über **„Erde und Himmel"**, ragt durch alle Tiefen und Höhen des Weltalls, überragt alle Zeiten der Geschichte, alle Völker, alle Menschen. Ja, wenn auf fernsten Gestirnen menschenartige Wesen angetroffen würden, auch sie und ihren Stern überragt dieses Kreuz.

So müssen wir Golgatha sehen, so alle Szenen der Passionsgeschichte betrachten. In dessen Gesicht dort hineingespien wird, das ist der Herr der Herrlichkeit. Den sie hier schlagen, schänden und verwerfen, das ist Der, durch den und zu dem alles im Himmel und auf Erden geschaffen ist. Sie vergreifen sich an Dem, der ihnen allen das Leben gab. Als Verbrecher verblutet Er am Fluchholz, vor dem die gewaltigen Engel anbetend knien. Von Gott verlassen und preisgegeben ist Gottes eigenes Bild, der Sohn Seiner Liebe. Und Der duldet das alles, der mit einem Hauch Seines Mundes Welten erschüttern könnte. Zu solchem rechten Blick in die Passionsgeschichte und auf Golgatha hilft uns der Kolosserbrief in einzigartiger Weise. Von ihm her sehen wir es besonders klar: Welch ein Opfer! Wahrlich, Seine Riesengröße wiegt die Schuldenlast aller Welt auf! Wahrlich, Der, durch den und für den ich wurde, kann mich mit Fug und Recht vertreten. Von Ihm können wir es glauben, daß Er ist „die Versöhnung für unsere Sünden, nicht allein aber für die unsern, sondern auch für die der ganzen Welt" (1 Jo 2, 2).

Seine Versöhnung umspannt **„alles"** oder, wie wir fast noch besser übersetzen würden, „das All". Er hat mit dem Blut seines Kreuzes Frieden gemacht für mich, für dich, für alle. So wie jeder, der aus allen andern Fragen und Problemen zu der einen entscheidenden Frage nach seiner Schuld vor Gott kam, unmittelbar mit voller Gewißheit weiß, daß diese seine persönlichste Frage zugleich die letzte Frage jedes Menschen ist, so weiß auch jeder, der im „Blute Seines Kreuzes" den Frieden mit Gott fand, unmittelbar gewiß, daß niemand **„auf der Erde oder in den Himmeln"** ihn anderswo oder auf andere Weise finden kann. In der Größe Jesu sieht er nun nachdenkend den objektiven Grund für diese seine Gewißheit. Wie wichtig ist diese begründete Klarheit wieder für alle Mission und Evangelisation. Wahrscheinlich will der Zusatz des Paulus **„durch Ihn, ob es auf der Erde oder in den Himmeln ist“** nicht mehr als eben dies sagen. Jedenfalls hat Paulus keinerlei Ausführungen darüber gemacht, weder hier noch an andern Stellen, daß etwa Angehörige der Engelwelt der Versöhnung bedürfen und sie in Jesus erlangen. Das wiederholte und betont vorangestellte **„durch Ihn“** legt den ganzen Ton auf die Feststellung, daß es keinen andern im ganzen Kosmos gibt, durch den Versöhnung und Frieden zu haben ist. Darum ist mit dieser mächtigen Wahrheit, daß die Versöhnung dem All gilt, noch nichts darüber gesagt, ob nun auch „alle“ diese Versöhnung annehmen. Die „Allversöhnungslehre“ beruft sich zu Unrecht auf solche Stellen! Dieses „alle“ ist wesensmäßig zu dem Versöhnungswerk und zu dem Wort von der Versöhnung gehörig. Darum wurde auch Paulus, der bevollmächtigte Bote der Versöhnung, „allen alles“ (2 Ko 5, 20; 1 Ko 9, 22 b). Das hindert aber nicht den Nachsatz „damit ich überhaupt einige errette“. Darum steht unser Text mit seiner herrlichen Botschaft „Er versöhnte das All“ nicht im Widerspruch zu den andern Worten des Neuen Testaments, die von „Verlorenen“ mit tiefem Ernst reden. Wir können und wir dürfen niemals die einen Aussagen zugunsten der anderen streichen oder entwerten.

Aber daran dürfen wir uns durch diese Ausführungen des Kolosserbriefes allerdings erinnern lassen, daß der Mensch nicht jene isolierte „freie“ Einzelpersönlichkeit ist, von der wir alle unter der Nachwirkung des bürgerlichen Idealismus lange geträumt haben. Der Mensch lebt seit dem Fall in jenem „Machtbereich der Finsternis“, von dem wir schon hörten (Vers 13). „Sünde“ ist nicht eine jeweilige freie Fehlentscheidung einzelner Menschen, sondern eine Großmacht, die in allen Menschen ohne Unterschied, in der ganzen Welt mit unheimlicher Herrschermacht regiert. Mit seinem Fall, mit seiner Lösung von Gott und seinem Hören auf Satan hat der Mensch die Schöpfung, der er mit besonderen Herrscherfunktionen eingegliedert war, mit in das Verderben gezogen. Diese Schöpfung, durch Jesus und für Ihn geschaffen, ist jetzt nicht mehr reine und ursprüngliche Schöpfung. Sie ist mit unter dem Fluch, sie ist der Eitelkeit unterworfen, dem Zerfall und dem Tode preisgegeben. Das wirkt wieder zurück auf den Menschen, das verstrickt ihn in die Angst, in den angstvollen und gierigen Kampf ums Dasein und schmiedet damit die Ketten immer fester, mit denen die Sünde ihn bindet. Eine Menschheit, die die Probleme der Industrialisierung und zwei Weltkriege durchlebt und durchlitten hat, hat für diesen biblischen Realismus ein ganz neues Auge bekommen. Was Theologen und Bibellesern in der Zeit des bürgerlichen ethischen Idealismus als zeitbedingte, mythologische Anschauung fast peinlich und jedenfalls total fremd und unbrauchbar in der Bibel war, das gerade erkennen wir heute als einen Durchblick in die wahre Wirklichkeit der Welt, der uns unsagbar hilfreich ist. Wir brauchen dieses mächtige Evangelium von diesem großen Jesus, dessen Versöhnungswerk wirklich das All umspannt, alles, „ob es auf der Erde oder in den Himmeln ist", das die weltweite Großmacht der Sünde überwindet und für die Befreiung und Erneuerung der gesamten Kreatur den Grund legt. Da wir aber wirklich dieses Evangelium von „globalem", ja von „kosmischem" Ausmaß haben, brauchen auch wir – wie es Paulus hier den Kolossern sagt – keine andern Gestalten, Mächte oder Ideen zu suchen, die neben Jesus oder über Ihn hinaus die Hilfe für die Riesennöte des Menschen, der Menschheit, des Weltalls bringen sollen. Jesus allein in der Einmaligkeit und Einzigartigkeit Seines Kreuzeswerkes bringt sie für alle und alles. So groß ist Jesus!

War das All von vornherein darauf angelegt, in Jesus sein Ziel und seine Vollendung zu finden, so ist erst recht und in ganz neuer und tieferer Weise die Versöhnung eine solche **„zu Ihm hin"**. Jesus ist das Ziel der Erlösung, so wie Er und weil Er schon im Ursprung das Ziel der Schöpfung war. „Kosmologie" und „Soteriologie" klingen aufs neue zusammen. Dabei dürfen wir darauf achten, daß das hier verwendete Wort für „versöhnen" („apokatalassein") dem Grundsinn nach bedeutet: „etwas wieder in die gehörige Ordnung bringen". Die Versöhnung ist nicht nur „Rechtfertigung", nicht nur ein freisprechendes Gerichtsurteil im Himmel, das von der Schuld entlastet, sonst aber alles beim alten läßt. Das Versöhnen ist weltumfassende Realität! Noch ist im Kreuz Jesu dafür erst der Grund gelegt und im Bau der Gemeinde Jesu ein erster Beginn der neuen Ordnung geschaffen. Aber es geht vom Kreuz und von der Auferstehung Jesu aus eine gewaltige Geschichte in die Zukunft hinein, deren alles vollendenden Abschluß Paulus in 1 Ko 15, 28 und Johannes in Offb 21 u. 22 uns vor Augen stellt. Darum ist die „Eschatologie", die Botschaft von der Endgeschichte, nicht ein „Zusatz" zur neutestamentlichen Verkündigung, der als überholte Widerspiegelung von allerlei apokalyptischen Gedanken jener vergangenen Zeit am besten gestrichen würde und für den modernen Menschen jedenfalls keine Bedeutung mehr hat, sondern ist gerade das eigentliche Ziel des ganzen Kreuzesgeschehens! In diesem **„versöhnt zu Ihm hin"** steckt die ganze Eschatologie! Die modernen Umdeutungen der biblischen Endgeschichte zu bloßen „existenziellen" Aussagen über ein inneres Geschehen in uns heute mögen den Denker am Schreibtisch befriedigen. Wer die ungeheuerliche reale Unordnung der Welt in ihren kosmischen Ausmaßen zu sehen begann[19], vermag mit diesen Umdeutungen nichts anzufangen. Wenn Jesus nicht Der ist, als der Er hier im Kolosserbrief (und im ganzen Neuen Testament) bezeugt wird, Der, der das Weltganze wieder „in seine Ordnung bringt" und „in neuem Leben die ausgesöhnte Welt Dem, der sie Ihm gegeben,

[19] Anm. Hierfür sei ganz besonders auf das sechsbändige Werk von Karl Heim hingewiesen, vor allem auf Bd. 3 „Jesus der Weltvollender" und Bd. 6 „Weltschöpfung und Weltende", hier S. 117 ff.

vors Angesicht" stellt, dann müssen wir aufhören, Christen zu sein, und unser Leben lieber den Ideen und Mächten verschreiben, die wenigstens in der Menschenwelt eine gewisse bessere Ordnung herzustellen suchen. Oder wir müssen bei der Einsicht in die Unmöglichkeit solcher Neuordnung der Menschheit innerhalb einer Welt des mörderischen Kampfes ums Dasein den Tag ersehnen, an dem alles Leben im „Wärmetod" der Welt erlischt, damit den sinnlosen Leiden unzähliger Kreaturen endlich ein Ende gesetzt wird. Gerade dem modernen Menschen, sofern er nicht ein trunkener Träumer, sondern ein zum Einblick in das Wesen der Welt Erwachter ist, hilft nur die volle, unverkürzte Botschaft der Bibel, die den Einen verkündigt, in welchem die gesamte Schöpfung von Anfang an ihr herrliches Ziel hat und welcher in der Auswirkung Seines allumfassenden Versöhnungswerkes das von Finsternis- und Todesmächten zerstörte Weltall zur vollen Harmonie der ursprünglichen Schöpfungsgedanken Gottes zurückbringen wird.

Der große Jesus – auch für euch!

Kolosser 1, 21–23

21 Auch euch, einst entfremdet und feindselig in eurem Denken in
22 den Werken, den bösen, * hat Er nun aber versöhnt[20] mit Seinem
Leib aus Fleisch durch den Tod, darzustellen euch heilig und flek-
23 kenlos und unbescholten vor Seinem Angesicht, * wenn ihr nur
bei dem Glauben beharrt, gegründet und fest und ohne euch ab-
bringen zu lassen von der Hoffnung des Evangeliums, das ihr ge-
hört habt, das bei aller Kreatur unter dem Himmel verkündigt
ist dessen Diener ich Paulus geworden bin.

Zu Vers 21:
[51*] Eph 2, 1. 12; 4, 18
[52*] Jo 3, 19
[53*] Rö 5, 10
Zu Vers 22:
[54*] Rö 8, 3; 9, 5
[55*] Eph 2, 14; 5, 27
Zu Vers 23:
[56*] Eph 3, 17
[57*] Hbr 3, 14
[58*] 1 Ko 15, 58
[59*] Mk 16, 15

„Auch euch!" Dahin, zur konkreten Gemeinde in Kolossä zurück wendet Paulus den mächtigen Gedankengang. Denn diese Botschaft, so sehr sie für alle gilt und darum **„bei aller Kreatur unter dem Himmel verkündigt ist"**, ist doch niemals eine „allgemeine Wahrheit". Sie ist diese Botschaft von der Versöhnung immer nur, indem sie

[20] Anm. Vielleicht ist die Lesart „Auch euch, einst entfremdet und feindselig in eurem Denken in den Werken, den bösen, — nun aber **wurdet ihr versöhnt** . . ." die ursprüngliche, eben weil sie den begonnenen Satz unterbricht. Das „hat Er nun aber versöhnt" kann bereits eine spätere Glättung sein. Für den Inhalt der Aussage hat die Verschiedenheit der Lesarten keine Bedeutung.

[51*] Eph 2, 1. 12: So hat Er auch euch, die ihr tot waret durch eure Übertretungen und Sünden . . .
Vers 12: . . . daß ihr in jener Zeit fern von Christus gestanden habt, ausgeschlossen vom Bürgerrecht Israels und ohne Anteil an den Bündnissen der Verheißung, ohne Hoffnung und ohne Gott in der Welt.
Eph 4, 18: Sie sind ja in ihrem (ganzen) Denken verfinstert, dem Leben Gottes entfremdet infolge der Unwissenheit, die in ihnen wegen der Verstocktheit ihrer Herzen wohnt.

[52*] Jo 3, 19: Darin besteht aber das Gericht, daß das Licht in die Welt gekommen ist, die Menschen aber die Finsternis mehr geliebt haben als das Licht, denn ihre Werke waren böse.

[53*] Rö 5, 10: Denn wenn wir, als wir noch Feinde Gottes waren, mit Ihm durch den Tod Seines Sohnes versöhnt worden sind, so werden wir jetzt als Versöhnte noch viel gewisser Rettung finden durch Sein Leben.

[54*] Rö 8, 3: Denn was dem Gesetz unmöglich war, das, worin es wegen des Widerstandes des Fleisches

wirkt, indem sie bestimmte Menschen dort und dort tatsächlich versöhnt. Sie wird lebendige Geschichte in Menschenleben. Diese Geschichte ist jetzt schon zu beschreiben in einem „einst – nun aber". Sie ist jedoch damit nicht zu Ende, sondern sie geht weiter als Geschichte des Glaubens und Beharrens und endet erst am Ziel vollkommener Verwirklichung des Erlösungswerkes in wahren Heiligen, an denen kein Flecken mehr zu sehen und gegen die keine Anklage mehr zu erheben ist.

Das **„einst"** steht den Kolossern im Rückblick deutlich genug vor Augen. Vor ihrer Errettung und Bekehrung werden sie sich selbst freilich sehr anders angesehen und beurteilt haben. Diese totale Selbsttäuschung gehört ja mit zu dem „Denken[21]" des gottentfremdeten Menschen. Aber jetzt erwartet Paulus einfach nur ihre Zustimmung zu der Feststellung: **„einst entfremdet und feindselig in eurem Denken in den bösen Werken".** Ist die Bekehrung zu Jesus, wie wir sahen, das wunderbare „Heimkommen", dann ist der ganze Zustand vorher „Fremde". Wer seiner Familie, seinem Vaterland „entfremdet"[22] ist, der versteht seine Angehörigen, seine Volksgenossen nicht mehr. Sie sprechen für ihn eine fremde Sprache. Alles, was sie bewegt, läßt ihn kalt. In ihrer Mitte ist ihm unbehaglich. Und solche Entfremdung wird dann leicht zur **„Feindseligkeit".** Der Entfremdete lehnt ab, kritisiert, er wehrt sich gegen die Zumutungen, die er an sich gestellt sieht, und wird in dieser Abwehr rasch zum höhnischen Feind derer, zu denen er doch eigentlich gehört. So war – die Kolosser als Wiedergeborene wissen es genau! – unser Verhältnis zu Gott. Alles Göttliche war uns unverständlich, ein Knäuel unentwirrbarer Fragen. Es war uns auch gleichgültig; ja, es reizte und ärgerte uns. Wir wurden merkwürdig aufgeregt und spöttisch, wenn

[21] Anm. Das Wort „dianoia" ist nicht einfach wiederzugeben. Es wird in der griechischen Übersetzung des Alten Testaments z. B. 3 Mo 19, 17 und Jes 35, 4 da gebraucht, wo der hebräische Text und auch unsere Lutherbibel „Herz" stehen hat. Das „Denken" ist also nicht das intellektuelle, sondern das gesinnungsmäßige.

[22] Anm. Unser deutsches Wort „Elend" in seinem ursprünglichen Sinn gibt die Sache gut wieder. Wer im „Ausland", fern der Heimat ist, ist „elend". Unser „Einst" in seiner Entfremdung von unserem Ursprung (s. o. S. 181f.) war unser „Elend".

ohnmächtig war — Gott hat die Sünde im Fleisch verurteilt, indem Er Seinen Sohn in der Gleichgestalt des Sündenfleisches und um der Sünde willen sandte.

Rö 9, 5: . . . denen die Erzväter angehören und aus denen der Messias dem Fleische nach stammt, der da Gott über allem ist, gepriesen in Ewigkeit! Amen.

55* Eph 2, 14: Denn Er ist unser Friede, Er, der die beiden Teile zu einer Einheit gemacht und die trennende Scheidewand, die Feindschaft weggeräumt hat, nachdem Er durch Seines Leibes . . .

Eph 5, 27: . . . um so die Gemeinde für Sich selbst in herrlicher Schönheit hinzustellen, ohne Flecken und Runzeln oder irgendeinen derartigen Fehler, vielmehr so, daß sie heilig und ohne Tadel sei.

56* Eph 3, 17: . . . damit Christus durch den Glauben Wohnung in euren Herzen nehme und ihr in der Liebe tiefgewurzelt und festgegründet dasteht.

57* Hbr 3, 14: Denn Genossen Christi sind wir geworden, wenn anders wir die anfängliche Glaubenszuversicht bis ans Ende unerschütterlich festhalten.

58* 1 Ko 15, 58: Daher, meine geliebten Brüder, werdet fest, unerschütterlich, und beteiligt euch allezeit eifrig am Werk des Herrn; ihr wißt ja, daß eure Arbeit nicht vergeblich ist im Herrn.

59* Mk 16, 15: Darauf sagte Er zu ihnen: „Gehet hin in alle Welt und verkündigt die Heilsbotschaft der ganzen Schöpfung!"

jemand uns darauf ansprach. Was uns von Gott gesagt wurde, erschien uns als eine empörende Zumutung, als eine Einmischung in unser Leben, die wir nur energisch zurückweisen konnten. Gleichgültigkeit eines völlig gegen Gott verschlossenen Lebens oder Feindschaft und Auflehnung, wenn Gott nahe kommt – das war das „einst" bei den Kolossern wie bei uns allen. Darum und nicht um einzelne moralische Entgleisungen oder Defekte geht es bei dem Blick auf den verlorenen Zustand der Menschen. Aber freilich, dieser Zustand der Entfremdung und Feindseligkeit gegen Gott wird dann auch **„in den bösen Werken"** offenbar. Paulus hat sie hier nicht im einzelnen genannt. Sie sind ja auch sehr mannigfaltig und individuell verschieden. Aber sie sind so reichlich da wie die roten Flecke, die die Masern anzeigen.

Menschen in dieser konkreten Lebensgestalt der Entfremdung und Feindschaft trifft die Botschaft. Sie wendet sich nicht an „religiöse Naturen", die als solche schon „aufgeschlossen" und „zugänglich" wären. Die Gottentfremdung in der Form der „Religion" ist vielleicht die gefährlichste und schwerste. Und an diesen Entfremdeten und Feindseligen geschieht nun die Wendung, die die Kolosser erfahren haben: Euch **„hat Er nun aber versöhnt mit Seinem Leib aus Fleisch durch den Tod"**. Wodurch zeigt sich denn diese Wendung, worin unterscheidet sich dies „nun aber"[23] von dem „einst"? Allein schon darin ist es mächtig sichtbar, daß der Mensch sich nun eine Beurteilung gefallen läßt, ja sie mit eigenem Herzen vollzieht, die er früher entrüstet abgelehnt hätte. Darin eben erweist es sich, daß ich wirklich wieder nach Hause gekommen bin, daß ich nun als schauerliche „Fremde" erkenne, was ich so lange als mein Lebenselement geschätzt und verteidigt habe. Darin zeigt sich die Tatsache der Versöhnung und des Friedens, daß mir als bittere Not und Schuld der Feindschaft deutlich wird, was ich so lange als meine normale und berechtigte Haltung ansah. Die Wende vom Einst zum Jetzt dürfen wir nicht immer gleich in moralischen Umwandlungen suchen, so wie ja auch die „bösen Werke" nicht Grund und Wesen, sondern nur Ausdruck einer viel tieferen Verlorenheit waren. Die Wende zeigt sich in der radikalen Änderung unseres Verhältnisses zu Gott.

Paulus führt das nicht im einzelnen aus, aber er betont noch einmal, daß nicht wir diese Wende herbeigeführt haben. Jesus hat es getan. Er hat es getan, indem Er seinerseits über die Kluft herüberkam, die wir in Entfremdung und Feindschaft zwischen Gott und uns aufgerissen hatten, und sich in unsere Mitte stellte mit einem **„Leib**

[23] Anm. Dieses „Nun aber" finden wir immer wieder in den Zeugnissen des Neuen Testaments: Rö 3, 21; 5, 11; 6, 19. 22; 7, 6; 11, 30; Gal 4, 9; Eph 2, 13; 3, 5; 2 Tim 1, 10; 1 Pt 1, 12; 2, 10. 25. Es bezeichnet den Eintritt einer grundlegend neuen Lage, sei es objektiv und umfassend in der Beziehung von Gott und Mensch überhaupt, sei es von da her subjektiv für bestimmte Menschen in ihrer tatsächlichen Stellung vor Gott. Das mächtige „nun aber" eines Neuen Bundes datiert von dem vollbrachten Werk Jesu an; es bliebe aber nutzlos und unwirksam, wenn es nicht in Erweckung, Bekehrung und Wiedergeburt lebendiger Menschen je und je aktuell und konkret würde und damit auch zum biographischen Datum in einzelnen Lebensläufen.

aus Fleisch", wie wir ihn haben. Noch einmal haben wir dabei zu bedenken, wer es ist, der sich willig in die Enge und Last eines Leibes aus Fleisch einschließen ließ, um ganz unser Bruder zu werden: Er, den als das „Bild Gottes" aller Himmel Himmel nicht fassen konnten! In diesem Leib aus Fleisch wurde Er zum Sterben fähig, Er, in dem der Urquell alles Lebens war. Warum bringt uns dies Geschehen aus der Fremde nach Hause, aus der Feindschaft in den Frieden der Versöhnung? Paulus verzichtet auf jede nähere Erklärung. Die Kolosser haben es durchlebt und erfahren: Jesus, der ewige Gottessohn, aus Liebe zu uns in einem Leib aus Fleisch unser Bruder geworden und für uns gestorben, hat es vollbracht. Jeder von uns hat es als Tatsache erfahren: Auch mich hat Jesus versöhnt und hat die radikale Änderung meines Verhältnisses zu Gott bewirkt.

Ändert sich nur mein Verhältnis zu Gott? Mit diesem „nur" hätten wir die grundlegende und umfassende Bedeutung unseres Verhältnisses zu Gott verkannt. Aus „Entfremdeten" und „Feindseligen" wurden „Versöhnte", wurden „Kinder", wurden – „Heilige". Das wird und muß ihr ganzes Leben ändern, reinigen, erneuern. Aber Paulus sagt nicht „das muß und wird", sondern er sagt viel herrlicher, viel gewisser, viel lebendiger: „Er wird!" Er, der euch versöhnt hat, Er, der dafür Unausdenkbares getan und geopfert hat, Er hat dabei ein totales Ziel mit euch vor Augen, **„darzustellen euch heilig und fleckenlos und unbescholten vor Seinem Angesicht"**. Paulus spricht nicht ausdrücklich davon, daß dieses Werk Jesu, das unmittelbar aus Seiner Kreuzestat erwächst und dieser Tat ihr Ziel gibt, jetzt schon in unserer Heiligung beginnt. Weil er von der Versöhnung in den totalen, abschließenden Kategorien sprach und sprechen mußte, zeigt er uns auch dies Werk Jesu in seinem abschließenden herrlichen Erfolg, wenn die Erlösten und Versöhnten vor Seinem Angesicht stehen werden, nun wirklich als vollendete Heilige ganz im Licht, nun wirklich so, daß keine Flecken sie mehr entstellen und nichts mehr an ihnen zu schelten ist. Es wird den Kolossern nicht anders ergangen sein, wie es uns geht: So mächtig und tiefgreifend und unleugbar die Wende vom Einst zum Jetzt in ihrem Leben war, von dieser Herrlichkeit, „heilig", „fleckenlos", „unbescholten", sahen sie noch wenig genug. Vielleicht, wahrscheinlich wurden sie in ihren eigenen Augen immer schlechter. Denn Jesus tut ja Sein Werk an uns so, daß er bei uns immer mehr aufdeckt und uns immer tiefer unsere ganze Armut und Verdorbenheit zeigt. Wie nah liegt uns dann das Verzagen. Aber eben dann dürfen wir es wissen: Er, der große Jesus, hat es in die Hand genommen, uns zu fleckenlosen Heiligen zu machen; und Er wird es auch schaffen, so unmöglich es mir auch jetzt beim Blick auf mich selbst erscheinen mag.

Und was haben wir dabei zu tun? Nichts, weil Er ja doch alles tun und vollenden will? Nein, solch arme und primitive Logik kennt die apostolische Unterweisung nicht. Jesus wendet die Arbeit Seiner lebendigen Gnade ja nicht Holzklötzen, sondern lebendigen Menschen zu. Darum ist an das Verhalten dieser Menschen eine klare Bedingung gestellt: **„wenn ihr nur bei dem Glauben beharrt, gegründet und fest und ohne euch abbringen zu lassen von der Hoffnung des Evangeliums“.** Beharren beim Glauben, nicht mehr, aber auch nicht weniger wird von uns verlangt. Paulus ist offenbar nicht bewegt von jener tiefsinnigen Problematik, mit der uns die Theologie reichlich bemüht: Kann ich denn im Glauben beharren? Ist nicht auch das allein Gottes Werk, mich im Glauben zu erhalten? Geraten wir sonst nicht in einen bedenklichen „Synergismus“? Er schreibt an Glaubende, die wissen, was „glauben“ heißt. Sie stehen mit ihrem Leben auf einem festen und sicheren Fundament. Nun können und müssen sie allem widerstehen, was sie von diesem festen Grund weglocken oder wegdrängen will. Dieser Grund ist ja Christus (1 Ko 3, 10. 11). Mit Ihm müssen sie im beständigen Lebenszusammenhang des Glaubens bleiben, wenn Er Sein Werk an ihnen vollenden soll. Dieser Glaube ist aber zugleich Hoffnung. Er schaut in die Zukunft hinaus und erfaßt all das, was dort als das „Erbe der Heiligen im Licht“ auf uns wartet. Solange das hell vor uns steht und unser Herz erfüllt, werden wir auch begierig die Arbeit Jesu an uns geschehen lassen, die uns „tauglich zum Anteil an diesem Erbe“, die uns selbst zu wahren „Heiligen“ macht, die uns also „heiligt“. Lassen wir uns aber **„abbringen von der Hoffnung des Evangeliums“**, wird unser Blick mehr und mehr von den irdischen Gütern und Zielen gefangen, so entziehen wir uns auch dem heiligenden und vollendenden Wirken Jesu. Nun kann Er uns nicht mehr ohne Flecken und Tadel vor Sein Angesicht stellen. Noch einmal weist uns Paulus darauf hin, daß diese Hoffnung wesentlich zum Evangelium gehört. Evangelium ohne Eschatologie ist nicht Evangelium.

Dies Evangelium haben die Kolosser gehört, weil es **„bei aller Kreatur unter dem Himmel[24] verkündigt ist“.** Bei dem Wort „Kreatur“ „denkt Paulus nach dem in der Judenschaft befestigten Sprachgebrauch an die Menschen, die er hier so nennt, weil darin, daß sie Gottes Geschöpf sind, auch ihre Berufung zu Christus und ihr Anteil an der Versöhnungsgnade begründet ist. Auf nichts kommt es bei der Verkündigung Jesu an, auf keine Unterschiede der Völker oder der Bildung oder des eigenen Werks; allen wird sie dargeboten, denen Gottes Schöpfermacht das Leben gab“ (Schlatter).

Wenn Paulus hinzufügt: **„dessen Diener ich Paulus geworden bin“**, dann zeigt schon die merkwürdige Betonung „ich Paulus“, daß wir es nicht mit einem abrundenden Schlußsatz zu tun haben, sondern mit einer bedeutsamen Aussage, die ein neues Thema anschneidet. Paulus hatte das Bewußtsein einer einmaligen Sendung. Er hat sie

[24] Anm. Diese sprachliche Wendung fand Paulus schon in seiner Bibel vorgebildet: z. B. 5 Mo 2, 25; 4, 19. So ist es auch in der Pfingstgeschichte gebraucht. Apg 2, 5. Denn von Gottes Werk gilt grundsätzlich immer Ps 36, 6, auch wenn am Pfingsttag statistisch nicht alle Völker der Welt in Jerusalem vertreten waren und unsere Mission sich noch heute darum müht, tatsächlich „bei aller Kreatur unter dem Himmel“ die Botschaft von Jesus zu sagen.

den Korinthern klarzumachen gesucht, indem er sich keinem geringeren als Mose gegenüberstellte (2 Ko 3, 4–13). Auch da steht das Wort „Diener", das im Munde des Paulus bei all seinem Wissen um die Schwere des geforderten Einsatzes (2 Ko 11, 23 ff) doch den hohen und feierlichen Klang einzigartiger Beauftragung hat. Er ist „Diener" des gesetzesfreien und darum wirklich „aller Kreatur" geltenden Evangeliums. Er ist darum aber auch „ein Schuldner der Griechen und Ungriechen, der Weisen und der Unweisen" (Rö 1, 14) und trägt unabweisbar die Verantwortung für das Evangelium in aller Kreatur. Darüber will Paulus gerade mit der nicht von ihm selbst gegründeten Gemeinde in Kolossä noch näher sprechen.

Der besondere Auftrag, den Paulus hat

Kolosser 1, 24–29

Zu Vers 24:
[60]* Eph 3, 1. 13
[61]* 2 Tim 2, 10
[62]* Apg 9, 16
Zu Vers 25:
[63]* Eph 3, 2. 7. 8
Zu Vers 26:
[64]* Rö 16, 25
[65]* 1 Ko 2, 7
[66]* Eph 3, 3. 5. 9. 10
Zu Vers 27:
[67]* Rö 9, 23; 16, 25
[68]* Eph 1, 18
[69]* 1 Pt 1, 21
[70]* 1 Tim 1, 1
Zu Vers 28:
[71]* Kol 3, 16; 1, 22
[72]* Eph 4, 13
Zu Vers 29:
[73]* Phil 4, 13
[74]* Eph 3, 7

24 Jetzt freue ich mich in den Leiden für euch und erfülle stellver-
tretend, was an Christusdrangsalen noch fehlt, an meinem Fleisch
25 für Seinen Leib, der die Gemeinde ist, * deren Diener ich gewor-
den bin nach dem mir gegebenen göttlichen Verwalteramt an euch,
26 zu erfüllen das Wort Gottes, * das Geheimnis, verborgen vor den
Weltzeitaltern und vor den Geschlechtern – nun aber wurde es
27 offenbart Seinen Heiligen, * denen Gott kundtun wollte, was da
sei der Reichtum der Herrlichkeit dieses Geheimnisses in der Na-
tionenwelt: Es ist „Christus in euch", die Hoffnung der Herrlich-
28 keit. * Ihn verkündigen wir, indem wir jeden Menschen mahnen
und jeden Menschen lehren mit aller Weisheit, damit wir darstel-
29 len jeden Menschen vollkommen in Christus. * Darauf zielt auch
meine Arbeit, die ich ringend tue nach Seiner Wirkung, die da
wirkt in mir mit Macht.

Diener der weltweiten Verkündigung des Evangeliums ist Paulus. „Aller Kreatur" soll die Botschaft gesagt werden. Noch gibt es genug Länder und Völker, die sie nicht gehört haben. Paulus weiß sich auch dorthin gesandt (vgl. Rö 15, 23. 24). Aber „jetzt" – liegt er gefangen! Ist das nicht ein Widerspruch zu seiner großen, drängenden Aufgabe?

[60]* Eph 3, 1. 13: Das ist der Grund, weshalb ich, Paulus, der ich euch Heiden zugute der Gefangene Christi Jesu bin ...
Vers 13: Deshalb bitte ich auch darum, in meinen Leiden für euch nicht mutlos zu werden; das ist ja eine Verherrlichung für euch.
[61]* 2 Tim 2, 10: Deshalb ertrage ich auch alles standhaft um der Auserwählten willen, damit auch sie das Heil, das in Christus Jesus ist, samt der ewigen Herrlichkeit erlangen.
[62]* Apg 9, 16: ... denn ich werde ihm zeigen, wieviel er um Meines Namens willen leiden muß.
[63]* Eph 3, 2. 7. 8: ... ihr habt doch wohl von der Verwaltung der Gnade Gottes gehört, die mir für euch verliehen worden ist.
Vers 7. 8: ... deren Diener ich geworden bin nach der Gnadengabe Gottes, die mir nach der in ihrer Wirkung gewaltigen Kraft verliehen worden ist. * Mir, dem geringsten unter allen Heiligen, ist dieses Gnadenamt verliehen worden, den Heiden die Heilsbotschaft von dem unergründlichen Reichtum Christi zu verkündigen.
[64]* Rö 16, 25: Ihm aber, der die Kraft hat, euch fest zu machen nach meiner Heilsverkündigung und der

Muß es ihn nicht ungeduldig und unglücklich machen? Wahrscheinlich waren die Kolosser darüber recht betroffen, so wie es auch die Korinther so schwer verstehen konnten, wie ein „Bevollmächtigter" des „Königs aller Könige" immer wieder in solchen Leiden und Nöten stecken konnte, ausgepeitscht, gesteinigt, verhaftet. Sehen nicht auch wir in jeder Behinderung unseres Dienstes für den Herrn durch Schwierigkeiten und Leiden ein Rätsel, an dem wir bei andern und erst recht bei uns selbst schwer tragen? Was macht Paulus „jetzt"? **„Jetzt freue ich mich in den Leiden"**, antwortet er. Dabei kann das im Griechischen sehr vieldeutige „in" hier geradezu mit „an" wiedergegeben werden. Warum kann sich Paulus „an Leiden" „freuen"?! Sie hindern seinen Dienst so wenig, daß dieser Dienst durch sie nicht unterbrochen und gestört, sondern gerade vollzogen wird.

Denn diese Leiden gehören zu den **„Christusdrangsalen"**. Wir stoßen hier auf eine biblische Wahrheit, die uns völlig fremd geworden ist, die aber im Neuen Testament eine so wichtige Rolle spielt, daß wir uns aufs neue in sie hineindenken und – hineinleben müssen, wenn unser Gemeindeleben und unser Christenleben überhaupt wieder ein wahrhaft biblisches und vollmächtiges werden soll. Schon in gläubigen jüdischen Kreisen sprach man von den „Wehen des Messias", die der „Neugeburt" der Welt in der vollendeten Heilszeit vorangehen müßten. Es gibt ja keine Geburt ohne „Wehen". So „mußte" Christus selbst „leiden und zu Seiner Herrlichkeit eingehen" (Lk 24,26). Dieses „mußte" ist in der Schrift viel ernster und inhaltsvoller, als unser entwertetes Hilfszeitwort „müssen" es sagt. Die ganze, den Ablauf der Dinge bestimmende göttliche Notwendigkeit liegt darin. Dieses Leiden des Christus selbst in seiner einmaligen und einzigartigen Bedeutung für unsere Erlösung hat Paulus uns eben mächtig vor Augen gestellt. Daran „fehlt" wahrlich nichts mehr! Und niemand könnte „stellvertretend erfüllen", wenn Er, der große Jesus, der geliebte Sohn, der Erstgeborene aller Schöpfung, noch etwas versäumt hätte. Aber – die messianische Heilszeit mit der Erneuerung der ganzen Schöpfung ist ja noch nicht da. Auf sie wird vielmehr

Predigt von Jesus Christus nach der Offenbarung des Geheimnisses, das ewige Zeiten hindurch verschwiegen geblieben.

[65]* 1 Ko 2, 7: ... nein, wir tragen Gottes geheimnisvolle, verborgene Weisheit vor, die Gott vor allen Weltzeiten zu unserer Verherrlichung vorherbestimmt hat.

[66]* Eph 3, 3. 5. 9. 10: ... daß mir nämlich durch Offenbarung das Geheimnis kundgetan worden ist, wie ich davon schon vorhin in Kürze geschrieben habe.

Vers 5: ... das in früheren Zeitaltern den Menschenkindern nicht kundgetan worden ist, wie es jetzt Seinen heiligen Aposteln und Propheten geoffenbart worden ist:

Vers 9. 10: ... und allen Aufklärung darüber zu geben, welche Bewandtnis es mit der Verwirklichung des Geheimnisses hat, das von Urzeiten in Gott, dem Schöpfer aller Dinge, verborgen gewesen ist. * ... damit nunmehr den Gewalten und den Mächten in den Himmelsräumen durch die Gemeinde die vielgestaltige Weisheit Gottes kundgetan werde.

[67]* Rö 9, 23: ... um zugleich den Reichtum Seiner Herrlichkeit an Gefäßen des Erbarmens zu erweisen, die Er zur Herrlichkeit zuvorbereitet hat.

Rö 16,25: Ihm aber, der die Kraft hat, euch (im Glauben) fest zu machen nach meiner Heilsverkündigung und der Predigt von Jesus Christus nach der Offenbarung des Geheimnisses, das ewige Zeiten hindurch verschwiegen geblieben.

sehnlich gewartet. Sie kommt erst mit der „Parusie“ des Herrn, mit Seiner neuen „Anwesenheit“. Bis dahin aber dauern die „Wehen des Messias“ noch an, die nun Seinen Leib, die Gemeinde, treffen. Darum steht dieses „Muß“ göttlicher Notwendigkeit des Leidens auch über dem Weg der Gemeinde dem kommenden Reich entgegen (Apg 14, 22). Das ist Paulus so gewiß, das gehört ihm so zur Sache, zum Christsein dazu, daß er es den Thessalonichern von vornherein als etwas notwendig Eintretendes voraussagt (1 Th 3, 3. 4). So hat es Jesus selbst den Jüngern gesagt. Dabei wird es wichtig, daß Paulus das Leiden und Sterben des Christus nirgends als ein bloß „für“ uns geschehenes ansieht, sondern immer als etwas, was uns sehr real mit erfaßt und unser Dasein tatsächlich gestaltet. Das „mit gekreuzigt“, „mit gestorben“ ist für Paulus gar nicht nur ein dogmatischer Gedanke, auch nicht nur eine erbauliche Betrachtung, sondern bei dem festen Zusammenhang von „Haupt“ und „Leib“ eine Realität, die sich geradezu blutig in unserer irdischen Existenz auswirkt. Das Neue Testament ist ein ganzes Stück weniger „innerlich“ und ein ganzes Stück „leibhaftiger“ als unser stark platonisiertes Christentum. Darum gibt es „Christusdrangsale“, d. h. Leiden, die nicht aus dem Lauf der Welt, sondern aus der Zugehörigkeit zu Christus erwachsen und darum auch diese Zugehörigkeit bestätigen und besiegeln. Wenn im Neuen Testament das Wort „thlipsis“ = „Drangsal“ auftaucht, ist überhaupt nur an solche Leiden gedacht. Wir haben das Neue Testament mit falschen Augen gelesen und viele, viele Stellen mißdeutet, weil wir bei unserer eigenen völligen Unbekanntschaft mit echten ‚Christusdrangsalen“ in das Wort „Leiden“ einfach das hineinlasen, was an Schmerzen mannigfacher Art die gefallene und zerrüttete Schöpfung erfüllt. Solche „Leiden“ und „Trübsale“ haben Nichtchristen genauso wie die Christen; von ihnen ist daher im Neuen Testament höchstens ganz am Rande die Rede.[25] Echte „Christus-

[25] Anm. So spielt z. B. die schwere Krankheit des Epaphroditus im Philipperbrief nur darum eine Rolle, weil E. „um des Werkes Christi willen dem Tode so nahe gekommen“ war (Phil 2, 25–30). In der langen Leidensliste 2 Ko 11, 23–28 finden wir nichts von dem, was Paulus als „zivile“ und „private“ Not mit jedem Menschen geteilt hat.

[68*] Eph 1, 18: . . . euren Herzen erleuchtete Augen, damit ihr begreift, welche Hoffnung ihr infolge Seiner Berufung habt, wie groß der Reichtum Seines herrlichen Erbes bei den Heiligen ist.

[69*] 1 Pt 1, 21: . . . denn durch Ihn seid ihr zum Glauben an Gott gekommen, der Ihn von den Toten auferweckt und Ihm Herrlichkeit verliehen hat, so daß euer Glaube zugleich Hoffnung auf Gott ist.

[70*] 1 Tim 1, 1: Ich, Paulus, ein Apostel Christi Jesu nach dem Auftrage Gottes, unsers Retters, und Christi Jesu, der unsere Hoffnung ist.

[71*] Kol 3, 16: Laßt das Wort Christi reichlich unter euch wohnen, belehrt und ermahnt einander in aller Weisheit und singet Gott mit Psalmen, Lobgesängen und geistlichen Liedern, voller Dankbarkeit in euren Herzen.

Kol 1, 22: . . . jetzt aber hat Er euch in Seinem Fleischesleibe durch Seinen Tod versöhnt, um euch als heilig, untadelig und unanklagbar vor Ihm darzustellen.

[72*] Eph 4, 13: . . . bis wir endlich allesamt zur Einheit des Glaubens und der Erkenntnis des Sohnes Gottes gelangen, zur vollkommenen Mannesreife, zum Vollmaß des Wuchses in der Fülle Christi.

[73*] Phil 4. 13: Alles vermag ich in Ihm, der mich stark macht.

[74*] Eph 3, 7: . . . deren Diener ich geworden bin nach der Gnadengabe Gottes, die mir nach der in ihrer Wirkung gewaltigen Kraft verliehen worden ist.

drangsale" aber gehören zum Leben und Weg der Christusgemeinde dazu, weil die Kreuzesgestalt des Christus auch Seinen Leib, die Gemeinde, bestimmt. Sie bilden gleichsam eine bestimmte Summe von Leiden, die durchgelitten werden müssen bis zur Wiederkunft des Herrn. Und an dieser Summe **„fehlt"** noch etwas. Dies „Fehlende" muß noch „erfüllt" werden. Und da darf der „Diener" der Gemeinde stellvertretend für die Gemeinde eintreten.[26] Nun gehören sie doppelt zu seinem Dienst dazu. Nun kann er sich dieser Leiden „freuen", denn es steht nun über ihnen das geheimnisvolle und verklärende: **„für euch"**, dem Paulus sogleich die Auslegung folgen läßt: **„Ich ... erfülle stellvertretend, was an Christusdrangsalen noch fehlt, an meinem Fleische für Seinen Leib, der die Gemeinde ist, deren Diener ich geworden bin."** Natürlich ist das nie im Sinne einer mechanischen „Rechnung" gemeint. Aber wenn die Kolosser wie die Korinther verlegen, peinlich berührt, vielleicht sogar an der apostolischen Vollmacht des Paulus zweifelnd auf seine Leiden, seine Gefangenschaft, seinen Prozeß blickten, dann sagt ihnen der Apostel hier in überwindender und liebevoller Weise: Ach, ärgert euch doch nicht darüber! Das leide ich ja auch „für euch", „für die Gemeinde"! Leiden muß ja doch der Christusleib; nun darf ich mir von diesen Drangsalen ein gutes Stück selber aufpacken und euch dadurch abnehmen. Bezahlt werden muß gleichsam die volle Leidenssumme, ehe der Herr wiederkommen und die ganze Heilszeit bringen kann. Nun trägt Paulus für die Gemeinde ein Stück dieser Schuld ab und beschleunigt damit das Kommen des Heils. So verstehen wir jedenfalls seine Freude in seinen Leiden: Er freut sich, daß er diesen Dienst des Leidens tun kann, der ebenso notwendig zu dieser Zeit gehört wie das Verkündigen der Botschaft, und freut sich, daß er ihn stellvertretend mit für die Gemeinde, auch für die Kolosser tun kann, die sich dadurch so real und fest mit ihm verbunden sehen.

Das griechische Wort „hyper = für", das hier mehrfach steht: „für euch", „für Seinen Leib", ist wie das deutsche „für" mehrdeutig. Es kann das „jmd zu gut" und das „stellvertretend für jmd" ausdrücken. Paulus hat an anderer Stelle (2 Ko 1, 5. 6) von seinen Leiden, die er auch dort „Christusleiden" nennt, gesagt, daß sie „der Tröstung und Rettung" der Korinther zugute kommen und ihnen helfen, ihrerseits in ähnlichen Leiden auszuharren. So kann Paulus auch hier der Überzeugung Ausdruck gegeben haben, daß sein Leiden dem ganzen Christusleib zugute kommt. Es gibt wahrlich das Geheimnis der Segensmacht des willigen Leidens, das rational nicht auflösbar ist. Sein Ausharren im Leiden bahnt der rettenden Botschaft den Weg (vgl. Phil 1, 12 ff.; 2 Tim 2, 10) und ist auch so ein Dienst für den Aufbau des Christusleibes. Aber an unserer Stelle wird doch der Sinn des „Stellvertretenden" unterstrichen durch die Vorsilbe „anti = an-

[26] Anm. Diese Redewendung „stellvertretend erfüllen, was noch fehlt" hat Paulus mehrfach in seinen Briefen gebraucht: 1 Ko 16, 17; 2 Ko 9, 12; 11, 9; Phil 2, 30. Dabei ist im griechischen Text die wörtliche Übereinstimmung deutlicher als in unserer Lutherbibel.

statt", die Paulus hier dem „erfüllen" voransetzt, und vollends nahegelegt durch den Satz von dem „Mangel" an Christusdrangsalen, der aufgefüllt werden muß. Hier darf der Apostel gleichsam „Schulden abtragen" stellvertretend für die Gemeinde.

Wenn die Kolosser diesen Sinn der Leiden des Apostels verstanden haben und sich an seiner Gefangenschaft nicht mehr ärgern, dann können sie auch hell hineinblicken in den einzigartigen Dienst, der gerade Paulus aufgetragen war. Wie und weil er „ein Diener des Evangeliums geworden ist" (Vers 23), ist er auch „ein **Diener der Gemeinde** geworden" (Vers 24). Und er meint diesen Dienst an der **„Gemeinde"** in einem ganz besonderen Sinne. Hier hat er in der „oikonomia", im „Haushaltsplan" Gottes eine besondere „oikonomia", ein besonderes „Verwalteramt", einen besonderen „Posten", den er auch den Kolossern gegenüber ausübt, auch wenn er die Gemeinde dort nicht unmittelbar gegründet hat. Sie ruht dennoch auf dem Dienst, den Gott in die Hände des von Ihm beauftragten Paulus gelegt hatte.

Denn es gibt ein **„Geheimnis"**, **„verborgen vor den Weltzeitaltern und vor den Geschlechtern"**. Wie wunderbar und groß muß das sein, was Gott so lange und so tief verborgen hatte! **„Nun aber wurde es offenbart Seinen Heiligen."** Dies geschah, weil **„Gott kundtun wollte"**. Dies Wort „wollen" in Verbindung mit dem Namen Gottes ist nicht so tonlos und unbedeutend, wie wir es durchschnittlich als Hilfszeitwort verwenden. Es hat das volle Gewicht des göttlichen Willensentschlusses! Es war der herrliche, feste Wille Gottes, daß dies so lang verborgene Geheimnis ans Licht treten sollte. Und jetzt ist die bestimmte Zeit dafür gekommen! Jetzt dürfen alle Heiligen dies Geheimnis Gottes erfassen, dürfen staunend und anbetend sehen, **„was da sei der Reichtum der Herrlichkeit dieses Geheimnisses"**. Paulus aber ist das Werkzeug dafür.

Wir sind fast enttäuscht, wenn wir nach diesen Ankündigungen nun den Inhalt des Geheimnisses erfahren: **„Es ist ‚Christus in euch', die Hoffnung der Herrlichkeit."** Daß Christus auch inmitten der Völkerwelt wohnt und Seine Gemeinde baut, daß „Heiden" an der „Hoffnung der Herrlichkeit" teilnehmen – ist das nicht „selbstverständlich"? Besteht nicht die ganze Christenheit heute fast durchweg aus „Heidenchristen", aus Menschen aus den „Nationen"? Ist nicht ein wirklicher Christ aus Israel viel eher ein erstaunlicher Anblick? Aber – eben das i s t es ja! Darin gerade liegt ja das Geheimnis! Wir versperren uns hier selbst den rechten Blick, weil wir vom modernen Denken und Empfinden aus sofort meinen, das sei ein rein „menschlicher" und „natürlich zu erklärender" Vorgang. Unter den Nationen habe Jesus endlich die Leute gefunden, die Ihn viel leichter und besser verstanden als die törichten und halsstarrigen Juden. Nun habe sich natürlich die Sache Jesu in der großen Völkerwelt ausgebreitet. Das wäre vielleicht wirklich so anzusehen, wenn es sich beim Evangelium um „eine Religion" handelte, um Gedanken und Empfindungen, die bestimmten Menschen mehr „liegen" als andern, den „Griechen" mehr als den „Juden". Freilich, auch dann bliebe es ja erstaunlich genug, daß die gleichen Gedanken und Empfindungen den Zugang zu den Negern und den Eskimos wie zu den Griechen, zu Menschen des 20. wie des 1. Jahrhunderts gefunden haben! Aber es geht ja gar nicht um religiöse Gedanken und Empfindungen, die irgendwelchen Menschen naheliegen. Es geht um „Christus" als den lebendigen Herrn, um die Teilhabe an der göttlichen Herrlichkeit. Diese zu gewähren, dafür Menschen zu erschließen, ist aber allein Gottes Sache. Wenn Christus, der Messias Israels, in die Mitte von Menschen aus den Nationen tritt, von ihnen aufgenommen wird, in ihre Herzen wahrhaftig Einzug hält, aus ihnen fleckenlose Heilige macht, zum Anteil am Erbe der Heiligen im Licht tauglich – dann ist das alles andere als „natürlich", dann ist das höchst wunderbar, ein „Reichtum an Herrlichkeit", der Durchbruch eines unerhörten göttlichen Geheimnisses!

Aber – haben das die Propheten nicht schon längst gewußt und gesagt? Kann man angesichts des prophetischen Wortes noch von einem bisher **„verborgenen" Geheimnis** reden, das **„nun"** erst **„kundgemacht"** wird? Paulus hat an einer ähnlichen Stelle im Brief an die Römer (16. 25. 26), wo er auch von dem „Geheimnis" spricht, das „äonische Zeiten hindurch verschwiegen" war, ausdrücklich darauf hingewiesen, daß es „kundgemacht" war „durch der Propheten Schriften". Darin erblickt er selbst also keinen Widerspruch zu dem Geheimnischarakter der Sache! Es hebt diesen in keiner Weise auf. Das wird sofort deutlich daran, daß ja niemand diese prophetischen Verheißungen wirklich verstanden und vor allem niemand sie realisiert hat! Wie kennzeichnend ist die Szene bei der Verhaftung des Paulus im Tempel in Jerusalem: Die ganze lange Rede, die Paulus von der Treppe zur Burg her hält, hört sich Israel ruhig an; als er aber das Wort seines Herrn Jesu berichtet: „Ziehe hin, ich will dich zu den Heiden in der Ferne senden", da erhebt sich ein tosender Sturm der Wut und Entrüstung. Solch verborgenes Geheimnis war „der Messias unter den Nationen" bei denen, die doch aus den heiligen Schriften leben wollten. Wie bedarf selbst ein Petrus auch nach Karfreitag und Ostern und Pfingsten noch so besonderer Zurüstung durch Gott, ehe er fähig wird, den Menschen aus den Nationen im Hause des Cornelius recht zu begegnen. Wahrlich, selbst für diesen führenden Jünger Jesu war das „Christus in den Nationen" ein tiefes Geheimnis.

Es gab „Proselyten", gab „Verehrer Gottes". Aber gerade hier kam deutlich jenes „Verständnis" der Propheten zutage, das an dem wunderbaren Geheimnis Gottes, an seinem herrlichen Plan gerade vorüberging. Gewiß sollten auch Menschen aus der Völkerwelt den Weg zum lebendigen Gott finden, aber dieser Weg führte einzig durch Israel! So klang es ja auch aus vielen Prophetenstimmen heraus, die vom Heil für die Völkerwelt sprachen: Es schien ein durch

Israel vermitteltes und an Israel gebundenes Heil zu sein.[27] Aber wie immer es auch mit den voraussagenden Prophetenworten und ihrem Verständnis stand, es ist eindeutig klar, daß dies Geheimnis Gottes erst jetzt sichtbar, weil jetzt erst verwirklicht und vollzogen wurde. So ist ja auch Jesus erst die Offenbarung des Christus, die erstaunliche, unerwartete, umwälzende, obwohl Er Seinen Jüngern selber zeigen konnte, daß Mose und alle Propheten schon längst von Ihm geredet hatten. So tritt auch dies Geheimnis Gottes jetzt erst ereignishaft ans Licht. Nun verstehen wir, warum Paulus von seinem Auftrag die merkwürdige Wendung braucht: **„um das Wort Gottes zu erfüllen, das Geheimnis, verborgen vor den Weltzeitaltern ..."** Jawohl, das ist dasselbe „Erfüllen", das von der Wirksamkeit Jesu so oft gesagt wird. Darauf kam es an, ein durch die Propheten längst angekündigtes Wort Gottes zu **erfüllen,** zu vollziehen. Eben darum nennt Paulus den Inhalt des Geheimnisses nicht allgemein „Christus in Heiden", sondern ganz konkret „Christus in euch". Da steht das Geheimnis Gottes enthüllt in unleugbarer Wirklichkeit: Es gibt tatsächlich, ohne jeden Zusammenhang mit Israel, durch ein neues eigenes Handeln Gottes, mitten in Kolossä, mitten in allem Götzendienst, mitten in allem Aberglauben und aller eigenmächtigen Philosophie Menschen, die „in Christus Jesus glaubten", weil **Christus „in ihnen"** war, und die unmittelbar im Licht der kommenden Herrlichkeit lebten und ihr entgegenhofften. D a s hat niemand vorher gedacht. Das ist ein reiches, herrliches Handeln Gottes, das alle überrascht.

Wir werden aber in unserm Verständnis der ganzen Wucht und Größe der Stelle noch besser gerecht werden müssen. Paulus schrieb ja nicht, das Geheimnis sei „vor den Menschen" oder „vor den Juden" bisher verborgen geblieben, sondern **„vor den Weltzeitaltern und vor den Geschlechtern".** Dabei kann dieses „vor den Geschlechtern" auch bedeuten „vor den Urzeiten". Wie eng, wie anthropozentrisch und ichbezogen ist unser Denken, obwohl wir in der Naturerkenntnis das Weltbild mit den ungeheuren Räumen und Zeiten bekommen haben. Wie weit und groß denkt Paulus trotz seines antiken Weltbildes! Sein Blick geht in der anbetenden Betrachtung der Pläne Gottes weit über das Stücklein menschlicher Geschichte hinaus. Urzeiten und Weltzeitalter sieht er vorüberziehen mit ihrem reichen Inhalt von Gott bestimmten Geschehens. Ereignisse in den Regionen der Geisterwelten spielen sich ab. Aber keine auch der hohen himmlischen Gestalten ahnte, was Gott für herrliche Liebesgedanken in

[27] Anm. Prophetenworte wie Jes 60, 3; Mi 4, 1—5 (Jes 2, 2—4) beziehen sich auf Ereignisse, die wir erst im „Tausendjährigen Reich" zu erwarten haben. Und dem Seher Johannes wird die letzte Erfüllung solcher Worte sogar erst auf der neuen Erde gezeigt (Offb 21, 24). Erst nach dem Sturz des antichristlichen Weltreiches und nach der Ausschaltung Satans gibt es ganze Völker, die nach Gott fragen, gibt es „Völkermission" im eigentlichen Sinn. Deren Zentrum ist dann aber in der Tat Jerusalem und das erneuerte und zum Glauben an Jesus gekommene Israel. Was aber unter dem Wirken des Paulus als enthülltes Geheimnis Gottes ans Licht kommt, ist etwas ganz anderes: es ist die „Ekklesia", die „Gemeinde", der Leib, in dem es zwar auch Israeliten gibt, der aber wirklich überwiegend durch Menschen aus den Nationen gebildet wird, „in denen Christus" ist und die nun die Hoffnung jener einzigartigen „Herrlichkeit" haben, die dem Leibe, und nur ihm, zuteil wird.

Seinem Herzen trägt für Menschen, die nach Äonen und Generationen erst ihr Leben führen, für uns! Wie hilfreich ist dieses paulinische Denken für uns moderne Menschen, die wir erschrocken vor den Raum- und Zeitmaßen stehen, die unsere menschliche Geschichte zu einer belanglosen Sekunde der Sternenzeit zu machen drohen. Nur getrost! Auch das vom Heiligen Geist erleuchtete Auge des Paulus sah schon Zeiträume, in denen noch kein Mensch war, in denen aber du und ich schon von Gott ersehen, geliebt und erwählt waren zu ewiger Herrlichkeit! Wie unfaßbar groß wird unsere Erwählung, unser Glaubensstand, wenn es uns aufgeht: Wir dürfen teilhaben an einem Leben, das Gott schon durch Weltzeitalter hindurch als das verborgene Ziel Seines liebenden Regierens im Herzen trug und das Er nun gerade uns zu besitzen gab! Müssen wir nicht niederstürzen und anbeten, anstatt unser Christsein so matt, so nichtssagend hinzunehmen?

Und **„Christus in uns“** – wie haben wir uns an den Umgang auch mit den größten Worten gewöhnt. Wie Kinder mit Diamanten und Perlen spielen, als ob es Glasscherben und Steinchen wären, so werfen wir mit den biblischen Begriffen umher und ahnen nicht mehr, was für ungeheure Dinge in ihnen uns gesagt sind! Dieser „Christus“ in uns, daß ist der „große Jesus“, von dem wir hörten, der alle Welten überragt. Und Er erlaubt uns nicht etwa, anbetend an den Saum Seines Mantels zu rühren. Er verspricht uns nicht etwa, hier und da huldvoll an uns zu denken, Er – erwählt unser von Natur heidnisches, rebellisches Herz zu Seiner Wohnstätte: „Christus in uns.“ So sagt es Paulus auch Gal 2, 20; 4, 19; Rö 8, 10; 2 Ko 13, 5; Eph 3, 17.

Wenn aber jetzt in dieser alten Todeswelt uns schon so Großes geschenkt ist, was wird dann aus uns werden, wenn die Vollendung kommt? Paulus hat dafür nur das eine Wort: Christus in uns, **„die Hoffnung der Herrlichkeit“**. Dabei müssen wir daran denken, daß „doxa“ = „Herrlichkeit“ d a s biblische Wort zur Bezeichnung der **göttlichen** Lebensfülle, Wunderkraft und Lichtglorie ist. Jetzt „mangeln wir der Herrlichkeit Gottes“ (Rö 3, 23); besonders unsere Leiblichkeit, in der wir unser Leben führen, ist ein „Leib der Niedrigkeit“. Aber es ist uns nicht nur „Seligkeit“, sondern „Herrlichkeit“, Anteil an Gottes eigener Lebensfülle und Lichtglorie zugedacht[28], und selbst unser Leib wird ein „Leib Seiner Herrlichkeit“ (Phil 3, 21) sein, voll strahlender Unvergänglichkeit und Kraft. Das ist „die Herrlichkeit, die an uns soll offenbart werden“, vor der alle Leiden dieser

[28] Anm. Wir reden überhaupt nicht biblisch, wenn wir den Inhalt unserer persönlichen Zukunftshoffnung mit „Seligkeit“ bezeichnen. Luther hat aus Gründen, über die wir nicht zu Gericht zu sitzen haben, das so entscheidende Wort des Neuen Testaments „Rettung“ und „gerettet werden“ mit „selig werden“ und „Seligkeit“ übersetzt. Die „Rettung“ aber ist ja gar nicht das, was wir in der Zukunft erwarten, sondern etwas, was uns jetzt zuteil werden soll und muß. Unser kommendes Teil dagegen ist Herrlichkeit. Fort mit aller falschen „Bescheidenheit“, die weit hinter dem zurückbleibt, was Gott uns zu geben beschlossen hat. Solche „Bescheidenheit“ ist ungläubig und anmaßend. Wir haben nicht weniger und nichts Geringeres zu wollen, als was Gott uns zugedacht hat. Wir haben die ganze Größe des göttlichen Zieles anzunehmen und danach unser Leben schon jetzt auszurichten.

Zeit gering werden (Rö 8, 18), und der Hoffnung dieser Herrlichkeit rühmen wir uns schon jetzt (Rö 5, 2). So ist Menschenleben geworden, seit das vor ganzen Weltzeitaltern verborgene Geheimnis des göttlichen Planes ans Licht getreten ist: „Christus in uns, die Hoffnung der Herrlichkeit."

Dies Geheimnis zu verwirklichen, dazu war Paulus „bevollmächtigt". Er spricht von der ihm verliehenen Gnade, „daß ich sei ein Priester des Christus Jesus bei den Heiden, im heiligen Dienst am Evangelium Gottes, damit die Heiden werden eine Opfergabe, wohlgefällig, geheiligt in heiligem Geiste" (Rö 15, 16). Das wird nicht beeinträchtigt durch die Tatsache, daß Petrus chronologisch als erster einen solchen Dienst an Heiden hat. Das war von Gott vorausschauend so geordnet: Wie hätte ein Petrus als der maßgebende Mann der Gemeinde in Jerusalem und unter Israel in kritischer Stunde die Arbeit des Paulus anerkennen können, wenn Gott ihn nicht selbst in ein heidnisches Haus geführt und ihm dort gezeigt hätte, daß Er „keinen Unterschied zwischen ihnen und uns" machte (Apg 15, 9)? Aber es bleibt bei Petrus eine einzelne Führung. Das Geheimnis wurde ihm nicht erschlossen und zur „Erfüllung" in die Hand gegeben. Das blieb Paulus vorbehalten. Durch ihn und seine Missionsarbeit wurde „seinen Heiligen" überhaupt der Reichtum von Herrlichkeit in diesem Geheimnis Gottes kund. Darum unterstreicht er auch: „welchen w i r verkündigen". Er verwendet bei dieser Aussage für „verkündigen" ein hellenistisches Wort, das eine „offizielle Proklamation" bezeichnet. Wir müssen uns immer wieder daran erinnern lassen, daß unser heutiges „Predigen" als ein erbauliches Reden im sakralen Raum nicht dem entspricht, was ein Paulus unter „Verkündigen" verstand. Was der lebendige Gott Menschen zugedacht hat, das muß feierlich und öffentlich „proklamiert" werden in aller Welt wie vor den unsichtbaren himmlischen und dämonischen Mächten.

Nun richtet sich die Arbeit des Paulus und seiner Gefährten – Paulus schreibt hier ein „wir" – an „jeden Menschen". Das heißt natürlich nicht, daß Paulus in statistischem Sinn jeden Menschen angesprochen hätte. Das Gegenteil steht im Arbeitsweg des Paulus vor uns. Er arbeitet unter der Leitung des Heiligen Geistes, läßt weite Gebiete ganz aus und gründet Gemeinden in zentralen Orten, damit von ihnen aus die Botschaft in das umliegende Land weitergetragen wird. Das „jeden Menschen" entspricht dem „aller Kreatur" und ist grundsätzlich gemeint. Vor der erstaunlichen Wirklichkeit „Christus in euch" vergehen alle menschlichen Unterschiede, die sonst so entscheidend sind. Es war ja der tiefste, von Gott selbst gesetzte Unterschied, der zwischen „Israel" und den „Nationen", durch Gottes neue Tat in der Herausrufung des Leibes vergangen. Grundsätzlich „jeden Menschen" konnte Paulus nun **mahnen und „jeden Menschen" lehren. Jede Weisheit,** die dazu nötig war, jeder Durchblick in den Gnadenwillen Gottes stand ihm dafür zur Verfügung.

Und **„jeden Menschen" bringt er an das bestimmte Ziel, und zwar** eben dadurch, daß er ein Mensch **„in Christus" wird.** „Christus in euch" ist die ganze und ausreichende „Hoffnung der Herrlichkeit". Mehr als Christus bedarf keiner, um zur Herrlichkeit zu gelangen. Darum kann Paulus und können wir **„jeden Menschen darstellen vollkommen in Christus".** Um das „vollkommene Christentum" ging es in Kolossä. Gehörte nicht viel und vielerlei dazu, all das, wovon wir im nächsten Kapitel noch hören werden? Jawohl, sagt Paulus, auch mir geht es darum, daß Menschen nicht unfertig bleiben. Auch ich lasse jeden Menschen, den ich einmal angefaßt habe, nicht in Halbheiten stecken. Etwas Ganzes und Vollkommenes[29] soll aus ihm werden. Aber diese Ganzheit und Vollkommenheit liegt gerade nicht in dem Vielerlei, zu dem man in Kolossä (und immer wieder in der Geschichte der Gemeinde Jesu) rät. Sie liegt nur in dem einen: „ganz in Christus".

Eben das aber ist keine Kleinigkeit! So wie die Kolosser die Größe Jesu verkannten, wenn sie fragten: „Nur Jesus – genügt denn das?", so verkennen sie, was das „in Christus sein" bedeutet, wenn sie darin nur eine Anfängerstufe sehen, die durch einen „vollkommeneren" Christenstand abgelöst werden müßte. Einen Menschen dahin zu bringen und darin zu erhalten, daß er wirklich „vollkommen", ganz und gar „in Christus" denkt und redet, handelt und ruht – wieviel Arbeit kostet das. Paulus hat von der Größe und Herrlichkeit des „Verwalteramtes" gesprochen, das ihm gegeben ist. Es gilt für ihn und gilt für jeden, der in den Dienst Jesu gestellt wurde: Es ist eine herrliche Sache, Menschen zu Jesus zu führen, Christus in Menschen leben zu sehen und dabei keine Grenzen und Schranken, keine „aussichtslosen Fälle" kennen zu brauchen. Es ist eine herrliche Sache, eine Arbeit tun zu dürfen, die zu ewigen Resultaten führt. Aber: es ist wahrlich Arbeit und kein Spiel! Es geht nicht so von selbst und so nebenbei. Es kostet heiße Mühe und fordert den vollen Einsatz und ist ein unermüdliches Ringen. Wer wirklich in solcher Arbeit an Menschen steht, der weiß, was Paulus meint: **„Darauf zielt auch meine Arbeit, die ich ringend tue . . ."**

Aber ist es nicht das Werk des Heiligen Geistes allein? Muß es

[29] Anm. Man hat lange Zeit den Ausdruck „vollkommen" aus den Mysterienkulten jener Tage abgeleitet. In der Tat gibt es dort das „teleios" = „vollkommen" als Fachausdruck, um den „Eingeweihten" zu bezeichnen, der alle Weihen durchlaufen hat. Aber selbst wenn Paulus das Wort von dort übernommen und bei seiner Evangelisation unter hellenistischer Bevölkerung verwendet hätte, wäre damit noch nichts Entscheidendes gesagt. Jeder Evangelist verfährt ähnlich und legt doch in das von ihm aufgegriffene Stichwort vom Evangelium her einen ganz andern Inhalt. Wir sind der wissenschaftlichen Forschung dankbar, die mit großem Fleiß den Beziehungen der neutestamentlichen Begriffe zu der Sprache der Umwelt nachgegangen ist. Wir lernen manches Wort dadurch ganz neu und bestimmter zu hören. Aber wenn die Forschung in der Freude über ihre Entdeckungen inhaltliche Abhängigkeiten feststellen wollte, wo sie sprachliche Zusammenhänge fand, überschritt sie weit ihre Grenzen. Das Zustandekommen unserer Sprache ist ein weit komplizierterer und lebendigerer Vorgang! Ein Fachwort wie „teleios" in den Mysterien war und blieb zugleich ein allgemeines Wort der Umgangssprache, das Paulus wie jeder andere in freier Weise von sich aus gebrauchen konnte. Viel entscheidender für ihn und seinen Sprachgebrauch war es, daß er dies Wort „vollkommen" in seiner griechischen Bibel fand! Dort schon hatte es zugleich den Klang der sittlichen Gerechtigkeit und der kultischen Reinheit und der apokalyptischen Weisheit in sich aufgenommen, wie er auch an unserer Stelle zu hören ist.

nicht „das Wort allein" tun? O ja, das weiß Paulus auch. Die „Weisheit", mit der er arbeitet, hat er schroff und klar von jeder menschlichen Weisheit unterschieden. Und eben hier an unserer Stelle fährt er unmittelbar fort: **„... nach Seiner Wirkung, die in mir mit Macht wirkt."** Das Geheimnis Gottes „Christus in euch" verwirklichen, aus Menschen, wie sie in Kolossä oder sonstwo sind, „Menschen vollkommen in Christus" machen – das kann kein Mensch, auch kein Paulus, das kann nur Gott selbst. Aber dabei weiß Paulus nichts von jener dummen Logik, die da folgert: Gott tut es, also brauche ich nichts zu tun, also darf ich nichts tun, um ja Gottes Ehre nicht zu beeinträchtigen! Paulus hat die Logik des lebendigen Glaubens: Gott wirkt mit Macht, Er wirkt energisch in mir, also darf und kann, also muß auch ich wirken mit dem ganzen Einsatz, der mir möglich ist! Und er besitzt diese Logik nicht nur theoretisch ohne Scheu vor dem „Synergismus", er hat sie vor allem praktiziert in einem Leben der Hingabe und Arbeit ohnegleichen.

Im Ringen um die rechte Einheit der Gemeinde

Kolosser 2, 1–7

Zu Vers 1:
1* Kol 4, 12
Zu Vers 2:
2* Eph 3, 18. 19
Zu Vers 3:
3* Kol 1, 26. 27
4* Jes 45, 3
5* Spr 2, 3–6
6* 1 Ko 1, 24. 30
Zu Vers 4:
7* Rö 16, 18
8* Eph 5, 6

1 Denn ich will, daß ihr wißt, welch großen Kampf ich habe für
euch und die in Laodikea und die sonst mein Angesicht im Fleisch
2 nicht gesehen haben, * damit ihre Herzen den rechten Zuspruch er-
fahren, zusammengehalten in Liebe und zum ganzen Reichtum der
vollen Gewißheit[30] des Verständnisses, zur Erkenntnis des Ge-
3 heimnisses Gottes, des Christus, * in welchem alle Schätze der
4 Weisheit und Erkenntnis verborgen sind. * Dieses sage ich, damit
5 keiner euch täusche durch Überredungskunst. * Denn wenn ich
auch dem Fleische nach abwesend bin, aber dem Geiste nach bin
ich mit euch zusammen, freue mich und sehe eure Ordnung und

[30] Anm. Das Wort „plerophoria" hat hier vielleicht nur den quantitativen Sinn von „Fülle".

1* Kol 4, 12: Es grüßt euch euer Landsmann Epaphras, ein Knecht Christi Jesu, der allezeit in seinen Gebeten für euch ringt, damit ihr in allem, was dem Willen Gottes entspricht, als Vollkommene und völlig Überzeugte dastehen möget.

2* Eph 3, 18. 19: ... auf daß ihr fähig werdet im Verein mit allen Heiligen die Breite und Länge, die Tiefe und Höhe zu erfassen und die alle Erkenntnis übersteigende Liebe Christi kennenzulernen, damit ihr schließlich zum Erfülltsein mit der ganzen Gottesfülle gelangt.

3* Kol 1, 26. 27: ... nämlich das Geheimnis, das, seitdem es Weltzeiten und Menschengeschlechter gibt, verborgen gewesen, jetzt aber Seinen Heiligen offenbart worden ist. * Denn ihnen hat Gott kundtun wollen, welche Fülle von Herrlichkeit dieses Geheimnis unter den Heidenvölkern in sich berge. Dieser Reichtum besteht darin, daß Christus in euch ist, als die Hoffnung auf die Herrlichkeit.

4* Jes 45, 3: Ich will dir die im Dunkel verborgenen Schätze übergeben und die wohlversteckten Kostbarkeiten, damit du erkennst, daß Ich, der Herr, es bin, der dich bei deinem Namen gerufen hat, der Gott Israels.

5* Spr 2, 3–6: Ja, wenn du nach der Verständigkeit rufst und deine Stimme laut nach der Einsicht erschallen läßt, * wenn du nach ihr suchst wie nach Silber und ihr nachspürst wie verborgenen Schätzen: * dann wirst du die Furcht vor dem Herrn verstehen lernen und die Erkenntnis Gottes gewinnen —; * denn der Herr ist's, der Weisheit verleiht: Aus Seinem Munde kommt Erkenntnis und Einsicht.

6* 1 Ko 1, 24. 30: ... denen aber, die berufen sind, sowohl den Juden als auch den Griechen, (verkünden wir) Christus als Gotteskraft und Gottesweisheit.

6 **die Festigkeit[31] eures auf Christus gerichteten Glaubens. * Wie ihr**
nun empfangen habt den Christus Jesus als den Herren, so wan-
7 **delt in Ihm, * verwurzelt in Ihm und aufgebaut auf Ihm und ge-**
festigt durch den Glauben, wie ihr gelehret wurdet, überströmend
in Ihm[32] von Dank.

Zu Vers 5:
9* 1 Ko 5, 3; 14, 40
10* Apg 16, 5
11* 1 Pt 5, 9
Zu Vers 6:
12* Eph 4, 17
Zu Vers 7:
13* Eph 3, 17; 2, 20. 22
14* Jud 20

Paulus hat von seiner Arbeit gesprochen, die er ringend tut. Arbeit für Jesus ist kein Kinderspiel. Wir meinen freilich unter den Nachwirkungen des Staats- und Volkskirchentums leicht, der Bestand der Gemeinde sei doch „selbstverständlich", er ergebe sich wirklich „von selbst" aus der Macht der Sitte und Überlieferung. Der Beruf eines Gemeindeleiters, eines Pfarrers, sei darum ein bequemer und friedlicher Beruf, etwas für Leute, die in den Daseinskampf sonst nicht hineinpaßten und mit ihrer weichen, stillen Art andern Aufgaben nicht gewachsen seien. Paulus hat es anders erlebt. Noch heute sind die beiden Korintherbriefe und der Galaterbrief anschauliche Zeugnisse dafür, welch ein intensives Ringen, welche Hingabe des ganzen Herzens, welche tapfere Bereitschaft zum Schmerz und welche durchdringende Klarheit und vielseitige Weisheit gar nicht nur zur Gründung einer Gemeinde, sondern gerade zu ihrer Erhaltung und Fortführung gehört. Das wußten aus eigener Erfahrung alle Gemeinden, die Paulus persönlich kannten und seinen Dienst erlebt hatten. Aber da durch seinen einzigartigen Auftrag alle Gemeinden aus der Völkerwelt mit zu seiner Verantwortung gehörten, will er, daß auch die, die **„sein Angesicht im Fleisch nicht gesehen haben"**, doch **„wissen, welch großen Kampf er hat"**, auch für sie, für Kolossä und Laodikea und die andern alle. Sie sollen wissen, daß ihr Ergehen, ihre weitere Entwicklung, ihre Gesundheit oder Entartung ein Gegenstand persönlicher Anteilnahme, heißer Sorge, inneren Ringens und Betens für ihn ist. So sollen die Kolosser auch diesen Brief verstehen.

[31] Anm. Das hier stehende Wort „stereoma" wird in der griechischen Bibel konkreter und objektiver gebraucht, etwa wie unser Ausdruck „Bollwerk". In 1 Mo 1, 6 bezeichnet es das Firmament, in Ps 18, 3 und 71, 3 Gott als unsere „Burg".

[32] Anm. Das „in ihm" (auf den Glauben bezogen) ist in den Handschriften nicht völlig gesichert, aber doch sehr gut bezeugt.

Vers 30: Ihm habt ihr es also zu verdanken, daß ihr in Christus Jesus seid, der uns von Gott her zur Weisheit gemacht worden ist, wie auch zur Gerechtigkeit und Heiligung und zur Erlösung.

7* Rö 16, 18: . . . denn solche Menschen dienen nicht unserm Herrn Christus, sondern ihrem Bauche und betören durch ihre schönklingenden Reden und glatten Worte die Herzen der Arglosen.

8* Eph 5, 6: Laßt euch von niemand durch leere Worte betrügen: Denn um solcher Dinge willen kommt Gottes Zorn über die Ungehorsamen.

9* 1 Ko 5, 3: Nun — ich, der ich leiblich zwar abwesend, aber mit meinem Geiste bei euch anwesend bin, habe über diesen Menschen, der sich so schwer vergangen hat, bereits Gericht gehalten, als ob ich persönlich bei euch wäre.

1 Ko 14, 40: Laßt aber alles mit Anstand und in Ordnung vor sich gehen!

10* Apg 16, 5: So wurden denn die Gemeinden von ihnen im Glauben gestärkt und nahmen täglich an Zahl zu.

11* 1 Pt 5, 9: Dem leistet Widerstand in Glaubensfestigkeit; Ihr wißt ja, daß die gleichen Leiden euren Brüdern in der ganzen Welt auferlegt werden.

Warum gehört zur Erhaltung und Fortführung einer Gemeinde solch ein großer Kampf? Wir wissen das nicht mehr, weil wir nicht mehr wirklich „Gemeinde" haben. Wir haben festgefügte Institutionen, die sich in der Tat durch das Schwergewicht der Tradition und durch die Kraft des Institutions-Egoismus erhalten, und im Raum der Institutionen die vielen einzelnen, die von diesem Raum umschlossen und festgehalten werden. Aber Paulus ging es wirklich um „Gemeinde", um die konkret gelebte Bruderschaft der Glaubenden. Hier sind aber „Herzen" mit all den auseinanderstrebenden Tendenzen, die im Menschenherzen wohnen. Wie gern und rasch „setzen wir uns auseinander" anstatt uns „zusammen zu setzen"! Wie müssen darum immer aufs neue **„Herzen den rechten Zuspruch[33] erfahren"**, damit Empfindlichkeit, Angst, Verzagtheit, Stolz und Neid überwunden werden und Freundlichkeit, Sanftmut, Demut, Geduld Tag für Tag die tatsächliche Eintracht der Gemeindeglieder[34] schaffen.

Aber die Einheit der Bruderschaft bedarf noch eines zweiten. Wohl handelte es sich damals überall um Gemeinden, die durch persönliche Glaubensentscheidung, durch klare Bekehrung und Wiedergeburt ihrer Glieder entstanden waren. Aber wie gering ist bei unserer Bekehrung unser Verständnis des Evangeliums, unser Einblick und Durchblick in das Geheimnis Gottes, in Sein ganzes Heilshandeln in Christus. Wir sind ja darum wirklich zunächst „neugeborene Kinder", die eben erst staunend in die bis dahin „fremde" und unbekannte Welt Gottes blicken. Ein neugeborenes Kind ist eine Wonne, und jubelnd steigt der Dank der Eltern über ihm auf. Aber wenn das Kind dann nicht wächst und gehen lernt und selbständig wird, dann ist es krank, und es droht ihm Krüppeltum oder Tod. Herrlich sind „Bekehrungen", die Engel im Himmel freuen sich, und die Gemeinde darf danken und loben. Aber wenn es bei der „Bekehrung" bleibt,

[33] Anm. Hier steht das so häufig gebrauchte Wort „parakalein", das wir alle aus der Bezeichnung des Heiligen Geistes als des „Parakleten" kennen. Es bedeutet ursprünglich „herbeirufen", nämlich zur Unterstützung, zur Hilfe herbeirufen. Es wird je nach dem Zusammenhang mit „ermahnen" oder „trösten" wiedergegeben. Wir müssen aber wissen, daß es für die Männer des Neuen Testaments e i n Wort war, daß das „Ermahnen" also nicht so gouvernantenhaft, sondern tröstlich, und das „Trösten" nicht so weichlich, sondern Mut machend war. Unser „Zusprechen" vermag auch beides zu enthalten. Das Passiv wäre dann mit „rechten Zuspruch erfahren" zu verdeutschen.

[34] Anm. Da das hier mit „zusammengehalten" wiedergegebene Wort in der griechischen Bibel und in Apg 9, 22 und 1 Ko 2, 16 im Aktivum als „belehren, unterweisen" gebraucht wird, ist auch für unsere Stelle die Übersetzung „belehrt (oder: unterwiesen) in Liebe" vorgeschlagen worden. Der Satz des Paulus würde dann nur auf die Weiterführung der Gemeinde zur vollen Erkenntnis zielen und als Bedingung dafür ein „Unterweisen in Liebe" nennen.

[12*] Eph 4, 17: So sage ich also Folgendes und spreche die ernste Mahnung im Herrn aus: Wandelt nicht mehr so, wie die Heiden in der Nichtigkeit ihres Sinnes wandeln!

[13*] Eph 3, 17: ... damit Christus durch den Glauben Wohnung in euren Herzen nehme und ihr in der Liebe tiefgewurzelt und fest gegründet dasteht.

Eph 2, 20. 22: ... aufgebaut auf dem Grund der Apostel und Propheten, bei welchem Christus Jesus selber der Eckstein ist.

Vers 22: ... und in diesem werdet auch ihr mit auferbaut zu einer Wohnstätte Gottes im Geist.

[14*] Jud 20: Ihr aber, Geliebte, erbauet euch auf eurem hochheiligen Glaubensgrunde, betet im Heiligen Geiste.

wenn es nicht weitergeht, dann bleibt der Christenstand dürftig und arm, dann versiegt darum schon bald die erste Freude, und es wird „langweilig“ im erst so froh begrüßten Christentum. Dann gibt es auch keine volle Gewißheit, der Christ bleibt unsicher, schwankend, jedem Einfluß und Angriff hilflos ausgesetzt. So aber hat er auch keinen Wert für die Bruderschaft, kann zum gemeinsamen Leben, Arbeiten, Kämpfen und Leiden wenig beitragen und wird in seiner leichten Beeinflußbarkeit eine Gefahr für die Gemeinschaft.

Darum geht die unermüdliche Arbeit und ein zähes Ringen dahin, die Herzen nun auch **„zum ganzen Reichtum der vollen Gewißheit des Verständnisses“ zu führen.**

Aber geht das überhaupt? Ist nicht der ewige, lebendige Gott ein undurchdringliches Geheimnis für uns, so daß wir uns doch mit einem kindlichen Glaubensstand begnügen müssen? Ist es nicht höchstens eine Sache für Theologen, sich mit den schwierigen Fragen der Gotteserkenntnis abzugeben? Wird ein Laie nicht ganz schwindlig, wenn er die komplizierten theologischen Auseinandersetzungen etwa in der Trinitätslehre liest? Ja, ist es für Laien nicht geradezu gefährlich, sich an die **„Erkenntnis des Geheimnisses Gottes, des Christus“** heranzuwagen?

Das Neue Testament kennt den ganzen fatalen Unterschied zwischen „Theologen“ und „Laien“ nicht. Gerade Paulus ist in allen seinen Briefen bemüht, alle Gemeindeglieder mit eigener Überzeugung und selbständigem Erfassen an den Erkenntnissen und Einsichten teilnehmen zu lassen, die er ihnen entwickelt. Darum liegt ihm auch hier mit tiefem Ernst daran, daß nicht eine kleine Gruppe von „Fachleuten“ zur Erkenntnis des Geheimnisses Gottes gelangt, während die andern sich mit irgendeinem „schlichten Glauben“ begnügen, sondern daß alle Herzen in der Gemeinde nicht arm und unsicher bleiben. Gewiß ist und bleibt Gott „Geheimnis“. Aber dies Geheimnis ist uns in Christus[35] erschlossen. In Ihm ist **„Erkenntnis verborgen“.** Wie kühn faßt hier Paulus beides zusammen, „Erkenntnis“ **und** „Geheimnis“! Gott ist für uns nie auszukennen, immer bleibt Er uns ein Mysterium. „Ein begriffener Gott ist kein Gott“ (Novalis). Und doch ist Er in Seinem „Bild“, Christus, als Mensch unter uns getreten, damit wir Ihn sehen und kennen sollen. Dort in Christus liegen darum alle Schätze der Weisheit und Erkenntnis. Sie liegen auch dort nicht an der Oberfläche, daß jedes Schülerlein sie wie das kleine Einmaleins rasch aufnehmen kann. Sie sind „verborgen“; aber doch dazu, daß sie gefunden und gehoben und sich angeeignet werden.

[35] Anm. Der griechische Text ist an dieser Stelle unsicher. Manche Handschriften schreiben: „das Geheimnis Christi, in welchem ...“ Andere haben: „das Geheimnis Gottes, welches ist Christus“; wieder andere: „das Geheimnis Gottes und Christi“ oder „das Geheimnis Gottes, des Vaters des Christus“ bzw. „... Gottes und des Vaters Christi“. Aber diese verschiedenen Wendungen sind offenbar ebenso viele Versuche, die sprachlich harte Nebeneinanderstellung „Gottes, Christi“, „Gottes, des Christus“ zu verbessern. Es ist eine gute allgemeine Regel, bei der unbequemeren Lesart zu bleiben, weil es wahrscheinlicher ist, daß Abschreiber einen Text erleichtert und geglättet haben, als daß sie einen flüssigen und einfachen Satz und Ausdruck schwierig machten.

Damit ist die Gemeinde zur **Arbeit** gerufen! Vielleicht sah Paulus schon damals mit Sorge die merkwürdige Unart, die bis heute die Gemeinde so schwer schädigt, daß wir zwar selbstverständlich auf allen andern Gebieten des Lebens wissen, daß nur ernste Mühe zum wirklichen Gewinn führt, daß wir aber ebenso selbstverständlich meinen, im Christentum genüge ein rasches Naschen, ein flüchtiges Aufnehmen erbaulicher Regungen und Gedanken. Wer hält es denn der Mühe wert, eine Predigt wirklich mitzuarbeiten und nachzuarbeiten? Wer bringt denn zur Bibelstunde auch nur die Bibel selber mit oder gar Papier und Bleistift? Wer hat zu Hause in der Familie mehr als eine obenhin gehörte Betrachtung aus Andachtsbuch oder Kalender? Kein Wunder, daß Gemeindeglieder nach jahrelanger regelmäßiger Teilnahme am **kirchlichen Leben** kaum ihr **Konfirmandenwissen** erhalten haben und sich dementsprechend „laienhaft" und unsicher fühlen und zu keinem Dienst brauchbar sind. Wenn aber das arbeitende Forschen in der Schrift vernachlässigt wird, dann eben fällt man – wie es in Kolossä droht – geistvollen Büchern und neuesten Mischreligionen anheim, für die man auf einmal die Zeit hat, die man gesundem Bibelstudium verweigerte.

Die **Gemeinde** ist zu dieser Arbeit gerufen! Denn hier wie bei allen Mahnungen der Gemeindebriefe müssen wir uns vor Augen halten, daß die Apostel einfach nicht die einsamen Einzelchristen kannten, an die wir bei dem „ihr" in den Briefen unwillkürlich denken. Die Apostel sahen in dem „ihr" die zusammengeschlossene Schar einer wirklichen Bruderschaft. Gewiß hat auch der einzelne „seine" Bibel zu lesen. Aber gerade erst im gemeinsamen Lesen und Forschen erschließt sich **„aller Reichtum"**. Erst im gemeinsamen Prüfen und Klarlegen kommt es zur **„vollen Gewißheit"**. Daran aber lag es ja Paulus gerade. Er sieht, wie Irrungen und Wirrungen auch nach der Gemeinde in Kolossä greifen wollen. Wie wird die Gemeinde dagegen geschützt? Alle einseitige und bruchstückhafte Erkenntnis führt ins Sektierertum und ist der Ansatz für die Irrungen. Wo **„aller Reichtum"** allen vor Augen liegt und volle, ruhige **Gewißheit des Verständnisses** erreicht ist, finden Irrlehren keinen Zugang und Spaltungen keinen Boden. Immer wieder sind seit den Tagen des Paulus jene Gebilde entstanden, die einzelne Wahrheiten der biblischen Botschaft herausgreifen und nun halb geistvoll und halb bizarr eine neue Lehre, eine neue Praxis, eine neue „Kirche" daraus machen. Menschen, die davon erfaßt werden, haben oft eine Einsatzbereitschaft, die einer besseren Sache wert wäre, und eine „Überredungskunst", der ungefestigte Leute erliegen. Eben darum spricht Paulus von dem „Zusammenhalt der Herzen zu allem Reichtum der vollen Gewißheit des Verständnisses", **„damit keiner euch täusche durch Überredungskunst"**.

Was Paulus von den **„Schätzen der Weisheit und Erkenntnis"** sagt, beziehen wir aus jahrhundertelanger Gewöhnung unwillkürlich sofort auf die Bibel. Paulus hat den Kolossern aber nicht geschrieben von der „Erkenntnis des Geheimnisses Gottes, der Schrift, in welcher ... verborgen sind". Er hat ihnen diejenige Forschungs- und Entdeckerarbeit zugemutet und zugetraut, die er selbst in den Briefen vor ihren Augen und mit ihnen übte: unmittelbar aus Christus selbst die Schätze der Weisheit und Erkenntnis zu heben, die in Ihm selbst verborgen sind. Also etwa solch ein Kleinod, wie er es den Philippern in Phil 2, 5–11 vorlegt, dürften und sollten sie auch selber in Jesus Christus finden und sich darreichen. Ganz gewiß, uns ist unentbehrlich und maßgebend, was die Männer des Neuen Testaments (und ebenso die des Alten!) geschrieben haben. Aber für unser Verhältnis zur Schrift und für den letzten Grund unserer Gewißheit ist es doch wichtig zu wissen: Alle Schätze der Weisheit und Erkenntnis liegen zuletzt in Jesus Christus selbst und in Ihm allein. Das Wort Gottes ist zuletzt nicht ein unfehlbares Buch, sondern eine lebendige gegenwärtige Person: Christus (Offb 19, 13). Die Männer des Neuen Testaments aber sind das, als was sie sich selbst bezeichnen: „Diener, durch welche ihr seid gläubig geworden" (1 Ko 3, 5) bzw. „Diener, durch welche ihr die verborgenen Schätze in Christus findet".

Wenn Paulus dem Vers 4 die Begründung folgen läßt: **„Denn** wenn ich auch dem Fleisch nach abwesend bin ...", so hat er vielleicht eine ganz bestimmte „Überredungskunst" der Männer im Auge, die Einfluß in der Gemeinde zu gewinnen suchten. Diese Männer mögen den Kolossern etwa gesagt haben: „Ihr habt durch den Epaphras alles nur aus zweiter Hand: Er ist ja nur ein Schüler des Paulus. Der Meister selbst aber kümmert sich nicht um euch und läßt euch in eurem unvollkommenen Christentum stecken. Da wollen wir euch nun den Dienst tun!" Laßt euch nicht so etwas vorreden, warnt Paulus. Mit heißem Ringen bin ich auch um die Gemeinden bemüht, in denen ich noch nicht persönlich sein konnte. **„Denn wenn ich auch dem Fleische nach abwesend bin, aber dem Geiste nach bin ich mit euch zusammen"** und sehe, wie es bei euch steht. Auch bei euch Kolossern ringe ich darum, jeden Menschen zur Vollkommenheit in Christus zu bringen. Denn auch für euch weiß ich mich in meinem Auftrag von Christus verantwortlich. Dabei müssen wir die Verbindung des Paulus mit den Kolossern in ihrer ganzen Realität sehen. Wir sind vom Idealismus her verdorben und verstehen unter „Geist" unwillkürlich unsere „Geistigkeit", unsere luftige Gedankenwelt. Bei Paulus aber geht es um „Heiligen Geist", also um göttliche Realität! Er will nicht sagen: Ich bin ja „in Gedanken" bei euch und mache mir ein gewisses Bild eures Gemeindelebens. Nein, im Heiligen Geist hat er durch alles, was Epaphras und andere ihm berichtet haben, einen göttlich zutreffenden Durchblick in ihren Zustand. Wie die vom Heiligen Geist geleitete Rede (das „propheteuein") bewirkt, daß völlig fremde Menschen sich bis auf den Grund ihres Herzens durchschaut sehen (1 Ko 14, 24. 25), so ist im Heiligen Geist ein fremdes Gemeindeleben für den Apostel durchsichtig. Im Heiligen Geist ist er realiter „mit ihnen zusammen". Dieser Durchblick betrübt

Paulus nicht. „Ich freue mich", kann er sagen. **„Eure Ordnung"**, ein wohlgeordneter Zustand, ist dort zu sehen und **„die Festigkeit eures auf Christus gerichteten Glaubens"**.

Aber aus viel schmerzvoller Erfahrung weiß Paulus, daß die Bewahrung dieses guten und erfreulichen Zustandes im Gemeindeleben nicht selbstverständlich ist. Er hat etwa bei den galatischen Gemeinden mit „Verwunderung" gesehen, wie rasch sie sich von ihm, der sie doch in die Gnade Jesu gerufen hatte, abwandten zu einem „anderen Evangelium" (Gal 1, 6). Darum mahnt er nun auch die Kolosser. Sie **„haben empfangen den Christus Jesus als den Herren"**. Mit dem „Empfangen", nicht mit unserm Tun und Leisten beginnt der Christenstand. Dabei gebraucht Paulus hier wie an andern wichtigen Stellen (1 Ko 11, 23; 15, 1; Gal 1, 9. 12; 1 Th 2, 13; 4, 1; 2 Th 3, 6) ein Wort, das ihm schon von der Synagoge her vertraut war. Die „Überlieferung" der Väter zu „empfangen" und das Empfangene wieder „weiterzugeben", darin bestand das Wesen des Schriftgelehrtentums. Das Begriffspaar „paradidónai" und „paralambánein" = „überliefern" und „empfangen", gehörte von früh an zur Lebenswelt des Paulus als Jude und Pharisäer. Das gleiche Wortpaar findet sich aber auch in der Welt der Mysterienkulte, um das Weitergeben und Empfangen geheimnisvoller Weihen, Kräfte und Erkenntnisse zu bezeichnen. Wieder haben wir es also mit Worten zu tun, die Fachausdrücke mit bestimmter Prägung sein können, die aber daneben durchaus auch in vielfältigem anderen Sinn in der Umgangssprache gebraucht werden. Mag Paulus diese Worte hellenistischen Lesern gegenüber absichtlich an die Ausdrucksweise der Mysterien anklingen lassen oder mag er sie von seiner Zeit als Pharisäer her noch selbstverständlich im Ohr haben – das besagt für ihr Verständnis im Munde des Christen und Apostels Paulus noch sehr wenig. Wir müssen bei Paulus selbst sehen, welchen Sinn er mit ihnen verbindet. Ganz gewiß kennen wir in der Christenheit Jesus nur durch „Überlieferung". Wir können uns nicht selber einen Jesus ausdenken, wir haben aus der Überlieferung zu „empfangen", wer und wie dieser Jesus Christus war, was Er gesagt und getan hat. Vor Jesus Christus steht gerade hier nicht umsonst der bestimmte Artikel. Wahrscheinlich ist das Wort „Christus" hier als das empfunden, was es eigentlich ist: nicht Eigenname, sondern Titel, der Königstitel „Messias". Jesus ist der Christus, der Messias. Mindestens aber bezeichnet der Artikel die ganze Bestimmtheit der Gestalt, der sich die Kolosser mit ihrem ganzen Leben anheimgaben. „Das ist das Licht der Höhe, das ist d e r Jesus Christ", dichtet auch E. M. Arndt. So bleiben wir bis zum heutigen Tag beständig in der Apostel Lehre, um diesen bestimmten, wirklichen Jesus immer klarer kennenzulernen. Und doch ist für Paulus kennzeichnend, daß er sein früheres Pharisäertum auch an dieser Stelle gründlich durchbrochen hat. Eine „Lehre annehmen", eine „Überlieferung" lernend sich aneignen, das ist im Sinn von Phil 3 immer noch „Fleisch". Als der Pharisäer Saulus ein Christ wurde, da hat er nicht eine unzulängliche Lehre gegen eine bessere eingetauscht, sondern da hat er alles Bisherige für Schaden geachtet, um eine Person mit ihrer ganzen Lebensfülle zu gewinnen und in ihr erfunden zu werden. Er hat den Galatern gegenüber sehr schroff betont, daß es sich dabei für ihn überhaupt nicht um eine Lehre und Überlieferung von Menschen handelte und daß er die Apostel in Jerusalem erst viel später und auch dann nur kurz besuchte, also gerade nicht in einer Überlieferungskette von Menschen stand (Gal 1). Auch die Kolosser warnt er im übernächsten Vers vor der „Überlieferung der Menschen". Und jedenfalls nicht „Lehren" haben sie empfangen, sondern „den Christus Jesus als den Herren", diese bestimmte lebendige Person Jesus, den unbeschränkten Meister des eigenen Lebens, weil Er auch der „Herr", d. h. der Weltrichter und Weltvollender ist.

Aber eben weil sie nicht ein Wissen von allerlei Wahrheiten empfingen, das sie wie anderes „Wissen" getrost nach Hause tragen und dort ruhig bewahren können, sondern weil sie einen lebendigen Herrn bekamen, können sie nicht bei dem stehenbleiben, was man „Glauben an Christus" nennt. Ein „Herr" verfügt über unser ganzes Leben und setzt uns tätig in Bewegung. Darum wird daraus das „Wandeln in Ihm", das Jesus immer völliger zu unserm Herrn macht, „daß wir nicht Meister suchen mehr".

An dieser wirklichen, lebendigen Festigung des Verhältnisses zu Jesus liegt aber für den Blick des Paulus so Entscheidendes, daß er sogleich noch zwei weitere Bilder dafür hinzufügt. Wenn ich eine Blume eben ins Beet gepflanzt habe, kann ein Kind sie leicht wieder herausziehen. Ist sie aber nach einigen Wochen dort eingewurzelt, so wird sie sich eher zerreißen als herausziehen lassen. Auch die Kolosser dürfen und müssen so **„in Christus verwurzelt"** sein, daß nicht mehr Einflüsse und Zeitströmungen und Männer voll Überredungskunst sie aus diesem Wurzelboden herausreißen und woandershin verpflanzen können. Unsere ganzen Lebenswurzeln in diesen Christus Jesus, den Herrn, hineinsenken, uns mit unserm ganzen Sein in Ihm verwurzeln, das erst ist „Christentum".

Schon Jesus selbst hat das Gleichnis vom Bauen verwendet: auf Sand bauen oder auf den Fels bauen. Jesus ist groß genug, daß das ganze Gebäude unseres Lebens, ja vielmehr, daß der ganze Bau der Gemeinde allein **„auf Ihm gebaut"** werden kann. Die Gemeinde in Kolossä hat es nicht nötig und darf sich nicht dazu verlocken lassen, ihr Gemeindeleben außerdem noch auf den Sand menschlicher Meinungen und Anweisungen zu gründen.

Die Strömungen, die in Kolossä Einfluß zu gewinnen suchen, sind wohl Anfänge jener Bewegung, die unter dem Namen „Gnosis" später die ganze Kirche gefährdet hat. Die Gnosis wollte über den „Glauben" als primitive Anfangsstufe hinaus zur „Erkenntnis" höherer Welten führen. Darum mahnt Paulus: Bleibt **„gefestigt durch den Glauben, wie ihr gelehret wurdet"**. Paulus selbst hat es ja eben als

Notwendigkeit für das Gemeindeleben bezeichnet, daß die Gemeinde „zum ganzen Reichtum der vollen Gewißheit des Verständnisses" gelangt, und hat ihr die Erkenntnis des Geheimnisses Gottes", des Christus als Ziel gesetzt. Gegen die falsche „Gnosis" (= „Erkenntnis") ist die Gemeinde nicht geschützt, wenn die Männer der neuen Bewegung ihr mit Recht vorhalten können: Wie unklar, wie eng und dürftig ist alles bei euch. Darum hat Paulus gerade in diesem Brief an die Kolosser in dem Abschnitt über die Größe Jesu gezeigt, wie es vom Glauben aus mächtige und tiefe „Erkenntnis" gibt, reichen Stoff auch für das Denken und Verstehen. Aber das ist die Gemeinde grundlegend gelehrt worden, daß allein der Glaube den Menschen errettet. Der Glaube ist gerade nicht eine Anfangsstufe für bescheidene Leute, die der „Gnostiker", der „Erkennende" hinter und unter sich läßt. Gerade wer in ernstem Forschen den weiten, klaren Durchblick durch Gottes Heilsgedanken und Heilswege bekommen und die Schätze der Weisheit und „Erkenntnis" (griech. „gnosis") in Christus gefunden hat, bleibt ein Glaubender und wird immer mehr ein Glaubender, der von Gott bittend und nehmend, also glaubend empfängt.

Ob dieses rechte Verhältnis von Glaube und Erkennen gewahrt ist oder nicht, dafür gibt es ein sicheres Zeichen: das Danken. Erkenntnis, die sich vom Glauben und also vom Empfangen löst, Erkenntnis, in der sich der Mensch Gottes bemächtigen zu können meint, macht den Menschen einsam und stolz. Der Dank verstummt. Bleibt der Mensch aber der Beschenkte und Empfangende, dient alle Erkenntnis nur dazu, den Reichtum des göttlichen Gebens, die Größe der göttlichen Liebe immer heller vor die Augen zu stellen, dann wächst auch der anbetende Dank. So ist es wirklich ein Danken „in ihm", nämlich im Glauben, wie viele Handschriften lesen. „Glauben" und „Danken" hängt sachlich aufs engste zusammen. So wünscht der Apostel die Gemeinde **„überströmend von Dank"**.

Philosophie oder Kreuz Christi

Kolosser 2, 8–15

Zu Vers 8:
[15*] Eph 5, 6
[16*] Kol 2, 20
[17*] Mt 15, 2
Zu Vers 9:
[18*] Kol 2, 17
[19*] Jo 1, 14. 16
[20*] Kol 1, 19

8 Sehet darauf, daß es niemand gebe, der euch durch die Philo-
sophie und leeren Trug in die Sklaverei führe nach der Überlie-
ferung der Menschen, nach den Elementen der Welt und nicht
9 nach Christus. * Denn in Ihm wohnt die ganze Fülle der Gottheit
10 leibhaft * und in Ihm seid ihr erfüllt, der das Haupt jeder Macht
11 und Gewalt ist. * In Ihm wurdet ihr auch beschnitten mit einer
Beschneidung, die nicht mit der Hand vollzogen wird, durch das
Ablegen des Fleischesleibes, durch die Christusbeschneidung,

[15*] Eph 5, 6: Laßt euch von niemand durch leere Worte betrügen: Denn um solcher Dinge willen kommt Gottes Zorn über die Ungehorsamen.

[16*] Kol 2, 20: Wenn ihr mit Christus gestorben seid, los von den Elementen der Welt, was laßt ihr euch da, als ob ihr noch in der Welt lebtet, Satzungen aufbürden?

[17*] Mt 15, 2: Warum übertreten deine Jünger die Satzungen, welche uns die Alten überliefert haben? Sie waschen sich ja die Hände nicht, wenn sie Brot essen wollen.

12 *** mit Ihm begraben in der Taufe. In Ihm wurdet ihr auch mit auf-
erweckt durch den Glauben an die Wirkungsmacht Gottes, der
13 Ihn auferweckte aus den Toten. * Und euch, die ihr tot wart durch
die Fehltritte und durch die Unbeschnittenheit eures Fleisches,
euch machte Er zusammen mit Ihm lebendig, da Er uns vergab alle
14 die Fehltritte. * Er löschte den Schuldschein gegen uns (in Satzun-
gen bestehend), der uns entgegen war, und tilgte ihn aus, ihn
15 nagelnd an das Kreuz. * Er entwaffnete die Mächte und die Ge-
walten und stellte sie öffentlich zur Schau und feierte den Triumph
über sie in Ihm.**

Zu Vers 10:
21* Eph 1, 21. 22
Zu Vers 11:
22* Rö 2, 29
23* 1 Pt 3, 21
Zu Vers 12:
24* Kol 3, 1
25* Rö 6, 4
26* Eph 1, 19
Zu Vers 13:
27* Eph 2, 1. 5
Zu Vers 14:
28* Eph 2, 15
29* Rö 7, 4
30* 1 Pt 2, 24
Zu Vers 15:
31* Eph 1, 21
32* Kol 1. 13
33* Lk 11, 22

Der „Erkenntnis" hat Paulus praktisch durch seine Ausführungen über die Größe Jesu (1, 15–20) und theoretisch durch seine Mahnungen an die Gemeinde (2, 2. 3) ihr volles Recht gegeben. Aber was er im Auge hatte, war Christuserkenntnis, ein Fragen und Forschen und Verstehen, das völlig an Jesus, an Seine Person und Sein Erlösungswerk gebunden blieb. Nun aber gibt es in der Welt eine Fülle von Nachdenken über Gott und Welt und Mensch, über das rechte Leben und Handeln des Menschen, das wir unter dem Begriff „Philosophie" zusammenfassen. Wo in der Umwelt einer Gemeinde Jesu solches Nachdenken kräftig ist, wo es vielleicht sogar selber religiöse Züge trägt und am Ende christliche Gedanken in sich aufnimmt, bleibt auch die Gemeinde davon nicht unberührt. Öffnet solche Philosophie nicht neue Wege zu wertvollen Menschen? Ja, kann die Philosophie nicht geradezu das Christentum bereichern und es vielleicht erst zur edelsten Höhe erheben? Auch in Kolossä waren offenbar Gemeindeglieder im Gespräch mit philosophisch interessierten Männern, die solche Gedanken an sie herantrugen. Wie soll sich die Gemeinde dazu stellen?

Wir werden gut tun, uns nicht sofort mit den einzelnen konkreten

18* Kol 2, 17: . . . diese Dinge sind ja doch nur der Schatten von dem in der Zukunft Kommenden; das leibhaftige Wesen dagegen gehört Christus an.

19* Jo 1, 14. 16: Und das Wort wurde Fleisch und nahm Seine Wohnung unter uns, und wir haben Seine Herrlichkeit geschaut, eine Herrlichkeit, wie sie dem eingeborenen Sohne vom Vater verliehen wird, eine mit Gnade und Wahrheit erfüllte.
Vers 16: Aus Seiner Fülle haben wir ja alle empfangen, und zwar Gnade über Gnade.

20* Kol 1, 19: Denn es war (Gottes) Ratschluß, in Ihm die ganze Fülle wohnen zu lassen.

21* Eph 1, 21. 22: . . . hocherhaben über jede Herrschaft und Gewalt, über jede Macht und Hoheit, überhaupt über jeden Namen, der nicht nur in dieser, sondern auch in der zukünftigen Weltzeit genannt wird. * Ja alles hat Er Ihm zu Füßen gelegt und hat Ihn zum alles überragenden Haupt gemacht für die Gemeinde.

22* Rö 2, 29: . . . nein, der ist ein Jude, der es innerlich ist, und die Beschneidung muß am Herzen vollzogen sein im Geist, nicht nach dem Buchstaben: — Das Lob eines solchen kommt nicht von Menschen her, sondern von Gott.

23* 1 Pt 3, 21: Dieses (Wasser) rettet jetzt als Gegenstück auch euch, nämlich die Taufe, die nicht eine Beseitigung des Schmutzes am Fleisch ist, sondern eine an Gott gerichtete Bitte um ein gutes Gewissen, kraft der Auferstehung Jesu Christi.

24* Kol 3, 1: Seid ihr also mit Christus auferweckt worden, so suchet das, was droben ist, dort, wo Christus weilt, indem Er zur Rechten Gottes thront!

25* Rö 6, 4: Wir sind also deshalb durch die Taufe in den Tod mit Ihm begraben worden, damit, gleich wie Christus von den Toten auferweckt worden ist durch die Herrlichkeit des Vaters, ebenso auch wir in einem neuen Leben wandeln.

Anschauungen der damaligen speziellen Philosophie zu beschäftigen, die wir ja auch nur mühsam aus unserm Text und aus dürftigen literarischen Resten der damaligen Zeit erschließen und die uns heutige Menschen recht fremd anmuten, sondern erst einmal die entscheidende Wahrheit zu erfassen, die für alle Zeiten und alle Philosophien gilt und darum auch für uns heute wichtig ist.

„Philosophie" – dies Wort nennt ein Unternehmen des menschlichen Geistes, vor dem wir zunächst nur mit der höchsten Achtung stehen können. Der Mensch ist das einzige Wesen dieser Welt, das nicht fraglos zu leben vermag. Jeder Stern zieht fraglos seine notwendige Bahn. Jede Pflanze wächst fraglos so, wie sie muß. Jedes Tier erfüllt fraglos sein Leben. Kein Hund fragt, wie er wohl ein „richtiger" Hund werden könne. Aber der Mensch muß fragen, wie er ein wahrer, ein rechter Mensch wird. Diese Tatsache gibt von der Schöpfung des Menschen zum Bilde Gottes und von seinem Fall unbewußt Zeugnis. Der Mensch muß auch fragen, woher er kommt und wohin er geht. In ihm lebt der „faustische" Drang, „daß ich erkenne, was die Welt im Innersten zusammenhält". Er fragt nach Ursprung, Sinn und Ziel des Weltganzen, fragt nach „Gott". Daß er so fragen muß, ist das Zeichen seiner Größe und Hoheit. Jeder lebendige Mensch ist in diesem Sinne ein „Philosoph". Nur mit Bewegung und Ehrerbietung kann man es betrachten, wenn immer wieder Menschen neben ihrer harten Berufsarbeit gegrübelt und gelesen und sich ihre Philosophie aufgebaut haben. Wir haben als Christen keinen Grund, verächtlich oder feindselig darauf zu blicken.

Einzelne Männer aber haben ihre Lebensarbeit an solche Fragen gesetzt und mit heißem Bemühen Tag und Nacht nach Antwort gesucht. Es sind „die Philosophen" im speziellen Sinn. Ihr Lebenswerk ist aus der geistigen Geschichte der Menschheit nicht wegzudenken. Plato, Aristoteles, Descartes, Leibnitz, Kant, Hegel, Heidegger (um nur einige Namen zu nennen) – welche Einflüsse sind von ihnen ausgegangen!

[26*] Eph 1, 19: ... und wie überschwenglich Seine Kraft sich an uns, den Gläubigen, erweist, nämlich die mit gewaltiger Macht sich betätigende Stärke.

[27*] Eph 2, 1. 5: So hat Er auch euch, die ihr tot waret durch eure Übertretungen und Sünden.
Vers 5: ... und zwar bis wir tot waren durch unsere Übertretungen, zugleich mit Christus lebendig gemacht, — durch Gnade seid ihr gerettet worden!

[28*] Eph 2, 15: ... das Gesetz mit seinen in Satzungen gefaßten Geboten beseitigt hatte, um so die beiden in Seiner Person zu einem einigen neuen Menschen als Friedensstifter umzugestalten.

[29*] Rö 7, 4: Mithin seid auch ihr, meine Brüder, dem Gesetz gegenüber getötet worden, und zwar durch den Leib Christi, um hinfort einem anderen, nämlich dem, der von den Toten auferweckt worden ist, als Eigentum anzugehören, damit wir nunmehr für Gott Frucht brächten.

[30*] 1 Pt 2, 24: Er hat unsere Sünden selber mit Seinem Leibe an das Holz hinaufgetragen, damit wir, von den Sünden freigemacht, der Gerechtigkeit leben möchten: Durch Seine Wunden seid ihr geheilt worden.

[31*] Eph 1, 21: Hocherhaben über jede Herrschaft und Gewalt, über jede Macht und Hoheit, überhaupt über jeden Namen, der nicht nur in dieser, sondern auch in der zukünftigen Weltzeit genannt wird.

[32*] Kol 1, 13: Er hat uns ja aus der Gewalt der Finsternis gerettet und uns in das Reich des Sohnes Seiner Liebe versetzt.

[33*] Lk 11, 22: Wenn aber ein Stärkerer ihn überfällt und besiegt, so nimmt er ihm seine Waffenrüstung, auf die er sich verlassen hatte, und teilt die ihm abgenommene Beute aus.

Aber das ist nun das Erschütternde an diesem Werk der Philosophie, an das die Besten den höchsten Einsatz des Denkens gesetzt haben: Dieses Werk ist mißlungen. Goethe, kein Christ, aber ein durchdringender Menschenkenner, hat diese schwere Wahrheit in der leichten Form eines Versleins ausgesprochen, das an 1 Sam 16, 11 anknüpft:

„Ja, ich war auch in diesem Falle,
als ich die Weisen hört und las.
Ich sagte: Aber sind sie das,
sind das die Knaben alle?"

Das heißt doch wohl: Ist das alles, was bei der Philosophie herausgekommen ist? Da fehlt ja noch der eigentliche Mann, der wirklich etwas zu sagen, der wirklich die Antwort hat! In der Tat: Zwanzig Antworten auf eine brennende Frage sind – keine Antwort. Und wenn jeder Philosoph seinen Vorgänger widerlegt und sein Weltanschauungsgebäude kritisch niederreißt, dann ist das ja nur das Zeichen dafür, daß die wahre Antwort nicht gefunden wurde. Derselbe Goethe hat es im Faust in seiner ganzen schwermütigen Tragik ausgesprochen:

„Was grinsest du mir, hohler Schädel, her,
als daß dein Hirn wie meines einst verwirret
nach Licht gesucht und in der Dämmerung schwer
mit Lust nach Wahrheit jämmerlich geirret!"

Die Gemeinde Jesu aber hat die Antwort, die darum seit zweitausend Jahren auch die gleiche geblieben ist. Die Antwort, die immer aufs neue Klugen und Einfältigen, Gelehrten und Ungelehrten, Europäern und Asiaten und Afrikanern die stillende und befreiende Antwort wurde, nicht zum wenigsten gerade auch immer wieder solchen Menschen, die jahrelang den Weg philosophischen Suchens und Grübelns gegangen waren. Diese Antwort besteht nicht in einem Gedanken, einem Lehrsatz, einer Anschauung, sie besteht in einer lebendigen Person, in Christus. **„Denn in Ihm wohnt die ganze Fülle der Gottheit leibhaft."** Was die Welt im Innersten zusammenhält, das Herz der Welt, der Sinn der Welt ist uns so gegeben, wie wir es allein fassen können, wie es das Kind schon fassen kann, der einfache Mensch, und wie es dem Gelehrtesten und geistig Anspruchsvollsten zugleich unerschöpflich bleibt: „leibhaft", als ein Mensch. Alle Fragen der Weltanschauung münden in der Frage nach Gott. In Christus schimmern nicht einzelne Züge der Gottheit hindurch; hier „wohnt" in einem Menschen „die ganze Fülle der Gottheit", Gott mit Seinem ganzen Wesen. Darum ist Er die Antwort auf alle Fragen, nicht theoretisch in Wörtern, sondern lebendig in Seiner Person.

Von dem „Pleroma", der „Fülle" als einem besonderen Begriff jener Zeit, hatten wir schon gesprochen (s. o. S. 185 f.). Er kommt in den andern Gemeindebriefen des Paulus (außer Epheser) nicht vor, ein

Zeichen dafür, daß Paulus hier wirklich ein aktuelles Schlagwort aufgreift, das nur in dieser Gegend von Einfluß auf die Gemeinde geworden war. Und doch hat der Heilige Geist wohl gewußt, warum Er uns auch dieses Wort und diese Aussage durch Paulus aufzeichnen und in der Gemeinde aufbewahren ließ. Wie modern wird es sofort, wenn wir daran denken, daß ein ganz wesentlicher Satz neuzeitlicher Polemik gegen den christlichen Glauben einmal klassisch so formuliert worden ist: „Die Idee liebt es nicht, ihre ganze Fülle in einen einzelnen auszuschütten." Der moderne Relativismus erkennt Jesus gern an als eine Teiloffenbarung der „Idee" (vornehm-philosophisch gesprochen), als einen hellen Stern am Geisteshimmel der Menschheit, als einen bedeutsamen Blick aus dem großen Geheimnis hinter der Welt, als eine der vielen Offenbarungen der Gottheit durch die Zeiten und Völker hindurch, die erst in ihrer Gesamtheit eine Ahnung von ihrer ganzen Fülle geben mögen. Aber gegen „die Absolutheit des Christentums" empört sich die moderne Welt, auch sofern sie „religiös" ist. Wer aber im Ernst nach Gott fragt, der will den ganzen Gott, Gott bis in die Tiefen seines Herzens und Wesens. Ihm bezeugt es die Gemeinde triumphierend und unbeirrbar, erleuchtet vom Heiligen Geist: Jawohl, die ganze Fülle der Gottheit in Ihm, in Christus, in Ihm allein und in Ihm ganz!

Aber ist das dann nicht ein Widerspruch zu Phil 2, 5 ff.? Zunächst einmal haben wir darauf zu achten, daß Paulus den Kolossern nicht schreibt: „in Ihm wohnte ...", sondern: „in Ihm wohnt ..." Bei „leibhaft" denkt Paulus also nicht an den Fleischesleib, den der ewige Gottessohn als Jesus von Nazareth auf dieser Erde trug. Das Wort wird – ähnlich wie hernach in Vers 17 – das meinen, was wir mit dem Fremdwort „realiter" wiedergeben, die volle Wirklichkeit im Gegensatz zum bloß Gleichnishaften und Bildlichen. Mit dem Präsens „wohnt" umfaßt Paulus den ganzen Christus, auch den jetzt im Herrlichkeitsleib zur Rechten Gottes erhöhten. Wir würden aber auch das in Phil 2, 5 ff. bezeugte Geheimnis verkennen, wenn wir meinten: Er, der sich entäußert und erniedrigt hat, wäre damit während Seines ganzen Erdenlebens nur ein Mensch gewesen. Das „Gott in Christus" (2 Ko 5, 19) gilt ja gerade für die versöhnende Kreuzestat. Nirgends so wie in dem willig Erniedrigten, Dienenden, wehrlos Leidenden und Sterbenden, in dem für uns zur Sünde Gemachten sehen wir Gott in das Herz hinein! Gerade hier ist „die Fülle der Gottheit realiter da". Das ist die selige Gewißheit der christlichen Gottesbotschaft, freilich ein „Skandal" für alle menschliche Religiösität und ein „Unsinn" für alles menschliche Denken, für uns Errettete aber Gottes Kraft und Gottes Weisheit, gerade von den Kindern und Toren in Anbetung und Danksagung erfaßt! Kol 2, 9 und Phil 2, 5 gehören zusammen.

Aber nicht nur die Frage nach Gott hat hier ihre endgültige Antwort gefunden, auch die Frage nach dem Menschen ist hier überraschend gelöst. Es hat sich durch Jesus enthüllt, daß die Frage des

Menschen nach sich selbst, nach seinem wahren Menschsein gar keine theoretische ist, sondern eine eminent praktische. Der Mensch hat sich selbst verfehlt. Durch die Fehltritte, durch seinen ganzen gegenwärtigen Zustand (die Bibel braucht dafür den Ausdruck „Fleisch") ist er „tot". Er ist rettungslos verschuldet, der „Schuldschein" steht über seinem Leben, verfolgt ihn und nimmt ihm Freiheit und Leben. Darum können ihm alle besten theoretischen Erkenntnisse über das Wesen des Menschen ebensowenig helfen wie alle noch so richtigen und hohen Forderungen, Anweisungen und Ziele. Die Philosophie jeder Art und Richtung erbaut mit ihren Ausführungen über den Menschen Prachtbauten für – Schuldgefangene und Tote. Die Frage nach dem Menschsein des Menschen ist in Wahrheit die Frage nach der wirksamen Aufhebung der Schuld und nach der tatsächlichen Erweckung aus dem Tode. Wer kann hier die Antwort geben, die ja nicht eine Antwort der Theorie, sondern der Tat sein muß? Dahin reicht keine Philosophie. Die Gemeinde Jesu aber weiß es seit zweitausend Jahren und erfährt es immer aufs neue unter allen Umständen und bei jedem Menschen (bei dem Menschenfresser der Südsee ebenso wie bei dem europäischen Professor), daß in der Kreuzestat Jesu und in Seiner Auferweckung diese Antwort in Vollmacht gegeben ist. Wie in Jesus die „Fülle der Gottheit" wohnt, so wird auch der Mensch in Ihm „erfüllt": **„und in Ihm seid ihr erfüllt".** In Christus Jesus findet sich der Mensch – nicht theoretisch, sondern real – als der nach Gottes Bild geschaffene, im Sündenfall zerstörte und nun errettete und erneuerte Mensch. Alle seine Fragen nach sich selbst, nach seinem Woher und Wohin kommen darin wesenhaft zur Ruhe.

Darum ist es nun so, daß ein Kind oder ein ganz schlichter Mensch in Jesus von Gott und vom Menschen entscheidend mehr weiß, und zwar lebendig besitzend weiß, als Philosophen ohne Jesus, auch wenn ihre Geistesleistung ihrem Namen mit Recht hellen Glanz verliehen hat. Von daher haben wir die harten Worte zu verstehen, die der Apostel im Heiligen Geist der Gemeinde aller Zeiten sagt: **„Sehet darauf, daß es niemand gebe, der euch durch die Philosophie und leeren Trug in die Sklaverei führe."** Aller Ehre wert ist das Ringen und Fragen des Menschengeistes in der Philosophie. Aber wenn die Philosophie nun so tut, als habe sie wirklich Antwort gefunden, dann macht sie sich des „Betruges" schuldig (was natürlich nicht dem einzelnen Denker den Vorwurf subjektiven Betrügens macht!). Und wenn sie mit ihren angeblichen Antworten und Lösungen Menschen aus der Gemeinde Jesu gewinnen will, dann handelt sie wie ein Eroberer, der Menschen aus der Freiheit der Heimat in die Sklaverei der Fremde verschleppt.

Es sieht freilich oft sehr anders aus. Ist nicht im „Christentum" die Gebundenheit, die Enge, die Armut und dort draußen im geistigen Ringen der Philosophie die Freiheit des Denkens, die Weite, der Reichtum?! Besonders die junge Generation der Gemeinde kann es immer wieder so empfinden. Sie ist in besonderer Gefahr, wenn die Gemeinde ihre Pflicht versäumt, die Schätze der Weisheit und Erkenntnis in Christus wirklich zu heben und gerade ihre Jugend daran teilnehmen zu lassen; wenn daher die heranwachsenden Söhne und Töchter in der Gemeinde den Eindruck haben, es würden alle Fragen des wachen Geistes rasch und oberflächlich abgetan und man begnüge sich mit der trägen Wiederholung alter Formeln. Dann lockt dort draußen das Neue, die bunte Fülle, die freie Kühnheit des Fragens, die geistvolle Originalität der Antworten, der Zauber großer Persönlichkeiten. Darum hat die Mahnung des Paulus Tiefe und Wucht: **„Sehet darauf."**[36] Denn es bleibt ja notwendig dabei: Wer von Jesus und Seinem Kreuz weggeht, der geht nicht in die Freiheit, sondern in die Sklaverei, nicht in den Reichtum, sondern in die Leere, der tauscht die einzige wirkliche Antwort ein gegen eine unabsehbare Problematik, der ist betrogen! Hier muß die Gemeinde mit leidenschaftlicher Liebe zu den Herzen, mit unerschütterlicher Unnachgiebigkeit auf der Wacht stehen: **„Sehet darauf, daß es niemand gebe, der ..."** Aber es ist freilich mit bloßen Bannsprüchen nicht getan. Die Gemeinde muß es in jubelnder Dankbarkeit selber erfahren haben, daß sie in Christus die Antwort wahrhaft h a t und darum auch in ihren geringsten Gliedern vor allen Weisen der ganzen Welt Unendliches voraus hat. Sie muß es von daher kraftvoll und klar allen Suchenden und Fragenden bezeugen können, was in ihrem herrlichen Haupt und nur in Ihm zu finden ist. Dazu muß sie eben den Durchblick sich immer neu aneignen, den Paulus im Kolosserbrief ihr öffnet. Dann versteht sie den großen methodischen Gegensatz, den Paulus an die Spitze seiner Ausführungen stellt: **„nach den Elementen der Welt und nicht nach Christus"**. Es gibt also zwei grundverschiedene Arten, die Welt und das Leben zu betrachten und zu beurteilen. Der Christ tut es nach „Christus". Für den Christen ist Christus nicht eine Sache der „Religion", nicht ein Gegenstand erbaulicher Regungen neben dem wirklichen Leben. Christus ist, wie Paulus es in seinen kurzen, mächtigen Sätzen ausgeführt hat, Ursprung und Ziel der gesamten Wirklichkeit. Die ganze Welt kann also nur richtig verstanden werden, wenn sie von Christus her und auf Christus hin angeschaut wird. Das ist die Weltanschauung des Christen. Die Philosophen aber, die in Kolossä auf die Gemeinde Einfluß zu gewinnen suchten, haben einen ganz andern Blickpunkt und ein anderes Prinzip des Verstehens, nämlich die „Elemente der Welt". Was ist damit gemeint?

Den Begriff der **„Elemente der Welt"**, griechisch „stoicheia tou kosmou", finden wir – anders als den des „Pleroma" – nicht nur hier, sondern auch im Galaterbrief (4, 3 u. 9) von Paulus verwendet. Er bezeichnet in der griechischen Sprache zunächst die Buchstaben des

[36] Anm. Dieses „Sehet!" braucht Paulus vielfach als warnende Mahnung: 1 Ko 8, 9; 10, 12; Gal 5, 15; Phil 3, 2.

Alphabets. Von da aus kann er auch übertragen gebraucht werden genau wie unser „A B C". „Elemente" heißen dann die letzten Grundstoffe der Welt. Wir kennen bis heute im volkstümlichen Denken die „vier Elemente" Feuer, Wasser, Luft und Erde und haben auch in der Chemie den Begriff „Element" beibehalten. So spricht auch 2 Pt 3, 10. 12 einfach und sachlich von den Elementen, die beim Untergang des alten Weltbaues vor Hitze zerschmelzen werden. Das Denken jener Zeit war freilich nicht durchweg so nüchtern, es war zu einem großen Teil mythologisch. Die vier Elemente galten als Geistermächte oder doch als Herrschaftsbereiche von Geisterwesen. Die neugriechische Sprache braucht das Wort „stoicheia" bis heute für Lokaldämonen. Wir finden „stoicheia tou kosmou" im Altertum aber auch für Gestirne verwendet, namentlich für die Sternbilder des Tierkreises, denen ein ganz besonderer Einfluß auf den Weltlauf zugeschrieben wurde. Auch die Sterne sind „Engel" oder Wohnungen von „Engeln". Darum kann auch das ängstliche Achten auf bestimmte „Tage", vor allem auf „Neumonde" mit dem Gestirndienst (vgl. nur die heutige Astrologie!) zusammenhängen. Vom Parsismus aus waren Gedanken über den Zusammenhang von „Makrokosmos" und „Mikrokosmos" dazugekommen: Bestand nicht auch der Mensch aus denselben „Elementen", die er draußen im großen Weltbau wiederfand? Waren es nicht „Urmächte der Welt", die geheimnisvoll das ganze Weltall durchwebten, den „Leib" des großen Universums ebenso wie die kleine Welt des Menschenleibes? Mußte man diese „Urmächte" nicht ebenso religiös verehren, wie man sie zu Bausteinen sinnender Welterklärung machte?

Ein Teil der modernen Ausleger sieht daher auch an unserer Stelle des Kolosserbriefes ebenso wie im Galaterbrief solche Geisterwesen mit den „stoicheia tou kosmou" von Paulus gemeint. Paulus habe hier ganz im Denken seiner Zeit gestanden. Dabei sei das Großartige, daß er im Galaterbrief den Abfall der galatischen Christen zum Judaismus als Rückfall ins Heidentum, in den Dienst der Elementargeister gebrandmarkt habe.

Es erheben sich gegen ein solches Verständnis aber doch erhebliche Bedenken!

Der Glaube an diese Geisterwesen müßte für die Kolosser wie für die Galater das alles bestimmende Zentrum ihrer religiösen Philosophie gewesen sein. Denn Paulus spricht nicht davon, daß sie unter anderem und neben den „Mächten" und „Gewalten" nun auch noch dieser Art von Geistern ihr Interesse zuwenden, sondern stellt das „nach den stoicheia tou kosmou" dem „nach Christus" als das beherrschende Prinzip des ganzen Denkens gegenüber! Dementsprechend erwähnt er die „Elemente" auch nicht unter den Geistermächten, deren „Entwaffnung" durch Gott er in Vers 15 rühmt. Die Kolosser sind ihm vielmehr „mit Christus den Elementen der Welt abgestorben" (Vers 20). Die „Elemente" sind auch von daher gesehen ganz anders wichtig und das gesamte Dasein beherrschend als alle die Engel- und Geistermächte, die Paulus sonst kennt und nennt. Eine solche zentrale und überragende Stellung der „stoicheia" ist uns aber für die synkretistische Religion jener Zeit nicht ausreichend bezeugt.

Und dabei müßte Paulus einen solchen Glauben nicht nur als eine aus der Umwelt auf die Gemeinde hereindringende Gefahr betrachten, sondern er müßte ihn selber ganz und gar geteilt haben! Die Christen in Kolossä bezeichnet er als „weggestorben mit Christus von den Elementen der Welt". Sie haben also vorher unter diesen „Elementen der Welt" gelebt. Mit keinem Wort deutet Paulus an, daß das etwa nur in der heidnischen Einbildung der Kolosser so gewesen sei. Es ist auch für ihn selbst einfache Tatsache: Ohne die Errettung durch Christus leben wir unter den Elementen der Welt. Bestätigt wird das durch Gal 4, 3. Hier schließt Paulus sich ausdrücklich in die „wir" mit ein, die in der Zeit der Unmündigkeit unter die „Elemente der Welt" versklavt waren. Der Jude und Pharisäer Paulus, der sich in Phil 3 mit seinem „Hebräer von Hebräern" ausdrücklich gegen das hellenistische Judentum absetzt, soll den Glauben einzelner hellenistischer Kulte an Geisterwesen, genannt „stoicheia tou kosmou", so geteilt haben, daß er sich selbst und alle Menschen grundlegend diesen Geisterwesen unterworfen sah, ehe Christus kam?! Zugleich aber hat er diese an Wichtigkeit alle „Throne, Herrschaften, Mächte und Gewalten" weit überragenden Geisterwesen „schwach und arm" genannt (Gal 4, 9)? Aber diese „schwachen und armen" Geisterwesen werden nicht mit den andern „Mächten" entwaffnet und bloßgestellt, sondern sind so grundlegend für unser Dasein, daß man sie im Gegenbild zu Christus zum Prinzip der Welterklärung machen kann und daß man ihnen „absterben" muß, wie man der Welt und der Sünde abstirbt?

Nein, diese modernen Erklärungsversuche ergeben ein völlig unmögliches Bild; sie erklären nicht, sondern stellen nur vor Rätsel. Wir werden also wieder daran zu denken haben, daß Worte einer Sprache zwar in ganz bestimmten Kreisen eine besondere Bedeutung und einen ganz bestimmten Sondersinn bekommen können, daß aber damit noch lange nicht gesagt ist, daß auch jeder andere, der diese Worte benutzt, diesen Sondersinn damit verbunden haben muß, da die Worte ihre allgemeinere Bedeutung in der Sprache ja nicht verlieren. Ehe wir einen Paulus zum Gläubigen einer die „Weltelemente" verehrenden hellenistischen Sondersekte machen, werden wir zusehen müssen, ob sich nicht vom allgemeinen und einfachen Verstehen des Wortes „stoicheia tou kosmou" her ein guter Sinn der Aussagen des Paulus ergibt.

Das ist in der Tat der Fall. Das Wort „Elemente" ist ein verdeutlichender Zusatz zu dem Wort „Welt", das Paulus oft und grundlegend verwendet. Die „Welt" ist diese von Gott gelöste und darum dunkle und sterbende Menschenwelt. Ihren „Elementen", ihren Grundzügen, Grundkräften und Grundanschauungen sind wir in der

Tat versklavt, auch als Israeliten mit dem Gesetz, bis uns Christus zu einem neuen Dasein befreit. Alles Nachdenken über Welt und Mensch bewegt sich darum rettungslos im Kreise dieser Grundlinien der Welt („nach den Elementen der Welt"). Immer wieder in allen philosophischen Systemen repetiert die Welt bei aller Großartigkeit der Denkleistungen im Grunde doch nur ihr altes ABC, über das sie nicht hinauskommen kann. Dieses ABC ist immer „gesetzliches Denken", wie die Reformatoren mit tiefem Durchblick in das Wesen des Menschen (in die „Elemente des Menschen") erkannt haben. Daher die enge Zusammengehörigkeit von „Satzungen" und „Elementen der Welt". Die „stoicheia" gehören daher auch nicht zu den „Mächten", die Gott entwaffnet und bloßstellt. Ihnen müssen und dürfen wir vielmehr „absterben", so daß wir nun der Welt und ihrem elementaren Grundwesen entnommen sind. Von Christus aus aber sehen wir, wie „schwach" und wie ‚arm" die Grundlinien und Grundzüge der Welt sind, auch wenn uns vorher die Welt so reich erschien, ein unerschöpflicher Stoff unseres Nachdenkens und unseres Handelns. Darum wäre es nicht Bereicherung und Vervollkommnung, sondern „Verschleppung in die Sklaverei", wenn wir auf die hörten, die nicht im strahlenden Sonnenlicht des Christus die Dinge sehen, sondern von den schwachen und armen Weltelementen die Prinzipien ihrer Weltanschauung holen.

Und nun dürfen wir sehen, wie dieser mächtige, für alle Zeiten gültige Rahmen ausgefüllt ist von der Auseinandersetzung mit der speziellen Weltanschauung, die damals den Kolossern gefährlich zu werden drohte. Wir wollen dabei versuchen, auch hier in all dem, was uns zunächst sehr fremd und seltsam anmutet, Tendenzen des Menschenherzens zu finden, die uns doch nicht so fremd und unbekannt sind. Das ist um so wichtiger, als es sehr schwer ist, aus den Andeutungen unseres Briefes und aus unserm allgemeinen Wissen vom Denken und Leben jener Zeit ein wirklich sicheres und klares historisches Bild der „Weltanschauung" zu gewinnen, um die es hier geht. Auch gründliche und kenntnisreiche Forscher gehen hier mit ihrer Auffassung der Dinge weit auseinander. Das ist dadurch möglich, daß es sich ja um „Synkretismus" handelt, um eine „Mischung" von Gedanken, Vorstellungen und Bestrebungen verschiedenster Art und mannigfaltigster Herkunft. Solche Mischgebilde sind für uns heute schwer zu scheiden, und es bleibt bei den einzelnen Begriffen undeutlich, welchen Bestandteilen der Mischung sie angehören und welche besondere Färbung, welchen besonderen Sinn sie darum haben. Wir stehen ja in der Zeit des „Hellenismus". In der Begegnung des Griechentums mit der orientalischen Welt hatten sich die verschiedensten Gedankengänge, Religionsvorstellungen, Kultbräuche und Lebensgestaltungen gegenseitig beeinflußt, miteinander verbunden und zu immer neuen Mischbildungen angeregt.

Es darf dabei aber eins nicht verkannt werden: der ganz starke Einfluß des Judentums, der, wie in Galatien oder Korinth, so auch hier offensichtlich am Werke war. Es geht in Kolossä wie in Galatien erheblich um die Frage der Beschneidung! Es geht (besonders wenn wir auf den nächsten Abschnitt vorausblicken) um „Satzungen", um das Halten des Sabbats und anderer Feiertage, um Speisegebote und Reinigungsvorschriften. Und wenn Paulus hier vor einer „Philosophie" warnt, die auf „der Überlieferung der Menschen" aufbaut, so stehen wir mit diesem Begriff unmittelbar bei Mk 7, 8, also im Raum Israels! Dadurch wurde die neue Denkweise wohl erst für eine Gemeinde gefährlich, daß sie sich auf das Alte Testament und auf die uralte Religion Israels berief. Wir werden also jenem Zug der Forschung nicht folgen dürfen, der lange Zeit einseitig in der griechischen Umwelt des Neuen Testaments die Erklärungsgrundlage für die Dinge suchte.

Nun war ja Israel damals nicht mehr auf Kanaan beschränkt und nicht mehr ein geschlossenes Volk im eigenen staatlichen Raum. Juden wohnten überall in der Welt und standen nicht nur im geschäftlichen, sondern auch im geistigen Austausch mit ihrer Umgebung. Sie trugen ihre Anschauungen, ihr Gesetz, ihre religiöse Lebensart in den Synkretismus der Zeit hinein und meinten damit, dem Suchen, Sehnen und Fragen ihrer Umwelt eine besondere Antwort geben zu können, wie sie umgekehrt auch von deren Denken beeinflußt wurden. Von daher werden wir zu verstehen haben, was auch die Christen in Kolossä zu bewegen begann.

Es geht offenbar um zwei große Fragenkomplexe. Es geht zunächst um die „Reinheit". Die ausgehende Antike ist eine Zeit der Haltlosigkeit und der Zersetzung. Paulus kann es wagen, diese Zeit so zu schildern, wie er es Rö 1, 18 ff. tut, ohne den Widerspruch der Römer fürchten zu müssen. Die alten Volksreligionen mit ihrer religiösen Moral waren dahin. Die selbständigen staatlichen Gebilde mit ihrer Ordnung und politischen Sittlichkeit existierten nicht mehr. Wonach sollte man sich nun im Leben richten? Der in seiner Schönheit bewunderte und im öffentlichen Sport gefeierte Menschenleib mit seinen heißen Trieben lebte sich in zügelloser Weise aus. Lebensgenuß feinerer oder gröberer Art schien der Sinn und der Inhalt des Lebens zu sein. Aber die Stimme des Gewissens war nicht zu töten. Auch Menschen jener Zeit wußten, wie es ist, „wenn ich die Last der Begierden empfinde". Auch sie erlebten etwas von der Unmöglichkeit, den Lebensgenuß zum Ziel des Daseins zu machen: ‚So tauml ich von Begierde zum Genuß, und im Genuß verschmacht ich nach Begierde." Darum ging durch die Zeit ein Verlangen nach wirklichem lohnendem „Leben". Es war zugleich ein heißes Sehnen nach „Reinheit", nach Befreiung von der Sklaverei der Triebe und Leidenschaften. Die falsche Verehrung des Leibes schlug um in eine oft selbst wieder kranke Verachtung des Leibes, in ein Grauen vor dem „Fleisch". War nicht alles beschmutzt und verdorben? War nicht das Leben eigentlich ein Tod, in dem man gefangenlag?

Das als „Philosophie für alle" verstandene Judentum antwortete:

Wir haben für euch die klaren Weisungen für das Leben, in den Geboten, im Gesetz. Wir haben gerade die Satzungen, die eurem Verlangen nach „Reinheit" entgegenkommen, die euch sagen, was ihr alles meiden müßt, um euch vor dieser verdorbenen, unreinen Welt zu bewahren. Wir ordnen euer Leben mit allerlei heiligen Tagen. Und wir haben die Beschneidung! Wer sich beschneiden läßt, wird damit dem Heidentum, der verdorbenen Menschheit entnommen. In der Beschneidung wird der Leib, das „Fleisch", gerade mit seinen gefährlichsten, unreinen Begierden „beschnitten". So findet ihr, was ihr sucht: Reinheit, die euch für die göttliche Welt ewigen Lebens und Lichtes tauglich macht. – War das nicht einleuchtend? War das nicht der Weg auch für die Gemeinde in Kolossä, wenn sie vollen und ganzen Ernst machen und wirklich eine Gemeinde der Reinen und Heiligen in dieser Welt voll Versuchung und Schmutz sein wollte?

Etwas Zweites kommt hinzu. Haben wir es denn in der Welt so einfach und allein mit Gott zu tun? Spielen nicht schon im Alten Testament die Engel eine wichtige Rolle, auch als Vermittler zwischen Gott und Menschen, auch als Beherrscher und Leiter des Geschehens in ganzen Völkern (Da 10, 13. 20. 21)? Wenn die Weltanschauung jener Zeit viel zu sagen wußte von all den Zwischenwelten und Zwischenwesen zwischen der Gottheit und der Erde, von den „Mächten" und „Gewalten", hatte sie nicht recht? Mußte man nicht zu diesen „Mächten" in ein Verhältnis treten, ihre Gunst und Hilfe gewinnen und in ihrem geheimnisvollen Reich heimisch werden? Ging nicht erst durch dieses Reich hindurch der Weg zu Gott? Der Mensch jener Tage wie jeder „Heide" und wie auch der moderne aufgeklärte Mensch mit seiner Astrologie, seiner „Pechsträhne", seinem „Schwein", seinem Püppchen im Auto und Flugzeug, seinem Besprechen, seiner Angst vor der Zahl 13, vor dem „Unglückstag" Freitag usw., weiß sich umringt von „Mächten", „Geistern", „Ahnen", „Zaubern". Auf Schritt und Tritt hat er es mit ihnen zu tun und muß den rechten Umgang mit ihnen verstehen, um sich vor ihrer Bosheit zu schützen und ihre Hilfe zu finden. Und nun wurde ihm das alles von der „Philosophie" unter Verwendung alter „biblischer" Grundlagen gedeutet, und es wurde ihm zugleich der Weg in das mächtige Reich gewiesen, das die tiefe Kluft zwischen „Gott" und „Welt" ausfüllt. Durfte die Gemeinde in Kolossä an diesen wichtigen Dingen einfach vorbeigehen? War hier nicht in ihrer bisher empfangenen Unterweisung durch Epaphras eine unverantwortliche, gefährliche Lücke geblieben? Wer da weiß, wie tief die magischen Ängste im Herzen des Menschen wohnen, kann sich denken, mit welcher bangen Beunruhigung die Kolosser hörten, was „erfahrene" Männer ihnen ausführlich und eindringlich von diesen „Urmächten" und Geisterwesen darlegten.

Wie hat nun Paulus zu all diesen Fragen Stellung genommen? Es ist für uns sehr wichtig und lehrreich, sein Verfahren zu beobachten. Er hat sich nicht auf irgendwelche Einzelauseinandersetzungen eingelassen. Er hat nicht einzelne Anschauungen bekämpft, einzelne

Fehler aufgedeckt, einzelne Vorstellungen zu berichtigen gesucht. Das führt immer nur zu unabsehbaren Gesprächen.

Er nimmt sehr ernst, was die Menschen jener Tage bewegt. „Reinheit?" O ja, euer Verlangen hat recht! Der „Fleischesleib"[37] mit seinen Lüsten und Begierden ist etwas Furchtbares. Von ihm muß der Mensch befreit werden. Es geht um **„das Ablegen des Fleischesleibes"**. Aber hilft da eine äußerliche „Beschneidung", eine Zeremonie, die **„mit der Hand vollzogen wird"?** Werdet ihr diesen Fleischesleib wirklich dadurch los, daß ihr äußerlich ein Stückchen von ihm entfernen laßt? Es gibt doch eine ganz andere radikale Hilfe, eine „Beschneidung", die viel mächtiger und wirksamer ist als die, die man euch jetzt anrät: eine **„Christusbeschneidung"**. Sie ist euch **in der Taufe** zuteil geworden. Wieso? Mit den Nöten und Fragen, die unter uns durch die wahllose Massentaufe von Säuglingen entstanden sind, dürfen wir uns die Auslegung unserer Stelle nicht belasten. Hier geht es um eine Taufe, die als zentrales Ereignis in der Mitte einer klaren göttlichen Geschichte im Leben von Menschen stand. Wie die Fortsetzung im anschließenden Satz zeigt, handelt es sich in keiner Weise um ein magisches Geschehen, das „ex opere operato", d. h. durch den bloßen Vollzug der Taufe als solchen eintrat. Taufe und Glaube liegt völlig ineinander und gehört untrennbar zusammen. Wer die erste Aussage „mit Christus begraben in der Taufe" auf einen getauften Menschen anwenden will, kann und darf es nur, wenn er auch die zweite „mit auferweckt durch den Glauben" freimütig und klar auf ihn anwenden kann. Die Formel „baptizein eis to onoma" = „taufen auf den Namen", bezeichnet die Übereignung des Täuflings an Christus, eine Übereignung, die mit einer Person schlechterdings nur mit ihrer willentlichen Zustimmung im Glauben, im Sichanvertrauen vorgenommen werden kann. So sind die Kolosser in der Taufe ein Eigentum Jesu geworden. Da hat Christus selber an ihnen gehandelt, hat sie aufs gründlichste „beschnitten", indem Er ihren ganzen Fleischesleib, ihr ganzes Ichwesen mit sich in den Tod und in Sein Grab genommen hat. Gründlicher und vollkommener kann man ja seinen Fleischesleib nicht loswerden, als wenn er ins Grab gescharrt wird! Das dürfen sie nun immer neu glaubend erfassen und dürfen darin in Vollkommenheit besitzen, was die neue Philosophie mit all ihren Reinigungszeremonien und auch mit der von Israel übernommenen Beschneidung bestenfalls in armseligen Anfängen erreichte.

Das ist entscheidende Wahrheit und Hilfe auch für uns. Mag un-

[37] Anm. Diese Formulierung „Leib des Fleisches" ist sehr wichtig. Sie wahrt die echte biblische Anschauung gegen den griechischen „Idealismus". Während dieser in der Leiblichkeit als solcher schon das Böse und Verderbliche sah und von der in sich selbst göttlichen „Seele" träumte, ist für die Bibel die Leibhaftigkeit grundlegender Wille Gottes, der auch die Welt der Vollendung durch und durch leibhaft gestaltet. Ein neuer Himmel, aber auch eine neue Erde und ein neuer Leib, das ist die Hoffnung der biblischen Menschen. Aber indem der jetzige Leib vom „Fleisch" bestimmt wird, ist er mit seinen „Gliedern" der besondere Machtbereich der Sünde und muß „abgelegt" werden, wenn wir zur Freiheit eines reinen und göttlichen Lebens kommen wollen.

sere Weltanschauung sehr anders aussehen als die jener Zeit – unsere innere Lage im Sehnen nach „Reinheit“ ist keine andere heute wie damals. Wir haben es genauso mit dem „Fleischesleib“ zu tun, und es ist auch für unser Leben die entscheidende Frage, wie wir ihn „ablegen“ können? Auch uns werden viele Mittel der „Heiligung“ dafür angeboten, ethische und kultische. Aber auch wir dürfen ein Eigentum Jesu werden und dies in so voller Wirklichkeit, daß auch wir Miteigentümer Seines Todes und Grabes sind. Grundlage aller echten Heiligung und jedes konkreten Sieges im Leben jetzt und hier ist das glaubende Erfassen des Todes, der in unserem Haupt an unserem Ichwesen vor Gott und darum in höchster Realität schon vollzogen **ist.** Darum ist auch diese zunächst seltsame Zusammenfügung eines Aktiv und eines Passiv genau sachentsprechend. Aktiv „ablegen“ können wir diesen vom Fleisch bestimmten Leib immer nur dadurch, daß wir glaubend in Anspruch nehmen, was im Sterben Jesu passiv mit diesem unserem Leib geschah. Alle „Heiligung“ kann nie von sich aus unmittelbar aktiv sein; sie kann die Glieder der Sünde nur dadurch „töten“, daß sie ihr Begrabensein mit Christus je und je aktualisiert. Umgekehrt, nur in solcher Aktivierung und Aktualisierung wird das Passiv, das Mitgekreuzigt- und Mitbegrabensein mit Christus w i r k l i c h geglaubt.

Die Kolosser und die Menschen jener Zeit (und auch wir!) haben recht mit ihrem brennenden Verlangen nach völliger Erneuerung des Lebens. Paulus sucht ihnen dies Verlangen nicht auszureden oder es als übertrieben hinzustellen. Seine „Apologetik“ wird auch hier dem Ansatzpunkt des „Gegners“ voll gerecht. Ja, er überbietet ihn noch und ist noch klarer und radikaler als die Männer, die auf die Kolosser einredeten. Eure **„Fehltritte“**, euer **„unbeschnittenes Fleisch“**, eure ganze „heidnische“, ungöttliche, befleckte Art ist furchtbar. Durch sie seid ihr – **tot!** Aber eben, weil die Not so groß, das Verderben so radikal ist, helfen all die kleinen Mittel nicht, die man euch in Kolossä anpreist: Heilige Tage, heilige Zeiten, Enthaltsamkeiten und Verbindung mit der Engelwelt. Für „Tote“ gibt es nur **eine** wirkliche Hilfe: „Auferweckung“. Und diese radikale Hilfe habt ihr ja! **„In Ihm wurdet ihr auch mit auferweckt durch den Glauben an die Wirkungsmacht Gottes, der Ihn auferweckte aus den Toten.“** Das Wort „energeia“ in diesem Satz kennen wir als Fremdwort auch in unserer Sprache: „Energie“. Es bezeichnet im Griechischen nicht eine „potentielle“, sondern immer die wirksame, handelnde Energie.

Gott hat Seine göttliche Kraft in einzigartiger Weise angewendet, als Er den für uns gestorbenen, mit all unserer Schuld und Not beladen ins Grab gesenkten Christus auferweckte. Wir aber „glauben“ an dieses Eingreifen Gottes, das die Weltgeschichte und auch die Geschichte unseres Lebens entscheidend gewendet hat. Dieser **„Glaube“** ist aber hier ganz deutlich etwas sehr anderes als intellektuelle Zustimmung zu einer Lehre. Es steht hier nicht, wie wir freilich im Deutschen sagen müssen, Glaube „an“, nicht einmal wie in 1,4 Glaube

„in", sondern wörtlich „Glaube der Wirkungsmacht Gottes". Das könnte ein Genetiv des Subjekts sein und könnte dann besagen, daß der Glaube durch die gleiche Kraftwirkung Gottes entsteht, die auch Jesus aus der Welt der Toten herausrief. So hat es Paulus in der Tat im Brief an die Epheser 1, 19 ausgesprochen. Dann ist klar, wieso das „Gläubigwerden" eines Menschen tatsächlich und ohne weiteres sein „Mitauferweckt werden" ist. Aber auch wenn wir daran denken, daß sich die Genitivverbindung an anderen Stellen – z. B. Mr 11, 22; Apg 14, 9; Rö 3, 22. 26; Gal 2, 20; Eph 3, 12; Offb 2, 13 – so findet, daß der Genitiv das Objekt des Glaubens bezeichnet, ändert das an dem Sinn und Inhalt der Aussage nichts. Es bleibt ja der Glaube etwas, durch das ein Mensch „mit auferweckt" ist. Glaube im Sinn des Neuen Testaments ergreift sein Objekt nicht nur gedanklich (das freilich durchaus auch!), sondern mit der ganzen Person, so daß er eine reale Verbindung mit dem Objekt herstellt und eine Anteilhabe an dem Objekt verleiht. Wer an die Machtwirkung Gottes, der Jesus aus den Toten auferweckte, wirklich „glaubt", der steht damit selbst unter dieser Machtwirkung Gottes und wird „mit auferweckt" und in ein wirkliches neues Leben versetzt.[38] Wir, die wir so leicht alles in „Gedanken" und „Anschauungen" verwandeln, was wir in die Hand bekommen, müssen uns immer wieder neu mühen, den ganzen Realismus des Neuen Testaments zu erfassen. Dort ist es nicht ein hübscher Gedanke, eine theologische Anschauung, eine erbauliche Redensart, dort ist es von der „Wirk"ung Gottes her „Wirk"-lichkeit: **„Und euch, die ihr tot wart durch die Fehltritte und durch die Unbeschnittenheit eures Fleisches, euch machte Er zusammen mit Ihm lebendig."** So allein ist das neue Leben zu gewinnen, nach dem sich die Menschen sehnen. Es ist für die Kolosser gewonnen, so wahr sie Glaubende sind.[39] Was wollen sie eigentlich noch? Wollen sie sich von den Philosophen aus dieser Herrlichkeit und Freiheit in die Sklaverei abführen lassen, wo man vergeblich nach Lebenserneuerung mit moralischen oder religiösen Methoden „nach der Überlieferung der Menschen" ringt?!

Wieder dürfen wir diese Ausführungen nicht einfach „objektiv"

[38] Anm. Genauso lehren es auch die Bekenntnisschriften der lutherischen Kirche, z. B. Apologie Art. IV 64: „So wir aber von einem solchen Glauben reden, welcher nicht ein müßiger Gedank ist, sondern ein solch neu Licht, Leben und Kraft im Herzen, welche Herz, Sinn und Mut verneuert, ein andern Menschen und neu Kreatur aus uns macht . . ."

[39] Anm. Dieses „neue Leben" überragt freilich immer alle unsere Erfahrungen. Wir können es weder andern noch auch uns selbst einfach als nachweisbaren Besitz vorzeigen. Aber es ist ebensowenig nur ein dogmatischer Begriff oder gar nur eine illusionäre Behauptung. Es ist erfahrbare Wirklichkeit in unserm Leben, Tag um Tag. Es ist, wie Paulus nachher sagen wird, „verborgen mit Christus in Gott". Aber so wahr wir realiter „in Christus" leben, haben wir praktisch und spürbar an diesem Leben teil, und so wirklich das „Christus in uns" ist, so wirklich greift dieses neue Leben jetzt schon in unser Dasein hinein. Diese Art der tatsächlichen Anteilhabe an einer jetzt noch „jenseitigen" Wirklichkeit nennt das Neue Testament „Glaube". Der Glaube ergreift immer neu, was Gott grundsätzlich schon getan und gegeben hat. Wir müssen uns bei dem Blick auf das „neue Leben" freilich von dem Moralismus losmachen, der uns alles verbaut. Das neue Leben besteht nicht zuerst darin, daß ich „besser" geworden bin, sondern darin, daß ich Gott zu fürchten und zu lieben beginne, daß ich beten kann, daß die Bibel mir lebendiges Wort wird. Die Realität des neuen Lebens ist da für jeden, der es empfing, ganz unbezweifelbar.

als eine „historische“ seltsame Anschauungswelt lesen und erfassen, die wir „rein geschichtlich“ zu verstehen suchen. Wir dürfen und müssen sehen, daß es hier um „unsere Sache“ geht! Wollen wir mit unserer Selbstbeurteilung auf halbem Wege stehenbleiben oder stimmen wir von Herzen dem hier gegebenen Urteil zu: „tot durch die Fehltritte und durch die Unbeschnittenheit unseres Fleisches“? Welche Entscheidung fällt damit für unser Leben! Denn wenn wir uns als „Tote“ anzusehen haben, dann endet auch für uns die ganze Fülle der menschlichen Versuche, mit denen auch wir zum rechten Leben zu gelangen hofften. Sie sind auch in unserer Zeit zahlreich genug! Dann geht es auch bei uns um jene radikale Erneuerung, die „Auferstehung“ heißt. Dann liegt auch für uns alles daran, daß wir den „Glauben“ gewinnen, der uns an dem auferstandenen Christus Anteil gibt und uns als „mit Ihm Auferweckte“ in ein neues Leben stellt. Haben wir aber diesen Glauben, dann spricht der Kolosserbrief in diesen Sätzen unmittelbar auch von uns und hört auf, nur „historisch“ zu sein.

Aber die **„Satzungen“**, die den Kolossern so verlockend zu sein begannen? Wieder setzt sich Paulus nicht mit einzelnen Satzungen auseinander, als seien nur gerade sie falsch und müßten durch andere und bessere ersetzt werden. Das ist ja die Ebene, auf der sich der Kampf der einzelnen Weltanschauungen und Lebenssysteme endlos und hoffnunglos abspielt. Paulus hat mit diesem Kampf nichts zu tun. Seine Frage ist wieder viel radikaler: Was gewinnen wir überhaupt mit „Satzungen“, es seien, welche es wollen, mit all diesem „Du sollst – Du sollst nicht“? Wir gewinnen – **„den Schuldschein gegen uns“!** Denn anerkannte Satzungen gelten wie anerkannte Geldforderungen. Und das ist unsere ganze Not, daß die „Satzungen“ gar nicht nur Willkür und Unsinn sind, daß dies „Du sollst – Du sollst nicht“ ein tiefes **Recht** hat, das unser Gewissen anerkennt und anerkennen muß, und daß wir den Satzungen tatsächlich doch nicht nachkommen. So läuft der „Schuldschein“ immer höher, täglich und stündlich. Sehen die Kolosser nicht, w a s sie tun, wenn sie immer noch neue Satzungen auf sich laden lassen? Wie blind ist alle Begeisterung für Satzungen!

Es geht ja gerade umgekehrt um die brennende Frage, wie ich die Schulden loswerde, wie der verklagende und immer schrecklicher ängstigende Schuldschein beseitigt werden kann. Wer den Weg neuer Satzungen geht, handelt wie ein Schuldner, der seine Schulden durch das Unterschreiben von neuen schlimmeren Wechseln loszuwerden hofft. Dies unsinnige und jammervolle Verfahren ist in der sittlichen Welt ebenso Brauch wie im Geschäftsleben. Der Schuldschein kann aber auch nie von uns, den Schuldnern, eigenmächtig zerrissen werden. Wir sind wie jeder wirkliche Schuldner hilflos unserer Schuld ausgeliefert. Da hat G o t t eingegriffen. Er hat es in göttlicher Weise getan. Er hat unsern Schuldschein nicht als Bagatelle behandelt. Nie könnten wir dann Vertrauen zu Gott fassen! Er hat ihn auch nicht heimlich ungültig gemacht. Wie ungewiß bliebe dann alles für uns. Nein, in aller göttlichen Öffentlichkeit, vor den Augen der ganzen Welt, vor den Augen des Himmels und der Hölle hat Er ihn beseitigt[40], **„ihn nagelnd an das Kreuz"!**[41] Das kann man nur einfach als unbegreifliche Tatsache sehen und aus entlastetem Herzen und befreitem Gewissen dafür danken. Wer das aber einmal wirklich gesehen hat, kann nie wieder bei den „Satzungen" Hilfe und Heil suchen.

Wieder handelt der Brief einfach „von uns". Das hat Paulus selbst schon angedeutet, indem er bei dem Wort vom Vergeben Gottes das durchgehende „ihr" und „euch" auffallend durch ein „uns" ersetzt: **„da Er uns vergab alle die Fehltritte".** Die Frage nach der Vergebung ist die Frage jedes Menschen, dessen Gewissen erwachte. „Gott vergibt", das ist unsere einzige Rettung. Um so brennender wird die Frage: Wo sehe ich denn Gottes Vergeben, wo wird es mir gewiß? Wo sehe ich es so, daß im Vergeben zugleich das unausweichliche Urteil meines Gewissens ernst genommen und die Schwere meiner Schuld anerkannt wird? Paulus hat für diese wichtigste Frage der Welt die Antwort, die keine Philosophie damals oder heute geben kann: Sieh auf das Kreuz, dort siehst du deinen Schuldschein in aller Öffentlichkeit herausgestellt und vernichtet!

Aber endlich die „Mächte und Gewalten", die „Elemente der Welt"? Wieder geht Paulus nicht so vor, daß er gegen Einzelheiten der Engellehre polemisiert; doch auch nicht so, daß er die Wirklichkeit dieser Dinge leugnet. Das ist bei ihm auch nicht etwa nur Pädagogik oder Diplomatie den Kolossern gegenüber. Er ist wirklich von dieser ganzen mächtigen Welt unsichtbarer Wesenheiten überzeugt und hat darum auch den Korinthern (1 Ko 2, 8; 15, 25) und den Römern (Rö 8, 38. 39) gegenüber von ihr gesprochen. (Eph 1, 21 steht in den gleichen Zusammenhängen wie Kol 1, 16.) Im einzelnen werden wir uns nur schwer ein wirkliches Bild von dem machen können, was Paulus als Aufbau dieser Geisterwelt vor sich sah. Selbst auf die Frage, ob es sich bei diesen „Mächten" und „Gewalten" um „gute" oder „böse" Geister, um „Engel" oder „Dämonen" handelt, bekommen wir keine eindeutige Antwort. Ein Kenner des Neuen Testaments wie Adolf Schlatter meint: „Er denkt hier schwerlich an den Satan und die mit ihm verbundenen Geister, sondern an solche, die nahe bei Gott stehen und als die ‚Throne' ihn umgeben. Der Mensch hat sie seiner Schuld wegen gegen sich; sie werden zu seinen Verklägern." Es dürfte doch aber von erheblichem Gewicht sein, daß der dem Kolosserbrief so nahestehende Epheserbrief in 6, 12 die gleichen „Mächte" (archai) und „Gewalten" (exousiai) ausdrücklich als die „Weltherrscher die-

[40] Anm. Das Wort bedeutet eigentlich „abwischen", „auslöschen". In den Buchrollen des Altertums wurde nicht „ausgestrichen", sondern „ausgelöscht", vgl. 2 Mo 32, 32; Ps 69, 29; Offb 3, 5. Wir haben bis heute das Fachwort „löschen" im Grundbuchwesen behalten: eine Hypothek wird „gelöscht".

[41] Anm. Der gegen uns zeugende Schein mit seinen Satzungen ans Kreuz genagelt — das ist das gleiche mächtige Bild wie 2 Ko 5, 21 der für uns zur Sünde gemachte Gottessohn am Kreuz als das klare Zeichen der völligen Vergebung und Versöhnung, wie vorher schon das hoch aufgerichtete Bild der Schlange als das rettende Heilmittel gegen den Schlangenbiß.

ser Finsternis" und als die „Geister der Bosheit" bezeichnet, gegen die wir Christen zu kämpfen haben, oder sie doch wenigstens mit in dieser Reihe aufzählt. Es ist doch auch die Frage, ob Schlatters Deutung: „Aber Gott wies alle ab, deren Wille es war, daß wir gestraft werden und an unserer Schuld verderben. So nahe sie ihm stehen, er tat sie von sich weg, wie man ein Gewand ablegt, das man nicht mehr tragen will, und hat ihren Willen durchkreuzt . . . Das ist die Beschämung, die Jesu Kreuz ihnen brachte; sie standen hier vor einer Gnade, die größer als ihre Gedanken war", wirklich dem mächtigen, triumphierenden Satz des Paulus gerecht wird: **„Er entwaffnete[42] die Mächte und die Gewalten und stellte sie öffentlich** zur **Schau[43] und feierte den Triumph über sie in Ihm."**

Wie dem aber auch sei, die Antwort, die Paulus auf die Fragen der Kolosser gibt, ist eindeutig. Wir haben diese Mächte in all ihrer Wirklichkeit und Größe nicht zu fürchten und uns um ihre Gunst nicht zu bemühen! Denn von vornherein schon ist unser Haupt Christus auch **„das Haupt jeder Macht und Gewalt".** All diese Geisterwesen sind Ihm unterstellt, wie und weil sie alle „durch Ihn und zu Ihm geschaffen" sind (1, 16). Und nun trifft das Kreuz in seiner ganzen Größe (vgl. oben S. 188) auch diese ganze unsichtbare Welt. Ob die „Mächte" nun als Gott nahestehende Engel oder als Gewalten Satans uns verklagen und durch unsere Schuld Macht über uns haben, jedenfalls ist ihnen durch das Kreuz des Sohnes Gottes jede Waffe aus der Hand geschlagen. So wie der Schuldschein am Kreuz vor allen Augen rechtmäßig angenagelt und dadurch vernichtet ist, so sind alle unsere Feinde und Verkläger dadurch in aller Öffentlichkeit entmachtet. Wie ein römischer Feldherr die ganze Wirklichkeit und Größe seines Sieges dadurch dem Volk sichtbar machte, daß er die überwundenen Feinde im Triumphzug hinter seinem Siegeswagen durch die Straßen der Hauptstadt führte, so **„stellte Gott sie** (die Mächte und Gewalten) **öffentlich zur Schau und feierte den Triumph über sie in Ihm."** Sprachlich ist nicht sicher zu entscheiden, ob das „in Ihm" sich auf den Christus oder auf das Kreuz bezieht. Es würde in das ganze Bild vom öffentlichen Triumph gut passen, wenn hier das Kreuz, diese Stätte der scheinbaren Ohnmacht und Niederlage Gottes, als die Stätte Seines auf Erden und im Himmel sichtbaren Sieges bezeichnet wäre. Jedenfalls aber: Welch seltsames Unterfangen der Kolosser wäre es, um die Gunst von Königen zu buhlen, die waffenlos, machtlos, aller Königswürde entkleidet hinter dem Siegeswagen des Feldherrn hergehen müssen, des Feldherrn, dem die Kolosser unmittelbar gehören dürfen! Es besteht hier keine bedenkliche Lücke in der bisherigen

[42] Anm. Das hier stehende Wort ist das gleiche, das wir in V. 11 mit „ablegen" wiedergaben. „Ausziehen" ist seine Grundbedeutung. Dem besiegten Feinde wird seine Rüstung „ausgezogen"; so kam das Wort zu der Bedeutung „entwaffnen". Es entspricht aber auch unserm „entkleiden", wie wir es in der Redewendung „seiner Stellung entkleiden" gebrauchen. Bisher waren die „Mächte" die „Herrscher dieser Weltzeit" (1 Ko 2, 6); nun werden sie dieser Würde und Macht „entkleidet".

[43] Anm. Das Wort ist auch Mt 1, 19 verwendet: Josef wollte Maria nicht „bloßstellen".

Unterweisung der Kolosser, diese Unterweisung entsprach vielmehr völlig der Sachlage! Jeder Schritt auf dem Wege, auf den sie jetzt gelockt werden sollen, wäre unbegreifliche Torheit und gefährlicher Verlust.

Hat auch dieser Abschnitt uns etwas zu sagen? Ist das nicht nun doch von einer Anschauungswelt aus gesprochen, die uns Heutigen völlig fremd ist, die wir nur mühsam historisch nachkonstruieren können? Lange Zeit schien es so. Der aufgeklärte Mitteleuropäer um 1900 schüttelte den Kopf: Zwischen dem lieben himmlischen Vater und uns ist doch weiter nichts, und „Engel" sind höchstens bei Krippenspielen neben „Weihnachtsmann" und „Zwergen" brauchbar. Der Missionar draußen mit seinen Christen las auch um 1900 unsern Text anders. Der Text hatte für ihn und für die aus dem Heidentum Entrissenen volle Aktualität. Wunderbar befreiend und unentbehrlich war die Botschaft: für den, der zu Christus gehört, sind keine „Mächte", „Geister", „Ahnen", keine Zauberpraktiken mehr zu fürchten. All das ist entwaffnet, über all das triumphiert Christus und die Christen mit Ihm!

Aber auch wir sehen wieder sehr anders in die Welt. Müde des unzulänglichen Rationalismus sucht gerade der heutige Mensch wieder das Geheimnisvolle. Man hat wieder Sinn für das „magische Denken". Der „Okkultismus" beschäftigt viele, Wissenschaftler und Laien. Die Astrologie nimmt einen breiten Raum ein, sogar in modernen Tageszeitungen. Und unabsehbar ist der Strom von Aberglauben und Zauberei, der durch die ganze Welt geht. Könnte nicht auch ein Ausdruck wie „Elemente oder Urmächte der Welt" für den modernen Menschen wieder geheimnisvoll-anziehend werden? Und könnte nicht der Gemeinde Jesu auch heute wieder gesagt werden und wird es ihr nicht bereits (etwa von Anthroposophie und Christengemeinschaft) wieder gesagt: Warum laßt ihr einen großen und mächtigen Teil der Wirklichkeit beiseite? Warum geht ihr an den Geheimnissen der Welt vorbei? Wie arm und nüchtern ist euer Christentum! Wie ganz anders tief und einflußreich könnte es werden, wenn ihr all diese okkulten und magischen Dinge mit hineinnähmt und euch der geheimnisvollen Kräfte bedientet, die uns zur Verfügung stehen, wenn wir sie recht ehren und gebrauchen? Das ist ein Stück der Situation von Kolossä!

Die Gemeinde aber hat in ihrer Weise auch wieder den Blick für diese Dinge bekommen. Der Durchblick der Bibel hat sich ihr wieder zu öffnen begonnen. Sie weiß wieder: Diese Welt ist nicht der harmlos-schöne Schauplatz rein menschlichen Lebens, sondern im Ernst der Herrschaftsbereich des „Fürsten dieser Welt", der sogar der „Gott dieses Weltzeitalters" (2 Ko 4, 4) ist. Die Gemeinde weiß es wieder, und zwar nicht nur theoretisch-schriftgemäß, sondern auch mit dem Ernst eigener geistlicher Erfahrungen; „es geht unser Ringen nicht gegen Fleisch und Blut, sondern gegen die Mächte, gegen die Gewalten, gegen die Weltherrscher dieser Finsternis, gegen die

Geister der Bosheit" (Eph 6, 12). Sie weiß, daß eben die ihr angepriesene magische und okkulte Sphäre der Wirkungsraum dieser „Mächte" ist, ebenso wie die zahllosen abergläubischen Praktiken, die bis in die Kreise der Christen hinein geübt werden.

Darum ist es nicht eine historische Seltsamkeit, sondern für die Gemeinde heute eine notwendige Botschaft, daß Gott in Christus all diese „Mächte", sie mögen uns nun locken oder bedrohen, entlarvt und entwaffnet hat. Die Gemeinde darf es fröhlich wissen, daß sie auch hierin einen „großen Jesus" hat, einen so großen und so herrlichen, daß sie neben Ihm nichts anderes mehr braucht, auch keine „Erkenntnis höherer Welten", daß sie in Ihm nichts mehr zu fürchten hat. Der Kolosserbrief tut der Gemeinde von heute einen unschätzbaren Dienst, indem er ihr diese Größe Jesu und diese Größe und Wirkungsmacht Seines Kreuzes auch nach dieser Seite hin zeigt.

Keine gesetzliche Heiligung!

Kolosser 2, 16–23

16 Darum soll keiner euch kritisieren in Speise und in Trank oder
17 in der Frage des Festefeierns, sei es Neumond oder Sabbat, * was
nur ein Schatten des Kommenden ist, der Körper selbst aber ist
18 des Christus. * Keiner soll euch den Siegespreis aberkennen, der
sich in Demut gefällt und in Verehrung der Engel, indem er auf
seine Schauungen baut, grundlos aufgeblasen vom Sinn seines Flei-
19 sches, * und nicht festhält an dem Haupt, von dem her der ganze
Leib durch die Bänder und Sehnen versorgt und zusammenge-
20 halten sein Gotteswachstum wächst. * Wenn ihr mit Christus
starbt los von den Elementen der Welt, warum laßt ihr euch, als
21 hättet ihr euer Leben in der Welt, Satzungen auferlegen: * Fasse
22 nicht an! Koste nicht! Berühre nicht!, * was doch alles zur Vernich-
tung durch Verbrauch bestimmt ist, nach den Geboten und Lehren
23 der Menschen? * Das alles hat freilich einen Geruch von Weisheit
durch selbstgemachte Religion und Demut und Schonungslosig-
keit gegen den Leib, nicht durch eine gewisse Ehre zur Befriedi-
gung des Fleisches.

Zu Vers 16:
[34]* Rö 14, 1—12
Zu Vers 17:
[35]* Hebr 8, 5; 10, 1
[36]* Eph 1, 23
Zu Vers 18:
[37]* Kol 2, 23
Zu Vers 19:
[38]* Eph 1, 22; 2, 21; 4, 15. 16
Zu Vers 20:
[39]* Kol 2, 8
[40]* Gal 4, 3. 9
Zu Vers 22:
[41]* Jes 29, 13
[42]* Mt 15, 9
[43]* Gal 6, 8
Zu Vers 23:
[44]* Kol 2, 18
[45]* Rö 13, 14
[46]* 1 Tim 4, 3

Nach den grundlegenden Klarstellungen erfolgt nun noch eine kurze Auseinandersetzung mit den einzelnen Vorwürfen und An-

[34]* Rö 14, 1. 12: Auf den im Glauben Schwachen nehmet Rücksicht, ohne über Gewissensbedenken zu streiten.

Vers 12: Demnach wird ein jeder von uns über sich selbst Rechenschaft vor Gott abzulegen haben.

[35]* Hbr 8, 5: Diese versehen freilich den Dienst nur an einer Nachbildung und einem Schattenbild der himmlischen Dinge entsprechend der göttlichen Weisung, die Mose erhielt, als er das Zelt herstellen sollte; denn „Gib wohl acht", sagt der Herr zu ihm, „daß du alles nach dem Vorbild anfertigst, das dir auf dem Berge gezeigt worden ist".

Hbr 10, 1: Denn weil das Gesetz nur das schattenhafte Abbild der zukünftigen Heilsgüter enthält, nicht aber die Gestalt der Dinge selbst, so ist es nimmermehr imstande, alljährlich durch dieselben Opfer, die man immer wieder darbringt, die an den Opfern Teilnehmenden ans Ziel zu bringen.

griffen, denen sich die Gemeinde in Kolossä ausgesetzt sieht. Die Antwort an die Kreise, die auf die Gemeinde einreden, ergibt sich nach allem Bisherigen – **„darum“** fängt der Abschnitt an – von selbst und ist in der Sache einfach und klar. Freilich begegnen uns dabei manche Ausdrücke und Begriffe, die wir sonst aus den Paulusbriefen nicht kennen. Und es ist auch gerade in diesen Zeilen der griechische Text offensichtlich beschädigt. So muß die Auslegung im einzelnen hier und da unsicher bleiben.

Die Gemeinde wird **„kritisiert“.** An ihrer praktischen Stellung zu ganz bestimmten Dingen entsteht diese Kritik. Unbefangen geht die Gemeinde mit **Speise und Trank** um. O, wie wenig ernst, wie wenig geheiligt ist das! Wer es wirklich ernst meint mit einem „heiligen“ Wandel, der muß es sich doch gesagt sein lassen: **„Fasse nicht an! Koste nicht! Berühre nicht!“** Unbefangen geht die Gemeinde auch durch die Tage. Der Mondlauf kümmert sie nicht und den Sabbat hält sie nicht. O, wie kann man nur so leichtfertig sein! Wie wichtig sind die Festtage, die ja mit dem Lauf der Gestirne und also mit den Geistermächten zusammenhängen, die die Gestirne regieren. Und gar **der Sabbat!** Schon bei der Schöpfung ist er eingesetzt und vom Alten Testament so mächtig eingeschärft![44] Daran geht die Gemeinde einfach vorbei?! Dann wird sie nie den Siegespreis erlangen, nie von Gott gekrönt werden!

Aber wenn die Gemeinde in Kolossä das recht gelesen und verstanden hat, was ihr Paulus und Timotheus in den voraufgegangenen Abschnitten geschrieben haben, dann versteht sie auch die folgerichtige Fortsetzung: **„Darum soll keiner euch kritisieren ...“** Natürlich kann sie nicht hindern, daß diese Kritik an ihr geübt wird. Aber sie soll sich dadurch nicht erschüttern oder umwerfen lassen. Sie soll diese Kritik klar und bestimmt abweisen.

„Speise und Trank“ – schon Jesus hat darauf hingewiesen, daß

[44] Anm. Wenn auch die hellenistischen Quellen erweisen, daß der Gestirndienst zur ängstlichen „Heilighaltung“ von bestimmten, besonders mit dem Mondumlauf zusammenhängenden Tagen führte, und wenn die Kritik an der Gemeinde in Kolossä auf solche hellenistisch-astrologischen Überzeugungen zurückgehen mag, so ist doch darauf zu achten, daß schon das Alte Testament genau die gleiche Zusammenstellung „Feste, Neumonde, Sabbate“ kennt, z. B. 2 Chro 2, 3; 31, 3; Jes 1, 13; Hes 45, 17; Hos 2, 13. Es muß nicht alles immer erst so weit hergeholt werden, wie es die Forschung eine Zeitlang gerne tat! Astrologische Praxis des Heidentums konnte auf eine Gemeinde Jesu jedenfalls erst dadurch Eindruck machen, daß es sich zugleich als „biblisch“ geben und auf die Bibel berufen konnte.

[36*] Eph 1, 23: ... die Sein Leib ist, die Fülle dessen, der alles in allen erfüllt.

[37*] Kol 2, 23: ... die zwar im Rufe besonderer Weisheit infolge einer selbsterwählten Frömmigkeit und Demut und schonungsloser Härte gegen den Körper stehen, aber ohne wirklichen Wert sind, indem sie nur zur Befriedigung des Fleisches dienen.

[38*] Eph 1, 22. Ja, alles hat Er Ihm zu Füßen gelegt und hat Ihn zum alles überragenden Haupt gemacht für die Gemeinde.

Eph 2, 21: ... in Ihm wächst jeder Bau, fest zusammengefügt, zu einem heiligen Tempel im Herrn empor.

Eph 4, 15. 16: ... vielmehr sollen wir, die Wahrheit übend, in Liebe in allen Stücken in Ihn hineinwachsen, der das Haupt ist, Christus; * denn von Ihm aus wird der ganze Leib fest zusammengefügt und zusammengehalten und vollzieht durch jedes Glied, das seinen Dienst nach der Wirksamkeit verrichtet, die dem Maß jedes einzelnen Teiles entspricht, das Wachstum des Leibes zu seinem eigenen Aufbau in Liebe.

diese Dinge den Menschen ja nicht verunreinigen können, „denn es geht nicht in sein Herz, sondern in den Magen und wird auf dem natürlichen Wege ausgeschieden" (Mr 7, 19). So stellt auch Paulus fest, daß das **„doch alles zur Vernichtung durch Verbrauch bestimmt"** ist. Was soll es dann mit unserer Heiligkeit vor Gott zu tun haben? Laßt die Kritiker reden!

Und die **„Frage des Festefeierns"?** Der **„Sabbat"?** Paulus macht die Sache am Bild vom „Körper" und „Schatten" klar. Ein Körper wirft seinen Schatten und ist im Schatten in seinen Umrissen zu erkennen. Aber nicht dieser Schatten, sondern der Körper selbst ist das Wesentliche. So ist auch das Sabbatgebot Israels **„nur ein Schatten des Kommenden, der Körper selbst aber des Christus".** Die Israel gegebenen Gebote und Regeln waren nur der vorausgeworfene Schatten einer Sache, die in ihrer ganzen Wirklichkeit erst Christus angehört und in und mit Ihm da ist. Ein einzelner Tag wurde für Gott ausgesondert und „heilig" gehalten, an einem einzelnen Tag gab es „heilige Ruhe". Aber das war ja nichts als ein Vorklang, ein schattenhafter Hinweis auf eine viel herrlichere Wirklichkeit. Es geht Gott nicht um einzelne Tage, die wir uns für Ihn absparen, es geht Gott um unser ganzes Dasein, um jeden Tag und jede Stunde. Es gibt in Gott eine heilige Ruhe, die nicht nur jeden siebenten Tag das geschäftige, hastige Wirken für das eigene Ich durchbricht, sondern das ganze Leben still macht mitten in der Unruhe der Welt. Jesus hat diesen wahren, eigentlichen Sabbat gebracht: Mt 11, 28 sagt Er: „Ich werde euch Ruhe schenken." Jesus hat es aramäisch gesprochen, und wir könnten es dann sehr wohl auch so wiedergeben: „Ich bereite euch den Sabbat." Nicht zufällig hat Matthäus eben hieran anschließend in Kap. 12 die Auseinandersetzungen Jesu mit den Pharisäern über die Sabbatfrage berichtet. Wer begriffen hat, was Paulus den Kolossern in 3, 17 ausdrücklich ans Herz legt: „Alles was

[39]* Kol 2, 8: Gebt wohl acht, daß niemand euch einfängt durch die Philosophie und eitle Täuschung, die sich auf menschliche Überlieferung, auf die Elemente der Welt gründet und mit Christus nichts zu tun hat.

[40]* Gal 4, 3. 9: So standen auch wir, solange wir unmündig waren, als Sklaven unter der Herrschaft der Elemente der Welt.

Vers 9: Da ihr jetzt aber Gott erkannt habt oder vielmehr von Gott erkannt worden sein; wie könnt ihr euch da nur wieder den erbärmlichen und armseligen Elementen zuwenden und Lust haben, ihnen noch einmal von neuem als Knecht zu dienen?!

[41]* Jes 29, 13: Weiter hat der Allherr gesagt: „Weil dieses Volk sich Mir immer nur mit seinem Munde naht und Mich nur mit seinen Lippen ehrt, während es sein Herz fern von Mir hält und ihre Furcht vor Mir nur in angelernten Menschengeboten besteht . . ."

[42]* Mt 15, 9: . . . doch vergeblich verehren sie Mich, weil sie Menschensatzungen als Lehren vortragen.

[43]* Gal 6, 8: Denn wer auf sein Fleisch sät, wird vom Fleisch Verderben ernten; wer aber auf den Geist sät, wird vom Geist ewiges Leben ernten.

[44]* Kol 2, 18: Niemand soll euch verurteilen, indem er sich in demutsvollem Wesen und in Verehrung der Engel gefällt, sich mit Gesichten brüstet, ohne Grund von seinem fleischlichen Sinn aufgeblasen ist.

[45]* Rö 13, 14: . . . nein, ziehet den Herrn Jesus Christus an und seid dem Fleisch nicht so zu Diensten, daß böse Begierden dadurch erregt werden!

[46]* 1 Tim 4, 3: Es sind dies Leute, die das Heiraten verbieten und Enthaltsamkeit von Speisen, welche Gott doch dazu geschaffen hat, daß die Gläubigen und alle, welche die Wahrheit erkannt haben, sie mit Danksagung genießen sollen.

ihr tut mit Worten oder mit Werken, das tut alles in dem Namen des Herrn Jesu", und was er auch den Korinthern in 1 Ko 10, 31 ans Herz gelegt hat: „Ihr esset nun oder trinket oder was ihr tut, so tut es alles zu Gottes Ehre", dessen Leben kennt den Unterschied zwischen „heiligen" und „weltlichen" Zeiten und Tagen nicht mehr. Also auch hier wieder in diesen Einzelfragen, um die es bei der Kritik bestimmter Kreise an den Kolossern ging, wäre das Eingehen auf die Gedanken der Kritiker nicht Gewinn, sondern Verlust, nicht eine größere und tiefere Heiligung, sondern eine weit ärmere und geringere! Wer den „Körper" hat, wird nicht nach dem „Schatten" greifen! Laßt die Kritiker reden!

Dabei bleibt Paulus sehr nüchtern. Zwar die Kolosser sind jetzt schon „erfüllt in Christus", 2, 10. Das „Kommende", für das das Gesetz nur ein vorausgeworfener Schatten war, ist jetzt schon da und Gegenwart geworden, weil und soweit Christus da ist, das Haupt der Gemeinde. Aber freilich, seine volle und endgültige Erfüllung wird es erst erhalten, wenn die Gemeinde das Erbe der Heiligen im Licht antritt. Dann wird es erst völlig „Sabbat" sein, eine ewige Festfeier im vollendeten Dienst für Gott. Wer aber dieser Erfüllung entgegengeht, hascht nicht mehr nach Schatten.

Der fatale Rückschritt, der den Kolossern als „Fortschritt" und „Vollkommenheit" angepriesen wird, zeigt sich noch einmal grundsätzlich. Alle diese gesetzlichen Heiligungsbestrebungen, die man an die Gemeinde herantrug, sollten ja nach der Überzeugung ihrer Vertreter dazu dienen, die ernsten Christen aus dem „Weltlichen" zu befreien. Nur ja nicht dies anfassen und dies kosten und dies berühren, damit wir von der „Welt" möglichst weitgehend loskommen. Aber solche „Satzungen" binden ja gerade an die Welt. Sie setzen Leute voraus, die **„ihr Leben noch in der Welt haben".** Die Glaubenden in Christus Jesus aber sind ja unendlich viel klarer und schärfer von der „Welt" getrennt, auch wenn sie ruhig alles anfassen, kosten und berühren, **„was doch alles zur Vernichtung durch Verbrauch bestimmt ist"**: sie **„starben ja mit Christus los von den Elementen der Welt".** Niemand ist von der Welt so geschieden wie ein Gestorbener. Paulus traut es den Kolossern zu, daß sie genauso wie er freudig und eindeutig bezeugen können: „Das Leben ist für mich Christus" (Phil 1, 21). Die „Welt" mit allem, was in ihr gottwidrig und verdorben ist, ist nicht mehr mein „Leben"; sie zieht nicht mehr mein Herz an sich und erfüllt nicht mehr mein Denken und Verlangen. Das ist eine ganz anders tiefe und ganze Lösung von der „Welt", als wenn ich ständig hundert Dinge ängstlich meide, weil sie mir eigentlich noch verführerisch und gefährlich sind. Darum **„wenn ihr mit Christus starbt los von den Elementen der Welt, warum laßt ihr euch, als hättet ihr euer Leben in der Welt, Satzungen auferlegen?"** Auch hier würden die Kolosser wieder nur „Körper" mit „Schatten" vertauschen, wirkliche Freiheit von der Welt mit Rückfall in die Welt. Laßt die Kritiker reden! Was sie euch sagen, stammt nicht von Christus, sondern entspricht **„den Geboten und Lehren der Menschen“.**[45]

Wenn das aber alles so ist, wie kommt es dann, daß die Kritiker der Gemeinde so anders denken? Paulus scheut sich nicht zu antworten: Weil bei ihnen selbst etwas in der Tiefe nicht in Ordnung ist!

Sie sprechen der Gemeinde den Siegespreis ab, sie tun also so, als ob sie selber die Schiedsrichter wären. Schon das ist eine seltsame Anmaßung einer Richterrolle. Diese Anmaßung steht in eigenartigem Widerspruch zu der von ihnen so betonten „Demut“.[46] Die Gemeinde war den Kritikern lange nicht „demütig“ genug. Der freie Umgang mit Speise und Trank, die Unbekümmertheit um den Sabbat und die andern Feiertage, war das nicht „Hochmut“? Sie aber lebten ein Leben der Demut, der Beugung, der Niedrigkeit. Die Gemeinde wurde unsicher: „Demut“ – war das nicht vom Meister selbst her einer der wichtigsten Grundzüge der Jüngerschaft? Da macht Paulus sie auf etwas aufmerksam, was in unsern Tagen der katholische Religionsphilosoph Max Scheler in einem guten Bild so ausgedrückt hat: Es gibt Tugenden, die nur „auf dem Rücken des Handelnden“ sichtbar werden. Das bedeutet einmal: Man kann sie nicht als ruhende Qualitäten an sich tragen, sie erweisen sich immer nur **im Handeln;** und zweitens: Sie lassen sich nicht **unmittelbar** erstreben, sie werden verfälscht, wenn ich sie mir direkt aneignen will. Ich kann nicht auf sie zugehen; nur auf meinem „Rücken“ werden sie sichtbar, während ich vorwärtsschreitend mit ganz andern Zielen und Aufgaben beschäftigt bin. Zu diesen Tugenden gehört die Demut. Gewollte Demut ist notwendig gemachte Demut, eine ekelhafte Sache. Auf diesen Entwertungszug in der „Demut“ der Kritiker hat Paulus die Kolosser aufmerksam gemacht. Wörtlich heißt es hier: „Wollend in Demut.“ Echte Demut „will“ nicht „demütig“ sein. Echte Demut weiß nicht von sich selbst und tritt nie an die andern mit der Forderung und Kritik heran: „Ihr müßtet aber viel demütiger sein!“ Falsche Demut verrät sich immer durch den Hochmut, der unversehens zu allen Löchern herausschaut. Die „Demütigen“, die auf die Kolosser einredeten, saßen zugleich auf dem Richterthron und verteilten den Siegespreis. Die „Demütigen“ ließen die Gemeinde spüren, wie kümmerlich und arm sie doch sei: S i e dagegen hätten **„Verehrung der Engel“**[47], s i e ständen im Umgang mit den hohen Gei-

[45] Anm. Den mit alttestamentlichen Worten angegriffenen Christen in Kolossä zeigt Paulus an einem Zitat aus Jes 29, 13, das auch von Jesus, Mt 15, 9, ins Feld geführt wird, wie Gott schon in den Propheten sich gegen eine „Heiligkeit“ wandte, die bei allem Aufwand an kultischen Dingen doch das Herz fern von Gott sein ließ. Das ist die Klippe, an der alle gesetzliche Heiligung scheitert: Alle ängstliche (oder stolze!) Befolgung von Satzungen kann doch das **Herz** nicht ändern! Es bleibt darum alles ein bloßer „Schatten“ oder endet geradezu in der bösesten Heuchelei.

[46] Anm. Bei „Demut“ wird hier freilich nicht nur an die innere Gesinnung zu denken sein, sondern an konkrete „Demutsübungen“, wie besonders das Fasten. Das Wort „Demut“ könnte hier somit vielleicht einfach für „Fasten“ stehen.

[47] Anm. Dieses Verständnis des Wortes ist bestritten worden. Ein wirklicher „Engelkult“ werde in unserm Brief sonst nirgends als Gefahr für die Gemeinde sichtbar. Der Genitiv ersetze hier wie oft im Griechischen ein Adjektiv. Die Kritiker der Gemeinde behaupteten ihrerseits einen Gottesdienst zu

stern. Sie beriefen sich dabei vermutlich auf wunderbare Erlebnisse und **Schauungen.** Der Text ist hier freilich schwierig. Das Verbum, das hier steht, heißt eigentlich „betreten", „hineingehen, besuchen", dann etwa auch „einen Besitz antreten". Wörtlich steht also da: „das, was er gesehen hat, betretend". Dies Wort „betreten" ist in der Mysteriensprache besonders für das feierliche Betreten des Heiligtums gebraucht.[48] Eine Reihe von Handschriften fügt aber auch ein „nicht" in unsern Text ein: „das, was er nicht gesehen hat, betretend". Paulus hat also entweder gemeint: Die Kritiker betreten mit ihrem Engeldienst Räume, die sie in Wirklichkeit gar nicht gesehen haben; sie leben in Einbildungen. Oder er hat von der Wortbedeutung „einen Besitz antreten" her gesagt: Die Kritiker klammern sich an ihre Visionen, sie betreten immer wieder diesen Raum der Visionen, der ihr Heiligtum ist. Paulus hat selbst „Gesichte und Offenbarungen des Herrn" gehabt. Es waren für ihn mit voller Gewißheit echte hohe Offenbarungen. Aber er hat gerade nicht bei ihnen verweilt, hat sich nicht auf sie berufen und den Gemeinden gerade nicht vielsagend angedeutet, über welche geheimnisvollen Erlebnisse er verfüge. Er hat davon – geschwiegen. Die Korinther erfahren erst nach Jahren notgedrungen etwas von dieser Seite im Leben ihres Apostels (2 Ko 12, 1–10).

Und nun wird Paulus scharf. Diese „Demütigen" sind in Wahrheit **aufgeblasen,** und zwar **grundlos.** Und diese imponierenden Frommen, die geistlich so hoch stehen, Freunde der Engel sind und in der Welt der Visionen leben, unterliegen in Wahrheit nur dem **„Sinn ihres Fleisches".** Wie kommt es, daß die Kritiker der Gemeinde so anders denken? Es kommt nicht daher, weil sie „weiter sind" als die Gemeinde oder „geistlicher" als sie, sondern ganz im Gegenteil, weil bei ihnen der „Sinn des Fleisches" regiert. Gewollte Demut, Engelverehrung, Erfülltsein von Schauungen, das alles ist frommes Fleisch.

Das zeigt sich kennzeichnend an der einen Stelle: am Verhältnis zu Jesus. Jesus ist ja das **„Haupt, von dem her der ganze Leib sein Gotteswachstum wächst".** Das „Haupt" muß also immer die „Hauptsache" bleiben: Jesus allein ein und alles, der Lebenzusammenhang mit Jesus, dem Haupt, ein und alles. Bei den Kritikern aber wird die Hauptsache verdrängt von ihren eigenen Besonderheiten: Ihrer eigenen Demutshaltung, ihrer Engelverehrung, ihren Visionen. Sie „halten nicht fest an dem Haupt". Damit haben sie sich selbst gerichtet. Wenn die Kolosser ihnen folgen, dann werden sie von Jesus weggezogen. Dann verlieren sie auch den Zusammenhang mit dem gan-

haben, wie die Engel ihn pflegen. Das Tersteegensche „Laß mich wie die Engel immer vor Dir stehen und Dich gegenwärtig sehen", nahmen sie als bei sich erfüllt in Anspruch. — Auch bei dieser Auslegung würde der seltsame Widerspruch sichtbar zwischen gewollter „Demut" und tatsächlicher Anmaßung.

[48] Anm. Andere Ausleger sehen in den Kritikern der Gemeinde direkt Angehörige eines Mysterienkultes und wollen daher das Partizip „betretend" mit „bei der Einweihung" wiedergeben. Die Worte müßten dann zum Folgenden gezogen werden: „Grundlos eingebildet auf das, was er geschaut hat bei seiner Einweihung". Die Schwierigkeit des uns vorliegenden Textes hat zu mancherlei Konjekturen (Vermutungen über den ursprünglichen Wortlaut) geführt, auf die wir hier nicht einzugehen brauchen.

zen Leib. Der Leib wächst vom Haupt her und wird dabei zugleich **„durch die Bänder und Sehnen versorgt[49] und zusammengehalten“.** Näher ausgeführt hat Paulus das Bild vom „Leib“ hier nicht. Er hat aber die Kolosser darauf hingewiesen, daß im Leib alles einander gegenseitig bedarf. Dasselbe Wort „zusammenhalten, zusammenfassen“ erscheint hier wieder, das Paulus schon am Anfang des Kapitels gebraucht hatte: „zusammengehalten in Liebe“, 2, 2. Laßt euch nicht in die Sklaverei abschleppen, bittet er noch einmal, bleibt beieinander, bleibt im Zusammenhang des ganzen Leibes, haltet fest an dem Haupt! Nur so gibt es auch für euch ein „Gotteswachstum“.[50] Der „Leib Christi“ ist ja nicht menschliches Machwerk, nicht menschliche Organisation, geheimnisvoll ist seine Entstehung vom Haupt aus, von Jesus, der der „Anfang“, der „Ursprung“ des Leibes ist als der „Erstgeborene aus den Toten“ (s. 1, 18). Darum gibt es auch nur innerhalb dieses Leibes vom Haupt her wirkliches göttliches Wachstum. Lösen sich die Kolosser aus dem Zusammenhang dieses einen Leibes, dann verlieren sie das göttliche Leben und Wachsen, die wahre geistliche Existenz und haben dann nur noch jenes „Aufblasen“, das ein Afterbild echten Wachstums ist und nicht aus Gott, sondern aus dem Fleisch stammt.

Auch der letzte Satz des Kapitels gibt noch einmal ein zusammenfassendes Urteil über die Kritiker und ihre ganze Art ab. Hier ist der Text freilich ganz schwierig. Das ganze Wesen und Streben der Kritiker hat **„freilich einen Geruch von Weisheit“**, „logon sophias“. „Logos“ = „Wort“ kann den Sinn von „Gerücht“ haben. Die Kritiker machen „von sich reden“ und gelten dabei als Männer besonderer Weisheit. Dies ihr Ansehen erwächst aus ihrer **„ethelothreskeia, ihrer Demut und ihrer Schonungslosigkeit gegen den Leib“.** Das erste Wort dieser Reihe ist aus „thelein“ = „wollen“ und „threskeia“ = „Dienst“, im Sinn von „Gottesdienst“ gebildet. Es wird eine Übersetzung wie „selbstgemachte Religion“ vorgeschlagen. Aber von „wollen“ her muß es nicht „eigenwillig“ bedeuten; es kann auch das Willensmäßige überhaupt, auch das Freiwillige oder Eifrige darin liegen. In die Reihe hinein paßt aber nur ein Ausdruck, der den Schein des Wertvollen mitumschließt: „eifriger Gottesdienst“. „Aber wie eifrig sind sie doch! Und wie demütig! Wie schonungslos gegen den Leib! Da muß doch etwas dran sein. So weit sind wir hier in der Gemeinde doch noch nicht“, so etwa müssen die Kolosser gedacht oder sogar gesagt haben.

Aber was soll dann: **„nicht durch eine gewisse Ehre zur Befriedigung des Fleisches“?** Man hat es so verstehen wollen, wie wir es auch

[49] Anm. Das hier gebrauchte Wort finden wir in den Papyri besonders in Scheidungskontrakten, in denen die „Versorgung“, der „Unterhalt“ des andern Eheteils geregelt wird.

[50] Anm. Dieser Ausdruck „das Wachstum Gottes“ wendet sich vielleicht gegen das künstliche und nur menschliche „Wachstum“, zu dem die Männer die Gemeinde bringen wollten, die sich ihr als Förderer zur rechten Vollkommenheit anboten. Der Apostel würde dann der Gemeinde sagen: Seht wieder, was für einen Tausch ihr macht: Körper gegen Schatten, rechtes von Gott selber geschenktes Wachstum gegen künstliche Treiberei von Menschen.

aus unserer Lutherbibel kennen: „Sie geben dem Fleisch nicht seine Ehre zu seiner Notdurft". Also was diese Männer dort tun, ist gewiß sehr großartig, aber es ist überspannt, es achtet den Leib nicht, den wir doch auch von Gott bekommen haben und der seine notwendige Pflege haben soll. Aber: „Fleisch" hat im Schrifttum des Paulus sonst überall den abwertenden Sinn; und „Befriedigung des Fleisches" wird sich nur schwer als „notwendige Pflege des gottgeschenkten Leibes" auslegen lassen. Dieser Schlußsatz muß ursprünglich wohl etwas anders gelautet haben. Man wird den Satz am besten so konstruieren, daß man den Anfang: „Das alles (oder: ‚dergleichen') ist" mit dem Schluß: „zur Befriedigung des Fleisches" als eigentliche Satzaussage zusammenfaßt: „Dergleichen (bzw. ‚das alles') dient zur Befriedigung des Fleisches". Das Partizip „einen Geruch habend von Weisheit durch selbstgemachte Religion und Demut und Schonungslosigkeit gegen den Leib" bildet dann einen eingeschobenen Nebensatz. Das „nicht durch eine gewisse Ehre" bleibt freilich auch dann für uns schwer verständlich. Eine annehmbare Deutung ist noch nicht gefunden worden. Paulus wird jedenfalls in diesem Satz noch einmal zum Ausdruck gebracht haben, daß all dieser „eifrige Dienst", diese betonte „Demut", ja selbst diese „Rücksichtslosigkeit gegen den Leib" in Wahrheit doch nur der „Befriedigung des Fleisches" diente. Denn nirgends ist das Fleisch so gut getarnt und so gefährlich, als wenn es „religiös" wird. „Fleisch" bedeutet ja „Ich" und „Ichwesen". Das „fromme", „demutsvolle", „asketische" Ich, das in all dem nicht Jesus, sondern sich selbst und seine Ehre sucht, das ist etwas Furchtbares. Zugleich wird es mit seinem „Ernst" der Gemeinde viel gefährlicher als die einfache klare „Welt".

Damit ist uns schon deutlich geworden, von welch ganz großer Bedeutung dieser Abschnitt für alle Zeiten ist. Mag der Text manches unlösbare Problem aufgeben, mag uns die Einzelgestalt dessen, was auf die Gemeinde in Kolossä eindrang, historisch nicht mehr in allem rekonstruierbar sein, mag es uns in manchen Zügen ganz fremd anmuten, weil es einer vergangenen Welt angehört – die Sache selbst ist bis heute aktuell genug. Denn immer droht die Gefahr, daß es gerade in „religiösen" Menschen nicht zu einer gründlichen Bekehrung, zu einem wirklichen Sehen der eigenen totalen Verlorenheit und von daher zu einem dankerfüllten Erfassen des Gestorbenseins mit Christus kommt. Dann aber bleibt ein ungebrochenes Ich, das seinen Raum und seine Befriedigung sucht, nun nicht mehr in der „Welt", sondern nun in der Religion, im „Christentum". Tief steckt in uns allen die „opinio legalis", das „gesetzliche Denken", wie es die Reformation mit dem Durchblick des Heiligen Geistes wieder sah. Das „Gesetz" verlangt Leistung und verspricht dadurch Größe und Ehre. Das ist dem Ich willkommen, das ja eben fromme Größe, religiöse Befriedigung sucht. Und nun entstehen in bunter Fülle, im einzelnen bald so, bald anders gestaltet und gefärbt, im Grunde aber immer ganz gleich die gesetzlichen Heiligungsbestrebungen. „Fasse nicht an! Koste nicht! Berühre nicht!" Ja, hier wird doch endlich einmal „ernst gemacht"! Hier hat man eine „entschiedene" und zugleich so „demütige" Haltung. Hier ist man endlich einmal „klar biblisch" und stellt endlich den Sabbat wieder an seinen Platz oder hat wieder „Apostel" oder was man sonst aus der Fülle biblischer Weisungen als neue Entdeckung nehmen will. Hier gewinnt auch das geistliche Leben die ersehnte geheimnisvolle Größe: Man erlangt „Erkenntnis höherer Welten", man hat Visionen, „Botschaften" werden vermittelt, ja, angeblich gibt der erhöhte Herr selbst Offenbarungen und Weisungen; Heilungen und Zeichen geschehen.

Und das alles ist gerade für eine lebendige Gemeinde etwas Verwirrendes und Bedrückendes. Haben jene Kreise nicht recht? Ist da nicht wirklich der größere Ernst? Ist dort nicht verwirklicht, wonach sich die Gemeinde selbst sehnt? Ist dort nicht die Bibel wirklich genau genommen? Und wäre es nicht herrlich, wenn man auch zu solchen besonderen Erfahrungen und Erlebnissen käme und nicht so arm und gering bliebe?

Dabei ist es wirklich gar nicht so einfach! Hat die Gemeinde nicht die Mahnung zu größerem Ernst, zu mehr Demut, zu treuerem Gehorsam gegen die Bibel nötig? Wieviel laues, weltliches Wesen wird nicht oft in der Gemeinde mit der „evangelischen Freiheit" zäh verteidigt! Wie glatt und schnell entzieht man sich jedem konkreten Gehorsam, indem man ihn als „gesetzlich" ablehnt! Wie träge bleibt man gegen biblische Erkenntnisse bei dem „eitlen Wandel nach väterlicher Weise"! Wie unrecht tat die Kirche schon vielen Männern und Bewegungen, die mit ihrer Kritik an der Kirche, mit ihrem ernsten Wollen für die Kirche völlig recht hatten! Kann man nicht jeden lebendigen Aufbruch in der Kirche mit den Stichworten unseres Abschnittes ächten und bekämpfen? Wie sollen wir da durchfinden? Wie sollen wir recht unterscheiden, wann wir uns der Kritik gottgesandter Mahner willig öffnen, wann wir mit den Kolossern tapfer die Kritiker zurückweisen sollen?

Ganz gewiß ist es nicht „einfach". Darum hat uns Paulus am Anfang des Kapitels gesagt, welch heißen Kampf die rechte Erhaltung und Weiterführung einer Gemeinde Jesu kostet. Nichts im Leben ist „einfach". Und je höher das uns anvertraute Lebensgut ist, um so mehr Aufmerksamkeit und Einsatz bedarf seine Erhaltung. Ein Stuhl ist einfacher zu pflegen als eine Topfpflanze, eine Blume einfacher als ein Kind. Wir können uns nicht wundern, daß eine Gemeinde Jesu noch viel mehr Sorgfalt, Durchblick und Liebe zu ihrer Pflege nötig hat. Ein „einfaches" Erkennungsmittel hat uns Paulus aber doch an die Hand gegeben. Wir dürfen alles, was an uns herankommt, prüfen mit der Frage: Wird Jesus darin groß? Wird Sein Werk entscheidend in die Mitte gestellt? Oder tritt Jesus zurück, und Menschen mit ihren Leistungen treten hervor? Bleibt der Glaube die eine entscheidende Sache des Christseins oder werden andere Dinge wichtig? An solchen Fragen kann sich für uns rasch enthüllen, wenn frommes Fleisch uns gefangennehmen will. Hier aber haben wir nach dem Vorbild des Paulus dann nicht zu schweigen, nicht aus angeblich „christlicher Liebe“ oder aus scheinbarer „Demut“ solches Fleischeswesen eindringen und in der Gemeinde Raum gewinnen zu lassen. Hier muß abgewehrt und entlarvt werden, auch wenn uns das den giftigen Haß dieses frommen, „demütigen“ Fleisches einträgt, wie ihn Paulus selbst bitter genug zu kosten bekam.

Paulus hat in allem, was wir in diesem Brief von ihm lasen, nicht Menschliches groß gemacht, auch nicht an sich selbst und an seinen Freunden. Durch alle seine Ausführungen klang ein einziger klarer Ton: **Jesus, Er, durch Ihn, zu Ihm, mit Ihm.** Paulus hat uns Jesus und Sein Werk am Kreuz groß gemacht. Er hat uns gezeigt, wie im Mitgestorbensein und im Mitauferstandensein mit Jesus uns alles gegeben ist, was wir brauchen, die wahre Reinheit, die wirkliche Erneuerung unseres Lebens ebenso wie alle Schätze der Weisheit und der Erkenntnis. **„In Ihm seid ihr erfüllt.“** Ist uns darin auch die echte konkrete Heiligung gegeben? Die gesetzliche Heiligung hat Paulus klar und bestimmt abgelehnt. Dies Nein hat aber nur Kraft und Bestand, wenn er für die Gemeinde nicht auf „Heiligung“ verzichtet, das konkrete, tägliche Leben nicht einfach sich selbst überläßt und sich mit der Gemeinde auf die Herrlichkeit des bloßen Glaubens abseits vom Leben zurückzieht. Dann hätten trotz allem die Kritiker doch recht, dann würden trotz allem die ernsten Gemeindeglieder sich doch jenen andern Kreisen zuwenden. Aber Paulus denkt nicht im geringsten an solchen Rückzug. Ihm geht es durchaus auch und gerade um das konkrete tägliche Leben und die wirkliche Heiligung darin. Dem gehört nun das ganze folgende Stück des Briefes.

Evangelische Heiligung!

Kolosser 3, 1–17

a) Ihre Grundlage Vers 1–4, b) ihr Vollzug Vers 5–15, c) ihre Kraft Vers 16 u. 17

Zu Vers 1:
1* Kol 2, 12
2* Ps 110, 1
3* Mt 6, 20. 33
Zu Vers 2:
4* Phil 3, 20
Zu Vers 3:
5* Rö 6, 2–7
Zu Vers 4:
6* 1 Ko 15, 43
7* Lk 17, 30
8* 1 Jo 3, 2
9* Phil 1, 21
10* Rö 8, 19

1 a) Wenn ihr nun auferweckt wurdet mit dem Christus, so sucht,
was droben ist, wo der Christus ist zur Rechten Gottes sitzend.
2 * Auf das, was droben ist, seid bedacht, nicht auf das, was auf der
3 Erde ist. * Ihr starbt ja, und euer Leben ist verborgen mit dem
4 Christus in Gott. * Wenn der Christus offenbar wird, unser Leben,
dann werdet auch ihr zusammen mit Ihm offenbar werden in
Herrlichkeit.

Paulus zeigt uns die Grundlage wirklicher, evangelischer Heiligung. Nun gilt es – gerade auch für unser wirkliches praktisches Christenleben – genau und klar zu erfassen, was er sagt.

1* Kol 2, 12: . . . da ihr in der Taufe mit Ihm zusammen begraben worden seid. In Ihm seid ihr auch mitauferweckt worden durch den Glauben an die Kraftwirkung Gottes.
2* Ps 110, 1: So lautet der Ausspruch des Herrn an Meinen Herrn: „Setze Dich zu Meiner Rechten, bis Ich Deine Feinde hinlege zum Schemel für Deine Füße!“

„Gesetzliche" und „evangelische" Heiligung können in einzelnen Zügen zum Verwechseln ähnlich sein. Evangelische Heiligung ist nicht weniger ernst und entschieden und konkret als die gesetzliche. Aber in bezeichnender Weise ist die **Richtung** bei beiden einander genau entgegengesetzt. Alle „gesetzliche" Heiligung denkt und sagt: Das mußt du tun, **damit** du ...! Alle evangelische Heiligung sagt: Das muß und kann und will ich tun, **weil** ich..!! Alle gesetzliche Heiligungsbewegungen haben darum immer von einem „Abtöten" und „Mitsterben" geredet, damit dann ein Christ endlich zu dem hohen Ziel des „Gestorbenseins mit Christus" und dann auch positiv zu dem Ziel wirklichen göttlichen Lebens in heißen Mühen gelange. Jesus ist dabei dann immer nur ein gewisser Helfer. Entscheidend ist das – oft wirklich bewundernswerte! – Ringen des Menschen. Aber solches Ringen endet entweder in der Heuchelei oder in dem verzagten „Ich bin noch nicht so weit"! Paulus aber sagt es uns genau umgekehrt! Was für alle gesetzliche Heiligung das **Ziel** ist, ist für ihn der **Ausgangspunkt**, die **Grundlage** der Heiligung! **„Ihr seid gestorben, ihr seid auferstanden!"**

Wie kann das sein? Ist das nicht Anmaßung und Einbildung? Das wäre es freilich, wenn es das erreichte Ziel unseres Strebens und Leistens sein sollte. Aber das ist es nicht. Darum steht im Mittelpunkt dieser Sache wieder Jesus, der hier nicht zufällig mit dem Artikel als „der Christus" bezeichnet wird. Das Entscheidende an den Aussagen ist das immer wiederholte **„mit dem Christus"**. Jesus starb, Jesus wurde auferweckt, Jesus sitzt zur Rechten Gottes droben vor Menschenaugen verborgen, Jesus wird erneut offenbar werden in einer für alle Welt sichtbaren Herrlichkeit. Aber Jesus hat und tut das

[3*] Mt 6, 20: Sammelt euch vielmehr Schätze im Himmel, wo weder Motten noch Rost sie vernichten und wo keine Diebe einbrechen und stehlen!
Vers 33: Nein, trachtet zuerst nach dem Reiche Gottes und nach Seiner Gerechtigkeit, dann wird euch all das andere obendrein gegeben werden.

[4*] Phil 3, 20: Unser Bürgertum dagegen ist im Himmel, von wo wir auch den Herrn Jesus Christus als Retter erwarten.

[5*] Rö 6, 2—7: Nimmermehr! Wie sollten wir, die wir der Sünde gestorben sind, in ihr noch weiterleben? • Oder wißt ihr nicht, daß wir alle, die wir auf Christus Jesus getauft worden sind, auf Seinen Tod getauft worden sind? • Wir sind also deshalb durch die Taufe in den Tod mit Ihm begraben worden, damit, gleichwie Christus von den Toten auferweckt worden ist durch die Herrlichkeit des Vaters, ebenso auch wir in einem neuen Leben wandeln. • Denn wenn wir mit Ihm zur Gleichheit des Todes verwachsen sind, so werden wir es auch hinsichtlich Seiner Auferstehung sein; • wir erkennen ja dies, daß unser alter Mensch deshalb mitgekreuzigt worden ist, damit der von der Sünde beherrschte Leib vernichtet werde, auf daß wir hinfort nicht mehr der Sünde als Sklaven dienen; • denn wer gestorben ist, der ist dadurch von der Sünde freigesprochen.

[6*] 1 Ko 15, 43: ... es wird gesät in Unehre, auferweckt in Herrlichkeit; gesät wird in Schwachheit, auferweckt in Kraft.

[7*] Lk 17, 30: ... ebenso wird es auch an dem Tage sein, an welchem der Menschensohn sich offenbart.

[8*] 1 Jo 3, 2: Geliebte, (schon) jetzt sind wir Kinder Gottes, und es ist noch nicht offenbar geworden, was wir sein werden. Wir wissen jedoch, daß, wenn diese Offenbarung eintritt, wir Ihm gleich sein werden; denn wir werden Ihn sehen, wie Er ist.

[9*] Phil 1, 21: Denn für mich bedeutet Christus das Leben, und darum ist das Sterben für mich ein Gewinn.

[10*] Rö 8, 19: Denn das sehnsüchtige Harren des Geschaffenen wartet auf das Offenbarwerden der Söhne Gottes.

alles nicht für sich selbst. Er ist nicht Einzelperson, die für sich selbst etwas erlebt. Er ist der Christus, das Haupt! Er hat und tut darum alles „für" die zu Ihm Gehörenden, „für" uns. Darum gehört uns rechtmäßig alles, was Jesus gehört, was Er besitzt. Der ganze Jesus, der gekreuzigte, begrabene, auferstandene, zur Rechten Gottes sitzende und wiederkommende Jesus ist unser! Weil Er selbst es will! Der Glaube aber nimmt nach diesem Willen Jesu, gehorsam, kühn und demütig zugleich, alles in Anspruch und h a t es darum und weiß gewiß, daß er es hat. Glaubende wissen es und haben und halten es: Wir sind **mit Ihm auferweckt**, wir sind mit Ihm **gestorben** und **begraben, unser Leben ist mit dem Christus verborgen in Gott**, wir werden **mit Ihm zusammen offenbar werden in Herrlichkeit.**

Es ist von entscheidender Wichtigkeit, hier den schmalen Gradweg des Glaubens einzuhalten. Unser Leben ist „verborgen" und wird erst in der totalen Umwandlung aller Dinge durch den wiederkommenden Herrn „offenbar". Jede Vorwegnahme der Eschatologie, sei es in der römischen Form einer machtvollen Herrlichkeitskirche oder in der protestantischen Form falscher Heiligungsbestrebungen, verkennt sowohl die ganze Größe des uns in Christus verliehenen Lebens wie die grundsätzliche Begrenztheit unseres Christenstandes in diesem Äon. „Es ist noch nicht erschienen, was wir sein werden." Darum sagt Bengel treffend: „Neque Christum neque Christianos novit mundus; ac ne Christiani quidem plane se ipsos" („Weder Christus noch die Christen kennt die Welt; freilich auch die Christen sich selbst nicht völlig"). Es ist tief tröstlich in aller Kritik, die die Glaubenden von außen erfahren und auch von innen im eigenen Gewissen erleiden, daß sie es wissen dürfen: Verborgen, verborgen ist unser Leben mit Christus in Gott! So muß es sein, solange „der Leib tot ist um der Sünde willen" (Rö 8, 10) und darum unfähig, das im Heiligen Geist geschenkte neue Leben schon jetzt in die ganze leibhafte Sichtbarkeit durchbrechen zu lassen. Darum bleibt die Gemeinde in dem heißen Verlangen nach dem Kommenden, sehnt sich nach der vollen Kindschaft und wartet auf unseres Leibes Erlösung, Rö 8, 23.

Aber zugleich ist der Glaube ebensowenig nur ein gedankliches Wissen über ein in Gott verborgenes Leben. Es ist ja „verborgen **mit Christus". Und Christus ist jetzt zwar unsichtbar, aber nicht unwirksam! So bleibt auch das mit Ihm verborgene Leben nicht ein toter Besitz, den wir nur theoretisch dort fern in Gott haben. Dieses Leben ist genau so nah und so wirksam bei uns wie Jesus selbst! Der Glaube n i m m t, was ihm geschenkt ist, als realen eigenen Besitz, und er nimmt nicht „Anschauungen" und „Lehren", sondern göttliche Wirklichkeiten, vielmehr eine göttliche Person mit all ihrem Sein und Haben, Leiden und Tun. Für dieses Nehmen aber haben wir von uns aus keine Grenze zu ziehen. Unbiblisch und ungläubig, ein bequemer Deckmantel unserer Trägheit und Lauheit ist die rasche Versicherung an andere und an uns selbst: „Ein Christ kann eben jetzt noch nicht ...! Unser Leben ist ja verborgen in Gott." Nein, es bleibt bei all dem, was Paulus am Anfang unseres Briefes (und an vielen anderen Stellen seiner Briefe!) fürbittend für die Gemeinde an unaufhörlichem Wachsen und Erstarken erwartet. Er will es den Kolossern und uns nun eingehend zeigen: Dieses Haben und Nehmen im Glauben ist in sich selbst mit innerer Notwendigkeit eine ganz bestimmte Lebenshaltung! „Gestorbene" und „Auferstandene" l e b e n mit Notwendigkeit total anders als andere Menschen. Tun sie es nicht, dann ist bestimmt auch das wirkliche Nehmen im Glauben noch gar nicht erfolgt, dann wurde nur „gedacht" und nicht wirklich „geglaubt". An der Realität des Glaubens, an der Verklammerung mit Jesus liegt freilich alles. Es ist jene Doppelklammer, die Paul Gerhardt uns so unvergeßlich eingeprägt hat:

„Ich bin dein, weil du dein Leben
und dein Blut mir zu gut
in den Tod gegeben.

Du bist mein, weil ich dich fasse
und dich nicht, o mein Licht,
aus dem Herzen lasse."

Aus Seinem schenkenden „für euch" und unserm nehmenden „unser Leben" entsteht jenes „mit dem Christus", dessen stete Realisierung in unserm Dasein die „Heiligung" ist.

Inhaltlich wird diese Heiligung zunächst mit einem Doppelsatz umschrieben, der ihre positive und ihre negative Seite grundlegend bezeichnet: **„Suchet, was droben ist." „Auf das, was droben ist, seid bedacht, nicht auf das, was auf der Erde ist."** Leben steht nicht still und kann nicht stillstehen. Leben ist notwendig ein stetes **„Suchen"** und Aneignen. In menschlich-personhaftem Leben geschieht das nicht instinktiv-gedankenlos, sondern erfolgt in einem **„Bedachtsein"** auf etwas: In inneren Vorstellungen und Gedankenbildern ersteht vor uns, was wir wünschen und „suchen" und dann willentlich zum Ziel unseres Ergreifens machen. Wo finden wir den Inhalt dieses Bedachtseins und Suchens? Der Mensch findet ihn von Natur auf dieser Erde. Der Glaubende aber starb ja und fand sein eigentliches Leben, sein ein und alles in Jesus. Darum ist nun Er, n u r E r, der Gegenstand und das Ziel alles Denkens und Strebens. Er ist aber nicht auf der Erde! Er ist „droben", Er sitzt zur Rechten Gottes. Also geht auch unser „Suchen", ja schon unser innerliches „Bedachtsein" dorthin, **„nach dem, was droben ist, nicht nach dem, was auf der Erde ist".** Wer in solchem von der Erde gelösten und nach oben gewandten Sinnen und Suchen lebt, der lebt in der Heiligung.

Beachten wir aber wohl: Das ist für Paulus nicht dadurch bestimmt, daß er sich und uns die Herrlichkeit des „Himmels" ausmalt und die Erde mit all ihrem Leid und all ihrem Dunkel vor uns hinstellt. Von dieser ichsüchtigen Frömmigkeit, die sich gern auf ein solches Wort beruft, wenn sie dem harten Einsatz in der Welt entgehen und sich in die süße Ruhe des Himmels flüchten will, hat er die Kolosser gerade losmachen wollen. Es ist auch nicht im Sinne des Philosophen Plato gesagt, für den die Erde als solche, als das Materielle, bereits das Widergöttliche und die Seele als solche schon göttlich und zum Lichtreich gehörig war. Es ist bei Paulus alles einzig bestimmt von der Person Jesu! Wäre Jesus hier unten, so würde es bestimmt heißen müssen: Trachtet nach dem, was auf der Erde ist, wo der Christus ist. In dieser Bestimmtheit durch die Person Jesu liegt zugleich die ganze Gewißheit. Denn diese Person kennen wir! Sie ist nicht Phantasie, nicht ein ausgemaltes Ideal, nicht eine Annahme, wie man sich die Schönheit des Himmels ausdenken mag. Sie ist die Realität, auf die wir gestoßen sind, die uns überwunden und unsern Glauben auf sich gezogen hat. An dieser Person des Christus liegt alles.

Aber wenn doch diese Lebensrichtung und Lebenshaltung notwendig im Glauben an den Christus begründet liegt und aus ihm erwächst, warum dann noch hier eine Mahnung, ein Imperativ? Muß ich einer liebenden Braut noch sagen: Trachte dorthin, sei mit Herz und Willen dort, wo dein Geliebter ist!? Nein und ja! Alles „Befehlen" wäre freilich vergeblich und ergäbe nur einen unwahrhaftigen Krampf, wenn die Liebe das Herz der Braut nicht „von selbst" zöge Aber: Wir sind und bleiben „Personen", es geschieht in unserm Leben nichts so „von selbst", wie ein geworfener Stein von selbst in bestimmtem Bogen zum Ziel fliegt. Da aber von uns immer wieder „gewollt" werden muß, kann und muß auch gemahnt und befohlen werden. Mächtig ist für uns auf Erden Lebende die Wucht und Wichtigkeit und darum auch die Anziehungskraft der Erde. Täglich ruft sie mit allem, was sie bietet und fordert, unser Denken und Suchen zu sich. Darum kann die aus dem Glauben notwendig und unmittelbar folgende Lebensrichtung und Lebenshaltung dennoch nur mit immer neuem ernsten Willen festgehalten und durchgesetzt werden. Darum bedarf es auch in der Gemeinde der Glaubenden des steten Ermahnens. Auch „evangelische", im Glauben selbst liegende Heiligung ist dennoch Sache des Gehorsams, des Willens, des Kampfes. Evangelische Heiligung unterscheidet sich von der gesetzlichen nicht dadurch, daß nur dort Befehl und ernster Einsatz wäre, hier aber ein müheloses Vorankommen in süßen Träumen. Auch die freie evangelische Heiligung ist und bleibt ein willentliches „Fliehen" und „Nachjagen".[51]

Eben darum erinnert Paulus gerade hier in den grundlegenden Sätzen an die notvolle Schwierigkeit solcher Lebenshaltung und an ihre kommende endgültige Lösung. Die Erde mit ihren Gütern ist sichtbar. Das Leben aber, das wir in Christus fanden, ist „verborgen", ist unsichtbar. Nicht erst durch die moderne Wissenschaft und Weltanschauung, sondern zu allen Zeiten drohte diese sichtbare, greifbare Erde die einzige „Wirklichkeit" zu sein, jenes verborgene, unsichtbare und unbeweisbare Leben in Gott aber ein Schemen, eine „Einbildung". Auch der Glaubende ist dieser Anfechtung nicht ein-

[51] Anm. Vgl. dazu: Phil 3, 12—14; 1 Ko 9, 24—27; 1 Tim 6, 11. 12; 2 Tim 2, 22.

fach entnommen! Er ist es um so weniger, als ihm auch die Gefühle, Erlebnisse und Erfahrungen aus dem Lebensbereich des Christus durchaus nicht jederzeit zur Verfügung stehen. Es gibt Zeiten des „nackten" Glaubens. Es gibt Zeiten, in denen der Glaubende von diesem „Gestorbensein" und diesem „Auferwecktsein" nicht das Geringste merkt, ja wo seine ganze gefühlte und erlebte Existenz ihm widerspricht. Dann darf er wissen, daß diese „Verborgenheit" ein vorübergehender Zustand ist. Dieser jetzt verborgene Christus wird ja **„offenbar werden"** vor aller Welt. Dann werden auch wir, die wir „mit" Ihm und „in" Ihm unser Leben gehabt haben im steten willentlichen, kampfreichen Trachten nach dem, was droben ist, **„mit Ihm offenbar werden in Herrlichkeit".**

Dabei dürfen uns Ausdrücke wie „droben" und „auf Erden" nicht dazu verleiten, die „griechischen" Vorstellungen festzuhalten, die so tief in die Gemeinde, auch in die Reihen der Gläubigen eingedrungen sind. Das Ziel liegt hier wie überall im Neuen Testament nicht „droben", nicht „im Himmel", so daß dort „die Herrlichkeit" läge, in der wir mit Christus offenbar werden sollen. Noch einmal wird wichtig, daß uns hier nicht das **„droben"** als das Herrliche ausgemalt wurde, wo übrigens auch Jesus ist, sondern daß es allein um Jesus ging und das „droben" nur darum für uns entscheidend wurde, weil der Christus jetzt dort ist. Wichtig auch, daß im Text nicht der Artikel bei dem Wort „Herrlichkeit" steht, als ginge es um eine bestimmte räumliche Größe; **„in Herrlichkeit"** steht hier, es geht um eine Art und Weise der Existenz, über deren Ort damit noch gar nichts ausgesagt ist. Dieses neue herrliche Dasein entsteht aber nach dem Zeugnis des Neuen Testaments nicht dadurch für uns, daß wir „in den Himmel kommen", sondern dadurch, daß der Christus von Seinem Thronsitz zur Rechten Gottes aufs neue hervortritt und Sein Werk an dieser Welt, an der gesamten Schöpfung vollendet. Die parallele Gedankenreihe in Phil 3, 20. 21 zeigt uns, was Paulus unter dem neuen „Offenbarwerden des Christus" und unserm „Offenbarwerden mit Ihm in Herrlichkeit" verstanden hat. Wenn Jesus uns bis in unsere Leiblichkeit hinein erneuert und verherrlicht haben wird, dann ist das Ziel unseres „Suchens" und „Bedachtseins" erreicht. Heiligung aber ist das willentliche Leben auf dieses mächtige Ziel hin, vom grundsätzlichen schon Erreichthaben dieses Zieles im Mitgestorbensein und Mitauferwecktsein her.

Zu Vers 5:
11* Mt 5, 29. 30
12* Rö 1, 28
13* Rö 6, 6
14* Rö 8, 13
15* Gal 5, 24
16* Eph 5, 3. 5

5 **b) Darum habt getötet die Glieder, die auf der Erde sind: Un-
zucht, Unreinheit, Leidenschaft, böse Begierde und die Habsucht,
6 die ja Götzendienst ist, * um welcher Dinge willen kommt der
7 Zorn Gottes (über die Söhne des Ungehorsams). * In ihnen wan-**

11* Mt 5, 29. 30: Wenn dich also dein rechtes Auge ärgert, so reiß es aus und wirf es weg von dir; denn es ist besser für dich, daß eins deiner Glieder verlorengeht, als daß dein ganzer Leib in die Hölle geworfen wird. * Und wenn deine rechte Hand dich ärgert, so haue sie ab und wirf sie weg von dir; denn es ist besser für dich, daß eins deiner Glieder verlorengeht, als daß dein ganzer Leib in die Hölle geworfen wird.

Zu Vers 6:
17* Eph 2, 3; 5, 6
18* Tit 3, 3
Zu Vers 8:
19* Eph 4, 25. 26. 31; 5, 4
20* Jak 1, 21
21* Rö 1, 28
Zu Vers 9:
22* Eph 4, 22
23* Rö 8, 13
Zu Vers 10:
24* Eph 4, 24
25* 2 Ko 4, 16
26* 1 Mo 1, 26. 27
Zu Vers 11:
27* Gal 3, 28
28* 1 Ko 15, 28
Zu Vers 12:
29* 1 Pt 2, 9
30* Eph 4, 2. 32; 5, 1
Zu Vers 13:
31* Mt 6, 14; 18, 35
32* 2 Ko 2, 7
33* Eph 4, 32; 5, 2
34* Jo 13, 15
Zu Vers 14:
35* Rö 13, 8. 10
36* Eph 4, 3
Zu Vers 15:
37* Phil 4, 7
38* Rö 12, 5
39* 1 Ko 12, 13. 27

8 deltet auch ihr einst, als ihr euer Leben darin hattet. * Nun aber
habet abgelegt auch ihr das alles: Zorn, Groll, Bosheit, Lästerung,
9 Schandrede aus eurem Mund. * Lügt nicht gegeneinander. Ihr habt
ja ausgezogen den alten Menschen mitsamt seinen Handlungen
10 * und habt angezogen den neuen, der wieder erneuert wird zu der
11 Erkenntnis nach dem Bild seines Schöpfers, * wo es nicht heißt
Grieche und Jude, Beschneidung und Vorhaut, Barbar, Skythe,
Sklave, Freier, sondern alles und in allen Christus.
12 Darum habt angezogen als Auserwählte Gottes, heilige und ge-
liebte, ein Herz des Erbarmens, Güte, Demut, Sanftmut, Geduld,
13 * einander ertragend und euch gegenseitig vergebend, wenn einer
gegen jemand eine Beschwerde hat; wie ja auch der Herr euch
14 vergab, so auch ihr; * zu diesem allen aber die Liebe, das ist ein
15 Einheitsband der Vollkommenheit. * Und der Friede des Christus
entscheide in euren Herzen, zu welchem ihr auch berufen wor-
den seid in e i n e m Leibe; und werdet dankbar.

Was grundlegend von unserer Heiligung gesagt ist, wird nun konkret entfaltet.

„Darum habt getötet“. Ein merkwürdiger Imperativ. Aber indem hier nicht steht „Tötet!“, sondern der Imperativ des Aorist (einer griech. Zeitform, die die Vergangenheit in ihrer Abgeschlossenheit ausdrückt), wird noch einmal deutlich, daß es auch jetzt im konkreten Heiligungsleben nicht um ein Mühen zum Ziel hin, sondern um ein Handeln vom Ziel her geht. Ihr seid gestorben, darum schließt in diesen grundmäßig erfolgten Tod nun auch konkret ein – ja, was denn? **„die Glieder, die auf der Erde sind.“** Was ist damit gemeint? Es bestätigt sich, daß wir richtig verstanden, als wir gerade nicht mit „griechischer Denkart“ in dieser Erde als räumlichem Ort, als materiellem Gebilde das Widergöttliche und Böse sahen. Denn diese

12* Rö 1, 28: Und weil sie es verschmähten, Gott in rechter Erkenntnis festzuhalten, hat Gott sie in eine verworfene Sinnesweise versinken lassen, so daß sie alle Ungebühr verüben.

13* Rö 6, 6: . . . wir erkennen ja dies, daß unser alter Mensch deshalb mitgekreuzigt worden ist, damit der von der Sünde beherrschte Leib vernichtet werde, auf daß wir hinfort nicht mehr der Sünde als Sklaven dienen.

14* Rö 8, 13: . . . denn wenn ihr nach dem Fleische lebt, so ist euch der Tod gewiß; wenn ihr dagegen durch den Geist die Geschäfte des Leibes tötet, so werdet ihr leben.

15* Gal 5, 24: Die aber Christus Jesus angehören, haben ihr Fleisch samt seinen Leidenschaften und Begierden gekreuzigt.

16* Eph 5, 3. 5: Unzucht aber und Unsittlichkeit jeder Art oder Geldgier dürfen bei euch nicht einmal mit Namen erwähnt werden, wie es sich für Heilige geziemt.

Vers 5: Denn das wißt und erkennt ihr wohl, daß kein Unzüchtiger und Unsittlicher, kein Geldgieriger — das ist gleichbedeutend mit Götzendiener — ein Erbteil im Reiche Christi und Gottes hat.

17* Eph. 2, 3: . . . unter diesen haben auch wir alle einst in unseren fleischlichen Lüsten dahingelebt, indem wir den Willen des Fleisches und unserer Gedanken ausführten und von Natur Kinder des Zornes waren wie die anderen auch.

Eph 5, 6: Laßt euch von niemand durch leere Worte betrügen: Denn um solcher Dinge willen kommt Gottes Zorn über die Ungehorsamen.

18* Tit 3, 3: Denn einst sind auch wir unverständig und ungehorsam gewesen und irre gegangen, indem wir mannigfachen Begierden und Lüsten dienten und in Bosheit und Neid dahinlebten, hassenswert und gegeneinander haßerfüllt.

19* Eph 4, 25. 26. 31: Darum leget die Lüge ab und „redet die Wahrheit ein jeder mit seinem Nächsten“;

„Glieder, die auf der Erde sind", sind nun nicht Hände und Füße und Augen und Ohren![52] Es handelt sich nicht um „Askese" als solche. Es gilt nicht, einen möglichst erstorbenen und regungslosen Körper zu haben. Darum lag es Paulus nicht an „Speise und Trank", nicht an der „Schonungslosigkeit gegen den Leib", 2, 16. 23. Denn diese „Glieder auf der Erde" heißen **„Unzucht, Unreinheit, Leidenschaft, böse Begierde".**[53] Wohl hängen diese Dinge auch mit unserer Leiblichkeit und unserem Eingefügtsein in die Natur zusammen. Wären wir nicht geschlechtliche Wesen, so gäbe es für uns keine „Unzucht". Aber – und es ist sehr wesentlich für uns, darauf zu achten – wiederum nicht etwa unsere Geschlechtlichkeit als solche ist das Böse! Wir sind unkeusch, nicht weil wir Mann und Weib sind, nicht weil wir einen Leib von Fleisch und Blut haben! Sondern „aus dem Herzen der Menschen gehen heraus böse Gedanken, Ehebruch, Unzucht..." Mr 7, 21. Nicht die Geschlechtlichkeit selbst, sondern nur und erst die ichhafte Geschlechtlichkeit schafft die Not und Schuld. Diese Not und Schuld kommen darum auch nicht erst durch die äußere Tat zustande; zu den „Gliedern auf Erden" gehören gerade auch die verborgenen Herzensvorgänge, die die Wurzel aller äußeren Entgleisungen und Verheerungen sind: Unreinheit, Leidenschaft, böse Begierde.

Vielleicht müssen wir besonders darauf achten, daß hier auch die **„Leidenschaft"** genannt ist, und zwar an dieser Stelle ohne jeden Zusatz (Rö 1, 26 „schändliche Leidenschaften"; 1 Th 4, 5 „Leidenschaft der Begierde"). Denn gerade für den modernen Menschen hat „Leidenschaft" sofort einen positiven Klang. Vielleicht ist die Leidenschaft „tragisch", vielleicht stößt sie ihren Träger und viele andere Menschen in Leid und Verderben, einerlei, sie selbst ist etwas Groß-

[52] Anm. Dabei darf freilich nicht vergessen werden, daß unser Leib jetzt der vom „Fleisch" bestimmte ist (vgl. o. S. 226). Darum haben in der Tat, wie Rö 7, 23 lehrt, unsere „Glieder" eine besondere Bedeutung für die Sünde. Rö 6, 19 ff. zeigt aber, daß es dennoch nicht an den Gliedern als solchen liegt; diese selben Glieder dürfen ja „Waffen der Gerechtigkeit" werden. Die im Tode Christi zu haltenden „Glieder" sind immer nur die, die Paulus an unserer Stelle nennt.

[53] Anm. Die Forscher machen darauf aufmerksam, daß Paulus solche Zusammenstellungen nicht erst selbst geschaffen, sondern in einer bis ins Judentum zurückgehenden „Katechismus-Tradition" vorgefunden habe. Das ist geschichtlich interessant, trägt aber zum Verständnis der Sache selbst nichts Wesentliches bei.

---

wir sind ja untereinander Glieder. * „Zürnet ihr, so sündiget dabei nicht"; laßt die Sonne über eurem Zorn nicht untergehen.

Vers 31: Alle Bitterkeit, aller Zorn und Groll, alles Schreien und Schmähen sei aus eurer Mitte weggetan, überhaupt alles boshafte Wesen.

Eph 5, 4: ... ebensowenig unanständiges Wesen und fades Geschwätz oder leichtfertige Witze, die sich für euch nicht schicken würden, statt dessen vielmehr Danksagung.

[20]* Jak 1, 21: Darum leget alle Unsauberkeit und den letzten Rest der Bosheit ab und nehmt mit Sanftmut das euch eingepflanzte Wort an, das eure Seelen zu retten vermag.

[21]* Rö 1, 28: Und weil sie es verschmähten, Gott in rechter Erkenntnis festzuhalten, hat Gott sie in eine verworfene Sinnesweise versinken lassen, so daß sie alle Ungebühr verüben.

[22]* Eph 4, 22: ... daß ihr nämlich im Hinblick auf den früheren Lebenswandel den alten Menschen ablegen müßt, der sich infolge der trügerischen Begierden zugrunde richtet.

[23]* Rö 8, 13: ... denn wenn ihr nach dem Fleische lebt, so ist euch der Tod gewiß; wenn ihr dagegen durch den Geist die Geschäfte des Leibes tötet, so werdet ihr leben.

artiges, etwas „jenseits von gut und böse“, der eigentliche Motor alles dessen, was künstlerisch in Drama und Roman der Darstellung wert ist, fesselnd und erregend, während ohne sie das Leben schal zu bleiben scheint. Paulus aber zählt sie zu den „Gliedern auf Erden“, die wir getötet haben dürfen. Das heißt nicht, daß ein Paulus ein laues, spießiges Leben zum christlichen Ideal erhoben hätte. Aber wer ein Leben der Hingabe an Jesus gekostet hat, „zu erkennen Ihn und die Kraft Seiner Auferstehung und die Gemeinschaft Seiner Leiden“, der weiß, welch finstere Gefahr die „Leidenschaft“ für alles wahre Leben ist. Und auch der, der im Verhältnis von Mann und Frau eine echte, tiefe Liebe kennenlernte, gibt Paulus in seinem Urteil über die „Leidenschaft“ recht.

Das Verderbliche ist nicht unsere Leibhaftigkeit und unser leibhaftiges Leben in einer irdischen, materiellen Welt, sondern das verdorbene, von Gott gelöste Herz, das „Ich“. Aber dies Ich bleibt nicht hinter dem konkreten Leben eine Sache für sich. Es begegnet uns nur konkret in diesem Menschendasein auf dieser Erde. Und da sind es nun einmal die beiden mächtigen Lebensgebiete, auf denen dies „Ich“ vor allem in die Erscheinung tritt, die das Neue Testament darum mehrfach zusammen nennt und besonders betont: Das Geschlechtsleben und das Erwerbsleben. Darin besteht für eine Unzahl von Menschen überhaupt „das Leben“: erwerben, um (in irgendeiner mit dem Geschlechtlichen verknüpften Weise) zu genießen. Darum nennt Paulus auch hier noch als besonderes „Glied auf der Erde“ die **„Habsucht“** und fügt hinzu: **„die ja Götzendienst ist“.** Götzendienst im großen: Der Besitz soll eben das tun, was Gottes Sache ist: uns sichern und erhalten und mit Glück beschenken. Götzendienst im einzelnen: Mit

24* Eph 4, 24: . . . und den neuen Menschen anzieht, der nach Gottes Ebenbild geschaffen ist in wahrhafter Gerechtigkeit und Reinheit.

25* 2 Ko 4, 16: Darum werden wir auch nicht verzagt; nein, wenn auch unser äußerer Mensch aufgerieben wird, so empfängt doch unser innerer Mensch Tag für Tag neue Kraft.

26* 1 Mo 1, 26. 27: Dann sprach Gott: „Laßt Uns Menschen machen nach Unserm Bilde, Uns ähnlich, die da herrschen sollen über die Fische im Meer und über die Vögel des Himmels, über das Vieh und über alle Landtiere und über alles Gewürm, das auf dem Erdboden kriecht!“ * Da schuf Gott den Menschen nach Seinem Bilde: Nach dem Bilde Gottes schuf Er ihn; als Mann und Weib schuf Er sie.

27* Gal 3, 28: Da gibt es nun nicht mehr Juden und Griechen, nicht mehr Knechte und Freie, nicht mehr Mann und Weib: Nein, ihr seid allesamt Einer in Christus Jesus.

28* 1 Ko 15, 28: Sobald Ihm aber alles unterworfen ist, dann wird auch der Sohn selbst sich dem unterwerfen, der Ihm alles unterworfen hat, damit Gott alles sei in allen.

29* 1 Pt 2, 9: Ihr dagegen seid „das auserwählte Geschlecht, die königliche Priesterschaft, die heilige Volksgemeinschaft, das zum Eigentum erkorene Volk“

30* Eph 4, 2. 32: . . . mit aller Demut und Sanftmut, mit Geduld als solche, die einander in Liebe ertragen

Vers 32: Zeigt euch vielmehr gütig und herzlich gegeneinander und vergebt einer dem anderen, wie auch Gott euch in Christus vergeben hat!

Eph 5, 1: Folgt also dem Vorbild Gottes nach als geliebte Kinder.

31* Mt 6, 14: Denn wenn ihr den Menschen ihre Verfehlungen vergebt, so wird euer himmlischer Vater sie auch euch vergeben.

Mt 18, 35: Ebenso wird auch Mein himmlischer Vater mit euch verfahren, wenn ihr nicht ein jeder seinem Bruder von Herzen vergebt.

32* 2 Ko 2, 7: . . . so daß ihr im Gegenteil ihm jetzt lieber verzeihen und Trost zusprechen solltet, damit der Betreffende nicht durch die übergroße Traurigkeit in Verzweiflung versetzt wird.

welcher Zähigkeit hängen immer wieder Menschen an diesem oder jenem Stück Besitz! Welch schauerliche Verkehrung, wenn der Besitz, wenn vielleicht ein Schmuckstück an die Stelle gerückt ist, an der Gott stehen wollte!

Und nun geht es um die wirkliche Heiligung auf diesen konkreten Gebieten. Sie wird nicht erreicht durch Askese. Äußere Enthaltsamkeitsübungen würden doch das brennende Herz, das gierige Ich nicht beseitigen. Es würde früher oder später erst recht an den alten Stellen doch durchbrechen oder sich neue Formen, vielleicht sehr „fromme" Formen, suchen, um dennoch zu seiner eigenen Befriedigung zu kommen. Die wirkliche Heiligung kommt nur aus dem Glauben. Sie kommt, weil Jesus sterbend dies unser Ichwesen mit in den Tod nahm und weil wir dieses Getötetsein im Glauben ergreifen und dadurch tatsächlich nehmen und bekommen dürfen. Und nun wird es je und je in den immer neuen Versuchungen zu Unreinheit, Habsucht usw. möglich, alle diese Dinge **„getötet zu haben"**. Nie in diesem Leben hat man sie je endgültig getötet. Morgen können und werden sie wieder aus dem Herzen aufsteigen. Aber immer neu ist derselbe Tod für sie, derselbe Sieg über sie da, stets wieder konkret im Glauben ergriffen, und doch jenes „Gestorben**sein**" und „Getötet**haben**", das in Bekehrung und Wiedergeburt zuerst unser grundmäßiges Eigentum wurde.

Diese konkrete Heiligung ist aber nicht eine schöne Zugabe zum Glauben, zur Rechtfertigung. Mit tiefem Ernst betont Paulus: **„um welcher Dinge willen der Zorn Gottes kommt"**. Man kann also nicht etwa als ein „im Glauben erlöster und erretteter Mensch" ruhig ein wenig in diesen Dingen leben! Nein, man gerät dann unter den Zorn Gottes. Gott ist kein Parteimann, der Unzucht, Unreinheit usw. bei „seinen Leuten" nun nicht mehr so schlimm findet. Das Zeugnis des Neuen Testaments ist hier völlig einheitlich. Paulus sagt es den Römern: „Wo ihr nach dem Fleisch lebt, werdet ihr sterben müssen" (Rö 8, 13); er sagt es den Korinthern: „Weder die Hurer, noch die Ab-

[33*] Eph 4, 32: Zeigt euch vielmehr gütig und herzlich gegeneinander und vergebt einer dem anderen, wie Gott euch in Christus vergeben hat!

Eph 5, 2: ... und wandelt in der Liebe, wie auch Christus euch geliebt und Sich selbst für uns als Weihegabe und Opfer dargebracht hat, Gott zu einem lieblichen Wohlgeruch.

[34*] Jo 13, 15: ... denn ein Vorbild habe Ich euch gegeben, damit ihr es ebenso machet, wie Ich an euch getan habe.

[35*] Rö 13, 8. 10: Bleibt niemand etwas schuldig, außer daß ihr einander liebt; denn wer den anderen liebt, hat damit das Gesetz erfüllt.

Vers 10: Die Liebe tut dem Nächsten nichts Böses; demnach ist die Liebe die Erfüllung des Gesetzes.

[36*] Eph 4, 3: ... und seid eifrig bemüht, die Einheit des Geistes durch das Band des Friedens zu erhalten.

[37*] Phil 4, 7: Dann wird der Friede Gottes, der höher ist als aller Verstand, eure Herzen und euer ganzes Denken in Christus Jesus bewahren.

[38*] Rö 12, 5: So bilden auch wir trotz unserer Vielheit einen einzigen Leib in Christus, im Verhältnis zueinander aber sind wir Glieder.

[39*] 1 Ko 12, 13. 27: Denn durch einen Geist sind wir alle durch die Taufe zu einem Leibe zusammengeschlossen worden, wir mögen Juden oder Griechen, Sklaven oder Freie sein, und wir sind alle mit einem Geist getränkt worden.

Vers 27: Ihr aber seid Christi Leib, und jeder einzelne ist ein Glied daran nach seinem Teil.

göttischen, noch die ... werden das Reich Gottes ererben" (1 Ko 6, 9. 10); er sagt es den Galatern: „... von welchen ich euch habe zuvor gesagt und sage noch zuvor, daß, die solches tun, werden das Reich Gottes nicht erben" (Gal 5, 21). Es ist darum vielleicht gut, daß wir trotz gewichtiger Bezeugung in wertvollen Handschriften den in andern fehlenden Zusatz **„über die Söhne des Ungehorsams"** fortlassen, damit nicht unser Blick von uns auf andere abgelenkt wird, zumal wenn wir die Lutherübersetzung „über die Kinder des **Unglaubens"** im Ohr haben. Daß dieser Zusatz aus Eph 5, 6 hier eingedrungen ist, ist viel wahrscheinlicher, als daß Abschreiber ihn wegließen, wenn er hier ursprünglich stand. Nein, es geht um **unser** Leben und geht um unser **Leben!** Gott sei gelobt, daß wir nicht vor einer unmöglichen Aufgabe stehen mit der wirklichen Heiligung unseres Lebens. Das „Getötethaben unserer Glieder auf der Erde" gelingt heute und morgen und an jedem Tag, so wahr wir uns als mit Christus Gestorbene im Glauben erfassen dürfen.

Diese ganze Welt der bösen Dinge, die Paulus schon nannte und gleich noch weiter deutlich mit Namen nennen wird, ist uns nicht unbekannt. Wir haben nicht nur von all dem gehört, weil es leider so schlechte Menschen in der Welt gibt. In unserm eigenen Leben steht das „Einst", das dadurch gekennzeichnet ist, daß dort auch wir in diesem „Erwerben, um zu genießen", **„unser Leben hatten".** Darum ist es einfach Wahrheit: **„In ihnen wandeltet auch ihr einst."** Das „in ihnen" bezieht sich bei Fortfall des Sätzchens über die „Söhne des Ungehorsams" unmittelbar auf die aufgezählten bösen Dinge. Dies „Wandeln" kann sich natürlich in sehr verschiedenen Formen, bald grob, bald sehr fein und kultiviert, abgespielt haben. Das ändert aber nichts an der Tatsache, daß wir **„unser Leben darin hatten".**

Mit Bekehrung und Wiedergeburt beginnt ein „Jetzt".[54] Dies Jetzt ist nicht dadurch gekennzeichnet, daß die Sünde verschwunden wäre, daß sich nichts Böses mehr in uns regte und wir in eitel Reinheit und Wonne schwömmen. Weit gefehlt. Aber das Jetzt ist im Ernst gekennzeichnet durch das Abgelegthaben, das täglich neu zu einem **„Habet abgelegt!"** wird. Es ist derselbe Imperativ des Aorist, der auch hier steht. Paulus nennt hier noch Dinge unseres alten, natürlichen Wesens, die nicht zu jenen beiden, zuerst ins Auge gefaßten Lebensgebieten gehören und doch so charakteristische Äußerung des Ich und des Ichwillens sind: **„Nun aber habet auch ihr abgelegt das alles: Zorn, Groll, Bosheit, Lästerung, Schandreden aus eurem Mund."** Wieder werden die inneren Herzenszustände als die Quelle dessen genannt, was nun als Wort und Tat nach außen dringt. Aber welch ein böses Werkzeug des verdorbenen Ich ist gerade der Mund. Darum hebt Paulus noch besonders das Lügen hervor. Hier kann er nicht im Aorist sprechen, hier steht der Imperativ des Präsens **„Lügt nicht gegeneinander"!** Das Lügen muß je und je jetzt unterlassen werden.

[54] Anm. Zu dem „Jetzt" vgl. Anm. 23.

Aber sofort geht es wieder in die grundsätzliche Linie hinein. Dies „nicht lügen je und je jetzt" ist nur möglich wie die ganze konkrete Heiligung: nicht weil wir uns anstrengen, dem alten Menschen zu Leibe zu gehen, sondern weil wir **„ja ausgezogen haben den alten Menschen[55] mit seinen Handlungen"** und **„angezogen[56] den neuen[57], der wieder erneuert wird zu der Erkenntnis nach dem Bild seines Schöpfers".**

Der Mensch ist im Ursprung zum Bilde Gottes geschaffen, weil er „durch Christus" und „zu Ihm" geschaffen wurde. Aber er löste sich von Gott und verfiel dem Teufel, der Welt und dem Ich. Das ist der Mensch, den wir alle an uns selbst kennen. Diesen Menschen können wir schmücken, kultivieren, verbessern, veredeln, aber er bleibt in seinem Grundwesen dadurch unverändert der „alte" Mensch. Gott hat sich darum nicht daran begeben, ihn zurechtzubringen. Das große göttliche Experiment mit dem „Gesetz" und die unzähligen kleinen Experimente des Menschen mit Gesetz, Sitte, Ethik, Kultur, Religion haben erwiesen, daß er nicht zurechtzubringen ist. Er kann nur beseitigt werden. Das hat Gott getan, indem Er ihn in Christus tötete und ins Grab legte. Hier liegt der totale Unterschied des Evangeliums von aller Ethik und Religion der Welt! Und nun gab Gott in Christus einen völlig neuen Menschen. Der Vergleich unserer Stelle mit Rö 13, 14 und Gal 3, 27 zeigt, daß Christus selbst der „neue Mensch" ist, den wir anziehen dürfen. Auch der Schluß von Vers 11 unseres Textes weist darauf hin. In Christus ist der neue Mensch bereits fertig. Aber auf uns gesehen ist er nicht „fertig", wird er erst **„wieder erneuert zu der Erkenntnis nach dem Bilde seines Schöpfers".** Denn wieder verbindet Paulus beides (und eben dies kennzeichnet die rechte Erfassung evangelischer Heiligung): das grundmäßig Vollbrachte und im Glauben auch Angenommene und das von Tag zu Tag von da aus Sichvollziehende. Der in der Bekehrung im Glauben grundmäßig angezogene neue Mensch wird doch von Tag zu Tag erneuert. Und zwar zur **„Erkenntnis".** Man könnte die Worte: „der wieder erneuert wird zu der Erkenntnis" durchaus auch übersetzen: „der fort und fort zu neuer Erkenntnis gelangt". Wir dürfen an das denken, was Paulus am Anfang des Briefes 1, 9 über das Wachstum des Gemeindelebens in der Erkenntnis des Willens Gottes schrieb. Darin eben zeigt sich das Angezogenhaben des neuen Menschen, daß wir nun immer neu und in wachsendem Maße erkennen, was Gott heute und hier von uns will, was nun tiefer abgelegt und was nun neu ergriffen und angeeignet werden darf. In solchem Wachstum tritt „das Bild seines Schöpfers", und das ist ja „Christus", in ihm immer deutlicher hervor.

[55] Anm. Nun ist das in 2, 11 „objektiv" Bezeugte, das „Ablegen des vom Fleisch bestimmten Leibes in der Christusbeschneidung" zugleich der grundlegende subjektive Besitz der Glaubenden, aus dem die Aktualisierung und Konkretisierung des Abgelegthabens Stunde um Stunde erwächst.

[56] Anm. Das Bild des „Anziehens" fand Paulus schon in seinem Alten Testament, z. B. 2 Chro 6, 41; Hio 29, 14; Ps 35, 26; 104, 2; 109, 18; 132, 9. 16. 18; Jes 59, 17; 61, 10; Sach 3, 5.

[57] Anm. Hier ist nicht „kainós" („neu" = ungebraucht), sondern „neós" („neu" = frisch, jung) verwendet.

Die Verwendung des Ausdruckes „erneuert **nach dem Bilde seines Schöpfers**" weist uns zurück auf 1 Mo 1, 26. 27. Dann werden wir aber auch die zunächst befremdende Erwähnung der „Erkenntnis" in diesem Zusammenhang verstehen dürfen. Der Mensch wollte ichhaft zu seiner Gottgleichheit die „Erkenntnis des Guten und Bösen" an sich bringen. Dadurch gerade verlor er die Gottebenbildlichkeit. Die geraubte Frucht war jene ohnmächtige „moralische" Erkenntnis, das „gesetzliche" Mißverständnis des Guten, das dem Menschen immer nur seine Nacktheit zeigt, ja, das der Sünde dazu dient, ihre Macht immer tiefer und völliger zu entfalten (vgl. Rö 7, 7–13). In der Sendung Jesu aber erfolgt die wirkliche und ganze Heilung des Falles. Es wird dem Menschen die Erkenntnis **geschenkt**, die er zu seinem Unheil an sich zu raffen suchte. Und als von Gott geschenkte Erkenntnis ist sie echt, eine heilsame, liebende Erkenntnis des Willens des Schöpfers, Christuserkenntnis, in der Sein Bild zur Gleichgestaltung mit Ihm in das Herz geprägt wird.

Es folgt ein bezeichnendes Zeugnis dafür, wie real Paulus dies „Angezogenhaben" auffaßt. Es geht in allem Gesagten ja nicht um einen „Idealismus". Der „neue Mensch" ist nicht ein „Ideal", dem wir zustreben. Aller Idealismus ist „Gesetz" und Menschenwerk, menschliches Ringen und Streben, das allzu leicht umschlägt in Enttäuschung und Pessimismus. Am großen geschichtlichen Beispiel des deutschen Idealismus ist das erschütternd zu sehen. Der neue Mensch aber ist nicht ein Ideal, er ist von Gott geschenkte und im Glauben bereits ergriffene Wirklichkeit. Noch nicht so, daß in der Gemeinde der Glaubenden die vielen tiefen Unterschiede konkreten Menschentums bereits einfach vergangen wären, aber doch so, daß sie in ihr faktisch überwunden werden in der neuen Wirklichkeit des Christusmenschen. Es gibt auch in der Gemeinde z. B. noch Sklaven. Wir werden noch sehen, daß Paulus auch weiter mit ihrem Vorhandensein rechnet und keinen Versuch macht, eine allgemeine Sklavenbefreiung in der Gemeinde durchzuführen. Die Unterschiede der Rasse, der Bildung, selbst auch die der Religion waren noch da. Es mochte in der Gemeinde sogar noch beschnittene Juden geben, die sich persönlich für verpflichtet erachteten, das Gesetz zu halten. Aber während die Welt immer neue vergebliche Versuche macht, zu wirklichen Gemeinschaften zu kommen und die Unterschiede der Menschen zu nivellieren, ist diese Gemeinschaft und Einheit mitten in allen ruhig geachteten Unterschieden in der Gemeinde der Wiedergeborenen und Glaubenden geheimnisvoll realisiert. Jede echte Gemeinde ist eine Stätte in der Welt, wo es tatsächlich **„nicht heißt Grieche und Jude, Beschneidung und Vorhaut, Barbar, Skythe, Sklave, Freier, sondern alles und in allen Christus"**. Wir dürfen theoretisch und Gott sei Lob und Dank auch praktisch für heute übersetzen: „Wo es nicht mehr heißt Weißer und Neger, Baptist und Lutheraner, Handarbeiter, Akademiker, Unternehmer, Angestellter, sondern alles und in allen Christus".[58]

Von den „Gliedern auf der Erde", die wir getötet haben dürfen, sprach Paulus schon ausführlicher; den neuen Menschen beschrieb er nur kurz. Nun aber wendet er sich dieser positiven Seite der Heiligung noch einmal zu. **„Darum habt angezogen..."** Sie sind ja solche, die „angezogen haben den neuen Menschen". Weil es so ist, darum: Habt angezogen! Wieder wird der Grundzug evangelischer Heiligung deutlich: Seid wirklich, was ihr ja schon seid, seid es konkret, haltet es fest und führt es durch in den Einzelentscheidungen des täglichen Lebens! Ganz hell und groß wird es uns unterstrichen: **„als Auserwählte Gottes, heilige und geliebte".** Ob wir das „heilige und geliebte" klein oder groß schreiben, ist nur eine leise verschiedene Fassung der griechischen Konstruktion. Wesentlich aber ist, daß es leuchtend vor uns steht: Nicht um endlich Auserwählte und Heilige zu **werden,** mühen wir uns mit der Heiligung ab, sondern **weil** wir bereits Auserwählte und Heilige **sind,** darum folgt nun daraus eine neue Art zu leben, die völlig anders ist als die der Menschen, die „noch in der Welt ihr Leben haben" (2, 20). Das Bild des „Anziehens" legt es uns nahe zu sagen: Weil ihr Königskinder, Prinzen und Prinzessinnen seid, darum zieht euch nun auch königlich an und benehmt euch königlich! Nie geht es umgekehrt, daß ich meine, durch Garderobe und Benehmen ein Prinz werden zu können. Das gibt nie etwas anderes als – Theater. Alle gesetzliche Heiligung führt wie bei den Pharisäern immer nur zu dem, was Jesus in der Tat „hypokrisis" „Schauspielerei" genannt hat. Königskind wird man nur durch Geburt. Ist man es aber, dann allerdings wird das ganze Verhalten von daher bestimmt: Und dies Verhalten ist dann nicht mehr „Theater".

Es ist bei der entgegengesetzten Richtung der gesetzlichen und der evangelischen Heiligung auch das Verhalten bei Schwierigkeiten und Hemmungen typisch verschieden. Wenn in den harten Nöten des praktischen Lebens die Heiligung schwer wird, wenn wir versagen, dann wird der gesetzlich sich Heiligende seine Anstrengungen verdoppeln, seine asketischen Übungen vermehren, seinen Willen anspornen. Er wird das tun bis zum Zusammenbruch durch Überspannung. Er muß es ja auch tun, weil dort vorn das Ziel leuchtet, zu dem er unbedingt gelangen will. Der Mensch auf dem Wege evangelischer Heiligung macht es genau umgekehrt: Er kehrt von der schwierigen Lebensstelle zurück zu seinem Ausgangspunkt in dem grundmäßigen Besitz im Glauben, zum Kreuz, zum Gestorben- und Auferstandensein mit Christus. Er vergewissert sich dort wieder alles dessen,

[58] Anm. Der bekannte römische Popularphilosoph Seneca sagt (z. B. Epist 31, 11) Ähnliches — theoretisch. Das Evangelium bringt überhaupt für die „Ethik" nichts völlig „Neues". Mit Recht hat man nachgewiesen, daß die sittlichen Grundsätze des Neuen Testaments zum großen Teil auch schon in andern Völkersitten, Religionen und Weltanschauungen ausgesprochen worden sind. Eben darum kann die Botschaft des Neuen Testaments sofort verstanden werden, weil sie an das „Gesetz im Herzen" (Rö 2, 15) anknüpft. Das Evangelium bringt aber das, was alle moralische und religiöse Erkenntnis der Welt nicht bringen konnte: die Verwirklichung! Senecas schöne Worte haben nicht das Geringste wirklich ausgerichtet. Wo aber Jesus der erlösende Herr über Menschen wurde, da wurde die neue Gemeinschaft über alle Unterschiede hinweg gelebt!

was er in Christus aus freier Gnade durch den Glauben hat und ist, und kehrt nun gestärkt und „in" Christus und Seinem Sieg an die notvolle Aufgabe zurück. Und siehe da, nun gelingt sie. „Als Auserwählte Gottes, heilige und geliebte" – wissen wir, daß wir das s i n d? Heute schon, hier und jetzt? Daß also das ewige Leben, der „Himmel" nicht erst nach dem Begräbnis beginnt, sondern jetzt in dieser Zeit? „Auserwählte Gottes, heilige und geliebte" – das sollte darum jeden Morgen der erste Gedanke sein, den wir beim Aufwachen denken und erfassen, und: „Ich gehöre auch dazu, ich bin ein Geliebter Gottes!" die helle Freudensonne in unserm Herzen, gerade auch an trüben und schweren Tagen. Denn dann gehen wir in der rechten Weise an die Heiligung dieses Tages heran und begreifen, was Luther mit seinem tiefen biblischen Durchblick einmal gesagt hat: „Wir tun nicht gute Werke, um in den Himmel zu kommen, sondern weil wir im Glauben im Himmel sind, können wir wahrhaft gute Werke tun." „Als Auserwählte Gottes heilige und geliebte", ja nun gibt es wirklich „gute" Werke für uns, Werke, in denen nicht wieder das böse verborgene Schielen des Ich nach seinem eigenen Gewinn alles verdirbt. Von Gott auserwählt und geliebt — da habe ich ja den ganzen Himmel, die ganze Seligkeit! Was könnte ich noch mehr verlangen? Und aus dieser unermeßlichen Seligkeit heraus kann ich nun mein Tun ordnen, das nun bei allem Ernst des Einsatzes doch nicht mehr ein gequältes und mühseliges zu sein braucht. Freude und etwas von Sabbatruhe liegt nun über dem Lebenswerk der Geliebten Gottes. Jesus hat durch Seinen Bevollmächtigten Paulus alle, die sich auf dem Wege gesetzlicher Heiligung abquälen und abschleppen, unter Sein sanftes Joch gerufen und sie nach Seiner Zusage wirklich zur Ruhe gebracht, Mt 11, 28–30.

Darum besteht der positive Inhalt der Heiligung nun nicht in solchen kümmerlichen Äußerlichkeiten wie dem Einhalten bestimmter Feiertage. Es wird nicht mehr „Minze, Dill und Kümmel verzehntet und das Schwerste im Gesetz dahinten gelassen", Mt 23, 23. Gerade um dieses „Schwerste" geht es, nun freilich nicht als eigene mühselige Leistung, sondern als etwas längst Bereitetes und Geschenktes, das uns schon gehört und das wir zu jeder Stunde neu nehmen und „anziehen" dürfen. Es geht bemerkenswerterweise auch nicht um den Dekalog. Es sollte uns wohl zu denken geben, welch geringen Gebrauch die Apostel in ihren Briefen vom Dekalog machen. Der Dekalog ist Volksgesetz für Israel und wenig brauchbar als Lebensgesetz für die Glieder des Leibes Christi. An dem Moralismus, der unsere Kirchen verdirbt und uns den Blick für die rechte Heiligung verschließt, ist der übermäßige Raum, den wir dem Dekalog in der Kirche eingeräumt haben, nicht ohne Schuld. Nicht um notdürftige bürgerliche Moral geht es (du sollst nicht töten, nicht ehebrechen, nicht stehlen, nicht falsch Zeugnis reden), sondern um **„ein Herz des Erbarmens, der Güte, Demut, Sanftmut, Geduld"**.

„Ein Herz des Erbarmens" kann man sich nicht selber geben. Gemachte Güte, gewollte Demut, künstliche Sanftmut, das ist lauter Schauspielerei, die in den Proben zerbricht, lauter verzerrte Maske, hinter der das eigentliche Wesen um so erschreckender hervorsieht: Theaterprinzen mit Flittergold und Silberpapier. Aber die echte, geborene Prinzessin darf die echte Kleiderpracht, die für sie bereit liegt, wirklich anziehen. „Ein Herz des Erbarmens, Güte, Demut, Sanftmut, Geduld" – das ist nichts anderes als Christus selbst, den ich angezogen habe und darum jetzt bei diesem schwierigen Gespräch mit einem unsympathischen Menschen, bei diesem Verhör vor gottlosen und rohen Schergen erneut anziehen darf. Auch bei diesen „Tugenden" zeigt jedes gründlichere Lexikon der neutestamentlichen Sprache, wie sie sich auch bei mancherlei andern Denkern und Schriftstellern genannt finden. Aber woher kennen die Menschen diese Tugenden, warum finden sie sie schön, woher wissen sie, daß wir „eigentlich" so sein sollten? Aus der Natur jedenfalls nicht! Denn in Begriffen wie „Güte, Demut, Sanftmut, Geduld" spiegelt sich die Freiheit von jeder Selbstbehauptung im Dienst für die andern, also das völlige Gegenteil aller „natürlichen" Lebensrichtung. Hier erweist sich erneut die tiefe Wahrheit der biblischen Botschaft von der Schöpfung des Menschen zum Bilde Gottes in Christus (s. o. S. 253). „Herzliches Erbarmen, Güte, Demut, Geduld" sind zuerst Eigenschaften Gottes.[59] Der im Bilde Gottes geschaffene Mensch trägt unverlierbar die Erinnerung an dieses Wesen Gottes in sich. Alle menschliche Moral und Ethik ist ein solches oberflächlicheres oder tieferes „Erinnern". Alle moralischen Begriffe sind letzte matte Strahlen aus dem Licht göttlichen Lebens, an dem der Mensch im Ursprung teilnehmen sollte. In Jesus begegnet das ursprüngliche Bild Gottes (1, 15) in all seiner Herrlichkeit gerade in Erbarmen und Sanftmut und Demut dem zerstörten und entarteten Ebenbild im Menschen, nun nicht als matter und machtloser „Begriff" von „Tugenden", sondern als lebendige Person, die als „Christus in uns" (1, 27) wohnen will und die wir „anziehen" dürfen. Auch hier arbeitet darum das Evangelium mit längst bekannten Worten, zu denen der Forscher viele „Parallelen" herbeibringen kann. Aber auch hier schenkt das Evangelium statt blasser Erinnerungen die errettende Rückkehr in die volle göttliche Heimat. Evangelische Heiligung unterscheidet sich von aller menschlichen Ethik wie der freie Palmbaum am Heimatstrand der Südseeinsel von dem armen Topfgewächs, das künstlich bei uns im Zimmer gezogen wird.

Paulus hat vor allem das Leben in der Gemeinde selbst vor Augen. Er sieht ja die Gemeinde Jesu als eine klar abgegrenzte Bruderschaft, die ihr Leben in bestimmter Abgeschlossenheit gegen ihre Umgebung führt, auch wenn sie missionarisch in diese Umgebung immer wieder vorzustoßen hat. Hier in der Gemeinde zeigt sich die wahre Heiligung. Nicht in absonderlichen Kunststücken, nicht in dem ängstlichen

[59] Anm. Vgl. Ps 25, 6; 31, 20; 40, 12; Mt 11, 29; Rö 2, 4; 9. 22. 23; 11, 22; 12, 1; 1 Ko 13! 2 Ko 1, 3; 2 Ko 10, 1; 1 Tim 1, 16; Tit 3, 4; 1 Pt 3, 20; 2 Pt 3, 15.

„Fasse nicht an, koste nicht, berühre nicht!", sondern darin, daß man **„einander ertragend und sich gegenseitig vergebend, wenn einer gegen jemand eine Beschwerde hat"**, das Leben der Bruderschaft führt. Das „kathós" in dem kurzen Begründungssatz ist mit dem „wie ja" etwas zu schwach übersetzt. Es liegt ein „dementsprechend daß", ja sogar ein „auf Grund davon daß" darin. Eine zwar nicht-theoretisch-prinzipielle, aber eine sehr praktisch wirksame Begründung ist damit ausgesprochen. Der ist ein wahrhaft Geheiligter, der vergeben kann. Wann kann er es aber? Nicht, wenn er sich dazu zu zwingen sucht, nicht, wenn er ein stolzer Heiliger mit allerlei asketischen Künsten wurde, wohl aber, wenn er selbst mächtig das Vergeben seines Herrn erfuhr und immer wieder in dieser Erfahrung steht.

„Zu diesem allen aber die Liebe, das ist ein Einheitsband der Vollkommenheit." Mit „Einheits"band ist die Vorsilbe „syn" wiedergegeben, die hier vor dem Wort für „Band, Verbindung" steht. Das andere Sprachgefühl der Griechen benutzt den Genitiv, um etwas auszudrücken, was wir im Deutschen lieber mit Adjektiv und Adverb sagen würden: „das ist ein völlig zusammenhaltendes Band". Vielleicht ist dabei an den Gürtel gedacht, der die ganze Kleiderpracht der Auserwählten Gottes erst zusammenhält. Vielleicht leitete aber auch der Gedanke an die Gemeinde den Diktierenden. Von „Bändern und Sehnen", die den Leib versorgen und zusammenhalten, hatte Paulus schon 2, 19 gesprochen, 2, 2 auch schon vom „Zusammenhalten in **Liebe"**. Jedenfalls so wie die Liebe 1 Ko 13 mitten zwischen allen Geistesgaben als der „noch köstlichere Weg" steht, so ist die Liebe auch die Krone wahrer Heiligung. Diese Heiligung schafft nicht einsame Koryphäen, die mit ihren großen Heiligungsleistungen prangen und dabei die Gemeinde spalten, sondern stellt in die Bruderschaft und dient ihr und schließt alles das, was vorher genannt war, zusammen. Nur müssen wir heutigen Leser, damit es nicht gefährliche Mißverständnisse gibt, daran denken, daß diese Liebe, die „agape", ganz und gar nicht das ist, was wir unter „christlicher Liebe" gemeinhin zu verstehen pflegen. Auch sie ist gerade nicht etwas, was wir von uns aus besitzen und so in die Waagschale werfen könnten. Wir können nicht etwa sagen: Nun also, wozu der komplizierte „Glaube", wozu all dies merkwürdige mit Christus Gestorben- und Auferwecktsein, wir „lieben" einfach, und alles ist gut. Nein, „lieben" kannst du gerade nicht. Deine ganze natürliche Gutmütigkeit und Nettigkeit gehört zum „alten Menschen" und ist vom Ich verseucht und muß sterben! Und erst als ein von Gott unbegreiflich Geliebter, als ein im Kreuz des Christus Errettetер kannst du in der Liebe, in der wirklichen, göttlichen Liebe, lieben und sollst nun freilich diese Liebe auch „zu diesem allen" anziehen.

Von „Christusdrangsalen" hörten wir 1, 24, von einer „Christusbeschneidung" 2, 11 und hören nun vom **„Frieden des Christus".**[60] Er **„gebe den Ausschlag in euern Herzen".** Paulus verwendet hier den gleichen Wortstamm, aus dem er oben den Ausdruck „den Siegespreis aberkennen" (2, 18) ableitete. Es ist also an die Tätigkeit des Schiedsrichters gedacht. Wenn unser Herz fragt: Wie soll ich es jetzt machen? welchen Weg einschlagen? welches Wort sprechen?, dann soll der Friede des Christus die Entscheidung treffen. Von diesem „Frieden" war bereits im Eingangsgruß die Rede; wir hörten dann, wie er von Christus „durch das Blut Seines Kreuzes" errungen wurde (1, 20), indem Er den friedlos machenden, verklagenden Schuldschein beseitigte.

„Friede" ist einer jener Begriffe, die man nicht „erklären" und einem andern auch nicht durch noch so eingehende Erörterung verständlich machen kann. Wer aber „Frieden" fand, weiß genau, daß er ihn hat und was dieses Wort unaussprechlich in sich schließt. „Friede" kann das ganze Heilsgut umfassen, den Frieden mit Gott (Rö 5, 1) ebenso wie den daraus fließenden Frieden des Herzens und den Frieden gegen die Menschen. „Friede" ist das, was die von Gott gelösten Menschen auf keinen Fall haben können, Jes 57, 20. 21. Nur in der Errettung durch Christus und in der Lebensgemeinschaft mit Ihm finden wir diesen Frieden, der eben daher **„der Friede des Christus"** heißt.

Darum hat dieser „Friede" nichts zu tun mit natürlicher Nachgiebigkeit und persönlicher Weichheit. Es gibt eine „Friedlichkeit", die nichts ist als „Fleisch". Es war gerade der Friede des Christus, der in den Herzen des Paulus und Timotheus den Ausschlag gab, als sie sich entschlossen, weiter den heißen Kampf um die Gemeinde in Kolossä zu kämpfen und allen unerbittlich zu widerstehen, die diese Gemeinde verwirren wollten. Der „Friede des Christus" ist immer der Friede Dessen, der nicht gekommen ist, Frieden zu senden, sondern das Schwert, Mt 10, 34. Aber zugleich ist wirklich e r es, der die Gemeinde zusammenhält **„in e i n e m Leibe"**. Wie viele schmerzliche und den Namen Jesu verunehrende Spaltungen in der Gemeinde wären nicht gekommen, wenn bei Aussprachen und Verhandlungen, bei Synoden und theologischen Disputen wirklich der Friede des Christus den Ausschlag gegeben hätte und nicht Rechthaberei, Geltungsbedürfnis und manchmal auch politische Leidenschaft. Das „Zusammenhalten der Herzen in Liebe und zu dem ganzen Reichtum der vollen Gewißheit des Verständnisses" gelingt nur denen, die im Frieden des Kreuzes Jesu, im Frieden der Vergebung stehen und diesen Frieden ausschlaggebend sein lassen. Solche im Christusfrieden geheiligten Menschen braucht die Gemeinde.

Mit dem Hinweis auf das Danken schließt dieser Abschnitt. Paulus hat es offensichtlich für eine ganz wichtige Sache, nicht nur für einen „schönen Zug" gehalten, dankbar zu sein. Er erinnert von seinem ersten Gemeindebrief an (1 Th 5, 18) ständig an diese Aufgabe und zählt das „Dank sagen allezeit für alles" zu den Mitteln, durch die eine Gemeinde „voll Geistes" wird, Eph 5, 18. 20. Darum auch hier:

[60] Anm. Einen solchen Hinweis auf den „Frieden" bringt Paulus gern am Ende seiner Briefe; vgl. Rö 15, 33; 16, 20; 2 Ko 13, 11; Gal 6, 16; Phil 4, 7; 1 Th 5, 23; 2 Th 3, 16.

„und werdet dankbar". Das kann man nämlich noch immer mehr werden, auch wenn man es schon ist. Das sind die rechten „Heiligen", Gott und den Menschen angenehm, die aus Herzensgrund wahrhaft und stets zu danken wissen.

Zu Vers 16:
40* Eph 4, 29; 5, 19
41* Kol 1, 28
42* Apg 16, 25
43* Jak 5, 13
Zu Vers 17:
44* 1 Ko 10, 31
45* Eph 5, 20

16 c) Das Wort des Christus sei bei euch zu Hause reichlich; mit aller
Weisheit lehrt und ermahnt einander; in Psalmen, Hymnen und
Liedern, wie der Geist sie gibt, singt durch die Gnade in euren
17 Herzen Gott. * Und alles, was ihr nur immer tut in Wort und in
Werk, tut es alles im Namen des Herrn Jesu, dankend Gott, dem
Vater, durch Ihn.

Paulus hat die wahre evangelische Heiligung geschildert. Sie ist mit dem wirklichen Glauben selbst gegeben. Und doch bleibt die Frage wichtig, wie sie denn ganz praktisch in unserem Leben ihre Kraft bekomme. Davon sagt Paulus nun noch etwas. Unsere Stelle ist dabei bezeichnenderweise die Parallele zu der Beantwortung der Frage: Wie werden wir voll Geistes? im Epheserbrief Kap. 5, 18–21. Beides liegt ja ineinander. „Heilige" sind wir, weil der Heilige Geist in uns wohnt. „Heiligung" geschieht in der Auswirkung des Heiligen Geistes in unserm ganzen Leben. Unsere Heiligung wird kraftvoll, wenn wir voll Geistes werden. Wie geschieht das?

„Das Wort des Christus sei reichlich bei euch zu Hause." Für viele ist das Wort ein lieber Sonntagsbesuch. Das genügt nicht. Andere lassen das Wort auch noch bei andern Gelegenheiten in ihrer Mitte sein: in der Bibelstunde, im Männerabend, in der Frauenhilfe, in der Jugendstunde. Das genügt nicht! Andere lassen es sogar täglich zu einem kurzen Besuch in ihr Haus einkehren bei der Hausandacht. Das genügt nicht! Es muß bei uns „zu Hause sein", so daß wir in ihm „zu Hause sind." Die Gemeinde Jesu kann doch nicht hinter der des Alten Bundes zurückstehen, der es gesagt war: „Und diese Worte, die ich dir heute gebiete, sollst du zu Herzen nehmen und sollst sie deinen Kindern einschärfen und davon reden, wenn du in deinem Hause sitzest oder auf dem Wege gehst, wenn du dich niederlegst oder aufstehst" 5 Mo 6, 6. 7. Denn im „Wort des Christus" ist der Geist und ist das Leben, Joh. 6, 63. Luther hat das Bild gebraucht vom Feuer, in dem das kalte, graue Eisen glühend und feurig wird. Wie soll ein geheiligtes Leben zustande kommen, wenn nicht „reichlich" das leben-

40* Eph 4, 29: Laßt keine faule Rede aus eurem Munde hervorgehen, sondern nur eine solche, die da, wo es not tut, zur Erbauung dient, damit sie den Hörern Segen bringe.

Eph 5, 19: . . . so daß ihr zueinander mit Psalmen, Lobgesängen und geistlichen Liedern redet und dem Herrn in eurem Herzen singt und spielt.

41* Kol 1, 28: Und Er ist es, den wir verkündigen, indem wir jedermann ermahnen und jedermann in aller Weisheit unterweisen, um einem jeden zur Vollkommenheit in Christus zu verhelfen.

42* Apg 16, 25: Um Mitternacht aber beteten Paulus und Silas und priesen Gott in Lobliedern; die übrigen Gefangenen aber hörten ihnen zu.

43* Jak 5, 13: Hat jemand unter euch zu leiden, so bete er; geht es jemandem gut, so singe er Loblieder.

44* 1 Ko 10, 31: Nun: Mögt ihr essen oder trinken oder sonst etwas tun, tut alles zur Verherrlichung Gottes!

45* Eph 5, 20: . . . und sagt Gott dem Vater allezeit Dank für alles im Namen unsers Herrn Jesus Christus.

dige, geisterfüllte Wort alles durchlebt und durchleuchtet. Warum sind wir, die wir sonst gern alles „reichlich" haben, hier so sehr genügsam?

Wir sagen meist „Gottes Wort"[61]; Paulus schreibt hier „das Wort des Christus". Das ist selbstverständlich keine Beiseiteschiebung des Alten Testaments. Für die damalige Gemeinde war ja allein das Alte Testament „die Schrift". „Und sie ist es, die von Mir zeugt", sagt Jesus (Jo 5, 39). Eben darum wurde das Alte Testament der apostolischen Gemeinde so vertraut und nah, weil sie es als das „Wort des Christus" las. Aber zu „den Schriften" und dem Wort, das Christus (durch Den und zu Dem alles geschaffen ist) durch sie sprach, trat nun Sein neues Wort. Noch war es nicht als „Buch" fixiert. Noch war es lebendig erzähltes, verkündigtes, gehörtes, behaltenes Wort.[62] Wir haben das Glück, dies „Wort des Christus" in schönem klarem Druck für wenige Pfennige kaufen zu können. Aber vielleicht ist es gerade darum bei uns so wenig wirklich „zu Hause", weil es viel zu wenig erzähltes, gehörtes, behaltenes und bedachtes Wort bei uns ist.

Wieder denkt Paulus nicht an einsame Einzelchristen, die nur still für sich über dem Wort sinnen. Wieder sieht er die Bruderschaft um das Wort im lebendigen Austausch. Darum schließt er sogleich das zweite an: **„Mit jeder Weisheit lehrt und ermahnt einander."** Die Bruderschaft hat keinen „Pfarrer", dem das „Lehren und Ermahnen" überlassen bleibt und der es am Ende als sein alleiniges „Recht" in Anspruch nimmt. Gemeinde ist „Leib", in dem die Glieder einander geben[63], was sie bedürfen, damit der ganze Leib sein „Gotteswachstum wächst". Sie können einander geben, weil sie selbst empfangen, weil sie selbst im Wort des Christus leben und aus ihm schöpfen. Wie sollten sie da nicht in Fülle weiterzureichen haben! Jede Bruderschaft, die wirklich gemeinsam das Wort reichlich in ihrer Mitte zu Hause sein läßt, erfährt das fort und fort mit Freude als Tatsache.

Dabei unterscheidet Paulus „lehren" und „ermahnen". Es lag ihm ja sehr ernst am Wachstum der Erkenntnis: 1, 9; 2, 2. 3. Darum muß immer weiter „gelehrt" werden. Es lag ihm aber ebenso an der tatsächlichen Heiligung, und zwar an der konkreten Heiligung im Heute und Hier des einzelnen Lebenslaufes. Da muß „ermahnt" werden. Das griechische Wort sagt eigentlich: „den Sinn zurechtrücken", also etwas von unserm „den Kopf zurechtsetzen". Wie schief sieht der einzelne leicht die Dinge, weil der verborgene Einfluß des Ich seinen Blick trübt. Da braucht jeder den Bruder, der ihm zum klaren Blick

[61] Anm. Das Neue Testament braucht in mannigfachem Wechsel „Wort Gottes" und „Wort des Herrn" oder auch nur die kurze Bezeichnung „das Wort". An verschiedenen Stellen schwanken die Handschriften im Sprachgebrauch. „Wort des Christus" ist nur hier und Hbr 6, 1 zu finden.

[62] Anm. Wie ernst Paulus dieses noch nicht in heiligen Schriften fixierte, sondern jetzt unmittelbar ausgesprochene Wort doch als von Christus und Gott selbst geredetes Wort ansah, zeigen Stellen wie 2 Ko 5, 20; 13, 3; vgl. dazu auch 1 Pt 4, 11.

[63] Anm. Schon der alttestamentliche Fromme wurde so gesehen, daß er diesen Dienst tun konnte: Ps 37, 30. 31. Sollte dann der im Neuen Bunde Glaubende, der den Heiligen Geist empfangen hat, nicht erst recht dazu imstande sein!

und zum festen Willen verhilft. Freilich muß dies „Lehren und Mahnen“ **„mit aller Weisheit“** geschehen. Unbedachtes Einreden auf den andern schadet mehr, als daß es nützt, auch wenn es inhaltlich völlig „richtig“ ist. Aber diese Weisheit ist auch hier wie in 1,9 vom Geist Gottes gewirkt und quillt aus der alles zusammenhaltenden Liebe ebenso wie aus dem reichlichen Umgang mit dem Wort des Christus.

Es darf uns auffallen, daß Paulus hier von der Tätigkeit der Gemeinde genau dieselben Ausdrücke verwendet, die er in 1,28 von seiner eigenen Arbeit gebraucht. Zwischen dem „großen Apostel“ und den „schlichten Gemeindegliedern“ in Kolossä ist da grundsätzlich kein Unterschied. Es ist nicht etwa der Apostel zum Lehren und Mahnen, das Gemeindeglied in Kolossä nur zum Kollektenzählen und Blätteraustragen da. Nur die Auftragsweite ist verschieden. Paulus weiß sich verpflichtet für „jeden Menschen“, die Kolosser haben ihre Aufgabe „an einander“. Ein „Amt“ aber, welches das Lehren und Ermahnen für sich selbst beschlagnahmt, kennt Paulus hier nicht.

Paulus sah keine schweigsame, „nüchterne“ Gemeinde als erwünschtes Bild vor sich. Er sieht die Herzen so lebendig und tief bewegt, daß in ihnen das Singen zu Gott hervorbricht. Dies Singen denkt er sich sehr mannigfaltig. **„In Psalmen, Hymnen und Liedern, wie der Geist sie gibt, singt durch die Gnade in euren Herzen Gott.“** Nicht nur die Psalmen der Bibel, nicht nur die feierlichen Hymnen („Lobgesänge“) sind göttlichen Ursprungs und einer Gemeinde würdig. Auch „Lieder“ sind vom Geist Gottes gegeben. Paulus redet nicht vom literarischen oder musikalischen Wert der Lieder. Er weiß ja, daß Gott immer wieder gerade „das Unedle vor der Welt und das Verachtete“ erwählt, um das zu beschämen, was „etwas ist“ (1 Ko 1,28). Ihm liegt es nur an dem einen, daß ein Lied aus dem Geist Gottes stammt und Träger dieses Geistes ist.[64] Wenn Paulus von einem Singen **„in euren Herzen“** spricht, so meint er schwerlich, daß es nur ein inneres Singen sein solle, das gar nicht auf die Lippen kommt. Es ist zwar in der Zeit der überfüllten Wohnungen, es ist für Christen in ablehnender Umgebung ein Trost, daß sie in diesem Sinne „in ihren Herzen“ singen können und daß Gott auch das Lied der Herzen hört. Aber Paulus selbst hat sogar im Gefängnis in Philippi so laut gesungen, daß es durch das ganze Gebäude klang. Darum wird auch hier im Text das griechische „en“ wieder die viel weitere Bedeutung haben als unser deutsches „in“ und sagen wollen, daß das Herz der Ort ist, an dem das rechte Singen entsteht. Es entspräche das unserm „von“ Herzen singen. Ohne Beteiligung der Herzen ist alles Singen vor Gott wertlos, auch wenn geschulteste Sänger und Chöre edelste Kirchenmusik darbieten.[65]

[64] Anm. Paulus läßt hier alles Singen an „Gott“ gerichtet sein. Man wird daraus nicht schließen dürfen, daß es damals also noch keine Jesuslieder gegeben habe. In Phil 2, 5 ff. und 1 Tim 3, 16 haben wir selber Christuslieder jener ersten Tage vor uns. Und der Statthalter Plinius schreibt am Ende des 1. Jhdts. in seinem amtlichen Bericht über die Christen: „carmen Christo quasi Deo dicere“; die Christen singen Christus wie einem Gott ein Lied.

„Durch die Gnade[66]“ hat Paulus hinzugesetzt und dies Wort zwischen „wie der Geist sie gibt“ und „singt“ gestellt. Wozu wollen wir es nehmen? Sachlich ist der Unterschied dabei nicht groß. Singen kann die Gemeinde, weil sie die Gnade erfahren hat und in der Gnade steht. Begnadigte Menschen müssen jubeln und loben und danken. Das wird von selbst zum Lied. Sie müssen die Botschaft der Gnade weitersingen. So wirkt der Heilige Geist durch die Gnade die Lieder, so singt die Gemeinde sie durch die Gnade. Solches Singen ist nicht eine hübsche „Zugabe“ zum Gemeindeleben, solches Singen ist ein Stück des Gemeindelebens selbst, ein Stück wirklicher Heiligung, denn es läßt voll Geistes werden.

„Und alles, was ihr nur immer tut in Wort und in Werk, (tut es) **alles im Namen des Herrn Jesu, dankend Gott, dem Vater, durch Ihn.“** „Im Namen ...“, das ist eine häufige Ausdrucksweise, deren inneren Gehalt auch wir empfinden, wenn etwa „im Namen des Gesetzes“ eine Verhaftung erfolgt oder „im Namen des Volkes“ ein schweres Urteil gesprochen wird. In jemandes Namen etwas sagen, in seinem Auftrag, so daß eigentlich der andere selbst es ist, der hier handelt, redet oder beansprucht. So ist es etwa bei der Heilung des lahmen Bettlers vor der Schönen Tür des Tempels in Apg 3. Nicht Petrus und Johannes haben da etwas gekonnt und ausgerichtet, Jesus hat es getan durch den in Seinem Namen ausgesprochenen Befehl. Ich kann daher nur dann im Namen eines andern etwas sagen oder tun, wenn ich weiß, daß es so sein Wille ist und so seine Billigung findet. Ja, ich muß mir klarmachen, daß ich dann damit rechne, daß der andere selbst zugegen ist, selbst in meinem Wort redet, in meiner Tat handelt. Das „im Namen“ hat also auch eine scheidende Kraft in sich. Sobald ich etwa irgendwo im Namen meines Vaters ein Wort zu reden habe, kann ich vieles nicht mehr sagen, was ich sonst vielleicht ohne viel Überlegung von mir gegeben hätte, und muß Dinge zur Sprache bringen, die ich am liebsten übergehen würde.

„Tut alles im Namen des Herrn Jesu“ bedeutet also: Denkt daran, daß Jesus im letzten Sinn „Herr“ ist, Herr über euer ganzes Leben. Ein Sklave kann überhaupt nichts in seinem eigenen Namen, „eigenmächtig“ tun, er hat nicht die „Freiheit“ dazu. Er gehört völlig seinem Herrn und lebt nur für ihn. Unter Menschen bleibt das freilich auch bei „Leibeigenschaft“ noch begrenzt. Aber Jesus ist wirklich „Herr“, Ihm gehören wir total. Wir gehören Ihm ja doppelt: weil wir „durch Ihn und zu Ihm geschaffen“ (1, 16) sind und weil Er uns aus der Sklaverei der Schuld erkaufte unter Einsatz Seines Lebens

[65] Anm. Niklaus Bolt erzählt in „Wege und Begegnungen“: „Ein großer Konzertstern sang einmal in Neuyork bei der Hauptprobe des Messias von Händel die Arie ‚Ich weiß, daß mein Erlöser lebet‘. Es klang wundervoll; der Chor, Hunderte von Sängern, sah gespannt auf den Musikdirektor, der auf die Künstlerin zutrat. Was wird er ihr sagen? ‚Madame, Sie haben ein prachtvolles Organ und vollendete Stimmtechnik. Nur wissen Sie nicht, daß Ihr Erlöser lebt.‘ “

[66] Anm. Wir finden auch die Lesart ohne Artikel, was dann „unter Dank“ bedeuten könnte. Auch bei der Lesart mit Artikel wird die Übersetzung „in dankbarer Gesinnung“ vorgeschlagen. Eine Entscheidung ist bei der Vieldeutigkeit des Wortes „charis“ schwer zu treffen.

(2, 14). Nun haben wir keine „Freiheit“ mehr zu irgendeiner Lebensregung von unserm Ich her und wollen sie auch nicht mehr haben. „Wir“ starben ja, „wir“ wurden ja in der Taufe mit Ihm begraben. Als „Mitauferweckte“ aber leben wir nur noch in Ihm und mit Ihm. Also gibt es auch nichts mehr, was wir anders als „in Seinem Namen“ noch reden oder tun könnten und wollten.

Was für ein Licht flammt hier auf! Verschwunden ist in diesem Licht der ganze Unterschied zwischen „heiligen“ und „weltlichen“ Zeiten, Orten, Dingen, Worten und Handlungen! Paulus riet darum den Kolossern nicht: Alle religiösen und frommen Dinge tut nun im Namen Jesu! Auch nicht: Seht, wie ihr doch möglichst viel im Namen Jesu recht heilig tun könnt! Sondern er schrieb sehr betont: **„alles, was ihr nur immer tut...“**. Nun verstehen wir erst ganz praktisch, was Paulus meinte, als er den verblüffenden Satz diktierte: Wer sich noch Satzungen auferlegen lasse, der habe sein Leben noch in der Welt (2, 20). Auch bei der ernstesten Heiligung durch einzelne Satzungen leben wir immer noch so, als seien wir grundsätzlich von Gott getrennt und müßten nun wenigstens möglichst viel „heilige Tage“ finden, wo wir für Gott da sein könnten und durch recht viel „Fasse nicht an! Koste nicht! Berühre nicht!“ dafür sorgen, daß wir nicht zu sehr in der Welt versinken. Nun aber ist es total anders. Nun ist ja Christus „unser Leben“ (3, 4). Nun gibt es gar nichts „nur Weltliches“, „Gottfernes“ mehr in unserm Leben, denn alles, was wir überhaupt tun, das tun wir ja nun „im Namen des Herrn Jesu“, unter der Regierung und Leitung dieses Herrn, vor Seinen Augen, in Seiner Gegenwart, „würdig des Herrn zu Seinem vollen Wohlgefallen“ (1, 10). Ganz gewiß, es steht auch damit so wie mit dem „gestorben sein“, „abgelegt haben“ und „angezogen haben“: Es ist alles grundmäßig und grundsätzlich so und muß darum nun fort und fort immer neu konkret verwirklicht werden. Darum m a h n t Paulus ja auch dazu. Aber eben dies sollen sie verwirklichen, weil es in Christus schon Wirklichkeit für sie ist, daß die Zerspaltung des Lebens aufhört, daß das Leben in seiner Totalität ein Leben „in Jesu Namen“ und also ein „heiliges“ Leben wird. Um mit Luthers Ausdrücken zu reden: Sie können und sollen darum auch die „stückeliche und bettelische“ Heiligung durch eine totale ersetzen.

Das ganze leidige Fragen gesetzlicher Heiligung: Darf ich dies noch? Darf ich jenes?, der ganze Wunsch nach einer möglichst genauen Liste der verbotenen und der erlaubten Dinge ist hier erledigt! Jeder Ort ist gut, an dem ich mit Jesus, meinem Herrn, weilen kann, und sei er ein „Gastmahl der Zöllner und Sünder“; jeder Raum unbetretbar, in den ich Ihn nicht mit hineinbringen darf, auch wenn es ein moralisch ganz „sauberer“ oder jedenfalls „harmloser“ Raum ist. Nein, noch ernster und klarer: Mein selbständiges und eigenmächtiges Gehen hat überhaupt für mich aufgehört. Nicht ich bin es mehr, der nach seinen Meinungen und Wünschen geht und nur erwägt, ob er Jesus „mitnehmen“ kann. Jesus ist der König und der Herr, der führt und vorangeht und mich „in Seinem Triumphzug mitnimmt" (2 Ko 2, 14). Wohin Er mich nicht führt, dahin will ich auch meinerseits nicht mehr gehen.[67] Jeder Tag, jede Stunde ist „heilige Zeit". Denn sie gehört Jesus, und ich will keine „Freiheit" mehr haben, in der ich nur für mich selber da bin oder mich der Welt überlassen dürfte. Der Montagnachmittag von vier bis fünf mitten in der Berufsarbeit ist so „heilig" wie der Sonntagvormittag von zehn bis elf in der Kirche; denn das Tun in Wort und Werk geschieht am Sonntag nicht mehr und am Montag nicht weniger „im Namen des Herrn Jesu". Und auch meine Freizeit, meine Erholung und Entspannung teilt mir die gütige Hand meines Herrn zu, von der ich mich auch dort nicht löse. Ich habe keine Sorge, daß ich dabei zu kurz kommen könnte – bei Ihm, der sogar Sein Leben für mich gab und dem alles Sichtbare und Unsichtbare gehört. Auch meinen Urlaub verlebe ich „im Namen des Herrn Jesu, dankend Gott, dem Vater, durch Ihn". Alles kann ich fröhlich genießen, was ich so „danksagend" empfangen kann, auch wenn es etwas „Weltliches" ist. Alles darf ich als Christ tun, was sich mit dem Namen Jesu verbinden läßt. Und nichts w i l l ich ja noch tun, was ich vor Jesus, meinem Erretter, verstecken müßte, was zu Seinem Namen nicht paßt. Einen Christenstand, bei dem ich herumprobiere, wieviel der Herr mir am Ende noch „zuläßt", was ich so rein für mich treiben könnte, ohne daß es geradezu dem Namen Jesu widerspricht, hätte Paulus für tief krank gehalten. „Neutrale" Gebiete, auf denen er sich „ohne Jesus" bewegen kann, sucht keiner, der begriffen hat, wer dieser Jesus für ihn ist! Nein, es geht um mein gesamtes „Tun", im Wort oder im Werk, und alles soll ein eigentliches und klares Tun in Jesu Namen sein.

Welche Veränderung erfährt ein Leben, das so gelebt wird! Wahrlich, es wird ein durch und durch „geheiligtes" Leben! Und zwar himmelhoch über all der bruchstückhaften und willkürlichen „Heiligung" gesetzlicher Art. Dabei wird ein solches Leben wahrhaft lebendig, reich, wertvoll und lohnend. Wie merkwürdig freudlos, mißmutig, von Enttäuschungen und Bitterkeit überschattet ist das Leben der vielen, die nach dem Glück jagen und sich „alles leisten" und sich davor „hüten, fromme Kopfhänger zu werden". Ein Leben in dem Herrn Jesus ist von lauter Dank durchzogen.

Wir blicken noch einmal auf den ganzen Abschnitt zurück. Paulus sprach hier unmittelbar mit uns, indem er das Gespräch mit den Kolossern führte. Es bedarf hier keiner besonderen Übersetzung in die Gegenwart. Aber wir dürfen es uns als Kindern der Reformation, besonders der lutherischen Reformation, noch einmal gesagt sein lassen: Gerade Paulus kennt keine „Rechtfertigung", die vor dem wirklichen Leben stehenbliebe oder als ein bloßer Regenbogen der Gnade über ihm schwebte. Die „Heiligung" ist nicht ein „Anhang" dazu von geringerer Wichtigkeit. Wir lesen unsern Brief völ-

[67] Anm. Vgl. dazu die ausgezeichneten Ausführungen in O. Hallesby „Wie ich Christ wurde" S. 68/69.

lig falsch, wenn wir ihn beim Ende von Kapitel 2 zuklappten und meinten: Das war das Lehrhafte, das Wichtige, das Wort von unserer Errettung und Seligkeit; und nun kommen noch allerlei „Ermahnungen", das kennen wir ja, das können wir uns schenken. Nein! Eben das Kapitel 3 ist das Ziel, auf das Paulus hinauswill! Hier an diesem 3. Kapitel, an der „Heiligung" entscheidet es sich, ob wir Kapitel 1 und 2 richtig lasen und wirklich verstanden! Und zwar gerade deshalb, weil es nicht irgendeine gesetzliche „Heiligung" als einen „Zusatz" zur „Rechtfertigung" gibt, sondern weil die „Heiligung" schon in der wirklichen „Rechtfertigung" liegt und in ihr und mit ihr gegeben ist. Wenn uns die „Heiligung" nicht so sehr interessiert, beweisen wir nur, daß wir auch die „Rechtfertigung" nicht wirklich, nicht im Sinn des Paulus erfaßten. „Heiligung" bedeutet paulinisch nämlich nicht: aus mancherlei beachtlichen Gründen neben dem Gerechtfertigtsein durch den Glauben noch dies und jenes tun, sondern: in der Rechtfertigung durch den Glauben tatsächlich und konkret **leben.** Die Heiligung als nicht so wichtig von der Rechtfertigung trennen, den Römerbrief bei Kap. 5, den Kolosserbrief bei Kap. 2 für sich selbst beenden, das heißt: von der wirklich gelebten Ehe nicht mehr hören wollen, weil man ja doch verheiratet sei! Aber die Tatsache des Verheiratetseins wird ja nur in dieser gelebten Ehe Tag für Tag Wirklichkeit und bliebe ohne sie eine rein juristische Formalität. Die evangelische Christenheit hat hier biblisch sehr viel nachzuholen.

Heiligung im Alltag des Hauses

Kolosser 3, 18–4, 1

Zu Vers 18—4, 1: Eph 5,22 bis 6. 9; 1 Pt 2, 18 bis 3, 7
Zu Vers 19: 46* 1 Pt 3, 7
Zu Vers 23: 47* Rö 12, 11
Zu Vers 25: 48* Rö 2, 11; 49* 1 Pt 1, 17

18 Ihr Frauen, ordnet euch den Männern unter, wie es sich geziemt
19 im Herrn. * Ihr Männer, liebt die Frauen und werdet nicht bitter
20 gegen sie. * Ihr Kinder, gehorcht den Eltern in allem, denn das ist
21 wohlgefällig im Herrn. * Ihr Väter, reizt eure Kinder nicht, damit
22 sie nicht mutlos werden. * Ihr Sklaven, gehorcht in allem denen,
die nach dem Fleisch eure Herren sind, nicht in Augendienerei als
solche, die Menschen zu gefallen suchen, sondern in Einfalt des
23 Herzens als solche, die den Herrn fürchten. * Was ihr auch immer
tut, von innen heraus tut eure Arbeit als für den Herrn und nicht
24 für Menschen, * indem ihr wißt, daß ihr vom Herrn als Vergel-
tung das Erbe empfangen werdet. Des Herrn Christus Sklaven
seid ihr. (Oder: Dem Herrn Christus gehört ihr auch im Sklaven-
25 stande.) * Denn wer Unrecht tut, wird bekommen, was er Unrech-

46* 1 Pt 3, 7: Ebenso, ihr Männer: Lebt in vernünftiger Weise mit euren Frauen zusammen als mit dem schwächeren Teil und erweist ihnen Ehre, indem ihr in ihnen auch Miterben der Gnadengabe des Lebens seht; sonst würden ja eure Gebete unmöglich gemacht.
47* Rö 12, 11: Seid unverdrossen, wo es Eifer gilt; seid feurig im Geist, dem Herrn zu dienen bereit!
48* Rö 2, 11: . . . denn bei Gott gibt es kein Ansehen der Person.
49* 1 Pt 1, 17: Und wenn ihr Den als Vater anruft, der ohne Ansehen der Person nach dem Werk eines jeden richtet, so führet euren Wandel in Furcht während der Zeit eurer Fremdlingschaft.

1 **tes tat, und es gibt da keine Parteilichkeit. * Ihr Herren, was recht ist und billig (wörtlich: die Gleichheit), gewährt den Sklaven, indem ihr wißt, daß auch ihr einen Herrn im Himmel habt.**

Zu Vers 1:
[1]* 3 Mo 25, 43. 53
[2]* Pred 5, 7
[3]* 1 Tim 6, 15

Paulus hat uns in heller Größe das Leben im Glauben, das Leben evangelischer Heiligung gezeigt. Aber je konkreter wir unser Leben fassen, um so schwerer wird alles. „Liebe" im allgemeinen zu haben, sich für Güte, Sanftmut, Demut, Geduld grundsätzlich zu erwärmen, das ist verhältnismäßig leicht. Auch für besondere Anforderungen an unser „Herz des Erbarmens" den nötigen inneren Schwung aufzubringen, mag uns noch gelingen. Aber da ist nun unser Haus in seinem Alltag. Da bin ich nun Frau in dieser Ehe, Mann an der Seite dieser Frau. Da bin ich Kind, vielleicht heranwachsendes Kind, da stehe ich als Vater unter den Kindern. Da ist mir das ganz schwierige Los eines Sklaven auferlegt, oder da habe ich als Herr mein Verhältnis zu den Sklaven zu regeln. Wie sieht das nun alles aus? Nun schwindet vollends aller Glanz besonderer „Heiligkeit" und großer Leistungen; nun beginnen die kleinen, verborgenen Aufgaben Tag für Tag.

Paulus kann und will hier nicht in die Fülle der Einzelfragen hineinreden, die stets mit den ganz individuellen Verhältnissen zusammenhängen. Das geht nur in der persönlichen Seelsorge. Wie das dann etwa aussieht, wie das Thema „Sklave – Herr" persönlich-seelsorgerlich in diesem bestimmten Fall in diesem bestimmten Hause in Kolossä von Paulus behandelt wird, das können wir – im Philemon-Brief – selber nachlesen. Hier im allgemeinen Gemeindebrief zieht Paulus nur einige Grundlinien. Sie scheinen uns zunächst reichlich nüchtern und selbstverständlich oder, vom modernen Empfinden aus, auch recht anfechtbar zu sein. Wir lesen sie aber nur dann richtig, wenn wir sie im Zusammenhang des ganzen Briefes sehen und nicht vergessen, daß wir bei ihnen alles bisher Gehörte mit im Ohr haben müssen. Das fällt uns besonders schwer, weil wir modernen Menschen allzusehr daran gewöhnt sind, die „Religion" als eine hohe, feierliche Sache für sich zu betrachten und das tatsächliche Leben auf dieser Erde eben als rein „weltlich", „eigengesetzlich" und im Grunde „gottlos" zu empfinden. Da sehen wir uns allein mit uns selbst. Zur Regelung dieses Alltages haben wir nicht mehr als unsere rein menschlichen Gedanken und Urteile, Wünsche und Ansprüche. Die Erwähnung Gottes in diesem Raum empfinden wir leicht als „peinlich", weil als fromme Floskel ohne Realität. Wenn wir aus dieser Haltung heraus die Sätze des Paulus lesen, mißverstehen wir sie

[1]* 3 Mo 25, 43. 53: Du sollst nicht mit Härte über ihn herrschen, sondern dich vor deinem Gott fürchten. Vers 53: Wie ein Mietling, der Jahr für Jahr um Lohn arbeitet, soll er bei seinem Herrn sein, und dieser darf ihn vor deinen Augen nicht mit Härte als Herr behandeln.

[2]* Pred 5, 7: Wenn du siehst, wie der Arme bedrückt wird und wie es mit Recht und Gerechtigkeit in der Landschaft übel bestellt ist, so rege dich darüber nicht auf; denn über dem Hohen steht ein noch Höherer auf der Lauer, und ein Allerhöchster hält Wacht über sie alle.

[3]* 1 Tim 6, 15: ... die der selige und alleinige Machthaber (oder: Gebieter) zur festgesetzten Zeit eintreten lassen wird, Er, der König der Könige und der Herr der Herren.

völlig. Dann werden sie zu einer bloßen Moral, dazu noch zu einer anfechtbaren, deren Fragwürdigkeit mit frommen Worten zugedeckt werden soll. Frauen, Kinder, Sklaven werden mit schönen Redensarten aufs Parieren verwiesen, wie es den Herren so passen kann. Aber der moderne Leser irrt gründlich. Wenn in diesen kurzen Sätzen immer wieder das Wort „der Herr" steht (siebenmal in den wenigen Zeilen!), dann ist dies Wort das Entscheidende. Dann haben wir bei diesem „Herrn" an all das zu denken, was wir von der Größe Jesu, von Seinem Werk am Kreuz lasen und was als Folgerung daraus sich für unsere ganze Lebenshaltung ergab.

„Ihr Frauen, ordnet euch den Männern unter, wie es sich geziemt im Herrn." Als „allgemeine Moral" wird das sofort viele Fragen und allerlei Auflehnung erwecken. Warum soll immer die Frau sich unterordnen? Ist sie nicht dem Manne ebenbürtig? Ist sie in mancher Ehe nicht der wertvollere und klügere Teil? Müßte nicht gerade der Christ für die „Gleichberechtigung der Frau" eintreten? Weiß Paulus nicht, wie Männer sind? Oder nimmt er als Mann naiv für die Männer Partei? Und wäre nicht zum mindesten der Frau noch sehr viel anderes für ihre Ehe zu sagen? Paulus weiß, wie Männer sind, und wird sich darum sogleich auch an den Mann wenden. Paulus weiß auch von der „Gleichberechtigung" der Frau im Dienst Jesu. Man lese nur, wie er in der Grußliste Rö 16 die Frauen mitten unter den Männern nennt und ihren Dienst wertet. Wenn es die Namen nicht verrieten, würden wir bei den Sätzen dort nicht wissen können, ob sie jeweils einer Frau oder einem Mann gelten. Aber hier geht es um die Ehe und um das Haus. Hier ist mit einem Schlagwort wie „Gleichberechtigung" gar nichts getan. Und wenn auf einem Schiff zwei gleichtüchtige und gleichrangige Seeoffiziere sind – „Kapitän" kann immer nur einer sein! Mann und Frau im Hause – einer muß sich unterordnen. Paulus weist der Frau diese Aufgabe zu, denn so „geziemt es sich im Herrn". Es entspricht so schon den schöpfungsmäßigen Gegebenheiten. Versucht es doch anders, seht euch Ehen und Häuser an, wo die Frau regiert und der Mann sich unterordnet! Weder das Haus noch die Frau selber wird dabei gedeihen. Aber bei dem „Herrn" denkt Paulus nicht nur an den Schöpfer, dessen Ordnung wir nur zu unserm Schaden übertreten. Er denkt an Jesus, den „Erstgeborenen aller Schöpfung", der doch selber den Weg der Unterordnung und des Gehorsams ging und Seine einzigartige Herrlichkeit dadurch nicht verlor, sondern gerade empfing. Soll da etwa die nach diesem „Herrn Christus" genannte „christliche" Frau diesen Weg als „entwürdigend" empfinden? Soll sie gerade als Christin, als durch das Kreuz Jesu Errettete Neigung haben, für eine andere Stellung der Frau einzutreten? Nein, sie darf diese Stellung der Unterordnung unter den Mann ganz neu einnehmen, nicht mehr widerwillig als Zwang des Eherechts, der Sitte, nicht notgedrungen der Robustheit des Mannes weichend, nicht einmal nur aus der Einsicht, daß einer Kapitän sein muß, sondern „im Herrn", im Wissen, wie nahe sie nun gerade Jesus ist, welche Kraft gerade auf diesem Wege liegt, welche Hoheit ihr gerade so zuteil wird. Das ist dann eine Unterordnung, die es dem Manne sehr schwer machen wird, Tyrann zu sein!

„Ihr Männer, liebt die Frauen und werdet nicht bitter gegen sie." Dem Manne wird nicht gesagt: Ordne dich über! Nimm dein Vorrecht wahr! Kein Wort davon. Die Lateiner haben es in ihrer Sprache schon fein ausgedrückt: „Autorität" hat nur ein „Autor", einer, der zu schaffen, zu geben vermag. Geht die Frau den Weg Jesu in der willigen Unterordnung, so geht ihn der Mann im „Lieben". Der „Herr" ist in diesem Wort an den Mann nicht genannt, Er steht aber in dem Wort „Agape" „Liebe" mitten darin! Dies Wort meint immer die aus Gott stammende, klare, gebende Liebe, die das natürliche Liebhaben nicht ausschließt, aber doch in sich selbst etwas völlig anderes ist. Sie schließt als „Einheitsband der Vollkommenheit" (3, 14) alles das ein, was vom „Herzen des Erbarmens" usw. gesagt wurde. Zur rechten Erfüllung der Führungsaufgabe in Ehe und Haus gehört gerade auch „Güte", „Demut", „Sanftmut". „Liebt die Frauen", das ist kurz gesagt, aber es ist in seinem Inhalt der ganze Reichtum der Ehe, dem Manne verantwortlich anvertraut.

Was Paulus bei dem Wort „bitter werden" vor sich gesehen hat, ist nicht völlig deutlich. Denkt er speziell an schwierige Eheverhältnisse? Vielleicht sogar daran, daß die zum Christsein aufgewachte Frau selbständiger und ernster als zuvor ihren Weg geht und es dem Mann manchmal schwerer macht als vorher, wo sie vielleicht nur ein „Frauchen" war? Denkt er an die Art, mit der gerade die Frau den Mann aufbringen und bitter machen kann? Oder denkt er umgekehrt einfach an die natürliche Art des Mannes, sich zu ärgern und schroff zu reagieren. Wie es auch sei, diese Störungen der Ehe dürfen überwunden werden. Mann und Frau dürfen in diesen einfachen Linien heilig miteinander umgehen.

„Ihr Kinder, gehorcht den Eltern in allem, denn das ist wohlgefällig im Herrn." Nun hätten wir gern einen wirklichen Einblick in das Leben der Häuser jener Zeit. Trug die Zeit die Züge der Zersetzung und Auflösung auch darin, daß die Kinder im Gehorchen eine veraltete, unmögliche Zumutung erblickten? Nach Rö 1, 21 sieht es so aus. Dann darf und muß ein „christliches" Haus grundsätzlich anders sein. Die Kinder werden selber angeredet. Es handelt sich offensichtlich um größere Kinder, die man ansprechen, und um gläubige Kinder, die man auf den Herrn verweisen kann, den sie kennen und lieben. Trotzdem fällt es ihnen nicht leicht zu gehorchen. Sollen sie allein so rückständig sein, während ihre Kameraden und Freundinnen ringsum sich ganz andere Freiheiten nehmen? Sollen sie allein sich alles gefallen lassen und bei jeder Kleinigkeit erst um Erlaubnis fragen? Sollen sie sich in allem fügen, auch da, wo sie als die junge Generation manches sehr anders ansehen? Ja, antwortet Paulus, gehorchen „in allem". Warum denn? Die Begründung ist wieder ganz schlicht: So gefällt es dem Herrn! Wir haben als Maßstab nicht mehr eigene wechselnde Meinungen und Empfindungen. Wir brauchen uns nicht nach Theorien zu richten, die heute so und morgen so lehren. Wir leben – auch als Kinder – unter dem Herrn. Was Er von uns will, ist uns maßgebend. Sein Wohlgefallen[68] macht uns auch das Schwierige leicht. Ihm aber gefällt **Gehorsam.** Woher wissen wir denn das? Weil Er, der geliebte Sohn, selbst „gehorsam war bis zum Tode, ja zum Tode am Kreuz", weil es „Seine Speise war, den Willen Dessen zu tun, der Ihn gesandt hatte" (Phil 2, 8; Jo 4, 34). Wieder haben wir es also nicht mit „Moral" zu tun, erst recht nicht mit der Moral der Erwachsenen, die das „Kinder müssen gehorchen" deklariert, weil es für die Erwachsenen so am angenehmsten ist. Es ist das ernsthafte Leben als „Gestorbener" und „Auferstandener", das ernsthafte Leben in und mit Christus, das für das Kind im Hause zum willigen und völligen Gehorsam wird.

„Ihr Väter, reizt eure Kinder nicht, damit sie nicht mutlos werden." Die Erwachsenenart steckt auch den Christen noch im Blut. Der Mißbrauch der physischen und intellektuellen Kraft dem schwächeren Kind gegenüber gehört auch zu den „Gliedern, die auf der Erde sind", die christliche Väter „getötet haben" dürfen. Und nun nimmt Paulus mit der vom Heiligen Geist geschenkten Weisheit modernste Psychologie vorweg. „Entmutigung" ist ja eins der wesentlichsten Worte der Tiefenpsychologie. Durch zahllose Untersuchungen gerade „schwieriger" und „nervöser" Menschen ist erkannt, wie die zu harte (oder auch die verzärtelnde) Anwendung der Überlegenheit des Erwachsenen das Kind „entmutigt" und wie aus dieser Entmutigung das allermeiste von dem erwächst, was als „Hemmungen", „Minderwertigkeitskomplexe", „nervöse Störungen" das Leben von Menschen und ihrer Umgebung dazu erschwert. Durch Christus erlöste Menschen dürfen in ihrem Elternamt so „sachlich" sein, daß weder durch „Härte" noch durch „Weichheit" ihren Kindern geschadet wird. Wer unter Christus lebt, hat mit dem „alten Menschen" auch die Lust, sich selbst durchzusetzen und die eigene Ehre zu wahren, „ausgezogen". Das aber ist es ja, was ein Kind „reizt": das instinktive Spüren, daß es nicht um die Sache und um Notwendigkeiten geht, sondern um das Ich des Vaters und um seine ichhaften Wünsche und Launen. Wo das Kind sich vor Notwendigkeiten und göttliche Wahrheiten gestellt sieht, denen auch die Eltern selber sich beugen, da lernt es – vielleicht unter Tränen, aber ohne „Entmutigung" – gehorchen.

Zum „Hause" gehörten damals selbstverständlich auch „Sklaven". Das Verhältnis zu ihnen mußte überall zu einer ernsten Frage werden, wo das Christentum in ein Haus einzog, sei es, daß der Herr oder der Sklave oder beide miteinander dem Evangelium ihr Herz erschlossen. War diese Frage in Kolossä mit seiner Industrie besonders brennend geworden? Hatte die Flucht des Sklaven Onesimus

[68] Anm. Dies Wohlgefallen Gottes als einfacher Maßstab und auch Lohn unseres Tuns ist neben 1, 10. auch Rö 12, 1; 14, 18; 2 Ko 5, 9; Eph 5, 10; Phil 4, 18; Hbr 13, 21 genannt.

aus dem Hause eines führenden christlichen Mannes dazu beigetragen bzw. war sie ein Ausdruck der aufgetretenen Schwierigkeiten? Hatte sich Onesimus bewußt an den Apostel Paulus gewandt und war ihm gar nicht nur zufällig in Rom in den Weg gelaufen? Wir wissen es nicht. Es ist aber auffallend, daß Paulus in unserem Brief so ausführlich auf die Sklavenfrage eingeht wie sonst nirgends, auch nicht im Epheserbrief. Ist dieser Abschnitt darum nur noch historisch interessant? Sollen wir ihn am besten gleich in dieser historischen Perspektive lesen? Aber Verhältnisse der Über- und Unterordnung, Verhältnisse, in denen der eine anzuordnen und zu bestimmen, der andere auszuführen und zu tun hat, gibt es immer und in jeder gesellschaftlichen Struktur. Und wenn auch heute ein Mensch gottlob nicht mehr als Ware gekauft und rechtlos der Peitsche ausgeliefert werden kann, so bleiben die Abhängigkeitsverhältnisse von Menschen untereinander für beide Teile schwierig genug. Gerade die öffentliche Hand kann dabei ein sehr harter „Herr" sein. Und gerade da, wo am lautesten die Freiheit versprochen wurde, müssen Menschen oft am bittersten die Faust ohnmächtig in der Tasche ballen. Die Verhältnisse sind heute unendlich viel komplizierter (nicht ohne weiteres „besser") als damals, wo „Herr" und „Sklave" sich so unmittelbar persönlich gegenüberstanden. Um so wichtiger ist es für uns, daß Paulus sich auch hier auf so einfache Grundlinien beschränkt, daß diese auch im Gewirr moderner Verhältnisse noch richtunggebend bleiben.

Paulus sagt kein Wort von „Abschaffung der Sklaverei". Er riet hier den gläubig gewordenen Herren in Kolossä nicht: Laßt eure Sklaven frei! Sollen wir ihn deshalb schelten? Begeisterte große Parolen sind immer sehr leicht zu geben, und wer sie gibt, bekommt billig einen Ruhmeskranz. Aber die Last der Durchführung liegt auf den andern. Paulus wird die großen Schwierigkeiten gesehen haben: Nur ein Teil der bekehrten Sklaven hatte auch Christen als Herren; und wie notvoll sind Einzelaktionen in einem anders gebauten Gesamtsystem; welche Fragen entstanden für die weitere Existenz der bisherigen Sklaven nicht weniger als für das Leben der Häuser und Betriebe! Und nun wollte und konnte allerdings Paulus solche Fragen nicht mit dem Evangelium verknüpfen. Vom Evangelium sind zu allen Zeiten starke politische und soziale Wirkungen ausgegangen. Aber das Evangelium wird jedesmal gefährdet, wenn diese Wirkungen unmittelbar als Ziel erstrebt werden. Paulus wollte weder Sklaven, die darum „Christ" wurden, weil sie sich bürgerliche Vorteile davon versprachen, noch Herren, die sich dem Evangelium von vornherein verschlossen, weil es ihnen die unentbehrlichen Arbeitskräfte zu entziehen drohte. Laß sie nur erst einmal beide wirklich bekehrt und wiedergeboren werden; dann wird sich schon allerlei in ihrem Leben und in ihrem gegenseitigen Verhältnis ändern!

Denn Paulus kann wohl zeigen, was das Evangelium für jede Lebenslage bedeutet und welch ein Licht, welch eine Freude, welch eine innere Revolution es gerade in die dunkelste und schwerste Situation hineinträgt.

Worin liegt diese Revolution? Darin, daß die innere Zwiespältigkeit und Unsicherheit aufhört, die so müde macht. Der Sklave tat, was er mußte, er gehorchte, aber nicht „in allem". Denn wo die Augen des Herrn nicht hinsahen, drückte er sich, es lag ihm nur am „Gefallen der Menschen". Er hatte es ja nur mit seinem menschlichen Herrn zu tun. War es nicht ungerecht oder wenigstens ein blindes Schicksal, daß er der Sklave und der andere der Herr war? Hatte er nicht ein Recht, so wenig wie möglich zu tun und sich, so gut es ging, schadlos zu halten? Wenn es nur vor den Augen gut war und seinen Herrn zufriedenstellte, warum sollte er sich darüber hinaus anstrengen? Aber so kann es nie ein befriedigendes und wirklich erfüllendes Leben geben. Solche Art des Lebens und Arbeitens verdirbt den Menschen und macht ihn zwiespältig und verbittert.

Wie kann es anders werden, solange sich die äußeren Verhältnisse nicht ändern? Macht nicht das Christwerden das Sklavenlos erst recht unerträglich? Ein erlöstes Gotteskind, ein Erbe ewiger Herrlichkeit – ein Sklave in der Hand von menschlichen Herren? Jawohl, sagt Paulus, eure Herren sind es nur **„nach dem Fleisch"**. Ihr „Herrentum" erstreckt sich auf diese kurze, vergehende Weltzeit und berührt darum das Wesentliche nicht. Aber nun zieht Paulus nicht die naheliegende Folgerung, die unser Ich ziehen möchte: Nun also, was haben diese Herren mir dann noch zu sagen, gerade mir, dem Christen!? sondern zieht den entgegengesetzten Schluß: Also **„gehorcht in allem denen, die nach dem Fleisch eure Herren sind"**. Denn ihr habt es eben deshalb zuletzt nicht mit ihnen, sondern mit „dem Herrn" zu tun. Nicht diese vergänglichen Herren sollt ihr fürchten, das gibt nur die unbefriedigende **„Augendienerei"**. Fürchten sollt ihr **den Herrn** und gerade darum mit der Augendienerei Schluß machen. Jetzt habt ihr nicht mehr zwei Ziele eures Lebens, die sich streiten und euer Herz hin- und herreißen: Wie kann ich die Zufriedenheit meines Herrn kriegen und wie kann ich zugleich doch möglichst viel für mich selbst herausschlagen? Nun dürft ihn in **„Einfalt des Herzens"** leben, dürft eure Arbeit, was sie auch sei, **„von innen heraus"** tun und dabei einzig den Herrn vor Augen haben, den Herrn, der mit Seinem Blut auch euch zu Seinem Eigentum gemacht hat, zu „Auserwählten Gottes, heiligen und geliebten". Eure Arbeit, euer Sklavendasein liegt nicht als ein dunkler Fleck neben eurem Christsein, sondern euer Leben wird einheitlich und ganz ein Leben für Jesus. **„Dem Herrn Christus gehört ihr auch im Sklavenstande."** Eurem Leben und eurem Dienst ist damit auch das Entwürdigende genommen, das Sinnlose und Quälende. Für viele dieser Menschen konnte es durchaus so aussehen, als habe ihr Menschenleben in jener Stunde aufgehört, als man sie aus Heimat und Freiheit in die Sklaverei schleppte. Als Christen brauchen sie nicht mehr so zu denken. Auch ihr Leben jetzt ist ein volles, ganzes Leben, denn es ist ein Leben für Jesus. Und dieser ihr eigentlicher Herr gibt ihnen auch ihren reichen Lohn: **das Erbe.** Sie, die alles verloren, sind doch nicht „Enterbte". Äonen liegen vor ihnen, die nicht mehr Sklaverei, sondern Freiheit und Herrlichkeit sein werden. Freilich: **„Wer Unrecht tut, wird bekommen, was er Unrechtes getan hat, und es gibt da keine Parteilichkeit."** Sie dürfen nicht denken, bei ihnen als Sklaven komme es nicht so darauf an, bei ihnen sei es schon verständlich und entschuldbar, wenn sie in ihrer gedrückten Lage nicht immer gerade Wege gingen. Nein, Jesus nimmt sie als die Seinen genauso ernst wie freie und wohlhabende Leute.[69] Ein Satz wird auch den Herren gesagt: **„Ihr Herren, was recht ist und billig (wörtlich: die Gleichheit), gewährt den Sklaven, indem ihr wißt, daß auch ihr einen Herrn im Himmel habt."** Es ist sprachlich nicht ausgemacht, ob die beiden Ausdrücke im Anfang des Satzes wirklich nur unserm „recht und billig" entsprechen, oder ob wir „isotes" hier in der vollen Grundbedeutung „Gleichheit" nehmen dürfen.[70] Dann würde das Gewicht des ganzen Satzes wesentlich wachsen. Auch „Sklaven" sind nicht „rechtlos". Als Christen achtet ihr „Recht"! Und wenn ihr eure Sklaven auch nicht einfach freilassen könnt, wenn sie Sklaven bleiben und ihre Arbeit mit Hingebung tun müssen, aber „Gleichheit" besteht zwischen ihnen und euch! Und das ist nun nicht nur das gleiche Menschsein; von daher haben die Besten des Altertums die rechte Stellung zum Sklaven finden wollen. Für Christen geht die „Gleichheit" viel tiefer: „Herren" und „Sklaven" haben den gleichen Herrn, haben das gleiche Blut der Erlösung gekostet und warten auf das gleiche Erbe der Heiligen im Licht. Diese Gleichheit gewährt ihnen wirklich, auch wenn ihr die äußere Rechtslage jetzt nicht ändern könnt oder wollt. Auch ihr als „Herren" seid doch nicht herrenlos und „frei". Auch ihr habt einen Herrn im Himmel, vor dem ihr verantwortlich seid auch für euren Umgang mit euren Sklaven. Nicht umsonst wird „den Herren" „der Herr" vor Augen gestellt: Sie erleben an Jesus, was es heißt, wahrhaft „Herr" zu sein, wie Sein „Herrentum" Hingabe und Opfer ist.

Ist das alles nicht auch ein wegweisendes Wort für uns? Wie wenige Menschen können einen „freien" Beruf nach ihrer eigensten Neigung haben. Die meisten stehen als Arbeiter und Angestellte in einem abhängigen Dienst. Dieser Dienst ist gerade in der modernen Welt oft sehr eintönig und in sich selbst ohne die Freude des Schaffens. Für den heutigen Menschen droht darum trotz der Abschaffung der Sklaverei sein Werktag etwas wie eine Tretmühle zu werden, ein dunkles Gebiet neben dem „eigentlichen Leben". Sind dann die Arbeitgeber anonyme Größen, zu denen kein persönliches Verhältnis mehr möglich ist, und die nächsten Vorgesetzten, Meister und Betriebsleiter Leute mit allerlei Fehlern und Schwächen, dann droht gerade dem modernen Werktätigen die gleiche Unlust, die gleiche

[69] Anm. So hat Paulus Phlm 18 auch das etwaige Unrecht und die etwaigen Schulden des Onesimus nicht bagatellisiert, sondern so ernst genommen, daß er selber Philemon gegenüber dafür aufkommen will.
[70] Anm. Die Verwendung des Wortes in 2 Ko 8, 13. 14 spricht durchaus für die Bedeutung „Gleichheit"

„Augendienerei", die gleiche Zwiespältigkeit wie damals dem Sklaven. Nur das unbedingt Geforderte tun und für sich selbst noch möglichst viel herausschlagen und sein „Leben" als eine Sache für sich neben der Berufsarbeit führen, das ist dann die Einstellung, die doch so unbefriedigt und leer läßt. Es darf bei uns anders werden, wenn wir „Christen" sind, wenn wir einen Herrn haben, dem unser Leben gehört. Durch Menschen und Verhältnisse hindurch geht unser Blick geradeswegs zu Ihm. Ist unsere Arbeit eintönig, mechanisch, sinnlos – für Ihn dürfen wir sie tun, und was für Ihn getan wird, ist immer von Freude begleitet und mit einem Sinn beschenkt. Er sieht uns auch bei unserer Arbeit, uns ganz persönlich unter der großen Masse, in der wir als eine Nummer unterzugehen drohen. Sein Wohlgefallen, nicht das menschliche Urteil, ist uns auch in unserm Beruf maßgebend. So können wir die Arbeit „von innen heraus"[71] tun und das Beste mit Freuden leisten, auch wenn Menschen es nicht sehen und mit ihrer Anerkennung lohnen. „Alles, was ihr tut, das tut von Herzen als dem Herrn und nicht den Menschen", dies Wort, an Sklaven geschrieben, war der Konfirmationsspruch eines Bismarck und von diesem mächtigen Mann an der Spitze eines großen Reiches als Richtschnur wert gehalten. Nun sind wir auch geschützt gegen die weichlichen Gedanken, daß wir es bei unserer geringen und gedrückten Stellung nicht so genau zu nehmen brauchten und für ein wenig Unrecht eine Entschuldigung hätten. Uns wird vergolten werden! Gegen die christliche „Vertröstung auf das Jenseits" ist in Spott oder Zorn viel gesagt worden. Eine leere und betrügerische Vertröstung wäre allerdings eine Gemeinheit denen gegenüber, die auf irdischen Reichtum und irdisches Glück verzichten müssen. Aber da das göttliche Erbteil Realität, die Erwartung eines herrlichen Lebens für jedermann auf dieser Erde dagegen eine Illusion ist, ist es eine redliche und mächtige Hilfe für uns, daß wir in allem Verzichten und Entbehren und auch unter dem Druck einer öden, mechanischen und gering besoldeten Arbeit wissen dürfen, daß unsere irdische Existenz nicht die einzige ist und daß wir um volle Lebenserfüllung nicht betrogen sind, auch wenn unser Weg jetzt durch Dunkelheit, Leiden und Opfer führt.

Wenn wir Arbeitgeber, Vorgesetzte, Meister und Betriebsleiter sind, bedürfen wir in besonderer Weise der rechten Einstellung zu unserm Dienst. Uns allen liegt das falsche „Herrentum" im Blut, selbst wenn wir theoretisch den Begriff „Herr" verabscheuen. In Christus wird uns die rechte „Autorität" geschenkt, die von ganzem Herzen den uns Unterstellten ihr Recht und „die Gleichheit" gibt.

[71] Anm. Es steht hier „ek psyches", unserm „von Herzen" entsprechend. Da aber hier doch das griechische Wort für „Herz" nicht verwendet ist, ist die Übersetzung „von innen heraus" gewählt.

Die Beteiligung der Gemeinde am Missionsdienst durch Gebet und Zeugnis

Kolosser 4, 2–6

2 **Auf das Gebet seid dauernd bedacht; wachend in ihm in Dank-**
3 **sagung, * betend zugleich auch für uns, daß Gott uns öffne eine**
Tür des Wortes, zu sagen das Geheimnis des Christus, um deswil-
4 **len ich auch gefesselt bin, * damit ich es offenbar mache, so wie ich**
5 **es sagen muß. * Mit Weisheit wandelt gegen die draußen, die gün-**
6 **stige Zeit auskaufend. * Euer Reden [sei] allezeit herzgewinnend,**
mit Salz gewürzt, daß ihr wißt, wie ihr jedem einzelnen antworten
müßt.

Zu Vers 2:
4* Rö 12, 12
5* Eph 6, 18
6* 1 Th 5, 17
Zu Vers 3:
7* Rö 15, 30
8* Apg 14, 27
Zu Vers 4:
9* Eph 6, 19
10* 2 Th 3, 1
Zu Vers 5:
11* Eph 6, 20
12* Eph 5, 15. 16
13* 1 Th 4, 12
Zu Vers 6:
14* Eph 4, 29
15* Mk 9, 50
16* 1 Pt 3, 15. 16

Von den Häusern wendet sich Paulus nun noch einmal an die Gemeinde als ganze. Es geht um ihre Beteiligung am Missionsdienst durch Gebet und Zeugnis. **Das Gebet** als das Entscheidende steht voran. Unser „Anhalten am Gebet" ist zu abgebraucht und trifft „proskarterein" noch nicht ganz. Das Beten muß dauernd das feste Willensziel der Gemeinde sein. Es ist nicht nebenbei zu erledigen. Es ist eine ernste Arbeit, für die dauernd Raum geschaffen werden muß. Darum wird die anschließende Aufforderung zum „Wachen[72]" nicht nur auf die innere Straffheit und Aufmerksamkeit im Gegensatz zu allem schläfrigen und lässigen Dahinreden beim Beten gehen. Das „Wachen" wird auch wörtlich zu nehmen sein. Wie finden die Kolosser, etwa die Sklaven, die genügende Zeit zum gründlichen und anhaltenden Beten? Ihr werdet Nachtstunden opfern[73] müssen, antwortet Paulus. So hat er es selbst gemacht, da er seine Tage mit Arbeit für seinen Lebensunterhalt, mit Evangelisation, Seelsorge und Briefverkehr von früh bis spät übervoll besetzt hatte. Er hat es so gemacht in der Nachfolge des Herrn Jesus selbst. Nun dürfen auch die Kolosser in diesen wichtigsten Dienst mit der gleichen Entschlossenheit eintreten. Paulus mutet ihnen zu, daß sie es auch bei sol-

[72] Anm. Vom „Wachen" zum Beten weiß man schon in den Psalmen, z. B. 57, 9; 63, 2; 108, 3. Jesus selbst hat das „Wachen" und „Beten" verknüpft: Mt 26, 41; Mk 13, 33. Das hat deutliche Beziehung zur endgeschichtlichen Lage. Das „Wachen" ist die wichtigste Aufgabe der Gemeinde in der Endzeit: Lk 12, 35; 1 Pt 1, 13; 1 Th 5, 2—8; Rö 13, 11. Auch an unserer Stelle wird das „Wachen" im Gebet nicht ohne Beziehung zur Eschatologie sein, die das ganze Neue Testament durchtränkt.

[73] Anm. Vor allem frühe Morgenstunden nach dem Vorbild des Herrn selbst: Mk 1, 35. Vgl. auch Lk 6, 12; Mk 6, 46.

4* Rö 12, 12: Seid fröhlich in der Hoffnung, geduldig im Leiden, beharrlich im Gebet!

5* Eph 6, 18: Betet allezeit im Geist mit Bitten und Flehen jeder Art, und seid zu diesem Zweck wachsam mit aller Beharrlichkeit und unter Fürbitte für alle Heiligen.

6* 1 Th 5, 17: ... betet ohne Unterlaß.

7* Rö 15, 30: Ich bitte euch aber dringend, liebe Brüder, bei unserm Herrn Jesus Christus und bei der Liebe, die der Geist wirkt: Steht mir mit den Gebeten, die ihr für mich an Gott richtet, im Kampfe kräftig bei.

8* Apg 14, 27: Nach ihrer Ankunft beriefen sie eine Gemeindeversammlung und berichteten über alles, was Gott durch sie vollbracht hatte, besonders darüber, daß Er den Heiden die Tür zum Glauben aufgetan habe.

chen Opfern nicht mißmutig tun, sondern **„mit Danksagung"**. Darin liegt zunächst die so wichtige Aufforderung, das Beten nicht nur ein Bitten und Fürbitten sein zu lassen, sondern dem Dank für alles, was Gott schon getan und gegeben hat, den rechten Raum zu geben. Aber ein Beten, das mit hellem Dank alles Handeln und Geben, Schützen und Helfen Gottes vor Augen hat, wird ein frohes Beten sein, auch wenn es Nachtstunden kostet.

Dieses Beten der Kolosser wird Mitarbeit auch in der paulinischen Mission. **„Betet zugleich auch für uns."** Das ist das Kostbare am Beten, daß wir darin real und aktiv an räumlich weit entfernten Werken beteiligt werden. Willst du mit deiner kleinen Kraft, gebunden durch deine Berufsarbeit für die Deinen an deinen Platz, vielleicht sogar durch Alter und Krankheit an deine Stube und an dein Bett, dennoch etwas Großes in der herrlichen Sache Jesu tun? Dann werde ein Beter und „wache darin mit Danksagung"!

Warum ist das so? Warum bedarf auch der große, bevollmächtigte Paulus des Gebets der Kolosser? Hatte er nicht den Auftrag, hatte er nicht die reiche Erfahrung, hatte er nicht den brennenden Eifer? Das hatte er. Er ist auch nicht allein, er faßt gerade hier seine Mitarbeiter, sicherlich den Timotheus, in einem „uns" mit sich zusammen. Aber was er **zu sagen** hat, ist **„das Geheimnis des Christus"**. Dieses Geheimnis hat er gerade in unserm Brief den Kolossern mächtig vor die Augen gestellt. Sie wissen es nun deutlich, daß das Evangelium zwar die einzige wirkliche Antwort auf die letzten Fragen des Menschen ist, wie sie in der Philosophie zwar gestellt, aber gerade nicht beantwortet werden, daß es auch die einzige wirkliche Lösung der letzten Nöte des Menschen bedeutet. Aber gerade deshalb ist es keine Botschaft, die jedermann leicht begreifen kann oder die doch wie andere Philosophien mit der nötigen „Redekunst" überzeugend dargestellt werden könnte. Jesus, der „Erstgeborene aller Schöpfung", durch den und zu dem alles geschaffen ist; Jesus, der „Frieden machte durch das Blut Seines Kreuzes"; Jesus, mit dem wir „mitgestorben" und „mitauferweckt" sein dürfen – was sind das für

9* Eph 6, 19: . . . (betet) auch für mich, daß mir, sooft ich den Mund auftue, das Wort gegeben werde, um freimütig das Geheimnis der Heilsbotschaft zu verkündigen.

10* 2 Th 3, 1: Im übrigen, liebe Brüder, betet für uns, daß das Wort des Herrn laufe und in seiner Herrlichkeit offenbar werden möge, wie bei euch.

11* Eph 6, 20: . . . für die ich auch in Ketten ein Sendbote bin, damit ich in ihr ein freimütiges Bekenntnis ablege, wie es mir gebührt zu reden.

12* Eph 5, 15. 16: Achtet also genau darauf, wie ihr wandelt, nicht als Unweise, sondern als Weise, * indem ihr die Zeit auskauft, denn die Tage sind böse.

13* 1 Th 4, 12: . . . damit ihr im Verkehr mit den Draußenstehenden einen ehrbaren Wandel führt und niemandes Unterstützung nötig habt.

14* Eph 4, 29: Laßt keine faule Rede aus eurem Munde hervorgehen, sondern nur eine solche, die da, wo es not tut, zur Erbauung dient, damit sie den Hörern Segen bringe.

15* Mk 9, 50: Das Salz ist etwas Gutes; wenn aber das Salz fade geworden ist, wodurch wollt ihr ihm die Würzkraft wiedergeben? Habt Salz in euch und haltet Frieden untereinander.

16* 1 Pt 3, 15. 16: Haltet nur den Herrn Christus in euren Herzen heilig und seid allezeit bereit, euch gegen jedermann zu verantworten, der von euch Rechenschaft über die Hoffnung fordert, die in euch lebt; * tut es jedoch mit Sanftmut und Furcht, so daß ihr euch ein gutes Gewissen bewahrt . . .

Wesensgeheimnisse, die – wie wir heute sagen würden – nur „existenziell" erfaßt werden können. Darum muß Gott, wie einst bei der Lydia, das Herz dafür öffnen.[74] Paulus sagt hier: **„eine Tür des Wortes öffnen"**. Dieser Genitiv heißt nicht nur „eine Tür für das Wort öffnen". Das Wort ist nicht nur als eine objektive Größe gedacht, die nun durch die geöffnete Tür in das Innere des Menschen hineingehen kann. Das Wort ist zugleich selbst eine Tür, es hat selbst eine aktive öffnende Kraft, die ihm von Gott verliehen werden muß. Das zeigt sich darin, daß sich die folgenden Wendungen gerade auf die rechte Art der Verkündigung beziehen: **„zu sagen das Geheimnis des Christus, damit ich es offenbar mache, so wie ich es sagen muß."** Wohl ist „das Geheimnis des Christus" eine bestimmte objektive Größe, ein für allemal gegeben durch alles das, was Gott in Christus von der Schöpfung an bis zur Vollendung hin getan hat oder noch tun wird. Aber Paulus denkt nicht einfach „orthodox". So wie das „Glauben" nicht einfach die Zustimmung zu einer richtigen und als richtig erkannten Lehre ist, sondern ein „Mitauferstehen mit Christus", so ist darum auch die Verkündigung, das „Sagen" des Geheimnisses Christi, ein „Zeugen" (1 Ko 4, 15) und „Gebären" (Gal 4, 19). Auf das „offenbar machen"[75] kommt es an. Dafür gibt es ein göttliches „Muß". Wieder müssen wir dieses „Müssen" viel tiefer und ernster nehmen, als es unser abgeblaßter Gebrauch des Wortes zunächst erkennen läßt. Dieses göttliche „Müssen" erfüllt sich nicht einfach von selbst, sondern will von Paulus und seinen Mitarbeitern immer neu erfüllt sein. Sachlich richtiges Lehren könnte (etwa als „schriftgemäße" Lehre) Sache der eigenen sauberen Theologie sein, wie alle Orthodoxie im Grunde auch immer gemeint hat. Aber das „Sagen des Geheimnisses Christi so, wie er es sagen muß", ist auch mit der besten und richtigsten Theologie noch nicht zu erreichen, so wichtig wahrlich auch theologische Klarheit ist. Die „öffnende" Kraft des Wortes ist mit keinem noch so brennenden Eifer gegeben. Keine „Erfahrung" aus langen Jahren gesegneten Dienstes garantiert hier etwas. Ja, selbst die grundlegende Erwählung und Bevollmächtigung stellt nur die Aufgabe, ohne sie automatisch zu lösen. Hier ist ein „Öffnen" und Geben Gottes nötig, über das kein Mensch, auch kein bevollmächtigter und bewährter Bote, verfügt. Gott allein öffnet die Tür des Wortes, Gott schenkt das „wie ich reden muß" zu jeder Stunde wieder neu. Darum will es fort und fort erbetet sein.

Nicht umsonst fügt Paulus hinzu: **„Um deswillen ich auch gefesselt bin."** Das ist nicht nur Feststellung eines Tatbestandes. Paulus zeigt den Kolossern an diesem Tatbestand, wie seltsam das „Geheimnis des Christus" ist. Es ist nicht eine „Lehre", die man richtig finden oder auch als unrichtig ruhig ablehnen kann. Es greift den Menschen

[74] Anm. Ähnliche Wendungen Apg 14, 27; 1 Ko 16, 9; 2 Ko 2, 12.

[75] Anm. Dieses „offenbar machen" ist auch an andern Stellen bei Paulus nicht ein bloßes Lehren übernatürlicher Wissensdinge, sondern ein wirksames Hervortretenlassen göttlicher Realitäten: 2 Ko 2, 14; 4, 10. 11.

so an, es hat so tiefe Beziehungen zu seinem innersten Wesen, daß es bei seiner Ablehnung den Haß und die Feindschaft auf den Plan ruft. Und dieser Haß ist so tief, daß er sich nicht mit Spott und heftigen Worten begnügt, sondern nicht ruht, bis er den Boten dieser Botschaft in Ketten gelegt sieht. Und eben darin steht aufs neue das „Geheimnis" des Christus vor den Kolossern: So wie Er selbst als der Gekreuzigte und Umgebrachte der Retter aller und der Sieger für Gott ist, so führt Er, der Weltherr, Seine Sache auf Erden durch einen – gefesselten Mann! Wie wahrhaft wunderbar ist nicht nur der Inhalt des Evangeliums, sondern auch sein Weg durch die Welt! Begreifen die Kolosser nun, welch ein anhaltendes, waches, einsatzbereites Beten hinter aller Mission stehen muß? Begreifen wir es mit ihnen?

Entscheidend ist der Dienst des Betens. Aber er würde unwahr, wenn der Beter sich nicht auch selbst in den Zeugendienst stellen wollte. Ich bete für dich, und du darfst dafür reden, um Menschenherzen ringen, kämpfen und leiden – eine solche „Arbeitsteilung" gibt es in der Gemeinde nicht. Auch die Kolosser sind am „Reden", am unmittelbaren Missionsdienst beteiligt. Freilich nicht wie ein „Apostel" mit einem weltweiten Auftrag oder wie ein Timotheus an bestimmten Orten im Reisedienst draußen. Aber sie haben auch ein „Draußen", an das ihre Sendung sie weist: die vielen Menschen, die in ihrer Stadt noch „draußen" sind. Das Neue Testament kennt alle jene seltsamen Mischgebilde noch nicht, mit denen wir heute uns plagen müssen. Die Gemeinde Jesu ist für seinen Blick klar abgegrenzt gegen **„die draußen"**. Es konnte von keinem bezweifelt werden, ob er zur Gemeinde Jesu gehörte oder noch „draußen" war. Der Fall der „Heuchelei", der „eingedrungenen falschen Brüder" ist eine besondere Sache für sich. Paulus erwartete aber nicht, daß die Kolosser seine Anweisung mit dem tiefsinnigen Einwand beantworten würden: Man wisse doch nicht, wer wahrhaft „drinnen" und wer wirklich „draußen" sei, man könne doch keinem ins Herz sehen. Die Kolosser wußten in ihrem Bekannten- und Verwandtenkreis ganz genau, wer ein „Ungläubiger" (also einer, der das Evangelium gehört, aber nein dazu gesagt hatte) und wer ein „Laie" (also einer, der dem Evangelium noch ahnungslos gegenüberstand) war.

Dort liegt nun die Missionsaufgabe der Kolosser. Aber nun fordert Paulus die Gemeinde nicht zu größeren volksmissionarischen Veranstaltungen auf. Er sieht in der damaligen Situation als entscheidend die „Evangelisation von Mann zu Mann". Die große volksmissionarische Gelegenheit ist die ständige Begegnung mit Menschen von „draußen", wie sie Beruf, Geschäft, Nachbarschaft und Verkehr mit sich brachte. Dabei ist zunächst noch nicht das an den andern gerichtete Wort gemeint. Davon spricht Paulus erst hernach. Zuerst geht es ihm um das **„wandeln gegen die draußen"**. Wir würden freilich das bekannte, viel gebrauchte Wort hier besser mit „sich benehmen gegen" oder „umgehen mit" wiedergeben. Unsere Stelle meint nämlich nicht, daß unser Leben als Christen, unser Lebenswandel als solcher anziehende oder überzeugende Kraft haben soll. Es ist vielmehr unser direkter Umgang mit den andern ins Auge gefaßt, offenbar schon im Sinne des Gesprächs mit ihnen. Denn nicht solche Dinge wie „Liebe" im Verkehr mit den andern werden gefordert, sondern „Weisheit". Daß die Gemeinde sich nicht abkapseln darf, braucht Paulus offenbar nicht erst zu sagen. Die Christen stehen in mannigfachen Beziehungen zu Nichtchristen aller Art. Daß sie dabei den andern gewinnen **wollen**, daß es bei den Gesprächen um das eigentliche Thema geht, setzt Paulus ebenfalls voraus. Aber daß das alles **„mit Weisheit"** geschieht, darauf kommt es ihm an. Bei der schwierigen Aufgabe des rechten Umgangs mit Menschen von „draußen" hilft der gute Wille allein noch nicht. Wieviel kann auch bester Wille und brennender Eifer verderben, wenn es ungeschickt und verkehrt angefangen wird. Paulus hält aber die Weisheit für die Gemeinde nicht für unerreichbar. Weisheit wirkt der Heilige Geist, und der Heilige Geist wohnt in den Glaubenden.

Der Zusatz: **„die günstige Zeit auskaufen"** zeigt, daß es bei dieser Weisheit nicht um das Geschick im Reden, sondern um das Erfassen der Situation und das Erkennen der rechten Stunde zum wirksamen Zeugnis ging. Für unser Wort „Zeit" hatte die damalige Sprache zwei verschiedene Ausdrücke. „Chronos" (uns allen aus dem Wort „Chronik" und „Chronologie" bekannt) bedeutet neutral den Zeitablauf, die Zeit, wie sie fort und fort dahinfließt. „Kairós" dagegen ist qualifizierte Zeit[76], die „rechte Zeit", die „rechte Stunde", der „günstige Augenblick". Wie töricht ist die Meinung, wir könnten jedem jedes zu jeder Zeit sagen! Ganz dieselben Sätze können zur unguten Stunde ein Herz verbittern und verhärten und im rechten Augenblick das gleiche Herz erschließen und heilsam treffen. Darum muß uns vom Geist geschenkte Weisheit zeigen, wann wir zu reden und wann wir zu schweigen haben, wann wir bei einem andern mit festem Griff zufassen und wann mit liebender Geduld warten müssen. Geistliche Weisheit lehrt uns „die Stunde" erkennen und ausnutzen, die so in der Begegnung mit einem andern vielleicht nie wiederkehrt.

Nun gehört in die rechte Stunde freilich auch das rechte Wort. Davon spricht Paulus nun. Der Satz beginnt wörtlich: **„Euer Wort allezeit in charis, mit Salz gewürzt."** Ein Verbum fehlt, das wir nach deutscher Redeweise ergänzen müssen. Ganz schwer wiederzugeben ist hier das „in charis". Das Wort „charis" hat eine Fülle von Färbungen in sich. Es bedeutet „Lieblichkeit", „Freundlichkeit", „Anmut", aber eben auch „Gnade". Wir haben keinen entsprechenden deutschen Ausdruck. Heben wir die „Freundlichkeit" der Rede hervor, so fehlt der sicher auch beabsichtigte Hinweis auf ihre „Anmut", und umgekehrt. Und es fehlte beide Male der für das griechische Ohr so deut-

[76] Anm. Auch hier wird der endzeitliche Bezug nicht ganz außer acht zu lassen sein. Immer klingt in dem Wort „kairos" das Wissen mit: Jetzt ist die letzte Zeit, die letzte Gnadenfrist vor dem Gericht, darum eine so entscheidungsvolle Zeit. Vgl. Rö 3, 26; 13, 11; 1 Ko 7, 29; 2 Ko 6, 2; 2 Th 2, 6.

liche Anklang an das bekannte Christenwort „Gnade". Wir müßten umständlich umschreiben: „Euer Wort habe die freundliche, anmutige Art an sich, wie die Gnade sie verleiht," oder „Euer Wort entspreche in seiner anmutigen und freundlichen Art der Gnade, die es dem andern bezeugt". Der Zusatz „mit Salz gewürzt" ist nicht eine Korrektur, um aus der „Freundlichkeit" eine falsche „Weichlichkeit" auszuschließen; es steht ja kein „aber doch auch" dabei. So beschreibt er das Gewinnende des Wortes von einer andern Seite her. Fades, ungesalzenes[77] Essen schmeckt niemand, und niemand langt gern dabei zu. Darum soll euer Wort im rechten Sinn „interessant" sein, es soll Lust machen, noch mehr zu hören, soll die Aufmerksamkeit wecken und den andern kräftig beeindrucken. Es soll wirklich „etwas zu sagen haben".

Denn unser Dienst vollzieht sich ja nicht, natürlich nicht, in Form einer „Ansprache", wenn auch im kleinsten Kreise. Er vollzieht sich im Gespräch. Wie oft hat wohl Paulus selbst seinen Dienst so getan, sicher nicht nur in Athen, wo es ausdrücklich erwähnt wird. Paulus nimmt nicht an, daß unser Zeugnis von Jesus den andern im Handumdrehen gewinnt, und hält es gar nicht für ein Mißlingen unserer Bemühungen, wenn Fragen und Einwände zunächst ihr Ergebnis sind. Denn diese Fragen und Einwände setzen ja das Gespräch fort und zeigen, daß der andere von unserer Botschaft angesprochen ist und sich mit ihr beschäftigt. Nun muß der Christ freilich antworten können! Dabei ist mit der bloßen Wiederholung bekannter Formeln nichts getan. Jede Frage, jeder Einwand hat eine besondere Färbung durch Person und Lage des Gesprächspartners. So ist es nötig, **„daß ihr wißt, wie ihr jedem einzelnen antworten müßt".** Nicht nur im großen Missionsdienst des Paulus, auch im stillen Gespräch auf der Straße oder im Hause in Kolossä kommt es auf das Wie der Verkündigung an und gibt es ein „Muß", das getroffen werden will (vgl. V. 4). Wir können ja als Christen gerade nicht mit geschickter Dialektik antworten oder unsere Botschaft dem andern so verständig begründen, daß er alles einsieht und richtig findet. In unserer Antwort muß vielmehr das Gewicht göttlicher Notwendigkeit liegen, sie muß von Gott her in das Herz und in die Lage des andern hineintreffen. Die evangelistische Gesprächsführung ist nicht Sache der „Klugheit", der geistigen Fechtkunst, der wissenschaftlichen Bildung. Der schlichte Mensch, der ein Beter ist und sich der Weisheit des Heiligen Geistes bedient, trifft dieses „Muß" im Gespräch oft am sichersten. Das überraschende, liebevolle und mit Salz gewürzte Wort sagt dann genau das, was diesem Menschen in diesem Augenblick gesagt werden „mußte" und was darum auch wie ein Schwertschlag in Herz und Gewissen trifft.

[77] Anm. Wir haben auch im Deutschen vom Bild des fehlenden, ausgelaugten Salzes her eine Kennzeichnung „faden" Geredes: wir nennen es „salbadern" (Ewald).

Persönliche Mitteilungen

Kolosser 4, 7–9

7 **Wie es mir geht, wird euch allen berichten Tychikus, der geliebte**
8 **Bruder und treue Diener und Mitsklave im Herrn, * den ich zu**
euch geschickt habe eben dazu, damit ihr erfahrt, wie es um uns
9 **steht, und er eure Herzen tröste, * zusammen mit Onesimus, dem**
treuen und geliebten Bruder, der von euch ist; alles werden sie
euch berichten, was hier geschieht.

Zu Vers 7:
17* Eph 6, 21
18* Phil 1, 12
Zu Vers 8:
19* Eph 6, 22
Zu Vers 9:
20* Phlm 10

Was in unsern Briefen meist im Mittelpunkt steht, das kommt hier erst am Schluß: Das persönliche Ergehen des Briefschreibers. Dabei ist es aber gar keine rein persönliche Sache. Paulus, der Bevollmächtigte des Christus, ist verhaftet und in einen Prozeß auf Leben und Tod verwickelt. Der Ausgang dieses Prozesses war von größter Bedeutung für die weitere Geschichte der Weltmission und für das Leben der Gemeinde Jesu. Darum warteten viele Gemeinden, darunter offenbar auch die in Kolossä, gespannt auf Nachricht. Paulus hat sein Schicksal auch selber nicht als Nebensächlichkeit betrachtet, sondern als ein notwendiges Stück seines Berufes und als unvermeidlichen Anteil an den „Christusleiden". So hatte er schon im Brief 1, 24 und 4, 3 darauf hingewiesen. Das Verlangen der Gemeinde, Näheres von dem Stand des Prozesses und dem Fortgang der Arbeit des Paulus zu erfahren, hielt Paulus für so berechtigt, daß er eigens einen seiner Mitarbeiter mit dem Brief nach Kolossä schickt, der persönlich über alles berichten soll. Wie gut verstehen wir das heute wieder, nachdem wir aus dem Kirchenkampf wissen, wie schwer sich ein Einblick in die „Lage" schriftlich geben läßt, wie nötig die lebendige mündliche Schilderung ist. Es ist ja so wichtig, daß die Gemeinden gleich auch die richtige innere Einstellung zu dem finden, was sie erfahren. Auch dazu soll Tychikus den Kolossern helfen. Das „parakalein" (vgl. oben zu 2, 2) wird darum auch hier nicht einfach „trösten" bedeuten, sondern den gesamten „Zuspruch" umfassen, der angesichts der „Lage" erforderlich ist.

Tychikus stammt selbst aus der Provinz „Asien", zu der Kolossä gehört. Er war der Vertreter der kleinasiatischen Gemeinden in der Kommission, die mit Paulus die große Gabe der heidenchristlichen Gemeinden an die Urgemeinde in Jerusalem überbringen sollte (Apg 20, 4; 1 Ko 16, 3. 4). So wird er den Kolossern nicht unbekannt sein. Paulus betont aber noch einmal, wie sehr er diesen Mann liebt

17* Eph 6, 21: Damit aber auch ihr über meine Lage hier und mein Ergehen etwas erfahrt, wird Tychikus, der geliebte Bruder und treue Diener im Herrn, euch alles berichten.

18* Phil 1, 12: Ich will euch aber wissen lassen, liebe Brüder, daß meine Lage hier eher zur Förderung der Heilsverkündigung sich entwickelt hat.

19* Eph 6, 22: Ihn habe ich eben deshalb zu euch gesandt, damit ihr von unserer Lage hier Kenntnis erhaltet und er eure Herzen ermutige.

20* Phlm 10: . . . ich bitte dich für mein (Glaubens-)Kind, dessen Vater ich in meiner Gefangenschaft geworden bin, für Onesimus.

und schätzt als Bruder, als Diener und als Mitarbeiter. Ob wir hier das Wort „Diener" (diakonos) nur als einen allgemeinen Hinweis auf die mithelfende Arbeit des Tychikus oder doch schon ein wenig als „Titel" zu fassen haben, läßt sich nicht entscheiden. Jedenfalls aber müssen wir uns ganz von der üblichen Vorstellung lösen, die unserer gewohnten Geschichtsbetrachtung entspricht, als habe Paulus seine mächtige Arbeit in einsamer Größe getan. Wir haben ihn vielmehr in enger Arbeitsgemeinschaft mit vielen Männern zu sehen, die seine **„Mitsklaven im Herrn"**[78] sind und die er als solche einschätzt, auch wenn sie sich seiner Leitung unterstellten. Tychikus hat den gleichen Auftrag auch für Ephesus (Eph 6, 21). Seine Sendung dorthin, offenbar mit dem Gedanken seines längeren Bleibens dort, wird auch in 2 Tim 4, 12 erwähnt. Er soll dann vielleicht Titus auf Kreta ersetzen, damit dieser rasch zu Paulus nach Nikopolis kommen kann (Tit 3, 12).

Für Ephesus ist nur Tychikus als Bringer der Nachrichten genannt. Nach Kolossä reist mit ihm **Onesimus.** Diesen entlaufenen Sklaven des Philemon aus Kolossä, der in Rom durch Paulus zum Glauben kam (Phlm V. 10), kennen wir näher aus dem Philemonbrief. In wie feiner Weise mit der Weisheit der Liebe erweist hier Paulus beiden einen Dienst, den Kolossern und Onesimus. Die Rückkehr nach Kolossä war für den weggelaufenen Sklaven nicht einfach. Nun darf er als Bote des Paulus kommen. Und den Kolossern ist der Weg gewiesen, wie sie sich zu diesem Flüchtling stellen sollen: Er ist für sie jetzt der **„treue und geliebte Bruder"**, wie und weil er das für Paulus ist. Durch einen, der aus Kolossä selbst stammt, erfahren sie nun Näheres über Paulus.

Wie dürftig und verkehrt ist doch unsere Vorstellung von jener Zeit, wenn wir die uns überlieferten Briefe nur als theologische Lehrschriften eines einsamen Denkers lesen! Jene Zeit ist uns bei aller geschichtlichen Ferne doch in ihrer natürlichen menschlichen Lebendigkeit auch wieder viel näher, als wir meist meinen. Darum sind solche persönlichen Zeilen zur Vermittlung dieser „Nähe" so wichtig! Wir werden als Bibelleser gut tun, hier einmal einzuhalten und uns recht anschaulich auszumalen, wie es war, als Tychikus und Onesimus mit unserm Brief in Kolossä erschienen. Sie kamen von Paulus, nicht von einem überirdischen Heiligen, der sein Leben als Verfasser von „Bibel" zubrachte, sondern von einem echten Menschen und Mann, dessen Hand sie gedrückt, dessen persönlich gefärbten Sprachklang sie gehört, mit dem sie im Gespräch zusammengesessen und dessen Herzensbewegungen sie ein Stück miterlebt hatten. Und so standen sie auch in Kolossä in einem bunten Kreis echter Menschen, deren Glaube nicht ein abstraktes Schema, sondern ein

[78] Anm. „Sklave Jesu Christi" ist Ehrenname und Dienstbezeichnung. Nicht alle Gemeindeglieder sind auch „Leibeigene" des Herrn, sondern nur die Männer sind es, die ihr Leben völlig dem Dienst Jesu auslieferten.

kampf- und fragenreiches Stück Leben war wie bei uns selber auch. Diese Menschen hörten ihren Brief so, wie auch wir ihn lebendig-persönlich aufnehmend lesen dürfen.

Zu solchem rechten Bild der Dinge helfen uns auch

Die Schlußgrüße

Kolosser 4, 10–18

10 Es grüßt euch Aristarchus, mein Mitgefangener, und Markus,
11 der Vetter des Barnabas, über den ihr Aufträge bekamt (wenn er
zu euch kommt, nehmt ihn auf), * und Jesus, genannt Justus; sie
allein aus der Beschneidung sind Mitarbeiter für das Reich Gottes
und sind mir ein rechter Trost geworden.
12 Es grüßt euch Epaphras, der von euch, ein Sklave Christi Jesu[78],
der allezeit ringt für euch in den Gebeten, daß ihr dasteht als
ganze Leute und mit voller Gewißheit erfüllt in allem Willen
13 Gottes. * Denn ich bezeuge ihm, daß er viel Mühe hat für euch
14 und die in Laodikea und die in Hierapolis. * Es grüßt euch Lukas,
der Arzt, der geliebte, und Demas.
15 * Grüßt die Brüder in Laodikea und Nymphas und die Gemeinde
16 in seinem Hause. * Und wenn der Brief bei euch verlesen worden
ist, macht, daß er auch in der Gemeinde der Laodikeer verlesen
werde, und daß auch ihr den aus Laodikea verlest.
17 * Und sagt dem Archippus: Sieh auf den Dienst, den du über-
nahmst im Herrn, daß du ihn erfüllest.
18 * Der Gruß mit meiner, des Paulus, eigener Hand. Denkt an
meine Fesseln. Die Gnade mit euch!

Zu Vers 10:
[21]* Apg 4, 36; 12, 12; 19, 29; 27, 2
Zu Vers 12:
[22]* Kol 1, 7
Zu Vers 14:
[23]* 2 Tim 4, 10. 11
[24]* Phlm 24
Zu Vers 16:
[25]* 1 Th 5, 27
Zu Vers 17:
[26]* Phlm 2
Zu Vers 18:
[27]* 1 Ko 16, 21
[28]* 2 Th 3, 17

Vielleicht haben wir als Bibelleser lange diese Schlußzeilen mit den Grüßen als unwichtig und ein wenig langweilig überschlagen. Namen, Grüße – was ist das schon! Hier werden keine „Probleme"

[21]* Apg 4, 36: So besaß Joseph, der von den Aposteln den Beinamen Barnabas, das heißt auf deutsch: Sohn der Tröstung (= der Tröster), erhalten hatte ...

Apg 12, 12: Nachdem er sich hierüber klargeworden war, ging er nach dem Hause der Maria, der Mutter des Johannes, der den Beinamen Markus führte; hier waren viele versammelt und beteten.

Apg 19, 29: Die ganze Stadt geriet in Aufruhr, und alle stürmten einmütig ins Theater, wohin sie auch die Mazedonier Gajus und Aristarchus, die Reisegefährten des Paulus, mitschleppten.

Apg 27, 2: Wir bestiegen dann ein Schiff aus Adramyttium, das die Küstenplätze der römischen Provinz Asien anlaufen sollte, und fuhren ab; in unserer Begleitung befand sich auch Aristarchus, ein Mazedonier aus Thessalonike.

[22]* Kol 1, 7: Ihr habt ja die betreffende Unterweisung von unserem geliebten Mitknecht (= Mitarbeiter) Epaphras empfangen, der als unser Vertreter ein treuer Diener Christi ist.

[23]* 2 Tim 4, 10. 11: ... denn Demas hat mich aus Liebe zur jetzigen Weltzeit verlassen und ist nach Thessalonike abgereist, Crescens nach Galatien, Titus nach Dalmatien; * nur Lukas ist noch bei mir ...

[24]* Phlm 24: (Es grüßen dich) Markus, Aristarchus, Demas und Lukas, meine Mitarbeiter.

[25]* 1 Th 5, 27: ... laßt diesen Brief zur Vorlesung bei allen Brüdern kommen.

[26]* Phlm 2: ... sowie der Schwester Appia und unserm Mitstreiter Archippus nebst der Gemeinde in deinem Hause unsern Gruß.

[27]* 1 Ko 16, 21: Hier mein, des Paulus, eigenhändiger Gruß!

[28]* 2 Th 3, 17: Hier mein, des Paulus, eigenhändiger Gruß! Dies ist das Kennzeichen in jedem meiner Briefe: So schreibe ich!

behandelt, keine „erbaulichen" Darlegungen gegeben. Aber hier ist das konkrete Leben der tatsächlichen lebendigen Gemeinde uns besonders nah! Und wieviel sagen uns doch die kurzen Bemerkungen, die Paulus mit Liebe den Namen hinzufügt.

Da sind drei Männer als einzige Mitarbeiter aus dem Judentum, eine schmerzlich geringe Zahl für den Apostel, der selbst Jude ist und sein Volk mit den mächtigen Gaben und Verheißungen Gottes tief liebt. Aber diese drei sind doch da und bezeugen es mit, daß Gott Sein Volk nicht verstoßen hat (Rö 11, 1). Darum sind sie Paulus ein besonderer **„Trost geworden"**[79]. Wir machen uns nicht leicht eine zutreffende Vorstellung davon, wie schwer es für Paulus war, immer wieder sehen zu müssen, wie Scharen von „Heiden" zu Jesus, dem Christus, kamen, und sein Volk, das erwählte Israel, lehnte ab, und nur wenige aus der Beschneidung wurden an Jesus gläubig. Aber an diesen wenigen freute sich Paulus darum auch ganz besonders, und es war ihm gewiß eine große Genugtuung, daß der Mann, der unmittelbar seine Gefangenschaft teilte, ein Israelit war. Wenn Paulus hier die bei ihm so seltene Bezeichnung Mitarbeiter **„für das Reich Gottes"** braucht, so hängt das wohl auch damit zusammen, daß er hier von jüdischen Männern spricht. Die „basileia tou theou", die „malkut Jahwe", die „Königsherrschaft Gottes" ist und bleibt nun einmal ein israelitisches Wort.

Aristarchus stammt aus Thessalonich (Apg 20, 4; 27, 2) und gehörte wie Tychikus zu der Deputation, die die Kollekten der paulinischen Gemeinden nach Jerusalem brachte. Er hatte die Arbeit des Paulus in Ephesus mitgemacht (Apg 19, 29) und war von daher gewiß manchem auch in Kolossä bekannt. Er wird bei der Fahrt des verhafteten Apostels nach Rom ganz besonders erwähnt (Apg 27, 2), teilte also wohl da bereits die Gefangenschaft des Paulus. Im Philemonbrief ist Epaphras und nicht er als „Mitgefangener" auf der Grußliste, ohne daß wir den Grund erkennen können.[80]

Markus stammt aus Jerusalem und heißt eigentlich Johannes. Seine Mutter Maria hatte in Jerusalem ein Haus, das sie zu Gemeindeversammlungen zur Verfügung stellte (Apg 12, 12). Vermutlich durch seinen Vetter Barnabas wurde er auch mit Paulus bekannt und als Gehilfe mit auf die erste Missionsreise genommen (Apg 13, 5). Er war wohl noch jung. Auf dieser Reise aber versagte er und kehrte eigenmächtig nach Jerusalem zurück (Apg 13, 13), so daß Paulus ihn auf der zweiten Reise nicht wieder mithaben wollte (Apg 15, 37). Wie ernst die Ablehnung des Paulus gegen einen jungen Kerl war, der vor den Nöten und Gefahren der Mission davongelaufen war, sehen wir daraus, daß es Paulus an dieser Frage zum Bruch mit Barnabas kommen ließ (Apg 15, 39). Um so schöner, daß wir durch den Gruß in unserm Brief erfahren, daß eine Versöhnung erfolgt ist und Markus wieder

[79] Anm. Vielleicht müssen wir bei diesem Wort die Situation von Phil 1, 13-15 mit vor Augen haben.
[80] Anm. Vielleicht ist Aristarchus ebensowenig wie Epaphras mit verhaftet worden, sondern teilte freiwillig mit andern abwechselnd die Haft des Paulus.

geachtet im Dienst bei Paulus steht (vgl. auch 2 Tim 4, 11). Das Glaubensleben des Johannes Markus geht offenbar auf Petrus zurück, zu dem er enge Beziehungen unterhält (1 Pt 5, 13), eine Tatsache, die es uns bestätigt, daß die Verbundenheit auch zwischen Paulus und Petrus eine aufrichtige war.

Jesus Justus wird nur an dieser Stelle genannt; einen Einblick in seine Lebensgeschichte erhalten wir nicht. Immerhin: ein Israelit, der es wagte, in Jesus den Messias Israels zu erkennen und dann sogar mit einem Paulus in eine feste Arbeitsgemeinschaft zu treten; das mußte ein ganzer Mann sein, an dem Gott etwas Großes getan hatte.

Nun grüßen drei Christen aus der Völkerwelt. **Epaphras** kennen wir schon aus 1, 7. 8 als Begründer der Gemeinde in Kolossä; er bekommt hier dieselbe Bezeichnung „Sklave Christi Jesu" (vgl. Anmerk. 78), mit der Paulus auch sich selbst in seinem Dienst für den Herrn benennen kann (Phil 1, 1; Tit 1, 1). Aber hier nun noch unser Blick in das Wesen dieses Mannes! Er ist nicht damit zufrieden, daß die Gemeinde in Kolossä nun gegründet ist, daß er Menschen zur wunderbaren Bekehrung hat führen dürfen. In seinem Herzen lebt das gleiche: Weiter! Vorwärts!, das wir bei Paulus fanden (vgl. zu 1, 9–14). Die Kolosser sollen **„ganze Leute"** werden. So werden wir das „teleioi" am besten wiedergeben, um jeden falschen „Perfektionismus" zu vermeiden. Paulus hat in Phil 3, 12 und 15 ein „teleleiomai" und ein „teleioi" unterschieden. „Vollendet, fertig, am Ziel bin ich nicht", aber „teleioi" = „ganze Leute" soll es in der Gemeinde geben im Gegensatz zu allem halben, schwankenden, unsicheren Wesen. Wie dem Paulus selbst in 2, 2 geht es auch Epaphras darum, daß die **Gewißheit** der Kolosser, gerade gegenüber allen Einflüssen, die auf sie eindringen wollen, eine feste und geschlossene sei. Diese Gewißheit sollen sie **„in allem Willen Gottes"** haben. Die Gemeinde Jesu hat ja nicht den „Gott der Philosophen", den „ruhenden" Gott, über den nachzudenken und Bescheid zu wissen die Hauptsache ist, sondern den „lebendigen Gott", der „Wille" ist, der darum an uns handelt und auch unsern lebendigen Willen zum Handeln in Seiner großen Sache haben will. Es wird hier am Schluß des Briefes noch einmal der ganze Gegensatz zu unserm „akademischen" Christentum deutlich. So ist es ja auch in unserm ganzen Brief einzig um die Frage gegangen: Was will Gott von der Gemeinde? Will Er das Halten von Feiertagen, das Meiden bestimmter Dinge, will Er unsere Verbindung mit Engelmächten? Oder will Er einzig aber auch ganz unser Leben in und mit Christus durch den Glauben? Auch die scheinbar „spekulativen" Sätze in dem Abschnitt 1, 15–20 dienten allein der Beantwortung dieser Frage. Epaphras ist mit Paulus völlig eins in dieser Grundhaltung. So hat er das Ziel für die von ihm begründete Gemeinde klar vor Augen. Aber wie sucht er nun dies Ziel zu erreichen? Er „ringt" für die Kolosser. Aber nicht mit Mahnungen und Beschwörungen und Kirchenzuchtmaßnahmen, sondern mit – Beten. Was für ein

Vertrauen müssen diese Männer in das Gebet gesetzt haben. Was für Beter müssen sie gewesen sein! Epaphras wie Paulus ist die Erhaltung und Weiterführung einer Gemeinde Jesu kein Spiel, keine hübsche Nebenbeschäftigung, sondern eine Sache vieler Mühe. Aber diese Mühe ist in erster Linie – „Gebet". Wie gern wird ihm Paulus bei dieser Übereinstimmung in der Erfassung der Arbeit das gute Zeugnis ausgestellt haben.[81] Dabei beschränkt Epaphras sich nicht auf Kolossä allein, sondern weiß sich auch für die benachbarten Gemeinden in Laodikea und Hierapolis verantwortlich.

Lukas kennen wir alle als den Verfasser des dritten Evangeliums und der Apostelgeschichte, deren Partien im „Wir"-Stil ihn schon als mit Paulus eng verbunden zeigen. Das wird uns hier bestätigt. Er wird 2 Tim 4, 11 als allein bei Paulus verblieben und ganz kurz als „Mitarbeiter" in Phlm 24 erwähnt. Hier an unserer Stelle hören wir, daß er von Beruf Arzt war. Das ist nicht so ganz unwichtig. Paulus hat also einen Arzt in seiner nächsten Umgebung und Mitarbeiterschaft gehabt und offensichtlich nicht gemeint, daß Lukas als wahrhaft gläubiger Mann seinen Beruf aufgeben müsse. Das wird für die Frage der Stellung des Christen zum Arzt bedeutsam. Paulus fügt diesem **„Lukas, der Arzt"** noch ein herzliches **„der geliebte"** hinzu.

„Und Demas." Von ihm sagt Paulus kein weiteres Wort, auffallend in dieser Umgebung irgendwie näher gekennzeichneter Namen. War Paulus mit Demas damals schon nicht so ganz zufrieden? Konnte er deshalb um der Wahrhaftigkeit willen hier nichts Freundliches hinzufügen? 2 Tim 4, 10 hören wir, daß Demas nicht bei Paulus ausgehalten hat. Von einem „Abfall" werden wir dabei gewiß nicht reden dürfen. Paulus weiß ja, wohin Demas gereist ist: nach Thessalonich, d. h. doch wohl in die dortige Gemeinde. Allerdings bei Paulus ist es ihm zu gefährlich, er hängt an seiner irdischen Existenz. Das eben ist mit dem Wort gemeint: „er hat diese jetzige Weltzeit liebgewonnen".

Nun bittet Paulus seinerseits noch um Grüße. Die Laodikeer bekamen zwar einen eigenen Brief, aber die beiden Städte lagen so nah beieinander, daß ein lebhafter Verkehr auch zwischen den Gemeinden bestanden haben wird. Ihn will Paulus fördern, indem er ihnen Grüße aneinander aufträgt. Diese Grüße gelten besonders einem Manne[82], der seine Familie und seine Gemeinde in ähnlicher Weise zu einer Hausgemeinde zusammengefaßt hat, wie Philemon es in Kolossä tat.

Paulus hat dem Tychikus, der ja eine Reihe von Gemeinden in

[81] Anm. Aus der besonders lebhaften und warmen Empfehlung des Epaphras hat man schließen wollen, daß dieser Gründer der Gemeinde aus Kolossä verdrängt worden war, vielleicht von dem Teil der Gemeinde, der den „Philosophen" zuneigte, vielleicht sogar von seinem „Nachfolger" Archippus, der darum von Paulus vor der Gemeinde einen so scharfen Verweis bekommt. Aber das allein sind reine Vermutungen ohne genügenden Anhalt im Text unseres Briefes.

[82] Anm. Oder einer Frau? Der hier stehende Akkusativ läßt sich auf den Frauennamen „Nymphe" ebenso zurückführen wie auf den Männernamen „Nymphas"; die Lesungen „in ihrem Haus" und „in seinem Haus" schwanken dementsprechend in den Handschriften, ohne daß eine sichere Entscheidung möglich ist.

Kleinasien besuchen sollte, mehrere Briefe mitgegeben. Die beiden benachbarten Städte Kolossä und Laodikea sollten die ihren austauschen. Wir erhalten hier einen Einblick in das Werden eines „Neuen Testaments". Von Anfang an waren nach der Sitte der Synagoge die „Heiligen Schriften", also das „Alte Testament", in der gottesdienstlichen Gemeindeversammlung vorgelesen worden. Nun wird auch ein eintreffendes apostolisches Schreiben öffentlich vor der Gemeinde verlesen, und das gewiß nicht nur einmal. Man hatte aber ein Interesse daran, auch solche Paulusbriefe zu hören, die an benachbarte Gemeinden geschrieben waren, und gab seinerseits den eigenen Brief gern weiter. Die entliehenen Briefe wurden abgeschrieben, so daß man sie stets zur Hand hatte. Das Vorlesen aus den Briefen wurde allmählich Brauch in den Gottesdiensten der Gemeinde. Dafür sammelte man die Briefe und wählte aus ihnen eine bestimmte Zahl, die von allen Gemeinden übereinstimmend verwendet wurden. So wurde „Neues Testament" neben dem „Alten" als maßgebende „Schrift" für die Gemeinden. Paulus selber lag daran, daß zunächst wenigstens benachbarte Gemeinden die Gelegenheit benutzten, an dem Anteil zu bekommen, was er der anderen Christenschar in einem Brief dargelegt hatte. Es gab zwar keine umfassende, organisierte „Kirche". Aber Paulus sah doch in jeder Gemeinde d i e Gemeinde Jesu und darum die Einzelgemeinden selbstverständlich als eine Einheit, als den einen „Leib des Christus". Dem hat er in der Formung seiner Anschriften deutlichen Ausdruck gegeben. Darum will er in einer Zeit, die den Buchdruck ja nicht kannte, durch den Austausch der Gemeindebriefe die Einheit und Verbundenheit der Gemeinden fördern.

„Und **sagt dem Archippus ...**" Die Gemeinde in Kolossä ist zahlenmäßig offenbar so klein, daß sie als ganze dem Archippus etwas sagen kann. Von Archippus wissen wir sonst nichts. Er wird auch Phlm 2 erwähnt. Manche haben aus der Art der dortigen Erwähnung schließen wollen, daß er ein Sohn Philemons war. Er hat einen „Dienst" in der Gemeinde übernommen. Auch wenn es Aufgabe aller Gemeindeglieder war zu „lehren" und zu „ermahnen" (vgl. zu 3, 16), so bedarf doch jede Gemeinschaft auf die Dauer auch bestimmter Funktionen, die fest von einzelnen übernommen werden müssen. Welche Aufgabe Archippus hatte, wird uns nicht gesagt; es muß aber eine wichtige, vielleicht die der Leitung anstelle des bei Paulus weilenden (und nach Phlm 23 sogar mitgefangenen) Epaphras gewesen sein. „Im Herrn" hat er diese seine Aufgabe übernommen. Wir sahen schon, daß die Gemeinde eine „Hauptschaft" ist. Das Haupt selbst weist die „Dienste" in Seinem Leibe an, in Ihm werden sie angetreten. Dies schließt aber den Einsatz des ganzen Willens, die eigene Hingabe und die eigene Verantwortung nicht aus, sondern gerade ein. Der Dienst soll und darf voll und ganz getan werden. Dazu wird gemahnt. Solche Mahnung braucht uns nicht denken zu lassen, daß ungute Nachrichten über die Arbeit des Archippus zu Paulus gelangt wären. Wenn ein Dienst die stete Anspannung aller Aufmerksamkeit und Kraft erforderte, gelang er nicht spielend und von selbst. Es ist keine Schande und kein Zeichen von Unzufriedenheit, wenn die Bruderschaft den Träger des Dienstes immer wieder mahnt, wie ja Paulus auch bei einer wachen und lebendigen Gemeinde die stete Mahnung für nötig hielt und in Ephesus „nicht abgelassen hatte jeden einzelnen mit Tränen zu ermahnen" (Apg 20, 31). Hier übt Paulus die Ermahnung nicht unmittelbar selbst, sondern weist sie mit feinem Takt der Bruderschaft zu.

Bis hierher hat Paulus diktiert. Nun unterschreibt er eigenhändig mit einem Gruß (vgl. 1 Ko 16, 21; Gal 6, 11; 2 Th 3, 17; Phlm 19). Es ist der Gruß des Märtyrers, dem es so am Herzen liegt, daß er in seiner vom Herrn verordneten, aber schweren Lage in der Verbundenheit und in der Fürbitte der Gemeinde bleibt: „Denkt an meine Fesseln." – Es ist der kurze Wunsch, der alles umschließt, weil die Gnade des großen Jesus alles umfaßt, was die Gemeinde braucht: Weisheit Rettung, Heiligung, Vollendung. Eben dies hat der Brief gezeigt Darum: „Die Gnade mit euch!"